Allegria

Der Autor

Bruno Martin, geb. 1946, erforscht auf vielfältige Weise die Erscheinungsform »Leben«, das Wissen um unsere »Natur« ohne Naturwissenschaftler zu sein. Sein lebenslanges Studium von Denkmodellen und Philosophien verschiedenster Richtungen und seine vielfältigen Erfahrungen mit Methoden der Bewusst-seinsevolution ließen ihn vertraute Denkweisen immer neu hinterfragen. Er ist Autor der Bücher »Gurdjieff Praxisbuch«, »Auf einem Raumschiff mit Gurdjieff« und »Das Lexikon der Spiritualität«.

Bruno Martin lebt und lehrt in der Lüneburger Heide. Weitere Infos unter: www.gurdjieff-work.de

BRUNO MARTIN

Intelligente Evolution

Auf der Suche nach dem kosmischen Bewusstsein

Ullstein

Besuchen Sie uns im Internet:
www.ullstein-taschenbuch.de

Allegria im Ullstein Taschenbuch
Herausgegeben von Michael Görden

Dieses Taschenbuch wurde auf FSC-zertifiziertem Papier gedruckt.
FSC (Forest Stewardship Council) ist eine nichtstaatliche, gemeinnützige
Organisation, die sich für eine ökologische und sozialverantwortliche
Nutzung der Wälder unserer Erde einsetzt.

Ullstein Taschenbuch ist ein Verlag der Ullstein Buchverlage
GmbH, Berlin.
Überarbeitete Neuausgabe im Ullstein Taschenbuch
1. Auflage August 2010
© 2006 by Ullstein Buchverlage GmbH, Berlin
Umschlaggestaltung: FranklDesign, München
Titelabbildung: getty Images/Zap Art
Lektorat: Marita Böhm
Satz: Keller & Keller GbR
Gesetzt aus der Garamond
Papier: Pamo Super von Arctic Paper Mochenwangen GmbH
Druck und Bindearbeiten: GGP Media GmbH, Pößneck
Printed in Germany
ISBN 978-3-548-74489-6

Für meine geliebte Frau Nana Nauwald –

und ganz herzlichen Dank
für deine kreative Denkarbeit
und deine wichtigen Impulse,
ohne die das Buch nicht
ins Leben gekommen wäre!

An dem Tage, an dem die Wissenschaft beginnen wird,
nicht physikalische Erscheinungen zu untersuchen,
wird sie in einem Jahrzehnt größere Fortschritte machen
als in all den vorhergehenden Jahrhunderten ihres Bestehens.

Nicola Tesla

INHALT

VORWORT

> *»Eine Theorie, selbst eine wissenschaftliche Theorie, kann*
> *eine intellektuelle Mode werden, ein Religionsersatz, ein Dogma.*
> *Das ist sicherlich mit der Evolutionstheorie so gewesen.«*
>
> Colin Patterson, Paläontologe

Bei meiner Beschäftigung mit der Evolution leitete mich die Frage: Warum gibt es Leben, warum gibt es insbesondere menschliches Leben, welchen Zweck und welches Ziel hat dieses Leben? Es gibt vielfältige Erklärungsversuche, die meisten davon sind jedoch unbefriedigend, weil sie sich immer darum drehen, *was* geschah und *wie* es geschah, nicht aber, *warum* es geschah und welches Ziel das Leben haben könnte. Hinzu kommt, dass der Blick zurück in die Vergangenheit des Lebens sich auf einmalige Vorgänge bezieht, die nicht experimentell erforscht werden können. So haben Wissenschaftler eine Menge Wissen gesammelt und genetische Vergleiche angestellt, aber sich um eine Antwort über den Sinn des Lebens herumgedrückt, denn Wissen über etwas führt nicht automatisch dazu, die Bedeutung einer Sache *zu verstehen*. Wenn wir verstehen wollen, wie einfaches Leben aus »Sternenstaub« entstehen konnte und warum sich daraus so komplexe Lebewesen wie Menschen und das menschliche Bewusstsein entwickelt haben, ist es notwendig, das Wissen über die Evolution mit der Frage nach dem Sinn des Ganzen in einen Zusammenhang zu stellen und eine neue Blickweise zu finden.

Um zu dieser ganzheitlichen Sichtweise zu gelangen, wird es notwendig sein, den Marmorblock der gängigen Evolutionstheorie von seinen einseitigen und ideologisch gefärbten Hypothesen zu befreien und die Kernfragen herauszuschälen. Es ist daher notwendig geworden, die gängigen darwinistischen Theorien zu hinterfragen – ganz im Sinne eines Autors der *New York Times*: »Der Darwinismus muss sterben, damit die Evolution weiterleben kann.« Die kritischen Erwägungen sind jedoch nur ein kleiner Teil meines Ansatzes, allerdings ein notwendiger, weil wir durch die Übermacht der empirischen Forschung einseitig beeinflusst sind.

Wenn wir dann noch nach einem Sinn in der natürlichen Evolution suchen, können wir klar erkennen, dass ein tieferes Verstehen dieser Entwicklung eine Tür zu einer neuen Anschauung aufstößt. Der »Sinn des Lebens« kann sich erst erschließen, wenn wir jenseits von religiösen oder wissenschaftlichen Deutungen neue Fragen stellen.

Jeder vernünftige Leser der gängigen Literatur zur Evolution kann eine Menge Widersprüche entdecken. Nicht nur für Wissenschaftler, sondern auch für nachdenkliche Laien dürften seltsam anmutende Erklärungen wie die »Häufung von Zufallsereignissen« bei der Entstehung des Lebens keine Denkgrundlage sein. Es ist nicht nur eine Rechenaufgabe. Damit sich aus anorganischen Molekülen lebende Zellen bilden, müssen derart viele Faktoren im Spiel sein, dass hier die Wahrscheinlichkeitsrechnung an ihre Grenzen stößt. Und selbst wenn alle notwendigen Aminosäuren und Enzyme vorhanden wären und in einem Tümpel herumschwimmen, würden sie sich dann zufällig selbst organisieren und daraus eine einfache Zelle herstellen können? Und warum sollten sie das überhaupt machen? Diesen und vielen weiteren Fragen muss nachgegangen werden, um zu verstehen, dass das Beharren auf materialistisch-mechanistischen Erklärungsversuchen die Schönheit des Kunstwerks »Evolution« mit falschen Farben übertüncht hat.

Da wir gewohnt sind, in Gegensätzen zu denken, fällt es den meisten Menschen schwer, unterschiedliche Vorstellungen und Erklärungsversuche als Ergänzungen oder Erweiterungen anzuerkennen. Doch nur wenn wir viele bedeutsame Faktoren sinnvoll miteinander verknüpfen, gelangen wir wahrscheinlich zu einer differenzierteren Sicht-Weise – zu einer »weisen Anschauung«, zur ursprünglichen Bedeutung des Wortes »Theorie«. Es gibt leider nicht viele Menschen, die in mehrwertiger Logik denken können. Denn das kostet natürlich einige Mühe, die wenige auf sich nehmen.

Anfang der 1920er-Jahre wurde mathematisch nachgewiesen, dass es widerspruchsfreie logische Systeme gibt, die nicht zweiwertig – also wahr oder falsch –, sondern auch dreiwertig sein können. Der dritte Faktor ist unbestimmt, vereinfacht gesagt, gibt es mehrere ungenaue alternative Möglichkeiten wie z. B. »ungefähr«, »ein bisschen« oder »ziemlich nahe«. Das funktioniert auch praktisch: Heute bedienen sich moderne digitale Fotokameras den mathematischen Formeln der Fuzzylogik, um scharfe Bilder zu erzeugen, aber auch auf anderen technischen Gebieten wird diese Art von Logik genutzt.

Um zu befriedigenden Antworten vieler Lebensfragen zu kommen, ist ein Sprung aus dem magischen Kreis, der uns gefangen hält, notwendig. Eine neue Sichtweise ist nur möglich, wenn wir *Fakten mit Bedeutungen verbinden*, statt beides als Gegensätze zu sehen. Suchen wir nach einer Erkenntnis über den Sinn des Lebens und besonders nach dem Sinn des menschlichen Lebens, dann erhalten wir neue Antworten erst dann, wenn wir herausfinden, welche *Bedeutung* das Leben auf der Erde hat.

Als ich anfing, darüber nachzudenken, wurde ich geradezu überwältigt von den Erkenntniswirbeln, die in meinem Kopf Erleuchtungslichter aufflammen ließen. Die Erkenntnisse und Antworten, die diese Richtung meiner Fragestellung erbrachten, möchte ich in diesem Buch mitteilen. Eine »Erleuchtung« oder zumindest eine neue Erkenntnis wird Ihnen, liebe Leserin, lieber Leser, allerdings nur ohne ideologische, religiöse oder sogar wissenschaftliche Scheuklappen möglich sein. Sie müssen sich schon auf die Möglichkeit von »Unbestimmtheiten« einlassen, oder auf Faktoren, die nicht auf harten Fakten beruhen.

Und obwohl ich eine alternative Sichtweise zu den vorherrschenden Evolutionstheorien vorbringe, bin ich kein religiöser

Kreationist oder Anhänger des wissenschaftlich argumentieren-
den »Intelligent Design«. In beiden Denkrichtungen schwingt
immer mit, dass ein Entwurf einen »Designer« voraussetzt, also
so etwas wie ein *transzendentes* »höheres Wesen«. Die Denkan-
stöße des »Intelligent Design« sind aber auf jeden Fall wertvoll,
weil sie den Finger in die Wunde des Darwinismus legen und
allen ihren Anhängern Schmerzen verursachen.

Charles Darwin, der die Evolutionstheorie begründete, die
ohne einen Designer auskommen sollte, war allerdings kein
studierter Biologe, sondern Theologe und eifriger Kirchgänger,
und folglich war er sich nie ganz sicher, ob er mit seiner Theorie richtig lag und Gott vielleicht doch eine Rolle spielt. Erst in
den 1940er-Jahren legten Biologen wie Theodosius Dobzhans-
ky und Ernst Mayr die Grundlagen für die moderne naturwissenschaftliche Evolutionsbiologie, die jedoch immer noch die
Mängel hat, die ich in meinem Buch aufzeige.

Meine kritische Betrachtung naturwissenschaftlicher Erklärungen steht nicht im Gegensatz zur wissenschaftlichen Denkweise. Nur weil ich nicht den materialistischen Interpretationen
der Fakten folge, bedeutet das nicht, an ein *transzendentes* höhe -
res Wesen zu glauben, das die Natur erschaffen hat oder gelegentlich in die Evolution eingreift. Ich bin vielmehr davon
überzeugt, dass die bewegende kreative und intelligente Wirkkraft, die das Leben und die evolutionären Prozesse hervorbringt, *immanent* ist, d. h., sie ist an allen Prozessen beteiligt,
ohne »darüber« zu stehen.[1] Daher lässt sich dieses Buch weder
in die Schublade »religiös« noch »materialistisch« ablegen. »Der
mittlere Weg«, den ich vorschlage, ist für mich gleichzeitig ein
alle Seiten versöhnender und vernünftiger Denkweg.

Mein neues umfassendes Bild hat viele Facetten, Farben und
Details. Es verbindet Erkenntnisse vieler wissenschaftlicher
Fachdisziplinen mit »metaphysischen« Erkenntnissen und Einsichten. Tatsächlich übersteigt ein derart ganzheitliches Bild die
übliche Sichtweise. Es setzt sich aus vielen Modulen zusam-

men, die ineinandergreifen. Alles hängt mit etwas anderem zusammen, ergänzt sich, führt zu neuen Gedanken, fügt sich zu einem immer größeren Bild zusammen. Jedes der einzelnen Teile und Gedankengänge ist wie bei einem Gemälde für das Bild als Ganzes wichtig – doch ein Buch kann nicht wie ein Gemälde eines Künstlers gemalt werden. Behalten Sie einfach die Idee im »Hinterkopf«, dass Sie von Anfang an am Entstehen eines Bildes beteiligt sind, und verfolgen Sie, wie der Künstler seine Farben mischt und aufträgt, sodass Sie irgendwann davorstehen und nicht fassen können, dass das fertige Bild ganz neue Welten eröffnet, die Sie beim Prozess des Entstehens – dem linearen Lesevorgang – nicht ahnen konnten.

Folgen Sie mir mit offenem Geist zu einer erweiterten Schau der Evolution von Natur und Mensch, die ohne Scheuklappen alle Denkmöglichkeiten einbezieht. Sie müssen nichts glauben, sollten aber bereit sein, zumindest eine andere Sicht zuzulassen, und nicht gleich eine der vielen Gehirnschubladen öffnen, in denen bereits eine feste Meinung abgelegt ist.

Haben Sie auch keine Angst vor detaillierten wissenschaftlichen Darstellungen, die ich so allgemeinverständlich wie nur möglich formuliert habe, weil ich immer im Auge behielt, dass die meisten Leserinnen und Leser dieses Buches in einzelnen Fachgebieten nicht bewandert sind. Ich konnte jedoch nicht vermeiden, einige wissenschaftliche Erkenntnisse anzuführen, weil ich ja auch meine Thesen belegen und erläutern muss, wenn es keine bloßen Behauptungen sein sollen. Diese Ausführungen machen jedoch ganz deutlich, dass die herkömmlichen Vereinfachungen nicht zielführend sind. Wenn Ihnen etwas zu schwierig erscheint, überlesen Sie einfach den Abschnitt. Doch gerade die Details machen die Sache erst spannend, weil sie dem Gemälde seine vielfältigen Farbtupfer geben, ohne die das Bild langweilig wäre. Wichtig ist mir, dass Sie den Bogen einer ganzheitlichen Sichtweise erkennen, die alles einbezieht und nichts ausschließt.

Diese Taschenbuchausgabe gab mir auch die Möglichkeit, die Erstveröffentlichung weiterzuentwickeln und mit einigen neuen Informationen zu ergänzen und manches noch prägnanter darzustellen. Daher habe ich den erzählenden Teil der Hardcover-Ausgabe entfernt und das Buch nun zu einem reinen Sachbuch überarbeitet. Ich denke, es ist so anschaulicher und verständlicher, weil es den Lesegewohnheiten der interessierten Menschen näherkommt, auch wenn die Vermischung von Erzählung und Sachinformation durchaus ihren Reiz hat. Es ist kein vollständig neues Buch, aber eine modifizierte Ausgabe – sozusagen Version 2.0 mit ein paar neuen Funktionen.

Ich möchte mich an dieser Stelle noch für das Mitdenken von Peter Gotthard Bieri, Peter Kepplinger, Michael Nagula, Karin Volkmar und Bodo Schwipper bedanken, die geholfen haben, einige Unklarheiten in meinem Text zu beseitigen, und wichtige Impulse für Änderungen und ergänzende Aspekte gaben. Ein besonderer Dank gebührt meinem Verleger Michael Görden, der dieses Projekt wohlwollend unterstützte. Ohne ihn hätte dieses Werk wohl keine größere Öffentlichkeit gefunden, weil die meisten etablierten Verlage auch vom Darwin-Virus infiziert sind und ungern alternative Sichtweisen publizieren.

Bruno Martin, Frühling 2010

EINSTIMMUNG

»Im Schöpferischen ist der Ursprung Gegenwart.
Seine echteste Auswirkung findet es in der Veränderung,
die als solche nicht kontinuierlich in der Zeit verläuft,
sondern spontan, akausal, sprunghaft ist.«

Jean Gebser[2]

Wenn wir nicht von einer »Schöpfung in sieben Tagen« ausgehen, sondern von einer »Evolution« der Natur, also der Jahrmilliarden langen Entstehung und Entwicklung des Lebens, stoßen wir schnell auf die Kernfrage, die bei der Suche nach einer Antwort von zentraler Bedeutung ist: »Was ist Leben, was macht etwas lebendig?« Ein Philosoph sagte einmal treffend: »Leben ist mehr als alles andere.«

Selbst die Biologie, die Wissenschaft vom Leben, tut sich schwer damit, Leben zu definieren. Wesentliche Merkmale für ihre Definition sind funktionale Beschreibungen wie Stoff- und Energieaustausch mit der Umwelt sowie Fortpflanzung und Wachstum. Die chilenischen Biologen Humberto Maturana und Francisco Varela definieren Leben als ein *autopoietisches* System.[3] Sie meinen damit ein selbstbezügliches System, d. h., das Produkt des funktionalen Zusammenwirkens seiner Bestandteile ist genau jene Organisation, die die Bestandteile produziert. Durch diese besondere Form der Organisation lassen sich lebende von nicht lebenden Systemen unterscheiden: Lebende Systeme sind das Erzeugnis ihrer eigenen Organisation, und das bedeutet, dass es keine Trennung zwischen Erzeuger und Erzeugnis gibt. Das Sein und das Tun einer autopoietischen Einheit sind untrennbar, und dies bildet ihre spezifische Art von Organisation.[4] Darüber hinaus zeichnen sich Lebewesen dadurch aus, dass sie *sinnvolle* Aktivitäten durchführen.

Wenn das ausreichen würde, um die Tatsache des Lebens zu erklären, wäre die daraus folgende Frage überflüssig: Was gab den Impuls, aus anorganischer Materie Leben zu erzeugen, und warum? Doch diese Frage ist berechtigt und von Bedeutung: Denn erst wenn eine lebendige Zelle geboren ist, kann sie sich selbst organisieren. Daher müsste die »Idee«, organische Materie zu bilden, die in Form von lebendigen Molekülen eine höhere Ordnung als einzelne Atome hat – die Grundlage jeder Materie sind –, »irgendwie« bereits in den kleinsten Schwingungsfeldern der Atome, aus denen alles besteht, enthalten oder angelegt sein.

Man könnte natürlich die ursprünglichen Schwingungsfelder, die wir als Materie bezeichnen, bereits als »lebendig« ansehen, da sie durchaus ähnliche Eigenschaften aufweisen: chaotisch, unberechenbar, in dauernder Veränderung. Was wir als »Leben« verstehen und was sich in lebendigen Wesen manifestiert hat, ist jedoch von einer höheren Komplexität dieser konstitutiven Materie und keinesfalls ein bloßer Quantenmechanismus.

Lebewesen handeln autonom und haben eigene, auf ihre jeweiligen Bedürfnisse ausgerichtete Ziele – und wenn es nur die Erlangung von Licht oder Nahrung ist. Das wird allein an einem technischen Vergleich deutlich: Ein Computer oder ein Fahrrad ist von einem Benutzer abhängig, der diese Geräte benutzt. Ohne einen Benutzer sind diese Geräte nutzlos. Außerdem können sich diese Geräte nicht wie lebende Zellen oder Körper selbst herstellen, reparieren oder fortpflanzen. Lebewesen dagegen erneuern ständig selbst ihre Gewebe und ihre Zellen bis hinunter zu den Molekülen, den Proteinen und Enzymen, aus denen sie bestehen. Vielleicht führt ein »kindliches Staunen« über diese Fakten uns weiter als intellektuelle Erklärungen über mechanistische Funktionsweisen!

Beim Menschen sprechen wir sogar von geschätzten 50 Billionen Zellen, die ihre Aufgaben fein aufeinander abgestimmt erledigen. Dieses Geschehen, das beinahe fehlerlos abläuft (und wenn Fehler auftreten, werden diese sofort korrigiert), ist derart komplex miteinander verwoben, dass es mit mechanistischen

Begriffen nicht beschrieben werden kann. Denn nicht die genetische Information entscheidet, welche Form ein Organismus bekommt, sondern das gesamte Netzwerk aller Bestandteile einer Zelle. Dazu gehören nicht nur die Gene, sondern vor allem auch die wesentlich zahlreicheren Proteine, die sich selbstständig und zielgerichtet bewegen können. Proteine sind sogar maßgeblicher am Körperaufbau beteiligt als die Gene. Die gesamte Zellstruktur ist tatsächlich ein Prozess, in dem Zellen, Gene, Enzyme und Proteine nicht in einem Ursache-Wirkungs-Verhältnis miteinander kommunizieren. Je nach Bedarf werden verschiedene Proteine hergestellt, die dann ihre jeweiligen Aufgaben übernehmen. Zellverbände differenzieren sich außerdem, wenn sie durch bestimmte Reize der Gesamtumgebung darauf eingestimmt werden. Dieselbe Vernetzung finden wir in noch größerem Maßstab in der gesamten Biosphäre der Erde wieder.

Alle Lebensformen sind darüber hinaus nicht einfach *nur* funktionale, sich selbst reproduzierende »Systeme«, die sich selbst organisieren. Biologen wie Anthony Trevawas von der Universität in Edinburgh halten es für notwendig, auch bei Pflanzen, denen man dies bis vor einiger Zeit nicht zugesprochen hätte, von Intelligenz im Sinne von Problemlösung zu sprechen. Nicht nur Tiere und Menschen können sich und andere empfinden, haben Gefühle und eine Selbstwahrnehmung, sondern auch Pflanzen.

Cleve Backster, ein Experte für Lügendetektoren, demonstrierte als einer der Ersten, dass Pflanzen selbst auf menschliche Absichten ansprechen. Pflanzen reagierten ängstlich mit entsprechenden Ausschlägen des Lügendetektors, als er ein brennendes Streichholz unter ein Blatt hielt. Als er dann nur gedanklich seine Absicht formte, diesen Versuch zu wiederholen, reagierte die Pflanze mit denselben Ausschlägen![5] Auf den Aspekt der Sensibilität von Pflanzen und Lebewesen werde ich in diesem Buch noch ausführlicher eingehen.

Wie kommt es, dass diese Empfindungsfähigkeit in Organismen vorkommt, von denen man sagt, sie hätten kein Gehirn? Organische Lebensformen sind ja nicht einfach »dumme Maschinen«, bei denen irgendein mehr oder weniger intelligentes Programm abläuft, damit sie funktionieren. Leben an sich unterscheidet sich ja gerade darin, dass es eben kein Mechanismus ist, der, einmal programmiert, wie gewollt abläuft. Der Begriff »Anpassung«, der gerne für die Flexibilität von Organismen gebraucht wird, eignet sich nur, wenn dabei eine intelligente Entscheidung gemeint ist. Ein Lebewesen kann sich nur an eine Situation anpassen, wenn sie herausfindet, welches Verhalten den Umständen entsprechend intelligent wäre.

Darüber hinaus beinhaltet das, was wir heute als »Evolution« bezeichnen, stetige Entwicklung und Differenzierung von lebendigen Strukturen, seien es Bakterien, einzellige Amöben, Pilze, Pflanzen oder andere vielzellige Organismen wie Krebse, Fische, Echsen, Ratten bis hin zu Affen und Menschen. Innerhalb dieser Arten gibt es vielfältige Variationen, wie z. B. verschiedenfarbige Schmetterlinge oder unterschiedlich farbige oder große Fische derselben Art oder ähnlicher Arten, die man als miteinander verwandt ansehen kann. Die *Abstammung* verschiedener *verwandter* Arten voneinander kann als evolutionäre Veränderung bezeichnet werden. Die Übertragung des Evolutionsbegriffs auf die Entwicklung einer Art aus einer anderen ist jedoch irreführend und falsch, auch wenn man dies immer wieder in schönen Schaubildern konstruiert. Es gibt keinerlei wissenschaftlich fundierte Beweise dafür.

Im Gegenteil: Laut einem Bericht über einen Beitrag in der angesehenen Wissenschaftszeitschrift *Nature*[6] fanden Paläontologen der Uppsala-Universität 395 Millionen alte Spuren eines Vierbeiners in Polen. Die Spuren sind 18 Millionen Jahre älter als das früheste Fossil eines Vierbeiners. Die Süddeutsche Zeitung schreibt: »Bisher war man davon ausgegangen, dass sich Vierbeiner über ein Zwischenstadium aus Fischen entwickelt haben … Die Entdeckung in Polen macht diese Theorie zunichte.« Auf die vermeintlichen Abstammungen von Lebewesen werde ich noch ausführlicher eingehen.

Evolution, d. h. Entwicklung und Veränderung, geschieht außerdem wohl kaum »automatisch« oder »mechanisch« und zufällig. Wie kommt es, dass komplexere Lebensformen sich aus winzigsten Einheiten heraus entwickeln konnten? Forscher haben ausgerechnet, dass sich das Leben auf der Erde in zweimillionenfachen Sprüngen vergrößert hat. Einzeller mit Zellkern, in dem das Genom enthalten ist, und auf denen alle vielzelligen Lebensformen basieren, sind zweimillionenfach größer als Bakterien, in denen die genetische Information frei herumschwimmt. Vielzeller sind in entsprechendem Maße größer als Einzeller. Umgekehrt wird die Anzahl der Arten mit höherer Komplexität immer kleiner. Es gibt Millionen verschiedener Insekten, aber nur knapp 5000 Säugetierarten – und nur zwei Menschenarten.[7]

Wie – und warum – sind aus dem Zusammenschluss von einzelnen Zellen autonome Lebewesen und in Tieren sogar Gehirne entstanden, die wiederum aus Milliarden von Zellen bestehen? Wie und warum konnte sich aus einem tierischen Gehirn schließlich ein menschliches Gehirn entwickeln (wenn es sich tatsächlich daraus »entwickelt« haben sollte), das anders als die Gehirne verwandter Primaten diese Prozesse bewusst reflektieren und erforschen kann? Das sind Fragen, die von der Evolutionstheorie bisher nicht oder unzureichend beantwortet werden. Die einzige, sehr oberflächliche Erklärung, die sie zu bieten hat, ist die »natürliche Selektion«, die nicht als wissenschaftlich haltbare Theorie genügt, wie ich noch deutlich machen werde.

Wie die einzelnen Zellen der Lebewesen und die Neuronen ihrer Gehirne ist auch die Welt der Natur ein Netzwerk, das vollständig aufeinander abgestimmt ist und miteinander kooperiert. Es entstanden zweifellos immer komplexere Lebewesen, daher kann davon ausgegangen werden, dass »die Evolution« ein Ziel verfolgt, auch wenn die Entwicklung gewissermaßen in Zickzacklinien und nicht geradlinig und auch in vielen unabhängigen »Linien« abgelaufen ist. Das komplexeste Wesen, das aus dieser Entwicklung entstand, ist zweifellos der Mensch mit einem Bewusstsein seiner selbst, seiner Möglichkeit der Eigenwahrnehmung und umfangreicher bewusster Handlungsfähigkeit, was in dieser Form nicht bei Tieren zu beobachten ist. Daraus ist auch zu schließen, dass wir Menschen dieses Bewusstsein auch weiterentwickeln können. Das lässt auch den Schluss zu, dass wir Mitwirkende am weiteren Evolutionsprozess sind. Darauf werde ich in diesem Buch besonders eingehen.

Darüber hinaus können wir erkennen, dass die Biosphäre, die gesamte lebende Natur, ein »höherer« Organismus ist als die sie konstituierenden Einzelelemente wie Pilze, Pflanzen, Insekten, Tiere einschließlich geologischer, klimatischer, kosmischer Gegebenheiten, die diese Gesamtheit ausmachen. Als eines der vielen Beispiele kann die Zunahme des Luftsauerstoffs dienen: Der Sauerstoffgehalt der Luft nahm von zehn auf 23 Prozent zu, bevor die ersten Säugetiere entstanden, die genau diesen Sauerstoffgehalt in der Luft benötigen – und diese Sauerstoffzunahme in der Luft geschah in relativ kurzer Zeit.

Die Lebewesen wiederum setzen sich aus kleineren Einzelelementen zusammen wie die Moleküle, die ihre Gesamtheit ausmachen. So schließt die Organisation auf einer höheren Ebene eine andere Organisation auf einer niedrigeren in sich ein und geht über sie hinaus. Doch jede neue Organisation bleibt eine Ganzheit, die in sich alle anderen Ganzheiten widerspiegelt und mit ihnen kommuniziert.

Leider sind wir aufgrund wissenschaftlicher und technischer Fortschritte daran gewöhnt, reduktionistisch nur die *Funktion* von etwas zu sehen und zu studieren und nicht die *Qualität*, das Sein von etwas. Für die Wissenschaft hat daher jedes einzelne Teil in der Natur nur seine Funktion, sei es eine Zelle, eine Pflanze, ein tierischer Körper, genauso wie ein Werkzeug, eine Maschine, die Luft oder ein Himmelskörper nur auf eine bestimmte Weise funktioniert. Selbst eine so große Sache wie das Leben auf dieser Erde wird unter einem funktionalen Gesichtspunkt betrachtet und studiert.

Die Lebewesen, die Flora und Fauna bevölkern, sind jedoch keine automatisch funktionierenden Organismen. Für uns Menschen macht es außerdem einen wesentlichen Unterschied für unser Handeln und unser Lebensgefühl aus, autonome Lebewesen zu sein, die absichtsvoll und willentlich denken und handeln können. Wir »funktionieren« eben nicht nur, sondern sind erfüllt von »Lebensenergie« und haben Eigenschaften, die über mechanisches Funktionieren hinausgehen.

Daher kann das menschliche Leben nicht nur unter funktionalen Aspekten betrachtet werden. *Leben* macht den entscheidenden Unterschied. Wahrscheinlich würde der *nicht funktionale* Aspekt die Forschung voranbringen, wie der geniale Elektroingenieur Nicola Tesla im Anfangszitat betont, weil ein Verstehen der Gesamtheit und des Zusammenspiels aller Prozesse in vielerlei Hinsicht neue kreative Erkenntnisse bringen könnte. Ein Beispiel wären neue oder andere Behandlungsmöglichkeiten der Therapie von Krankheiten, wenn nicht nur der »Mechanismus« des Körpers und der Erkrankung studiert werden würde. So weisen z. B. neuere Forschungsergebnisse darauf hin, dass bei der Krebsentstehung weniger Ernährungsfaktoren, sondern vor allem Stress eine maßgebliche Rolle spielt.

Denn Leben ist mehr als eine Funktion und kann daher mit funktionalen Begriffen *allein* nicht verstanden werden. Es gibt zweifellos und für jeden einsichtig eine *Qualität des Lebendigseins*, die direkt erfahrbar, aber niemals mit Instrumenten beobachtbar oder messbar ist. Diese *innere* Qualität hat Auswirkungen auf die äußere Form und Funktion und ist eng damit verwoben, wie wir etwa aus den Erkenntnissen des Einflusses von Bewusstsein auf die Genexpression wissen.[8]

Leben *ist* »mehr«, genau gesagt, eine völlig andere Qualität als nur die materielle Existenz eines Lebewesens, nicht nur bei Lebewesen wie dem Menschen mit einem außerordentlich entwickelten Gehirn: Es ist die Möglichkeit, mit einem Körper zu empfinden, Gefühle zu haben, bewusste Erfahrungen zu machen, eine selbstständige Wahrnehmungsfähigkeit der Außenwelt und von sich selbst zu haben – und *das Leben bewusst erleben und gestalten zu können.* »Das verborgene Lebensgefühl hängt an sensibel organisierter Materie«, sagt der Biologe Andreas Weber.

Leben *verbindet* die funktionalen Aspekte der materiellen Existenz mit dem »Sein« an sich. Wir *sind* lebendige Menschen und können uns auch als solche wahrnehmen. Es macht einen großen Unterschied für uns selbst, ob wir ein lebloses Objekt oder ein lebendiges Objekt mit Selbstwahrnehmung und Gefühlen sind. Wir Menschen sind eben keine Androiden oder Cyborgs, denen Chips eingepflanzt sind, in denen ein Computerprogramm abläuft. Tatsächlich *verschwindet Leben*, wenn ein Körper stirbt, ein deutlicher Hinweis darauf, dass lebende Körper keine Automaten sind. Wir können tote Körper nicht mehr an eine Steckdose anschließen, um sie so wieder lebendig zu machen.

Wie konnte diese Transformation zu *sich selbst bewussten* Wesen geschehen? Dieser Vorgang hat seine Grundlage im Leben an sich, denn Bewusstsein und die Möglichkeit zu intelligentem Handeln sind bereits in ihren einzelnen Zellen angelegt. »Zellen treffen weise Entscheidungen und sie handeln danach«, sagt die Nobelpreisträgerin Barbara McClintock.[9] Für sie ist das Genom außerdem »ein hochgradig wahrnehmungsbegabtes Organ«. Wenn schon unsere Körperzellen mit Wahrnehmungsfähigkeit und Intelligenz ausgestattet sind, ist es dann noch verwunderlich, wenn sich Strukturen im Menschen entwickelt haben, die ebenfalls die Anlage zu Intelligenz besitzen?

Die Zellen teilen sich nicht nur, sondern stellen auch für jeden Bedarf eines jeweiligen Organismus Substanzen wie Proteine und Hormone her, die für die Erhaltung und Erneuerung des lebendigen Zellverbandes gebraucht werden. Sie stellen auch Substanzen her – Neurotransmitter genannt –, die an der bewussten Erfahrung mitwirken und ohne die z. B. Sex als intensive Lebenserfahrung keinen Spaß machen würde. Doch allein Neurotransmitter tragen nicht zu einer Erfahrung und einer Empfindung bei.

Wie kommt intelligentes Leben ins Spiel? Sind Viren bereits Lebewesen oder Zellautomaten? Immerhin können sie sich vervielfältigen und sind zielstrebig, weil sie sich immer den geeigneten Wirt suchen. Molekularbiologen sehen Viren nicht als »echte« Lebewesen an. Dennoch heißt es in der Fachliteratur: »Um eine möglichst große Menge genetischer Information in ihrem Genom zu speichern, haben Viren eine Anzahl unterschiedlicher Strategien entwickelt, um den Informationsgehalt der Nukleinsäure zu erhöhen.«[10] Viren entwickeln also »Strategien« – schreibt man diese Möglichkeit nicht allen Lebewesen zu? Offenbar gibt es auch eine Art von einfachem Bewusstsein in diesen allerkleinsten Organismen. Auch bei höheren Lebewesen wie Bakterien und Einzellern wie Amöben, die um ein Vielfaches komplexer sind, wird nur von »Mechanismen« gesprochen, obwohl man ihnen auch die Fähigkeiten zur Informationsverarbeitung und Strategien des Überlebens und der Nahrungssuche zugesteht.

Tatsächlich bestehen Zellen und ihre genetische Struktur aus organischen Molekülen, die Leben hervorbringen und erhalten. Die vielen feinen Nanometer kleinen Prozesse, die innerhalb von Viren, Bakterien und Körperzellen ablaufen, benötigen eine kontrollierte Abstimmung der ganzen Zelle. Kein einmalig programmierter Ablauf wäre dazu in der Lage. Gerade die hohe Flexibilität des genetischen Bauplans, auf alle möglichen Anforderungen, selbst auf unbekannte Vorkommnisse, zu reagieren, ist ein Beleg dafür, dass hier ein intelligenter Prozess abläuft.

Wie kommt es dann zu Differenzierungen bei Bakterien und höheren Zellformen? Evolutionstheoretisch spricht man von Rekombination, Gentransfer und zufälligen, spontanen Punktmutationen. Obwohl die Mutation angeblich die Dynamik der Evolution ausmacht, ist jedoch nur in den selteneren Fällen mit einer Veränderung im Genom ein Vorteil für das Individuum zu erwarten. Beobachtungen in der Natur und wissenschaftliche Experimente beweisen vielmehr: Wenn Mutationen vorkommen, sind sie im Allgemeinen ein nachteiliger Vorgang. Spontane oder künstlich herbeigeführte Veränderungen im Erbgefüge schädigen in den allermeisten Fällen den Organismus. Aber offenbar haben Biologen sich beim Gebrauch des Wortes darauf geeignet, Mutation ganz allgemein als Begriff für Veränderung zu nutzen. Eine Mutation ist jedoch keine Weiter- oder Höherentwicklung. Das Lateinische *mutare* bedeutet nur ändern, tauschen, wechseln. Unterschiedliche Hautfarben könnte man als Mutationen bezeichnen, doch unterschiedliche Arten entstehen nicht durch Veränderung in der Gensequenz einer anderen, völlig verschiedenen Art. Bei evolutionären Prozessen meint man jedoch, dass sich eine Art in eine andere verwandelt. Daher wäre der Begriff Umwandlung oder Transformation geeigneter, wenn man eine echte Veränderung eines bestehenden Organismus wie eines Frosches in eine andere vierbeinige Art meint – die allerdings bisher nicht nachgewiesen ist.

Bei Vielzellern erhöht sich zudem die Komplexität. Denn in einem Organismus sind alle Prozesse aller beteiligten Zellen so aufeinander abgestimmt, dass die Reproduktion der lebenden Zellen von den Genen und die genetische Aktivität von den Bedürfnissen aller Zellen bestimmt werden. Die Informationsübertragung in einem Zellverband ist nur möglich, weil der ganze Organismus »unterhalb« der organischen Ebene aus elektromagnetischen Feldern besteht, in denen Veränderungen an einer Stelle sofort und ohne Zeitverzögerung überall im ganzen Zellverband gespürt werden.[11] Und alle Teile eines Organismus handeln sinnvoll. Wirklich neue Genomstrukturen müssen daher auf vielfältige Weise auf das Ganze abgestimmt sein, sonst »funktionieren« die Prozesse nicht mehr richtig, und es entstehen Fehlbildungen.

»Die Evolution« hat offenbar viel Aufwand und vor allem kreative und intelligente Strategien in die Entwicklung unterschiedlichster Lebewesen und schließlich in die Entstehung eines »wissenden Menschen«, den *Homo sapiens,* investiert. Einen wesentlichen Anteil der Evolution nimmt die Entwicklung des Bewusstseins bei allen Lebewesen ein, nicht nur beim Menschen. Und bei ihm hat es eine besondere Ausprägung erfahren. Diesem Aspekt werde ich in diesem Buch besonders nachgehen.

Wäre die Entstehung komplexer Lebewesen wie des Menschen nur ein funktionales Geschehen, das auf »ungerichteten Zufallsereignissen« beruht, hervorgerufen durch Selektion und Mutation, gäbe es weder lebendige Organismen noch einen bewussten, intelligenten Menschen. Wenn Organismen dennoch zufällig entstanden wären und alles nur »Mechanismen« sind, dann wären nicht nur die Menschheit, sondern auch die ganze lebendige Vielfalt auf diesem Planeten bloße Rädchen in einem mechanischen Uhrwerk, was uns manche Evolutionisten suggerieren. Wir hätten in diesem Fall keinerlei Bewusstsein von uns selbst und unserer Lage – vor allem könnten wir nicht selbstbestimmt handeln.

Für mich ist es offensichtlich, dass ein Grund dafür besteht, warum Menschen ein eigenständiges Bewusstsein erlangen konnten, um selbstverantwortlich und bewusst innerhalb der Sphäre der Natur handeln zu können. Wir Menschen sind jedoch eingebunden in das sich entwickelnde Bewusstsein der Erde, die wir als eigenständiges »Lebewesen« sehen können. Dieses Thema werde ich in Kapitel 5 ausführlich behandeln.

Die Suche nach einem »Sinn des Lebens« ist für mich nicht nur eine biologische, philosophische oder religiöse Angelegenheit. Wenn wir uns nicht darauf beschränken wollen, nur zu »wissen«, wie etwas funktioniert, sondern auch *verstehen* wollen, warum etwas so ist, wie es ist, und wohin es führt, müssen wir das ganze Bild sehen. Will nicht jeder Mensch verstehen, welche Rolle er individuell in diesem Leben spielt? Sind wir nur Spielbälle von Kräften, die überhaupt nicht an unserem Wohlergehen interessiert sind und nur ihr eigenes Ziel verfolgen?

Wenn mit dem Menschen ein eigenständiges Bewusstsein und Selbsterkennen in die Welt kam, dann hat »die Evolution« dafür gesorgt, dass Menschen keine »funktionalen Automaten« wurden, sondern autonome Willensentscheidungen hinsichtlich ihres eigenen Lebens treffen können. In diesem Fall werden sie zu Mitwirkenden und nicht nur zu Erleidenden. Wenn wir Mitwirkende sind, müssen wir einen Einblick in den »Plan« gewinnen, um unsere Rolle darin auszufüllen. Ich bin überzeugt davon, dass wir durch die unvoreingenommene Beschäftigung mit der Evolutionsgeschichte und insbesondere der Evolution des Menschen bis zum heutigen Tage viele Hinweise auf diese Aufgabe finden werden, wenn wir nicht nur die »Fakten« dieser »Erfolgsgeschichte« studieren. Wir Menschen sind immerhin nach Milliarden Jahren einer schwierigen Entwicklungsgeschichte des Lebens auf diesem Planeten entstanden. Vielleicht kommen wir hinter den Lebenssinn, wenn wir unseren Standort verändern, wenn wir uns mit den »Augen« der Biosphäre und der Erde als Ganzes betrachten.

Folgen Sie mir auf dieser spannenden Reise mit einer ganz anderen Betrachtung der Evolution des Lebens zu einem Zugewinn an Erkenntnis und Verstehen.

1 DIE WIRKLICHKEIT TRÄGT EIN FORELLENKLEID

> *»Das parallele Studium von Welt und Mensch zeigt die*
> *grundsätzliche Einheit von allem auf und hilft, in den*
> *Erscheinungen verschiedener Ordnungen Analogien zu finden.«*
> John G. Bennett[12]

Charles Darwin veröffentlichte 1859 sein Werk *Über die Entstehung der Arten*. Darin stellte er mit vielen genauen und aufmerksamen Beobachtungen dar, dass Pflanzen und Tiere gemeinsame Vorfahren haben und sich durch »natürliche Selektion« nach dem Vorbild von Züchtern von früheren Erscheinungsformen weiter- und auseinanderentwickelten.

Die Lebensformen entstanden demnach nicht mehr wie im christlichen Glauben durch einen Schöpfergott oder einen »intelligenten Designer«, wie es vor ihm viele andere behauptet hatten. Mit seinem neuen Ansatz leitete er so eine Revolution in der damaligen Sichtweise der Biologie über die Entstehung des natürlichen Lebens ein.

Selbstverständlich gab es nach seiner Veröffentlichung vielfältige Kontroversen seiner Zeitgenossen und vor allem die Ablehnung seiner Hypothesen durch religiös eingestellte Menschen, die weiterhin an die Schöpfung des Lebens durch einen »Gott« glauben wollten. Die meisten Menschen geben sich gerne mit einfachen Glaubenssätzen ab, die ihnen die Religionen liefern. Für sie haben »Gott«, »Göttinnen« oder »Götter« das Leben erschaffen und sind verantwortlich für das Leben. Sie denken, es ist nicht ihre Aufgabe, »göttliche« Absichten zu hinterfragen. Der »Sinn des Lebens« liegt in deren Weltbild einfach darin, Gott oder den Göttern zu dienen, dann wird alles gut. Wenn etwas nicht gut geht, dann liegt das auch in Gottes Hand. Entweder man hat sich schuldig gemacht oder sich ein

»schlechtes Karma« erworben. Es gibt eine Vielzahl anderer Erklärungen, je nach Glaubensvorstellung.

Die Kontroverse zwischen Schöpfungsglaube und Evolution hält bis heute an. Darwin war nicht der Erste, der nicht religiöse Hypothesen hervorbrachte, doch sein Werk fand bis Ende des 19. Jahrhunderts weitgehend Anerkennung in der damaligen Wissenschaftsgemeinde. Im Laufe des 20. Jahrhunderts setzte sich der »Darwinismus« als Standardweltbild der Evolution durch. Die Theorie wird heute »Deszendenztheorie« oder auch »synthetische Theorie der biologischen Evolution« genannt, was jedoch die ursprünglichen Schwächen des darwinistischen Weltbilds nicht beseitigt.

Durch die industrielle Revolution im 19. Jahrhundert und den Fortschritt in den Naturwissenschaften, insbesondere der Physik und Chemie, wurde das Weltbild der Menschen in den westlichen Industrieländern zunehmend »materialistisch«. Selbst »gottgläubige« Wissenschaftler sahen es als nötige Voraussetzung für die wissenschaftliche Arbeit, Glaube und Religion zu trennen. Wahrscheinlich ermöglichte diese Trennung auch die rasante wissenschaftliche Entwicklung im 20. Jahrhundert.

Die Wissenschaft dominiert und verändert seither fortwährend unser Weltbild. Obwohl immer noch eine Mehrzahl der Menschen auf allen Kontinenten religiös eingestellt ist und je nach Religionsform an göttliche Mächte glaubt, setzt sich die materialistische Weltanschauung immer mehr durch. Das hat damit zu tun, dass man die herkömmliche dualistische religiöse Weltanschauung, d. h., Geist und Materie werden als zwei polare Aspekte angesehen, und der Geist steht über der Materie, umgedreht hat zur Vorherrschaft der Materie über den Geist.

Weder philosophisch noch wissenschaftlich gesehen, macht dies einen Sinn. Denn man bezieht nicht ein, dass wir es tatsächlich mit mindestens drei gleichbedeutenden Faktoren zu tun haben: Materie, *Leben* und Geist. Leben ist mehr als eine materielle Funktion, und Geist ist mehr als »Information«:

Geist ist eine *kreative und intelligente Wirkkraft*, die bei allen Prozessen notwendig und beteiligt ist. Auch Wissenschaftler sprechen z. B. von einer »Informationsverarbeitung« in den Zellen. Das bedeutet, dass diese drei Faktoren sich ergänzen und nicht im Gegensatz zueinander stehen, im Gegenteil: Sie sind so miteinander verwoben, dass keine dieser wesentlichen Kräfte unabhängig von den anderen existieren kann, auch in den Bereichen des Mikro- und Makrokosmos, in denen Leben sich noch nicht manifestiert hat, sondern nur virtuell vorhanden ist. Es führt unser Verstehen der Evolution nur weiter, wenn wir uns von den hergebrachten einseitigen oder dualistischen Denkmustern lösen.

Auch wenn die Wissenschaftler beteuern, dass eine wissenschaftliche Theorie keine unbegründete Vermutung ist und auf belegten Fakten basiert und ihre Erklärungen auf gesicherten Hypothesen basieren, bedeutet das nicht, eine bestimmte Theorie sei die endgültige Erkenntnis. Neue Untersuchungen und Erkenntnisse führen ständig zu Anpassungen bereits bestehender Theorien als auch zu ihrer Widerlegung. Materialistische Evolutionsbiologen haben für den Erhalt von Darwins Hypothesen inzwischen differenziertere Argumente entwickelt, die in ihrer wissenschaftlichen Sprache nun versuchen, die vielfältigen Beweismängel der Hypothesen zu einer nach wie vor haltbaren Theorie zurechtzubiegen. Das treibende Motiv für sie ist, jeden geistigen Aspekt herauszulassen, weil sie meinen, sonst würde »Gott« wieder durch die Hintertür hereinkommen.

Die Forscher sind sich offenbar darin einig, dass ihre materialistische Vorstellung von Evolution eine unwiderlegbare Tatsache ist. Doch diese Theorie, also »Weltanschauung«, kann man keineswegs als »wertfrei« bezeichnen, weil ja bereits ein fester Standpunkt besteht, der das Maß der Interpretation eines wissenschaftlichen Ergebnisses bestimmt.

Wenn selbst Wissenschaftler auf ihrem einseitigen Fokus beharren, bringen sie etwas hervor, womit sie eigentlich am

wenigsten zu tun haben wollen: Sie erschaffen Wissenschafts-
mythen und erzählen Geschichten, die wir entweder glauben
oder ablehnen können. Der Schriftsteller Ralf Isau bringt das
Dilemma auf den Punkt: »Darwins Lehre ist der größte Irrtum
der Wissenschaft.«[13] So entsteht für nachdenkliche Menschen
das Problem, dass sie sich mit einseitig gefilterten Schlussfolgerungen begnügen müssen, die in die allgemein akzeptierten
Raster passen.

Man muss den Forschern zugutehalten, dass sie gelegentlich
auch an den herrschenden Thesen zweifeln oder alternative
Denkmöglichkeiten zulassen. In manchen Forschungsbereichen
wie der Quantenphysik lässt man z. B. immer mehr eine Welt
des Sowohl-als-auch zu, welche die Entweder-oder-Realität ab-
gelöst hat. In Fachgebieten wie der Evolutionsbiologie werden
allerdings immer noch Geschichten erzählt, die den Menschen
Brillen und Sichtweisen aufsetzen, die der vorherrschenden
Meinung dienen. Auch kritische Wissenschaftsjournalisten sind
oft hilflos überfordert, eine Kontrollfunktion zu übernehmen;
außerdem sind sie natürlich auch vom vorherrschenden Denken beeinflusst.

Es gibt immer wieder auch Wissenschaftler, die andere Schlussfolgerungen aus vorliegenden wissenschaftlichen Erkenntnissen
ziehen. Sie erfinden jedoch nicht einfach etwas, sondern belegen ihre neuen Schlussfolgerungen aufgrund bestehender Forschungsarbeiten und Fakten. Viele Einsichten der Forscher können ganz anders interpretiert werden.

Die Art der Wahrnehmung und der Interpretation eines For-
schungsergebnisses hängt ab vom Bewusstsein des Beobachters
und von seinem kulturellen und gesellschaftlichen Kontext.
Deshalb kann eine andere Leseart der wissenschaftlichen Ver-
öffentlichungen genauso wahr sein wie die der traditionellen
Wissenschaft – es ist nur eine andere Deutung. Viele der alternativen Ideen lassen sich darüber hinaus auch beweisen, wenn
man sie ohne Vorurteil mit den geeigneten Methoden erforscht.

Wenn man nicht materielle Erscheinungen erforschen wollte, würde man auch praktische Möglichkeiten dazu finden.[14]

Wissenschaftliche »Objektivität« ist tatsächlich nicht wirklich objektiv. Sie besteht vielmehr darin, ihre Sichtweise auf die *Funktionen* der Objekte zu reduzieren, und ist deshalb gar nicht in der Lage, alle komplexen Wechselwirkungen zwischen den Objekten und den beobachtenden und beteiligten »Subjekten« einzubeziehen. Jedes wissenschaftliche Ergebnis ist somit immer eine Bewertung, die sich aufgrund der herrschenden Standards ergibt, die nicht zulassen, dass das Bewusstsein des Forschers und seine subjektiven Wertmaßstäbe einbezogen werden. »Was verbleibt, ist ein gedachtes, aber nicht erlebbares Modell. Und dieses Modell, eben das wissenschaftliche Weltbild, weiß nichts von Farben und Tönen; es kennt nichts, was in uns selbst zu Hause ist, wie Freude, Schmerz, Hoffnung, Wille, Glück. Auch weiß die Naturwissenschaft nichts von Werten und Zielen; sie kann sagen, was ist und wie es wirkt, aber sie kann nicht sagen, was sein soll.«[15]

Wir leben tatsächlich in *einer* Wirklichkeit, die jedoch *viele* Möglichkeiten der Wahrnehmung und Erkenntnis anbietet. Es gibt keine »richtige« oder »falsche« Wirklichkeit. Doch da die Wirklichkeit, die wir wahrnehmen, sich aus subjektiven und objektiven Einsichten zusammensetzt, müssen wir die klassische Trennung zwischen subjektiver und objektiver Wahrnehmung aufheben. Im gewöhnlichen Leben denken wir jedoch dualistisch, weil das Gehirn so trainiert worden ist. Doch auch das Gehirn ist flexibel, sodass es möglich ist, eine multiple und vernetzte Verstehensweise zu entwickeln.

Manche Wahrnehmungsforscher geben auch zu bedenken, dass das Gehirn *kein* Spiegel der Außenwelt ist. Das Bewusstsein beschäftigt sich nicht einfach mit sich selbst und der Wahrnehmungsverarbeitung, um in der Welt zurechtzukommen. Bewusstsein hat die Fähigkeit, über sich selbst hinauszublicken und die äußere Welt zu verstehen. Es entwickelt sich durch die

Wechselwirkung mit den Impulsen von außen und von innen und verändert so die Wahrnehmung der Welt. »Dadurch entstehen ›Weltbilder‹ und menschliche Kulturen, die die reale Außenwelt zum Spiegel interner Konstruktionen machen.«[16] Das »Bewusstsein« wirkt auf diese Weise als »metaorganische« Einheit und ist so auch Bestandteil jeglicher Forschungserkenntnis.

Sowohl die Evolutionsbiologie als auch die Psychologie und die Neurowissenschaften arbeiten im Wesentlichen mit *phänomenologischen* Mitteln. Die Phänomenologie ist eine Methode, die darauf basiert, dass eine Erscheinung für existent gehalten werden kann, weil sie zu existieren scheint. In der Psychologie gilt das für Begriffe wie Bewusstsein und Intelligenz, aber auch für Gedanken oder das Unbewusste, in der Evolutionsbiologie gilt das für Erscheinungen wie gleichartige Baupläne in unterschiedlichen Arten, die man somit für »Auseinanderentwicklungen« hält, statt anzuerkennen, sie wären unabhängig voneinander entstanden, worauf viele Erkenntnisse hinweisen.

Meine Überlegungen zur Entstehung von wissenschaftlichen Erkenntnissen sind für die weitere Betrachtung der Evolutionsgeschichte deshalb von Bedeutung, weil es keine absolute »Wahrheit« geben kann. Wir sind immer nur in der Lage, Aspekte des Ganzen wahrzunehmen. Das gilt in besonderem Maße für die Evolutionstheorie.

Bei genauerer Analyse ihrer Hypothesen können wir nämlich erkennen, dass sie nur auf einer einzigen belegbaren Tatsache beruht: Im Verlauf der Evolutionsgeschichte hat es nachweislich immer mehr komplexere Lebewesen in Form unterschiedlicher Arten gegeben. Da es diese Vielfalt heute noch in Form von lebendigen Wesen oder durch das Auffinden von Fossilien gibt, können wir sie selbst mit eigenen Augen sehen. Alle anderen vorgeblichen Tatsachen hinsichtlich der Evolution des Lebens beruhen auf Vermutungen, auch wenn sie noch so stark vertreten oder durch eine Häufung von Fakten zu beweisen versucht werden. Die Behauptung von Evolutionsbiologen wie Ulrich Kutschera, der seine Zufallstheorie mit statistisch möglichen Wahrscheinlichkeiten begründet, halte ich für völlig unzureichend. Die millionenfache Vielfalt der Lebewesen lässt sich bei vernünftigem Nachdenken nicht mit Lottostatistiken begründen, denn es macht einen großen Unterschied, ob von Millionen von Lottospielern einer sechs Richtige hat oder ob lebendige Wesen mit all ihren komplexen Eigenschaften entstehen.

Leben kann nur auf ganzheitliche Weise verstanden werden, die alle Faktoren einbezieht und erklärt, wie Leben entstand, warum es entstand und wie es sich tatsächlich entwickelt hat.

Die modernen Evolutionswissenschaften, zu denen nun auch die Genetik und andere Teildisziplinen zählen, haben die darwinistische Hypothese erweitert und Genetik und andere grundlegende Fachgebiete einbezogen, wie es im Werk *Vom Urknall zum Menschen*[17] dargestellt wird. Im Vorwort dieses Buches wird allerdings eingeräumt: »Wir können ungefähr erkennen, wie, wann und wo wir entstanden sind, aber wir wissen nicht, warum.« Es wird auch betont, dass die Entwicklung zum Menschen nicht zwangsläufig durch die Zunahme der Komplexität vorausbestimmt war. Die darwinistischen Raster werden so immer weiter beibehalten und wir kommen einer plausiblen Antwort nicht näher.

Können wir die »Warum-Frage« einfach beiseitelassen? Es könnte ja durchaus sein, dass mit Beginn des Lebens die höhere Komplexität, die im Menschen gipfelte, als »Zielvorstellung« angelegt war, auch wenn diese erst durch vielfältige Vorstufen möglich gewesen ist.

Die Erde bewegt sich um die Sonne

> *»Erst sich gestalten, dann verwandeln;*
> *Nur scheinbar steht's Momente still.*
> *Das Ewige regt sich fort in allen:*
> *Denn alles muss in Nichts zerfallen,*
> *Wenn es im Sein beharren will.«*
>
> Johann Wolfgang von Goethe

Wie können wir diesen Knoten lösen und in eine andere Richtung denken? Bei den ausgeführten Erwägungen geht es um prinzipielle Fragen, die gerade in der Evolutionstheorie missachtet werden. Jede wissenschaftliche Theorie muss hinterfragt werden können, wenn der Erkenntnisfortschritt nicht aufgehalten werden soll. Der Politikwissenschaftler Alexis de Tocqueville sagte einmal: Eine Idee, die einfach ist, aber falsch, setzt sich immer durch gegen eine Idee, die richtig ist, aber kompliziert. So ist es sicherlich mit den darwinistischen Grundannahmen über die Evolution.

Der anerkannte Philosoph Karl Popper (1902–1994) meint ebenfalls: »Ich bin zu dem Schluss gelangt, dass der Darwinismus keine prüfbare wissenschaftliche Theorie ist, sondern ein metaphysisches Forschungsprogramm – ein möglicher Rahmen für empirisch prüfbare wissenschaftliche Theorien.«[18]

Wissenschaft ist mehr als nur beobachtete Entdeckung. Sie hat noch eine komplexere Ebene. Der Schlüssel dazu ist die *organisierende Idee*, eine brauchbare Arbeitshypothese. So basiert unser heutiges Wissen, dass »die Erde sich um die Sonne bewegt«, nicht auf direkter Beobachtung. Wenn es möglich wäre, die Erddrehung um die Sonne »zu beobachten«, wäre diese Erkenntnis schon sehr lange vor Kopernikus bekannt gewesen. Tag und Nacht haben wir mit der Drehung der Erde um sich selbst zu tun, die Bewegung um die Sonne ist jedoch nicht ohne Weiteres feststellbar.

Dasselbe gilt für die mechanistische Evolutionstheorie. Ihre»organisierende Idee« basiert auf der *Vermutung*, dass sich Pflanzen und Tiere aus einfachen Zellstrukturen zu komplexeren Vielzellerstrukturen *weiterentwickelt* haben könnten und die komplexeren Strukturen sich dann in vielfältige Arten ausdifferenziert hätten. Damit haben wir schon das erste Problem: Wie und warum haben sich Einzeller zu Vielzellern zusammengefügt? Was gab den Anstoß zu dieser Entwicklung? Es gibt dabei auch zu bedenken, dass eine Zellgemeinschaft aus vielen Zellen einen inneren Zusammenhalt und zellübergreifenden Informationsaustausch haben muss.

Eine weitere These, welche die Theorie einer Entwicklung stützen soll, ist die Behauptung, aus Fischflossen hätten sich Beine von Tieren und Flügel von Vögeln entwickelt, weil sie eine ähnliche Struktur haben. Inzwischen konnte jedoch aufgezeigt werden, dass »höhere« Lebewesen sich in vielen Fällen unabhängig voneinander parallel entwickelt haben.[19] Auch ein kürzlich gefundenes Fischfossil, das statt Vorderflossen rudimentäre Arm- und Beinansätze hat, ist noch kein Beweis einer evolutionären *Weiterentwicklung*. Es gibt viele außergewöhnliche und von der Norm abweichende Tierformen wie am Beispiel des Schnabeltiers gezeigt.

Vom Einzelfall auf das Allgemeine zu schließen nennt man Induktion. Diese Denkweise war zu Zeiten Darwins noch die vorherrschende. Für den Philosophen Karl Popper ist die Auseinandersetzung mit dem Induktionsprinzip ein wichtiger Teil seiner Erkenntnistheorie. Auf induktivem Weg könnten wir niemals sicheres Wissen erhalten. Die Beobachtung noch so vieler weißer Schwäne kann nicht ausschließen, dass es auch schwarze Schwäne gibt. Daher sollte man zwischen dem Entdeckungszusammenhang und dem Begründungszusammenhang unterscheiden.

Wenn etwas entdeckt wird, ist die Induktion hilfreich: Es wird eine Naturerscheinung beobachtet und daraus aus wiederholt auftretenden Sachverhalten geschlossen, dass eine gewisse Regelmäßigkeit besteht. Dann wird eine Hypothese aufgestellt. Doch eine Erklärung bietet diese Beobachtung nicht.

Tatsächlich gibt es keine Methode, die es einem ermöglicht, von den Einzelerscheinungen durch logische oder methodische Schritte zu einer funktionierenden Theorie zu gelangen. Übertragen wir diesen Ansatz auf die Technik, dann würde ein Ingenieur irgendwelche Einzelteile zusammensetzen, um ein Gerät herzustellen, ohne zu wissen, wie sie zusammengehören und was er schließlich damit anfangen kann. Ganz praktisch gesehen, ist es also notwendig, ein Bild vom Ganzen zu haben, z. B. von einem fahrtüchtigen Automobil, um dann nach Teilen zu suchen, aus denen es konstruiert werden kann. Auch bei der naturwissenschaftlichen Methode braucht man zuerst eine Idee oder Hypothese, um sie dann experimentell zu überprüfen.

Doch dieses Experiment lässt sich mit der Evolution nicht machen, weshalb Evolutionsbiologen aus den einzelnen Teilen und Schritten der Entwicklung auf das Ganze schließen. Die vorgenommenen Evolutionsexperimente liefern daher keine beweiskräftigen Erkenntnisse, auch nicht die Genforschung. Es können höchstens neue Gensequenzen in das Genom einer Pflanze oder eines Tieres eingefügt werden, um z. B. beim Mais die Widerstandskräfte gegen Schädlinge zu erhöhen, das Leben von Labormäusen zu verlängern oder bei Fischen für mehr Fleisch zu sorgen, doch dies konnte man früher auch durch konventionelle Züchtungen – diese dauern nur länger.

Darwins Vorstellung einer »natürlichen Auslese«, ähnlich wie bei Kreuzungen von Pflanzen, setzt jedoch immer voraus, dass der Züchter bereits eine Vorauswahl trifft, er selbst sucht die stärksten oder interessantesten Exemplare heraus und kreuzt sie dann miteinander.

WIE MACHT DIE EVOLUTION DAS?

> »In der Natur gibt es unglaublich komplexe Strukturen
> wie Augen, Flügel und Gehirn ...«
>
> Carl Zimmer[20]

Es ist gut möglich, dass viele unerklärbare Phänomene nur un-
erklärlich sind, weil wir sie auf einer bestimmten Ebene erklären
wollen. Erst wenn wir einen Faktor einführen, der nicht auf derselben Ebene liegt, können wir weiterkommen. Ein hilfreiches
Beispiel zum Verstehen dieses Arguments ist das Flächenwesen,
das mit einer Kugel konfrontiert wird und nicht begreifen kann,
dass es noch eine dritte Dimension gibt. Damit neue wissenschaftliche Erkenntnisse gemacht werden können, hat der Er-
kenntnistheoretiker und Philosoph Sir Karl Popper vorgeschla-
gen, dass Theorien frei erfunden werden dürfen, selbst wenn es
metaphysische Theorien sind. Durch Experimente oder logische Argumente können diese dann bestätigt oder widerlegt
werden.

Denken wir an Einstein, der seine Arbeit über die Relativität
mit »Gedankenexperimenten« begann, dann mathematische
Modelle aufstellte, von denen entscheidende Messungen abgeleitet bzw. Geräte wie Teilchenbeschleuniger für Experimente
entwickelt wurden. Doch selbst ein Phänomen wie die absolute
Lichtgeschwindigkeit ist immer noch nicht wirklich bewiesen,
und bei physikalischen Experimenten wurde sogar »Überlicht-
geschwindigkeit« gefunden.

Darwins organisierende Idee, seine Ausgangshypothese, bildete sich aufgrund seiner Beobachtungen, dass sich innerhalb
der Arten Unterschiede je nach Lebensumständen herausbilden, z. B. die Galapagos-Finken, die je nach Lebensraum unterschiedliche Schnäbel haben. Es entstanden so verschiedene
neue Varianten derselben Art, die sich hinsichtlich ihrer erb-
lichen Ausstattung und Erscheinungsform voneinander unter-

scheiden. Diese Veränderungen sah er als »Mutation« einer Art an. Er beobachtete auch, dass Lebewesen miteinander konkurrieren, und zog daraus die Schlussfolgerung, dass es in der Natur *immer* einen Kampf ums Dasein gebe und die besser ausgestatteten Lebewesen eher überleben als die weniger gut angepassten. Er nahm sich für seine Hypothese dann die Züchter als Vorbild, die durch Kreuzungen von Pflanzen und Tieren stärkere Arten hervorbringen. So meinte er, dass alle Arten in der Natur auf diese Weise entstanden wären. Er und seine Nachfolger können jedoch bis heute nicht belegen, dass eine völlig andere Art aus einer vorhergehenden Art entstanden ist, z. B. ein Spatz aus einem Finken.

Vielleicht hätten ihm die mendelschen Vererbungsregeln geholfen, die Sache besser zu verstehen. Doch auch diese können nicht dabei helfen zu belegen, dass durch Kreuzungen neue Arten entstehen. Sie lassen nur Informationen über die Gene als Träger des Erbguts ableiten, denn es können rezessive oder dominante Gene anwesend sein, ohne ausgeprägt zu werden. Gene wirken bei Kreuzungen zwar zusammen, verschmelzen aber nicht miteinander zu etwas ganz anderem, da sie ja wieder aufgespalten werden. Gene müssen in den Körperzellen reinrassiger Individuen doppelt vorhanden sein, in den Keimzellen aber nur einfach, damit sie sich in den Nachkommen neu kombinieren können. Das bedeutet für mein Argument vor allem, dass Kreuzungen keine *neuen* Arten hervorbringen. Bei Pflanzen ist dies etwa mit der Nektarine gelungen, doch Pfirsiche und Pflaumen sind genetisch verwandt. Man hat das auch bei Tieren versucht und Chimären hervorgebracht, wie eine Kreuzung aus Schaf und Ziege. Daraus wurde jedoch keine eigenständige, überlebensfähige neue Art.

»Ungerichtete Zufallsereignisse«, »natürliche Selektion« und genetische »Mutationen« sind keine logisch zwingenden Faktoren, die eine riesige Vielfalt unterschiedlichster Lebensformen erklären können, die zudem in ihrer Biodiversität miteinander kooperieren oder sogar voneinander abhängig sind. Selbst wenn »die Evolution« viele Jahrmillionen für ihre Diversifizierung Zeit gehabt hat, reichen zufällige Ereignisse nicht aus, um als Erklärungsmodell nützlich zu sein. Die Wahrscheinlichkeit dafür ist durch die Anzahl der auftretenden Mutationen schlechthin zu gering.

Hinzu kommt, dass es eine große Zahl verschiedener Arten bei Tieren und Pflanzen gibt, die sich nicht aus einer einzigen Grundform heraus entwickelt hat, was jetzt immer mehr Genomanalysen bestätigen. Es gibt keinerlei Beweise dafür, dass sich aus Amphibien wie Fröschen Lurche und Echsen entwickelt haben sollen. Da man diese Beweise in Form von fossilen Zwischengliedern nicht hat, spricht man aufgrund der Ausgangstheorie einfach davon, dass sich neue »Evolutionslinien abgespalten haben«, wie etwa Vögel von Flugsauriern oder menschliche Wesen von Schimpansen. Auch wenn 98 Prozent der Gene von Menschen und Affen gleich sind, muss man auch die wesentlichen Unterschiede anderer Faktoren wie Proteine und Gehirnstrukturen berücksichtigen, und diese Unterschiede sind zwischen Affe und Mensch bedeutend größer als der reine genetische Unterschied.

Welcher ausschlaggebende Faktor hat eine solche wesentliche Änderung der Linien herbeigeführt? Heute kann man die genetische Verwandtschaft von Arten bis zu einem gewissen Grad feststellen. Man weiß jedoch nicht, wie aus Echsen Ursäuger und aus denen Primaten entstanden sein sollen. Alle vorhandenen Fakten liefern keine Erklärungsmuster dafür, was der *bewegende* Faktor für eine neue Entwicklungslinie war – wenn man überhaupt von einer »Linie« sprechen kann, was immer mehr angezweifelt wird. Der Baum des Lebens ist inzwischen zu einer Koralle oder einem riesigen Busch geworden. Sogenannte horizontale Gentransfers werden inzwischen als ein Faktor der Evolution bevorzugt – wie auch immer diese Gentransfers lebensfähige neue Wesen hervorgebracht haben sollen.

Das sind nur einige wenige Beispiele, die später noch im Detail ausgeführt werden. Um die Details innerhalb einer ganzheitlichen Schau zusammenzuführen, brauchen wir eine *neue* organisierende Idee, die nicht durch die Wahrnehmungsfilter der üblichen Sichtweise eingefärbt ist. Die Vertreter des »Intelligent Design« bieten einige Erklärungsmodelle dafür, warum »Intelligenz« in der Entwicklung der Natur ein Faktor sein müsse, der in Betracht gezogen werden sollte, auch wenn »Intelligenz« keine Materialität besitzt. Denn es macht schon einen bedeutenden Unterschied für den Erkenntnisgewinn, ob wir einen *intelligenten Wirkfaktor* annehmen oder einen *bloßen Zufallsfaktor*. Können intelligente Lebewesen durch viele ungeplante Zufälle entstehen, wie von materialistischen Evolutionsbiologen behauptet wird? Die These ist unwissenschaftlich und widerspricht jeder Lebenserfahrung. Ein Faktor wie Intelligenz wäre demgegenüber aussagekräftiger, auch wenn er nicht materiell ist – was Zufall ja ebenso wenig ist. Was also treibt »die Evolution« an?

Der Wissenschaftsautor und Physiker Paul Davies bringt einen wichtigen Aspekt in die Diskussion: »Die fundamentale These des Intelligent Design ist geradeaus und leicht verständlich: Es existieren natürliche Systeme, die nicht angemessen erklärt werden können, wenn man nur unkontrollierte und ungezielte natürliche Ursachen annimmt, und die Eigenschaften aufweisen, die man unter anderen Umständen einer Intelligenz zuschreiben würde.«[21] Die »anderen Umstände« wären z. B. eine technologische Entwicklung wie die des Helikopters oder des Computers, die absichtlich konstruiert werden und nicht zufällig aus Einzelteilen entstehen können. Noch weniger kann eine hochkomplexe lebende Zelle einfach durch ein paar zusammengewürfelte Aminosäuren entstehen. Dazu mehr im dritten Kapitel.

Die Zuschreibung von Intelligenz hat nichts mit »optimalem Design« zu tun hat, was von Biologen immer als Kritikpunkt herausgestellt wird. Sie behaupten ins Blaue hinein, die meisten Lebensformen seien eher provisorisch und unvollkommen, was natürlich nicht stimmt, wenn man die Erkenntnisse der Bioniker (Ingenieure, die versuchen, technische Entwicklungen der Natur nachzuahmen, wie den Lotoseffekt) in Betracht zieht, die die technologische Entwicklung der Natur für genial halten. In vielen untersuchten Lebewesen und Pflanzen haben die Bioniker deutlich gesehen, dass »Funktion und Design« optimal aufeinander abgestimmt sind, besser als wir das technisch lösen könnten. Daher ist auch das nur eine Frage der Interpretation.

Wenn man ohne Scheuklappen hinschaut, ist nämlich jedes Lebewesen »in irgendetwas spitze«, wie es in einem Zeitungsartikel heißt, der durchaus auf dem Boden des Darwinismus steht. »Dank Evolution kann jedes Wesen irgendetwas so gut wie kein Vertreter einer anderen Art – und wenn es nur wie im Fall des Faultiers das Faulsein ist.«[22] Tatsächlich ist das Faultier nicht »faul«, es hat nur von Natur aus einen extrem langsamen Stoffwechsel – aber auch dieses Tier kommt im wilden Dschungel gut zurecht! Es lebt einfach so hoch in den Bäumen des Amazonas-Dschungels, dass kein Raubtier sich die Mühe macht oder es schafft, so hoch zu klettern. Das Faultier kann jedoch auch ziemlich schnell schwimmen – wenn es erst einmal im Wasser ist.

Das Hauptargument des »Intelligent Design« dreht sich vielmehr darum, dass an allen Komplexitäten des Tier- und Pflanzenreichs eine intelligente Instanz an der Evolution beteiligt sein muss, weil die vielfältigen Entwicklungen nicht auf mechanische Zufälle reduziert werden können. Wir brauchen für eine nicht zufällige Entwicklung jedoch auch keinen »Designer«, der die Prozesse steuert. Es bedarf lediglich einer in allen Prozessen inhärenten intelligenten Instanz, die daran beteiligt ist, dass Entwicklungen intelligent sind.

KANN INTELLIGENZ ETWAS BEWIRKEN?

> *»Intelligenz ist eine Verbindung mit dem Muster der Zukunft.«*
> Anthony Blake

Was ist Intelligenz? Intelligenz ist nicht nur bei Menschen die Fähigkeit, Erkenntnisse zu gewinnen und Entscheidungen zu treffen. Es muss eine Struktur innerhalb der Evolution geben, in der Intelligenz selbst eine wesentliche Rolle spielt. Doch Intelligenz ist *keine Sache*, sie hat keine materielle Struktur, genauso wenig wie die Qualität der Schönheit, die wir zweifellos erkennen können. Aber Intelligenz ist auch keine Funktion der Dinge. Auf jeden Fall *gibt* es Intelligenz, das ist wohl unbestritten. Und es lässt sich eindeutig darlegen, dass eine *intelligente Wirkkraft* die Funktionen vielfältiger Art in der Natur koordiniert. Selbst wenn stattdessen nur der Begriff »Information« zur Erklärung benutzt wird, wie heute immer üblicher, ändert dies nichts daran, dass dieser Faktor nicht mehr unbeachtet gelassen werden kann.

Der Informationsbegriff ist eine materialistische Abschwächung des Intelligenzbegriffs, denn Information besteht nicht nur aus Daten und Fakten, sondern muss auch eine sinnvolle Mitteilung, eine Anweisung und eine Bedeutung beinhalten. Wir wissen über Information eigentlich nur, dass es sie gibt, dass sie manchmal auch verloren geht oder neu erzeugt wird. Intelligente Information kann ohne eine bestimmte Funktion, einen Träger, nicht operieren, obwohl sie sicherlich nicht »mechanistisch« wirkt. Wir sollten auch unterscheiden, dass eine Funktion nur in Gang gesetzt werden kann, wenn ein Impuls ausgeübt wird, und d. h., es muss eine Wirkkraft geben. Damit etwas »richtig« funktioniert, muss auch Intelligenz daran beteiligt sein. Wer würde abstreiten, dass ein Flugzeug fliegen kann, weil intelligente Ingenieure alle vielfältigen Aspekte der Flugfähigkeit eines Körpers genau studiert und in konkreter Form umgesetzt haben? Die Flugfähigkeit eines Vogels, die auf anderen technischen Grundlagen beruht, ist daher ebenfalls eine intelligente Konstruktion und kann nicht zufällig entstanden sein.

Meistens wird Intelligenz immer als identisch mit Verstand betrachtet. Verstand ist tatsächlich ein menschliches Instrument für Intelligenz und funktioniert innerhalb eines bestimmten funktionalen Bereichs, des Gehirns des Menschen. Allein daran wird deutlich, dass Intelligenz an einer Wirkung beteiligt sein muss, denn unsere Vorstellungen und Gedanken, die ein Problem lösen möchten oder eine Idee in äußere Gestaltungen umsetzen wollen, benötigen die Unterstützung einer intelligenten Instanz. Ob diese nun durch neurologische Prozesse entsteht oder auf andere Weise, sei erst einmal dahingestellt. Wir können die Kraft der Intelligenz zudem im menschlichen Leben erkennen, das aus der natürlichen Evolution hervorgegangen ist.

Daher liegt es nahe, dass sie immer bei der Organisation und Erhaltung des organischen Lebens beteiligt ist. Das bedeutet für mich keineswegs, dass die Evolution deshalb »göttlich« verfügt und beherrscht wird.

Wie macht »die Evolution« das? Wie wirkt intelligente Information bei der Gestaltung der Lebensformen? Diese Frage wird von den Vertretern des »Intelligent Design« nicht beantwortet. Sie postulieren nur richtig, dass intelligente Einflüsse vorhanden sind. Wie können wir diese intelligente Instanz genauer einkreisen, ohne materialistische Erklärungsmöglichkeiten zu bemühen, die dieser »höheren Dimension« nicht gerecht werden?

Eine Denkmöglichkeit wäre ein »dritter Weg«, der beide Theorien berücksichtigt, jedoch ein eigenständiges Element hinzufügt. Wenn wir einen unvereinbaren Gegensatz haben, ist es nicht oder selten möglich, einen Kompromiss zu finden, der polare Positionen vereinigt. Die einzige Möglichkeit ist, einen dritten Faktor einzuführen, einen ganz neuen Gedanken, der die Positionen auf eine »höhere« Ebene anhebt, von der aus die Gegensätze überwunden werden. Damit ist nicht Hegels Dialektik gemeint, sondern eine Vorstellung, die von drei unabhängigen Faktoren ausgeht, die eine dynamische Beziehung bilden.

Ein einfaches Beispiel für eine solche »dreifältige« Sichtweise ist das Bild der Beziehung von Mutter, Vater und Kind. Da für die Fortpflanzung der meisten Spezies (es gibt viele Ausnahmen) ein Mutterwesen und ein Vaterwesen notwendig ist, um ein Kind zu zeugen, bleibe ich hier bei der in der Natur am meisten verbreiteten Konstellation: Ein Kind entsteht biologisch je zur Hälfte aus der Synthese der Chromosomen von Frau und Mann. Das Kind ist jedoch weder der Mutter noch dem Vater gleich. Hinzu kommt noch ein psychologischer Effekt: Wenn ein Kind in eine Beziehung kommt, ändert sich die Dynamik der Beziehung schlagartig. Die Partner müssen sich nicht nur auf ihre gegenseitigen Bedürfnisse einstellen, sondern immer auch die Wünsche und Bedürfnisse des Kindes einbeziehen. Dadurch verändert sich auch die Beziehung aller drei.

Vor allem wird in diesem Beispiel deutlich, dass das Kind eine eigenständige »dritte Kraft« in einer dynamischen Beziehung bildet. Das Kind ist nur genetisch eine »Synthese« von Mutter und Vater, kaum ist es geboren, verfolgt es jedoch eigene Interessen und besitzt eine autonome Intelligenz – es bereichert und erschwert das Leben der Eltern. Die kleine Gemeinschaft muss nun vielfältige Abstimmungsprozesse durchführen, damit alle drei ihre eigenständigen Vorstellungen und Interessen verwirklichen können.

Es ist unbestreitbar, dass es in der Natur verwandte Arten gibt, allerdings nur in dem Sinne, dass *ähnliche Baupläne* in unterschiedlichen Arten vorhanden sind, wie z. B. das Knochengerüst von Fischen, Echsen und anderen Wirbeltieren. Ein weiteres Beispiel: Fliegen und Menschen haben ein sehr ähnliches Gen, das die Entwicklung des Auges steuert, obwohl die jeweiligen Augen sehr unterschiedlich sind. Es lässt sich allerdings nicht durch Genanalysen herausfinden, welche »Befehle« dazu führen, dass im Menschen die Augen anders werden als bei der Fliege. Darwins Hypothesen von »natürlicher Selektion« und »Anpassung« sind nur ein Aspekt einer möglichen umfassenderen Theorie und nur begrenzt anwendbar. Jede wissenschaftliche Methode läuft in eine Sackgasse, wenn sie sich zu sehr auf diese einseitige Wahrnehmung durch ein einziges Modell versteift.

Deshalb bin ich zu der Auffassung gelangt, dass wir die einfarbige Brille der herrschenden wissenschaftlichen Evolutionstheorie abnehmen müssen, um neue Erkenntnisse zu gewinnen. Es ist notwendig, das Spektrum unserer Wahrnehmung zu erweitern, statt andere Sichtweisen auszuschließen. Die Wissenschaft kommt mit ihren Erkenntnissen über die evolutionären Prozesse nur weiter, wenn sie interdisziplinär und genauso intelligent und kreativ vorgeht wie »die Natur«. Die natürlichen Prozesse sind so eng miteinander verzahnt, dass wir nur durch eine Zusammenschau von physikalischen, chemischen, biologischen, neurologischen und anderen wissenschaftlichen Forschungsrichtungen einer ganzheitlichen Betrachtung des Lebens näherkommen.

Um einzelne Details und die Ansammlung vieler Informationen zu verstehen, benötigen wir einen Blick vom Ganzen aus. Meine *organisierende Idee* geht bei der Evolution davon aus, dass jeder dynamische Prozess mindestens drei unabhängige »Elemente« oder »Impulse« benötigt, wie im Beispiel von Mutter, Vater, Kind veranschaulicht wurde.[23] Wenn es um dynamische Prozesse geht, arbeitet die Natur tatsächlich mit drei grundlegenden Elementen. Wir finden diese drei Elemente sowohl in den kleinsten Bausteinen der Materie, sei es im Atom, das sich aus Elektronen, Protonen (die eigentlich »Quarks« sind) und Neutronen zusammensetzt. Wir finden die Dreiheit auch im genetischen Code, dessen Sequenzen sich aus Tripletts oder Codons mit drei von vier verschiedenen Aminosäurenbasen zusammensetzen.

Wenn wir nun weder einen »Designer« noch »zufällige Mechanismen« die Evolution steuern lassen wollen, müssen wir den Faktor »intelligente Information« in das Geschehen einführen. So können wir eine »dreidimensionale« Sicht gewinnen. In Lebensprozessen spielen tatsächlich mindestens drei Elemente zusammen, die durch Rückkopplungsschleifen miteinander verwoben sind:

1. Baupläne oder Konstruktionselemente: Die Grundelemente jeglicher materieller Formen müssen vorhanden sein, um daraus eine Zelle oder ein Skelett herstellen zu können. Und es ist erforderlich, dass eine »Vorstellung« davon gebildet wird, was überhaupt konstruiert werden soll und wie das umgesetzt werden kann.

2. Ein funktioneller Ablaufplan: Damit eine Zelle oder jedes vielzellige Lebewesen »reibungslos« funktioniert, muss es auch einen gewissen »automatischen« Ablauf in den Zellen geben, funktionelle Prozesse wie »Gene produzieren Proteine«.

3. Information oder intelligente Koordination: Die Information ist wesentlich dafür, dass diese Prozesse »programmiert werden und auch so flexibel sind, dass sie verändert und angepasst werden können. Es sind ohne Zweifel intelligente Steuerungselemente notwendig, um z. B. in einer Zelle die entsprechenden Proteine herzustellen und sie zu informieren, wo sie gebraucht werden und wie sie dahin gelangen.

Doch damit überhaupt etwas hergestellt werden kann, sind grundlegende Materialien notwendig: die winzigen Atome, aus denen das ganze Universum besteht. Wir können diesen Aspekt nicht unbeachtet lassen, denn materielle Formen wie die Erde, auf der wir leben, und lebendige Strukturen, die daraus entstanden sind, müssen ja aus grundlegenden Bestandteilen hergestellt worden sein. Wir können nicht über die Evolution des Lebens sprechen, wenn wir nicht wissen und verstehen, wie sich unzählige Atome zu lebendigen Strukturen zusammenfinden.

Wie ich im nächsten Kapitel darstellen werde, bestehen diese grundlegenden Bauelemente der Materie ebenfalls aus drei konstitutiven Teilen. Auch hier sind bereits alle drei Faktoren zusätzlich miteinander durch Rückkopplungsschleifen verwoben. Daher muss von Anfang an ein »Bewusstsein vom Ganzen« vorhanden sein, ein *vierter, vereinigender* Faktor. Denn auch für die Erstellung des Bauplans wird bereits ein Wissen um die Funktion benötigt, weil diese ja – wie am Beispiel der Zelle gezeigt – dafür Sorge tragen muss, dass die Zelle die Enzyme und Proteine herstellt, die auch für den Erhalt der Zelle und ihrer Funktionsfähigkeit nötig sind. Wenn die Gene den Bauplan für bestimmte Zellen oder Proteine in sich tragen, müssen sie auch »wissen«, wann und wie sie diese herstellen sollen. Wir haben ein komplexes Netzwerk von intelligenter Organisation vor uns, das einerseits relativ automatisch funktionieren, andererseits auch auf völlig neue Umstände intelligent reagieren muss.

Eine Untersuchung der Abteilung für Nanophysik am Max-Planck-Institut für Festkörperforschung in Stuttgart hat kürzlich folgende Erkenntnis zutage gefördert, die meinen Ansatz bestätigt: »Die Fähigkeit von Molekülen, sich über Schlüsselprozesse wie aktive Selektion, Selbsterkennung und Fehlerkorrektur zu hoch organisierten Strukturen zu ordnen, ist eine grundlegende Voraussetzung für die Bildung molekularer Systeme bis hin zu biologischen Organismen wie Zellen oder Membranen.«[24] Das bedeutet, dass dieses Bewusstsein vom Ganzen schon in den kleinsten Bauteilen der materiellen Existenz vorhanden ist.

Selbstverständlich ist diese dreidimensionale Sichtweise ebenfalls eine »Vorstellung«, eine Arbeitshypothese, ihre Wirkungen lassen sich jedoch beobachten und logisch nachvollziehen. Die Welt des Lebens wäre nicht lebendig, wenn es nur funktionale, mechanistische Abläufe gäbe. Es fragt sich natürlich noch, wie »Leben« in die Moleküle gelangt ... Aber vielleicht ist Leben die Essenz intelligenter Information – wir wissen das nicht. Auf jeden Fall bringt das Zusammenspiel von mindestens drei Elementen oder Aspekten des Ganzen die Wirklichkeit hervor, die wir sehen können. Deshalb ist das Element der Information notwendig – in meiner Darstellung »kreative Intelligenz« –, weil Intelligenz auch immer mit kreativen Einsichten in Verbindung steht. Kreative Impulse, die intelligent umgesetzt werden, sind an jedem Prozess beteiligt, weil wir die Natur und das Leben sonst nicht verstehen können. Darüber hinaus ist ein »Bewusstsein vom Ganzen« als integrierender Faktor notwendig, um das Wechselspiel der drei Grundelemente kohärent zu koordinieren.

2 EIN BEWUSSTSEIN VOM GANZEN

»Die Erfahrung, Zusammenhänge wahrzunehmen,
die wir vorher nicht sahen –
eine Art der Öffnung des inneren Verstehens –,
ist eine Wirkung des Bewusstseins.«
John G. Bennett[25]

»Bewusstsein« ist ein Begriff, der auch von materialistisch eingestellten Menschen verwendet wird. Auch sie sagen: »Ich bin mir diesem oder jenem bewusst.« Oder: »Ich habe ein Bewusstsein von mir selbst.« Doch da Bewusstsein nicht an bestimmten Neuronenverbänden im Gehirn lokalisiert werden kann, ist es für die meisten Forscher eher eine Einbildung des Gehirns, die uns lediglich suggeriert, es gäbe so etwas wie ein »Selbst« mit eigenständigem Bewusstsein.

Eine Erkenntnistheorie, die das Bewusstsein als »metaorganische« Fähigkeit des Menschen in die Erkenntnisprozesse einbezieht und danach fragt, wie und warum die Evolution des Lebens diese Fähigkeit schließlich im Menschen hervorgebracht und verstärkt hat, kann die Wirklichkeit nicht länger als einen eingleisigen, mechanischen Prozess interpretieren. »Während die biologischen Organfunktionen auf die Erhaltung des Lebens bezogen sind und die Störung dieser Funktionen zum Tode des Lebewesens führt, sind kognitive Funktionen im eigentlichen Sinne auf Erkenntnisleistungen bezogen, die jedenfalls in ihren abstrakten Bereichen mit dem Überleben des Individuums nichts zu tun haben.«[26]

Es gibt keinerlei Beweise dafür, dass unser Gehirn tatsächlich Bewusstsein erzeugt. Viele klinische und experimentelle Untersuchungen zeigen nur eine bestimmte Verbindung von Gehirn und Bewusstsein, aber nicht, dass das Bewusstsein im Gehirn an einer Stelle lokalisiert werden kann. Zudem laufen 98 Prozent aller Gehirnprozesse unbewusst ab, zumindest werden sie nicht von unserem Wachbewusstsein wahrgenommen. Bewusste, kognitive Prozesse sind eher vergleichbar mit der Spitze eines Eisbergs, während der größte Teil des Bewusstseinsprozesses nicht sichtbar ist. Dieser Fakt ist wohl das Besondere beim Menschen: Bei ihm hat sich ein Bewusstsein vom Bewusstsein durch die Oberfläche des Unbewussten herausgehoben.

Man könnte also sagen, dass waches Bewusstsein für die meisten Prozesse, die im Menschen ablaufen, nur eine unbedeutende Rolle spielt. Übertragen auf die Prozesse des ganzen menschlichen Körpers, gibt es offenbar auch keine übergeordnete Zentrale, die alle Feinabstimmungen kontrolliert und steuert. Auch innerhalb der Natur, der ganzen Biosphäre, können wir das ähnlich sehen. Anscheinend ist nirgendwo ein übergeordnetes Steuerelement notwendig, das die vielfältigen Teile organisiert, die alle autonom ihre eigenen Ziele verfolgen. Dennoch muss es eine Kraft geben, die alle Teile und Bereiche informiert und miteinander verknüpft, so sie letztlich aufeinander abgestimmt funktionieren.

Es gibt viele Hinweise aus den Wissenschaften, dass es bis auf der mikrokosmischen Ebene der Quanten genauso wie auf der makrokosmischen Ebene des Universums fein abgestimmte Korrelationen gibt, die sich jeglicher Erklärung entziehen. Im Zellverband eines Organismus gibt es ebensolche unsichtbare Wechselbeziehungen, die Zellen und Organ verbinden. Die einzige Erklärung für den Zusammenhang all dieser Prozesse kann nur eine Feldwirkung sein, eine Informationsverarbeitung und Informationsübertragung, die keine physikalische Vermittlung benötigt. Ich bezeichne dieses Feld hier als ein »Bewusstsein vom Ganzen«, das gewissermaßen vergleichbar ist mit einem holografischen Feld, in dem jedes Teil das Ganze widerspiegelt und so zugleich die Informationen unmittelbar zur Verfügung hat, die für die Abstimmung des Gesamtprozesses notwendig sind.

Beim Menschen hat Bewusstsein mehrere Funktionen und Eigenschaften. Es ermöglicht unter anderem, zusammenhängende Gedanken zu denken, Verbindungen herzustellen und Strukturen zu verstehen. Ohne waches Bewusstsein ist keine Erkenntnis möglich. Doch Kognition ist nur ein Teilaspekt des Gesamtbewusstseins. Auch wenn wir schlafen oder bewusstlos sind (etwa nach einer Narkose), arbeitet es im sogenannten Unterbewusstsein autonom und unbemerkt weiter. Die unterbewussten Funktionsabläufe und psychischen Inhalte sind genau genommen ebenfalls ein Teil des Bewusstseins, auch wenn wir sie nicht wahrnehmen. Es wäre gar nicht möglich – und auch nicht notwendig –, sich sämtlicher Prozesse bewusst zu sein, insbesondere jener, die ganz gut »von allein« funktionieren.

Auch das Gehirn selbst zeigt ein Verhalten, das Stuart Kauffman für biochemische Netzwerke beschrieben hat, die bei einer bestimmten Komplexität eine homogene Einheit bilden. »Die Wellenfluktuationen im Hirn lassen sich damit vielleicht auf ähnliche Weise begreifen wie die Beziehungen zwischen den Proteinbestandteilen einer Zelle: Aufgrund ihrer Komplexität bilden sie ein Ganzes, das zu einem gemeinsamen Verhalten in der Lage ist und sich selbst eine Struktur geben kann. Jeder Ausschnitt dieser Struktur zeigt dabei bereits alles, was wichtig ist, um sie zu verstehen.«[27]

Die Neurowissenschaften haben versucht, alle diese Vorgänge im Gehirn auf die *automatischen* Gehirnprozesse der Neuronen zurückzuführen. Das kann jedoch nicht »funktionieren«. Denn wenn keine gestaltende Kraft vorhanden ist, welche die Prozesse in eine bestimmte Richtung lenkt, beispielsweise einen Erkenntnisprozess auslöst, schwirren die Informationen innerhalb des Gehirns nur wahllos herum. Informationsverarbeitung, Datensammlung, Aufbereitung der Information und vieles mehr bedürfen immer einer bestimmten Absicht.

Wenn wir – um einen technischen Vergleich zu bemühen – den Elektronen in den Computerchips keine Aufgabe für ihre

Operationen geben, geschieht überhaupt nichts. Lassen wir ein Programm ablaufen, das bereits gespeicherte Informationen auf Zufallsbasis verarbeiten soll, kommen auch nur zufällige Ergebnisse zustande. Erst mit einem absichtsvollen und zielgerichteten Befehl bekommen wir auch »vernünftige« Ergebnisse.

Bewusstsein als Substrat aller Prozesse ist eher vergleichbar mit Licht. Licht besteht aus elektromagnetischen Schwingungen. Es gibt sogar verschiedene Lichtfrequenzen, die unterschiedliche Informationen tragen. Vielleicht könnte Bewusstsein als eine In-Formation beschrieben werden, die vom Licht transportiert wird und alles durchdringt und in allem enthalten ist.

Warum sollte dann Bewusstsein nicht auch eine Energieform sein, die in der Lage ist, eine Wirkung auszuüben? In dem Moment, in dem wir bewusst einen Gedanken denken und bestimmte Verbindungen mehrerer Gedanken und Erinnerungen herstellen, wird ein gezielter Erkenntnisprozess ausgelöst. Dieser benötigt eine Kraft, welche die Energien im Gehirn so bündelt, dass das »Feuern der Neuronen« gezielt abläuft.

Das ist möglich, weil das Gehirn, wie der ganze Körper, nicht nur aus organischen Molekülen, sondern letztlich aus elektrischen Feldern besteht. Bewusstsein ist die Wirkkraft, die in der Lage ist, durch das Zusammenwirken mit den elektrischen Feldern im Gehirn eine Kohärenz in den Gehirnprozessen hervorzubringen.

Das ganze Wechselspiel und Zusammenspiel der unzähligen kleinen und größeren Komponenten der materiellen Wirklichkeit bis hin zu lebenden Organismen muss auf jeden Fall organisiert und koordiniert werden – wie sonst könnten die komplexen und vielfältigen Schwingungsfelder zustande kommen? Das fängt schon bei den chemischen Elementen, den Atomen, an. Alle Elemente, seien es Wasserstoff, Natrium, Eisen oder Uran, bestehen aus mehr oder weniger Quarks und Elektronen. Die Grundbausteine sind immer dieselben, außer dass es mehr oder weniger davon in den verschiedenen Elementen gibt. Was aber lässt sie das eine oder das andere Element sein? Der österreichische Quantenphysiker Anton Zeilinger erklärt: »Information ist das organisierende Prinzip.«[28]

Doch es ist naheliegend, dass pure »Informationsbits« die Identität des Atoms nicht aufrechterhalten können. Darüber hinaus muss es eine Instanz geben, die Atom- oder Molekülverbindungen organisiert. »Denn«, so schreibt der Systemtheoretiker Ervin Laszlo in Bezug auf den lebenden Körper, »physikalische oder gar chemische Wechselwirkungen zwischen Molekülen, Genen, Zellen und Organen allein können derart augenblickliche, systemweite Korrelationen nicht aufrechterhalten.«[29]

Tatsächlich deutet die Feinabstimmung zwischen allen Teilen eines Organismus und auch zwischen Organismen und ihren jeweiligen Umgebungen darauf hin, dass hinter dem Funktionieren lebender Systeme ein Feld existieren muss, das alle Teile miteinander verbindet. Ein Organismus ist erstaunlich kohärent. Alle seine Teile stehen multidimensional und dynamisch miteinander in Verbindung. Es muss daher in allen noch so winzigsten Teilen ein »Bewusstsein vom Ganzen« vorhanden sein.

Ervin Laszlo bezeichnet dieses Feld deshalb als »holografisches Feld«, weil die Information im gesamten Hologramm des Felds verteilt ist und an jedem beliebigen Punkt ausgelesen werden kann. Die Informationsverarbeitung innerhalb der Materie und noch mehr in komplexen lebenden Organismen ist deshalb »intelligent«, weil sie ein inhärentes ganzheitliches »Bewusstsein« und damit einhergehend ein »Wissen« von den inneren und äußeren Vernetzungen hat.

Außerdem besitzen lebendige Körper die Fähigkeit, sowohl die materiellen Prozesse als auch die Lebensprozesse optimal zu organisieren und bei Bedarf immer wieder neue Lösungswege für Veränderungen zu finden.

Das zeigt sich nicht nur bei allen komplexen Rückkoppe-
lungsprozessen im menschlichen Körper, wie in der *Einstim-
mung* bereits ausgeführt, sondern bereits daran, dass an einer
Informationsverschränkung von Atomen zu Molekülen ein ge-
staltendes Prinzip beteiligt sein muss. Ein Beispiel dafür ist
das »lebendige« Wesen »Wasser«, das sich von den zwei Teilen
Wasserstoff und Sauerstoff, aus denen es sich zusammensetzt,
völlig unterscheidet. Kann eine so außergewöhnliche Substanz
wie Wasser, das ich im nächsten Kapitel ausführlich darstelle,
»zufällig« entstehen? Eine physikalische Erklärung dafür, warum zwei Gase ohne technische Einwirkung zu einer hochkomplexen Flüssigkeit werden können, gibt es jedenfalls nicht.

»Im Organismus gibt es keine steuernden oder gesteuerten
Teile oder Ebenen; seine Bausteine stehen in unmittelbarer und
fortwährender Kommunikation. Das führt dazu, dass Anglei-
chungen, Reaktionen und Veränderungen, die für die Erhaltung
des gesamten Organismus erforderlich sind, sich in alle Richtungen gleichzeitig fortpflanzen. Diese Art von unmittelbarer,
netzwerkähnlicher Korrelation kann nicht durch ausschließlich
physikalische oder chemische Interaktion zwischen Molekülen,
Zellen und Organen bewirkt werden«, betont der Systemphilo-
soph Ervin Laszlo.[30]

Wenn Evolution verstanden werden kann als eine Vermehrung und Differenzierung von Information, so zielt dieser Prozess auf eine Selbstreflexion der Information ab. In dieser wird
dann »Information über Information« möglich. Das komplexeste Informationsverarbeitungssystem stellt das reflexionsfähi-
ge menschliche Bewusstsein dar. Alles, was wir bewusst wahrnehmen, ist auch sinnvolle Information.

Wenn wir verstehen wollen, wie aus einem ursprünglichen
elektromagnetischen Feld des Universums sich komplexere
materielle Strukturen manifestiert haben und schließlich das
Leben auf der Erde entstanden ist, müssen wir davon ausgehen,
dass *Bewusstsein* von Anfang an in allem enthalten ist. Wie

könnte sonst Bewusstsein überhaupt in Lebewesen auftreten? Wenn die Urmatrix der Materie, die aus unfassbar unendlichen Mengen von elektrischen und magnetischen Feldern der Elektronen und Photonen besteht – wie auch der Mensch –, eigentlich Geist oder Bewusstsein ist, wie der Physiker Hans-Peter Dürr sagt, dann hat sich dieses Bewusstsein mit dem Erscheinen von sichtbarer Materie und dem daraus entstandenen Leben immer neue, vielfältigere Ausdrucksformen gesucht.

Während das Bewusstsein in den anorganischen Elementen an die »Information« über die Aufrechterhaltung ihrer Strukturen gebunden ist, konnte es sich in Lebewesen in freierer Form manifestieren und »über sich hinauswachsen«. Man kann sich das vereinfacht durch einen Vergleich mit der Funktion eines Computers vorstellen: Damit dieser überhaupt läuft, sind fest eingespeicherte Grundinformationen nötig, das BIOS – Basic Input Output System –, das dem PC »Leben einhaucht«. Das BIOS ruft dann das OS auf, das Betriebssystem. Das Betriebssystem wiederum ist nötig, um Anwendungsprogramme laufen zu lassen. Dass das griechische Wort *Bios* zugleich *Leben* bedeutet, ist vor diesem Hintergrund vermutlich ein »beabsichtigter Zufall« der Informatiker.

Auf Lebewesen übertragen, reguliert das Betriebssystem die Lebensfunktionen der Zellen, und das Bewusstsein ist vergleichbar den Computerbenutzern, die mit den Anwendungsprogrammen die verschiedenen Gehirninhalte bearbeiten, um damit sinnvolle Ergebnisse hervorzubringen. Es ist keineswegs verwunderlich, dass die menschliche Technik auf einer anderen Ebene eine ähnliche Entwicklung genommen hat – die Grundstrukturen des Kosmos wiederholen sich auf einer jeweils weiteren Stufe.

Mit dieser Analogie ist es dann auch nicht erstaunlich, dass in unseren indoeuropäischen Sprachen dieses Prinzip ähnlich gesehen wird – Sprachen sind ebenfalls nicht willkürlich gebildet, sonst hätte kein Wort eine Bedeutung. Das lateinische Wort für Bewusstsein, *conscientia*, im Englischen *consciousness*, besteht aus *con* für »gemeinsam, mit« und aus *scire*, »wissen«. Es bedeutet also »Mitwissen«. Im Deutschen kommt das Wort von »bewissen« (be-wusst) und hat in Verbindung mit dem Wort »Sein« eine noch umfassendere Bedeutung: »Mitwissendes Sein«. Dieses Wort drückt eigentlich genau das aus, worauf ich hinauswill: Die Grundlage des Lebens ist »wissendes Sein«, hervorgerufen durch eine kreative Kraft, die in jeder Existenz wirkt und intelligentes Leben hervorbringt.

Diese Definition ist deshalb wichtig, weil sie nicht nur die kognitive Fähigkeit beschreibt, sich der wahrnehmbaren Inhalte des menschlichen Denkens, Fühlens und Wollens bewusst zu sein, sondern auch eine Eigenschaft, die allem Sein – also auch der Materie – zugrunde liegt.

Mitwissende, von sich selbst wissende physikalische Prozesse sind – wenn wir dieser Definition folgen – die Grundlage alles Existierenden, wie in der bereits zitierten Aussage der Nanowissenschaftler deutlich wurde. Zudem zeigen die Erkenntnisse aus der Quantenphysik, dass dem bewussten Beobachter des Geschehens die Rolle des Beteiligten zukommt – d. h., der Beobachter nimmt immer Einfluss auf die beobachteten materiellen Prozesse.

Das unterscheidet meine Anschauung auch vom »Intelligent Design«: Es muss zwar grundlegende »Baupläne« für eine Bakterienzelle oder einen Regenwurm geben, damit diese leben und funktionieren (und die Baupläne entstehen nicht automatisch, sie müssen deshalb auch bewusst entworfen worden sein), sie werden aber erst im Laufe des Prozesses an die Umstände angepasst. Dasselbe gilt für alle Pflanzen und Tiere. Ein kreativer Gestaltungswille operiert intelligent im Feld des Bewusstseins und experimentiert mit verschiedenen Formen und entwickelt sich durch die damit verbundenen Lernprozesse weiter – wie das Bewusstsein des Menschen auch. Wir wissen auch aus der Gehirnforschung, dass ständige aktive Gehirntätigkeit immer wieder neue Neuronenverbindungen herstellt. Also selbst auf der materiellen Ebene des Gehirns geschieht fortlaufend eine Entwicklung.

Es ist offenbar so, dass die Evolution vergleichbar einem Spiel ist, nach dessen Regeln aus bestehenden Lebewesen immer wieder neue und immer wieder andere Arten entstehen. »Die Evolution« probiert aus, ob und wie man sich mit Flügeln, Flossen oder Beinen besser bewegen kann, ob Bäume besser einen dicken oder dünnen Stamm haben oder ob ein Fell besser warm hält als Forellenschuppen – und das je nach den Lebensumständen. Die Natur trägt jedoch eine kreative Intelligenz in sich, weil sie sonst nicht in der Lage wäre, überhaupt zu experimentieren!

Die Ergebnisse könnten also so gedacht werden, als ob im holografischen Sinne jedes lokale Bewusstsein ein Aspekt eines nicht lokalen Bewusstseins oder Geistes ist. In diesem Sinne kann das Bewusstsein auch physikalische Ereignisse beeinflussen.[31] Gedanken und Gefühle können beispielsweise ebenso die Genexpression beeinflussen.[32]

Eine kreative Intelligenz muss mit dem Bewusstsein vom Ganzen zusammenwirken, zumindest innerhalb einer gegebenen Situation, sonst wären die Ergebnisse tatsächlich willkürlich und würden nicht zusammenpassen. Auch ein Künstler malt immer neue Bilder mit denselben Farben, und sie ähneln sich meistens nicht nur in der Farbe, sondern auch im Stil, sodass man daraus auf einen bestimmten Künstler schließen kann. Doch jedes neue Motiv ist völlig anders und unterscheidbar, außer ein Künstler bzw. eine Künstlerin kopiert sich selbst. Und wenn wir dann darüber nachdenken, wie alle natürlichen Strukturen miteinander vernetzt sind und in gegenseitiger Abhängigkeit und Wechselwirkung stehen, können wir uns tatsächlich kaum vorstellen, dass dies alles ohne eine innere organisierende Kraft möglich ist.

Einige Mathematiker haben bereits in dieser Richtung gedacht, z. B. Benoit Mandelbrot, der schon als Jugendlicher von geometrisch nicht fassbaren Unregelmäßigkeiten fasziniert war und so die Idee der Fraktale entdeckte. Es ist ein künstliches Wort, das Brechung, Fragment und Unregelmäßigkeit beinhaltet. Die konventionelle lineare Geometrie war bis dahin nicht in der Lage, die große Vielfalt verworrener, ungleichmäßiger natürlicher Formen darzustellen, und ignorierte einfach die reichhaltigen Details. Mandelbrots Formen öffneten plötzlich eine neue Welt: Damit konnte man die Unregelmäßigkeiten von Küstenlinien ebenso darstellen wie die Selbstähnlichkeiten von Blättern, Bäumen, Gehirnstrukturen. Weltbekannt wurde ein im Computer erzeugtes Bild der sogenannten Mandelbrot-Menge, die wegen ihres Aussehens als »Apfelmännchen« bezeichnet wurde.

Immer waren es Künstler, heute sind es auch Mathematiker, die einige *Formen* und *Formeln* entwickelt haben, die zeigen, dass mit wenigen Anfangsbedingungen diese selbstähnlichen Strukturen wie Wolken, Pflanzenarten oder auch das unterschiedliche Aussehen der Menschen in großer Vielfalt entstehen können. Wenn wir die Selbstähnlichkeit der Natur auch in mathematischen Ausdrücken wiederfinden, ist dies ein Hinweis darauf, dass die Natur mit vergleichbaren Formeln arbeitet.[33]

Ich meine sogar, dass selbstbezügliche Rückkoppelungsschleifen in der Natur an der Tagesordnung sind, denn viele Strukturen werden von einer Ebene der Entwicklung auf eine nächste Ebene mitgenommen, neu »durchgerechnet« und neuen Bedingungen angepasst. Es stellt sich dabei nur die Frage, wie die unsichtbare, in allem wirkende Intelligenz in der Lage ist, solche komplexen Formen zu errechnen.

Doch da wir Menschen ähnliche Strukturen in unserem Gehirn und Bewusstsein haben, ist es keineswegs unwahrscheinlich, dass die Natur diese Fähigkeiten ebenfalls besitzt – sie hat uns ja hervorgebracht.

Ich möchte den Vergleich mit der heutigen Computertermi-
nologie nicht zu weit treiben. Ich denke, unser menschlicher
Geist ist – noch nicht – längst nicht so flexibel wie die Natur.
Offenbar wirkt »die kreative Intelligenz« viel intelligenter als
ein Computerprogramm. Sie hat vermutlich eine »Vorstellung«
vom Endprodukt, doch damit dieses entstehen kann, erschafft
sie zunächst einfache Anfangsbedingungen ähnlich den mathematischen Formeln, die Fraktale erzeugen.

Was anderes sind die vier Basen der Aminosäuren, die durch
vielfältige Kombinationen alle lebenden Strukturen hervorbringen? Dabei erwägt sie aber statt einer Mandelbrot-Formel
gleichzeitig verschiedene Möglichkeiten und Variationen. Sie
baut zuerst einen Prototyp und schaut, wie dieser funktioniert
und wie dieser sich auf natürliche Weise weiterentwickeln
könnte. Softwareentwickler, die sich mit »künstlichem Leben«
beschäftigen, konnten auch solche Programme entwerfen, mit
erstaunlichen Ergebnissen. Allerdings konnten sie bisher keine
Selbstkorrektur in die Programme einbauen. Sogenannte neuronale Netze versuchen diese Idee umzusetzen, ihre Fähigkeit
ist jedoch – kaum überraschend – sehr beschränkt und hängt
von der Intelligenz ihres Entwurfs ab. Die intelligente Natur hat
von Anfang an Selbstkorrektur eingebaut: Wenn etwas aus dem
Ruder gerät oder etwas Neues aus der Entwicklung entstehen
soll, auch ein Rückkoppelungsprozess, setzt sie neue Impulse.

Doch bevor wir der Betrachtung der biologischen Lebensprozesse weiter nachgehen, sollten wir die bereits angedeuteten
physikalischen Prozesse anschauen, die letztlich die Grundlage
des Lebens sind. Die Quantenphysik hat Erkenntnisse hervorgebracht, die das materialistische Weltbild tatsächlich fragwürdig werden lassen, denn unbestimmte, nicht lineare und nicht
lokale Prozesse sind die Grundlage der materiellen Welt. Und
diese Prozesse funktionieren auf intelligente Weise, sonst gäbe
es keine Elemente und Moleküle – es gäbe keine Welt. Das klärt

auch die Frage, wie Bewusstsein in die Welt kommt und warum es die nicht materielle Grundlage allen Seins ist. Wenn wir die dem Leben zugrunde liegenden physikalischen und biochemischen Prozesse kennen, verstehen wir auch, welche besondere Rolle Leben und Evolution im Wechselspiel eines kreativen Mikro- und Makrokosmos einnehmen. Ein »Bewusstsein vom Ganzen« ist an den konstitutiven Elementen der materiellen Welt auf jeden Fall beteiligt, daher ist es zwingend notwendig, es in unsere neue Evolutionstheorie einzubeziehen.

OHNE FELDER KEINE WELT

> »In der schwindelerregenden schiefen Sicht
> erweist sich das Universum nicht als eine Aufeinanderfolge …
> sondern als ein Zueinander lauter rotierender Welten.«
>
> Octavio Paz

Der Mikrokosmos, aus dem wir alle bestehen, ist tatsächlich schwindelerregend! Denn nicht nur in den Zellen, sondern auch auf der untersten, nicht mit unseren Augen direkt wahrnehmbaren Ebene der Atome, aus denen die Zellen und Gene bestehen, setzt sich alles aus wahnsinnig schnell dahinrasenden Teilchen zusammen. Dennoch bezeichnen wir alle Strukturen, aus denen die Welt besteht, als »Materie«. Der Begriff kommt von *mater*, Mutter. Wir können diese grundlegenden Strukturen auch als »Matrix« bezeichnen, Gebärmutter, Quelle, Ursache. Ein Materialist könnte also auch als ein Verehrer der »Mutter« bezeichnet werden. Ich vermute, das ist wenigen bewusst, die sich als Materialisten sehen.

Die Quantenphysik spricht heute davon, dass diese Matrix aus »schwingenden Feldern« besteht, die nur auf der sichtbaren makroskopischen Ebene, äußerlich gesehen, feste Formen angenommen hat. Die Vision von Kraftfeldern hatte der geniale

Michael Faraday im 19. Jahrhundert. Als er die Elektrizität erforschte (die es damals in keiner uns heute bekannten Anwendungsformen gab), hatte er plötzlich die Intuition, dass die elektrische Kraft sich in einer unendlichen Zahl von Kraftlinien im Raum ausbreitet. Faraday schloss daraus, dass es eigentlich keine festen, substanziellen Atome gibt, wie man es sich zu seiner Zeit noch vorstellte, sondern nur »Kraftzentren«, deren Kraft sich in einem Feld ausbreitet. Ein bekanntes Beispiel dafür sind die magnetischen Feldlinien, die durch Eisenspäne sichtbar gemacht werden können. Vor seinem inneren Auge verschwanden feste Atome völlig, dafür sah er eine Atmosphäre von Kräften, von der man die Atome dicht umgeben wähnte.

Inzwischen wissen wir noch genauer, dass ein subatomares Partikel nicht ein »Teilchen« wie ein Staubteilchen ist, sondern überhaupt kein Objekt. Es hat nur Tendenzen zu existieren. Wie stark dieses Tendenzen sind, wird in Wahrscheinlichkeitswerten ausgedrückt. Ein subatomares Teilchen ist ein »Quant«, eine bestimmte Menge von »irgendetwas«. Von Bedeutung ist zudem, dass auf dieser subatomaren Ebene Masse und Energie unaufhörlich ineinander übergehen.[34]

Die Vorstellung von Kraftfeldern gewann eine entscheidende Bedeutung in der Physik. In Faradays Vorstellung wurden die elektrischen und magnetischen Felder und ihre Wechselwirkung zum wahren Wesen der Welt, und die Vorstellung einer materiellen Substanz trat in den Hintergrund. Zu seiner Zeit nahm man jedoch noch an, dass die elektromagnetischen Wellen durch einen unsichtbaren »Äther«, der den Raum erfüllt, übertragen werden.

Mit dem Beginn der Quantenphysik wurde der Äther, den man »materiell« nicht finden konnte, durch den leeren Raum ersetzt. Nun schwingt die elektromagnetische Energie in einem leeren Raum, der so zu einem schwingenden Feld aus Energie wird. Die Ätherfrage ist bis heute jedoch nicht endgültig geklärt, denn es steht immer noch infrage, wie Photonen und

Elektronen sich ohne eine Trägersubstanz (was auch immer diese sein mag) im leeren Raum bewegen können. Selbst Einstein war sich darüber nicht sicher.

Was sind nun diese elektromagnetischen Felder? Die Quantenphysik erklärt uns, dass physische »Atome« aus einer Art von Energiewirbeln bestehen, die sich ständig drehen und schwingen. Doch was können die Physiker sehen, wenn sie die Energiewirbel mikroskopisch sichtbar machen? Sie können nur eine Art Staubwirbel wie in der Wüste sehen – aber ohne Sand und Staub. So bleibt ein unsichtbarer, tornadoähnlicher Wirbel übrig. Also Wind, den wir nur spüren, aber nicht sehen können.[35] Genauso besteht die Struktur eines Atoms aus einer Anzahl unendlich kleiner Wirbel, die man Quarks und Elektronen nennt. Doch die Teilchen sieht man nicht, denn sie bilden eigentlich Felder. Das Atom, das aus diesen verschwindend winzigen Teilchen zusammengesetzt ist, sieht man auch nicht, es hat keine physische Struktur. Daher sagen die Physiker, dass Teilchen manchmal auch Wellen sind. Eigentlich müssten sie sagen, dass man nur auf Teilchen schließen kann, weil sie spezifische Wellenmuster haben, die dann sichtbar werden, wenn wir bewusst mit unseren Instrumenten hinschauen oder mit ziemlich teuren Kameras fotografieren, denn wie sollte man sich ungeheuer schnell bewegende Felder wahrnehmen können? Unsere Wahrnehmung ist nur im Sekundentakt möglich, während die Felder sich im Attosekundentakt bewegen, die praktisch kaum messbar sind.

Aber wo kommen die elektromagnetischen Felder her? Der Physiker und Chemiker Walter Nernst (1864–1941) überlegte sich: Eigentlich müsste selbst im leeren Raum ohne jede Materie und thermische Strahlung – wenn bei einer Temperatur am absoluten Nullpunkt nur ein Vakuum zurückbleibt – das elektromagnetische Feld noch in einem Zustand unaufhörlicher Aktivität sein und somit eine Nullpunktenergie besitzen.

Genau das hat man herausgefunden, als die technischen Möglichkeiten vorhanden waren. Diese Nullpunktenergie ist auf die Existenz sogenannter Quantenfluktuationen zurückzuführen. Ein elektrisches Feld, das durch eine Ladungsverteilung im Raum entstanden ist, verschwindet nämlich bei einer Reduktion der Ladungen auf null nicht einfach. Über mikroskopische Distanzen entsteht und vergeht hingegen ständig »wie aus dem Nichts« weiterhin ein Feld – und diese Pulsationen sind die Quantenfluktuationen: spontane und chaotische, unvorhersagbare Intensitätsveränderungen eines Felds, das eigentlich nicht mehr da sein sollte.[36]

Also selbst ein künstlich hergestelltes Vakuum, das keine elektromagnetischen Schwingungen von außen hineinlässt, ist ständig mit Energie erfüllt. Immerhin so viel Energie, dass sie für kurze Zeit stark genug ist, virtuelle Teilchen entstehen zu lassen, wie z. B. Elektronen und Quarks. Das scheinbar leere Vakuum ist tatsächlich von aus dem virtuellen Nichts auftauchenden und wieder verschwindenden »Geisterfeldern« und »Geisterteilchen« erfüllt. Auf der Quantenebene gibt es deshalb grundsätzlich keinen leeren Raum, selbst da nicht, wo man keine Partikel beobachten kann. Der Raum ist erfüllt von Teilchen-Antiteilchen-Paaren, die normalerweise virtuell, also unmanifestiert sind. Einen vollständig leeren Raum mit Geisterteilchen erfüllt, die man sowieso nicht sehen, sondern nur aufwendig berechnen kann, kann sich aber niemand vorstellen.

Da Physiker wie andere Menschen auch anschauliche Bilder zum besseren Verständnis ihrer Entdeckungen brauchen, hat der Physiker John Wheeler das Quantenvakuum mit dem anschaulicheren Ausdruck »Quantenschaum« bezeichnet, ein Ozean aus potenzieller Energie.

Vielleicht hilft folgendes Beispiel, einem Verständnis dieser Sache näherzukommen: Schlagen Sie einmal eine Klangschale oder eine Gitarrensaite an. Sie werden hören, dass ein ganzes Spektrum von Klängen in der Luft vibriert. Doch vor dem Anschlagen war kein Ton da, und wenn Sie mit dem Klöppel auf die Klangschale schlagen, beginnt diese zu vibrieren und Sie hören nicht nur einen Ton, sondern eine ganze Kaskade von Tönen, die nur langsam wieder verschwinden. Wo war der Ton, bevor Sie ihn hervorgebracht haben? Er war irgendwo in der Klangschale versteckt, man könnte sagen, er war potenziell vorhanden, aber nicht hörbar.

So geschieht es tatsächlich auch im Quantenvakuum. Eigentlich müsste es leer sein, doch es entstehen dauernd virtuelle Teilchen. Nach dem Anschlag der Schale, die dadurch in Schwingung versetzt wurde, hatte der Ton eine Wirkung in Form von hörbaren Schwingungen hervorgebracht, die als Klang wahrgenommen wurden. Diese Klangwirkung hat Sie äußerlich und innerlich berührt. Und ich möchte betonen: das, was Sie wahrgenommen haben, waren nicht die Schwingungen, sondern der Klang an sich!

Wenn in unserer Welt etwas geschieht, sich also bewegt, haben wir es mit Änderungen von Feldern zu tun, genauer gesagt, mit Wellen, die Felder bewegen. Das gilt auf allen Ebenen, denn jede Bewegung innerhalb eines Raums verursacht eine Welle, verändert den Raum. Ohne Felder gibt es keine Welt. Wenn ein Feld durch irgendeine Bewegung angeregt wird, breitet sich diese Anregung als Welle durch das Feld aus, wie die Wellen, die durch einen Stein entstehen, der ins Wasser fliegt. Alles bewegt sich, entsteht und vergeht, und braucht noch nicht einmal Zeit dafür. Jedenfalls keine Zeit, wie wir sie sonst subjektiv wahrnehmen. Feldänderungen breiten sich also immer als Wellen aus. Alles ist in dauernder Bewegung, Elektronen, Quarks, Photonen – und da man nicht genau feststellen kann, wo die Wellen sich gerade in den Feldern bewegen, werden diese als »Wahrscheinlichkeitswellen« bezeichnet.

Klang, der keine materielle Substanz besitzt, hat folglich eine materielle Wirkung. Es ist ja nicht einfach die Schwingungsfrequenz, die uns berührt, sondern der Klang mit einer ganz eige-

nen Qualität, zusammengesetzt aus unterscheidbaren Tönen.
Noch deutlicher zeigt uns das Licht, dass keine materielle Substanz notwendig ist, um eine Wirkung auszulösen. Denn Licht,
auch wenn es noch so schwach ist, kann einen Sonnenbrand
verursachen, oder die Körperbräune, obwohl Licht keine Masse
besitzt.

Damit kommen wir zu einem weiteren Phänomen der Materie
aus dem Nichts. Max Planck hatte schon im Jahre 1900 festgestellt, dass Licht in ganzen Einheiten oder Wirkungsquanten
übertragen wird. Diese Wirkungsquanten wurden später Photonen genannt und bilden das dynamische Gegenstück zu den
Atomen, d. h., Elektronen wechselwirken mit Photonen. Und
sie werden ohne Energieverlust übertragen. Doch nicht die
Intensität des Photonenaufpralls ist maßgebend, sondern ihre
Frequenz, genauso wie die Tonhöhe in der Musik aus der Frequenz des schwingenden Körpers resultiert.

Es macht keinen Sinn, nur die Matrix aus schwingenden Feldern zu untersuchen, um hinter das Geheimnis der Entstehung
von materiellen Strukturen und Leben zu kommen. Übersetzen
wir »Information«, welche die kleinsten Strukturen der Welt erschafft und zusammenhält, mit dem metaphysischen Begriff
»Geist«, würde das auf die physikalische Welt übertragen bedeuten, dass »Geist« (oder Bewusstsein) in Wechselwirkung mit
Materie wirkt, um ein Drittes hervorzubringen: sichtbare materielle Strukturen. Doch wie können sich aus schwingenden
Feldern sichtbare materielle Dinge manifestieren und schließlich sogar lebendig werden?

Der Physiker Andrew Cochran betont: »Die Elementarteilchen der Materie besitzen erste Anklänge einer Willenskraft,
Selbstaktivität oder eines ›Geistes‹; auf diesen Wesenszug könnten die grundlegenden Eigenschaften der Quantenbewegung
zurückzuführen sein.«[37] Doch sollte man Bewusstsein als Eigenschaft der Materie erklären? Wenn wir dem bereits erwähn-

ten triadischen Modell folgen, dann bringt vielmehr eine *Wechselwirkung* zwischen Information und Energie materielle Strukturen hervor.

Die Evolution des Lebens beginnt daher bereits vor dem Entstehen der ersten lebendigen Zellen. Sie kann nur durch das Zusammenspiel der physikalischen und chemischen Kräfte im Verbund mit der Information verstanden werden, aus deren Wechselwirkungen sich Moleküle bilden, die schließlich lebendige Zellen hervorbringen. Und das ist weder ein mechanischer noch zufälliger Vorgang. Evolutionstheoretiker sind meistens Biologen oder Zoologen und sehen das Ganze nur mit dem eingeschränkten Blick auf biologische Entwicklungsprozesse. Diesen sind jedoch physikalische und chemische Prozesse vorgeschaltet und bilden dabei schon wundersame Schleifen.

Auch wenn es im Mikrokosmos der Teilchenwellen nur schwingende Felder gibt, existiert zweifellos auch tatsächliche Materie. Wie entsteht nun sichtbare feste Materie aus diesen Feldern? Wie kommt es, dass es meinen Körper gibt?

Mit sichtbarer »Materie« meine ich die natürlichen chemischen Elemente, die Atome, die es auf unserer Erde gibt und die sich als unzählige Moleküle zusammenschließen, um so etwas wie Bakterien, Fliegenpilze, Rosen, Regenwürmer, Dinosaurier oder unsere menschlichen Körper zu gestalten – die also nicht nur Ansammlungen von chemischen Teilchen, sondern lebende Wesen sind. Ist es nach dem, was über Klang gesagt wurde, verwunderlich, dass das periodische System der Elemente, das Dmitri Iwanowitsch Mendelejew entdeckt hat, auf der pythagoreischen Musikoktave begründet ist? Sind Töne somit die ursprünglichen Schwingungen der Materie?

Mit materiellen »Körpern« bewegen wir uns auf einer anderen Ebene verwickelter Rückkoppelungsschleifen und Wechselwirkungen. Auch wenn Teilchenwellen auf der Quantenebene unbestimmt sind, können sie sich doch in größeren Mengen zusammenschließen und »feste Körper« bilden, die auch unserer direkten Wahrnehmung zugänglich sind. Dann sind sie nicht mehr ganz unbestimmt und folgen neuen Gesetzmäßigkeiten. Die Selbstständigkeit der Teile bleibt teilweise erhalten oder geht wie bei vielen Molekülen in eine höhere Ordnung mit eigenständiger Qualität über.

Die Festkörperphysik erklärt, dass man sich alle Festkörper aus »Bausteinen« zusammengesetzt vorstellen kann. Ein »Baustein« kann dabei ein einzelnes Atom oder Molekül, aber auch eine Gruppe davon sein. Man unterscheidet auch zwischen »gestaltlosen« Festkörpern wie dem Eis, das ein anderer Zustand des Wassers ist, oder anderen erstarrten Flüssigkeiten, die keine feste Struktur haben. Die meisten der chemischen Elemente, die Atome, bestehen darüber hinaus aus Kristallgitterstrukturen.

Zu der Zeit von Johann Wolfgang von Goethe (1749–1832) unternahm man Versuche mit der Kristallisation organischer Gebilde aus anorganischen Elementen. Das führte Goethe dazu, im »Faust« zu bemerken: »Was die Natur organisieren ließ, das lassen wir kristallisieren.« Auch ihm ging es um die Frage, wie aus Materie das Leben entsteht. Genau genommen hat die DNS in der Zelle ebenfalls eine Kristallform.

Merkmal von Kristallen ist die regelmäßige Anordnung in einer räumlich periodischen Struktur. Der reale Kristall hat übrigens nie eine ideale, regelmäßige Anordnung des Raumgitters, sondern enthält stets Baufehler, z. B. Lücken.

Materie gleicht tatsächlich dem Backgammonspiel: Sie hat Lücken, sogar ganz große. Nehmen wir als Beispiel das Glas, das wie ein fester Körper aussieht. In Wirklichkeit ist es aber ein fast leerer Raum. Wir wissen auch, dass dieses feste Stück Glas flüssig wird, wenn wir es erhitzen, und es seine Form verliert. Wie ist das überhaupt möglich? Das ist möglich dadurch, dass es Hohlräume zwischen den Teilchen gibt, die es erlauben, dass ein Atom in eine solche Lücke schlüpfen kann und damit Platz für das nächste macht. Offenbar sind die Lücken, die vielen Leerräume in allen Erscheinungen, ein wesentlicher Faktor dafür, dass Entwicklungen überhaupt stattfinden können. Die Art der zugrunde liegenden Struktur ist verantwortlich für viele Eigenschaften eines Festkörpers. Zusammengehalten werden Festkörper durch ihre gegenseitige Anziehung und die Wechselwirkungen zwischen den Atomen bzw. Molekülen, den Atombindungen. Die Quantenphysiker haben dafür die *Gluonen* ausfindig gemacht. Wie bleiben diese aneinanderhaften? Manche finden sich auf natürliche Weise, wenn man sie einfach zusammenschüttet und verrührt, andere lassen sich nur durch äußere Einwirkungen wie Druck und Temperatur gewaltsam verbinden.

So sehen wir plötzlich Flüssigkeiten, Gegenstände und auch die natürlichen Molekülverbindungen der Pflanzen und Tiere. Der Raum ist erfüllt mit greifbaren Dingen, obwohl die erzeugenden Atome hauptsächlich aus leerem Raum bestehen, der aus schwingenden Feldern gebildet wird. Eigentlich dürfte es feste Körper überhaupt nicht geben.

Was hat das nun mit der greifbaren Materie zu tun? Jedes Elektron, jedes Photon ist vollkommen identisch mit jedem anderen seiner Art – zumindest nimmt man das an. Man kann sie noch weniger als eineiige Zwillinge voneinander unterscheiden. Aber irgendwie schaffen sie es, gleichbleibende Gegenstände hervorzubringen und diese in unserer Zeitrechnung zu erhalten, wie z. B. Klangschalen, Tische, Autos, Computer oder menschliche Körper.

Das Entscheidende für die Entstehung dieser Dinge ist die Information – wie könnte es anders sein! Diese entscheidet darüber, ob wir ein Auto vor uns haben oder einen Hamburger. Die Elektronen sind dabei sehr wichtig. Sie haben zwar nur ein geringes »Gewicht« im Verhältnis zum Atomkern, den Protonen und Neutronen, sie bestimmen aber, was geschehen soll. Die Größe des Atoms – beispielsweise von Wasserstoff oder Eisen – wird von der Größe der Elektronenbahnen bestimmt, die wiederum von ihrer Masse abhängt. Je kleiner die Masse, umso größer das Atom. »Würden alle Elektronen in den Kern stürzen, wären die Atome extrem klein, und die Materie wäre extrem kompakt, sodass ein Kubikzentimeter die Masse von einer Milliarde Tonnen hätte, wie in Neutronensternen.«[38]

Ein weiterer wichtiger Tatbestand ist, dass Elektronen die chemischen Eigenschaften eines Elements bestimmen. »Ob ein Atom sich so verhält, wie Kohlenstoff oder Sauerstoff oder Wasserstoff sich verhalten sollte, hängt von der Zahl der Elektronen ab, die den Kern umkreisen. Beim Wasserstoffatom haben wir nur ein Elektron, beim Kohlenstoff sind es sechs Elektronen und beim Sauerstoff acht Elektronen … Woraus bestehen nun die Elektronen und Neutronen und Protonen? Es stellt sich heraus, dass Elektronen Elementarteilchen sind. Das heißt, dass sie ihrerseits keine Bestandteile mehr haben. Die Protonen und Neutronen dagegen sind keine Elementarteilchen. Sie bestehen aus Quarks, die nun selbst Elementarteilchen sind.«[39]

Die Konsequenz aus alledem ist, dass für den Hamburger oder die Autoteile eine Menge von Quarks (von denen es, damit wir wieder drei Bestandteile des Atoms haben, »Up«- und »Down«-Quarks gibt) und Elektronen benötigt wird. »Von ihrer Anordnung hängt es ab, was wir vor uns haben. Wieder ist es Materie plus Information, woraus sich jedes beliebige Objekt zusammensetzt … Dazu kommt noch der ›Kleber‹ – Photonen und Gluonen –, der das Ganze zusammenhält. Was ist nun wichtiger? Ist es die Materie, oder ist es die Information?«[40]

Die ganzen Elementarteilchen sind ja – wie schon gesagt – ununterscheidbar. Dennoch finden sich welche zusammen, die schließlich eine »Entscheidung« treffen, ob sie nun Wasserstoff oder Eisen herstellen. »Offenbar verändert es mich nicht im Geringsten, wenn ich morgens aufwache und einige meiner Atome ausgetauscht worden sind, solange die neuen Atome noch genauso oder hinreichend ähnlich angeordnet sind, wie es die alten waren. Diese Art der Anordnung ist einfach die Information, die mein Körper oder ein beliebiges Objekt darstellt. Offensichtlich ist die Information darüber, wie die Quarks und Elektronen angeordnet sein müssen, um den Hamburger zu bilden, wichtiger als die Materie, aus der sich unser Objekt zusammensetzt. Die Materie ist immer dieselbe. Es hängt daher nur von der Information ab, was wir vor uns haben. Die Information sagt uns, wie all die einzelnen Bausteine relativ zueinander organisiert sind ... Information ist der fundamentale Baustein des Universums.«[41]

Daraus kann ich nur schließen: Durch das Anschlagen einer Klangschale wecke ich die darin enthaltene Information und mache sie hörbar. Die schwingenden Klänge gelangen über meine Ohren in den Kopf, der diese Information dechiffriert. Der Ton war also schon potenziell in der Materie enthalten.

So, wie die Information nur wenige Bausteine zum Aufbau der Atome benötigt, benötigt ein Komponist zur Komposition seiner Musik ebenfalls nur wenige Grundtöne. Wenn er mit den Tönen einer Oktave arbeitet, benötigt er nur sieben Grundtöne, für gregorianische Choräle, die auf einer pentatonischen Tonleiter basieren, nur fünf Grundtöne. So kann mit wenigen Grundtönen jede Art von Musik komponiert werden, seien es Klangteppiche mit mehreren Klangschalen oder eine Sinfonie für ein großes Orchester.

Wenn Sie malen, brauchen Sie im Prinzip nur drei Grundfarben, Rot, Blau, Gelb. Damit können Sie alle anderen Farben mischen. Offenbar braucht der Quantenkosmos auch nur drei grundlegende Elementarteilchen.

Was ist nun die Information, die daraus die verschiedenen Elemente hervorbringt oder wie im Beispiel des Instruments eine Melodie? Die »Information« weiß, was sie will, und unterscheidet verschiedene Töne und Melodien. Mit den drei Grundfarben können wunderbare Gemälde komponiert werden, deren Farben so aufeinander abgestimmt sind, dass sie wie Klänge auf den Betrachter wirken können. Denken Sie nur an die Malerei von Kandinsky, der regelrecht Klänge in Farben umgesetzt hat.

Alles, was wir kreieren, entsteht zuerst in unserem Bewusstsein, wo es aus den Grundtönen oder Grundfarben Formen bildet. Genauso macht es das Bewusstsein des Universums, das aus den wenigen Bestandteilen die unterschiedlichsten und vielfältigen Formen bildet. Mit wenigen Grundelementen wird immer wieder eine fraktale Selbstähnlichkeit erzeugt – die Schneeflocken sind ein Beispiel dafür: Jedes Schneeflockenkristall sieht anders aus, obwohl alle Schneeflocken eine sechseckige Form haben.

Im Falle der Elemente und Moleküle hat eine kreative Wirkkraft, die mit dem nicht materiellen Bewusstsein der Matrix zusammenwirkt, sich dazu entschieden, die Welt zu komponieren, die nun so ist, wie sie ist. Sie ist so wegen der Schwingungsverhältnisse innerhalb der Elemente, deren Ordnung ebenfalls der musikalischen Oktave folgt. Ein Klang, ein Atom, setzt sich folgerichtig zusammen aus dem Grundton und seinen Obertönen. Die Art der Zusammensetzung und der Zusammenwirkung mehrerer dieser Töne ergibt den besonderen Klang eines Moleküls, das mit anderen Molekülen zusammenschwingt.

Auch wir stehen in Resonanz mit diesem Bewusstsein, weil wir daraus hervorgegangen sind. Denn wenn wir annehmen, dass der Quantenschaum aus Informationen besteht, die ich hier einmal als »Bewusstseinsquanten« bezeichnen möchte, und weil Information zielgerichtet funktioniert, wenn es so etwas wie Atome oder Hamburger herstellt, brauchen wir ebenfalls nur ein paar Grundbestandteile, um unsere Schöpfungen hervorzubringen.

Wie nun die intelligenten Bewusstseinsquanten es »technisch« umsetzen, aus dem Bewusstseinsquantenschaum die verschiedenen Anordnungen der Elektronen und Protonen und schließlich verschiedene Elemente hervorzubringen, wissen wir nicht und werden es wahrscheinlich nie wissen. Ein Geheimnis muss ja noch bleiben. Wie die Elemente zusammengesetzt sind, das wissen wir, es löst aber nicht das Problem der Gestaltung sichtbarer Materie. Ich denke mir, es könnte analog zu unseren eigenen Schöpfungen geschehen. Beispielsweise stellen wir uns ein Haus vor, in dem wir leben möchten. Wir entwerfen es, besorgen die Bausteine und bauen es dann. Genauso komponiert die Intelligenz des Universums mit ihren Grundelementen. Offenbar ist unsere menschliche Wirklichkeit ebenfalls das Ergebnis unserer Vorstellungen und Ideen, die sich in gleicher Weise materialisieren.

Es ist tatsächlich so, dass wir unser Bewusstsein nicht aus dem Prozess der Erforschung der Quantenwelt herausnehmen können. Wir sind mit den Entdeckungen der Quantenphysik nicht mehr in der Lage, irgendwelche Gesetze zu formulieren, ohne den Beobachter mit einzubeziehen. Was wir sehen, ist das, was das allem zugrunde liegende Bewusstsein codiert hat. Daher können wir tatsächlich zu dem Schluss kommen, dass das Bewusstsein physikalische Ereignisse durch die Wechselwirkung mit den Quantenfeldern verursacht. Da unser menschliches Bewusstsein nicht vom Quantenbewusstsein getrennt ist, ist es auch am ganzen Prozess beteiligt. Was sehen wir wirklich, wenn wir wissenschaftliche Untersuchungen vornehmen? Erhaschen wir einen Blick in die Wirklichkeitsproduktion des Bewusstseinsfelds – oder sind wir, also unser individuelles Bewusstsein in Verbindung mit dem Quantenbewusstsein, letztlich die Konstrukteure der Wirklichkeit?

FELDER, ÜBERALL FELDER

> *»Die Ganzheit ist in der Selbstähnlichkeit des*
> *abgeschlossenen Werkes verkörpert,*
> *wo jeder Teil mit jedem anderen Teil gekoppelt ist,*
> *aus ihm entstand und ihn reflektiert.«*
>
> F. David Peat, John Briggs[42]

Seit Langem versuchen theoretische Physiker, die Gesetze von Mikro- und Makrokosmos zu einer einheitlichen Theorie zu vereinigen. Diese Theorie wäre allerdings nur eine Ansammlung von Gleichungen, welche die heute unter Physikern anerkannten Grundkräfte Gravitation, Elektromagnetismus und Kernkraft miteinander verbindet. Doch eine solche Theorie würde nichts darüber besagen, wie sich Proteine bilden oder wie die DNA entstand. Noch weniger würde sie die Geschäftigkeit einer lebenden Zelle oder die Wirkungsweise des menschlichen Geistes beleuchten. Eine einheitliche Theorie würde nicht einmal erklären, wie Schneeflocken zustande kommen.

Das Problem besteht darin, dass die Physik nur ihr eigenes »Feld« beackert und nicht noch weitere Ebenen der Welt der Erscheinungen mit einbezieht. Eine Lösung wäre, den Feldbegriff zu erweitern. Auch wenn wir die Welt als Ganzheit betrachten, gibt es innerhalb dieser Ganzheit eine Gliederung, die wir unter dem Gesichtspunkt jeweils höherer Komplexitäten betrachten können. Man kann durchaus sagen, dass die Atomstruktur weniger komplex ist als die Struktur der DNA.

Auf jeder Stufe der Existenz kommen weitere komplexe Verbindungsnetzwerke hinzu. Das Lebensmolekül muss viel mehr Informationen verarbeiten als ein einfaches Atom. In einem Organismus sind noch mehr Informationsabläufe zu verarbeiten, um den kohärenten Zusammenhang von lebendigen Zellverbänden aufrechtzuerhalten. Wenn nun noch die biologischen Formerhaltungsgesetze und schließlich noch der Einfluss bewusster Gedanken und Gefühle wie beim Menschen hinzukommen, wird die Feinabstimmung immer komplexer.

Wenn wir verstehen wollen, wie die Evolution der Natur von einfachen Zellen bis hin zu komplexen Zellverbänden möglich ist, dürfen wir uns nicht an den rein materiellen Vorgängen festhalten. Informationsverarbeitung in größerem Ausmaß benötigt ein umfassenderes Feld oder, besser gesagt, immer komplexere nicht physikalische Felder, in denen Gestaltungskräfte und deren Informationen gespeichert und verarbeitet werden. Diese nicht physikalischen Felder werden manchmal als »feinstoffliche Felder« bezeichnet.[43]

Auf der »untersten Ebene« der existierenden Welt haben wir es zweifellos mit elektromagnetischen Feldern und anderen physikalisch messbaren Feldern zu tun. Für lebendige Strukturen, beginnend mit den Zellen, ist bereits ein kohärentes Informationsfeld notwendig, um die komplexen Anforderungen der Informationsverarbeitung in den Zellen und deren Zusammenarbeit zu leisten. Man könnte diese Felder als »Lebensinformationsfelder« bezeichnen, denn jede einzelne Zelle hat ein Bewusstsein von sich und der ganzen Struktur, sonst wäre eine Zusammenarbeit vieler Zellen nicht möglich.

Für alle natürlichen Strukturen sind darüber hinaus offenbar Formbildungsfelder notwendig, wie sie der Biologe Rupert Sheldrake beschrieben hat. Das sind unsichtbare organisierende Strukturen, die alle Informationen gespeichert haben, die notwendig sind, damit bestimmte entstandene Formen ihre Form bewahren. Eine Rose hat immer die Form der Rose, und eine Eiche sieht aus wie jede andere Eiche, auch wenn jede Pflanze viele kleine individuelle Abweichungen von einer anderen hat. Dieses Informationsfeld in-formiert die Formbildung bei der Entstehung von Kristallen, Pflanzen, Tieren und Menschen.

Diese Felder wirken sich auch organisierend auf das natürliche Verhalten der Lebewesen aus. Die morphogenetischen Felder speichern die gesamte Strukturinformation der vorangegangenen Geschichte der Arten und der Evolution (ausführlich dazu im vierten Kapitel).

Viele notwendige Informationen zur Körperbildung sind jedoch nicht allein im genetischen Code gespeichert, wie wir aus den Erkenntnissen über die Epigenetik wissen (dazu im nächsten Kapitel). Dafür haben Mikrobiologen bereits den Begriff »epigenetisches Feld« geprägt, weil die DNA bestimmte Informationen nicht speichert, die jedoch inzwischen eindeutig nachgewiesen wurden. Die morphogenetischen Felder treten zusammmen mit den materiellen Strukturen auf, so wie jedes Informationsfeld eines Elements dieses darüber in-formiert, dass es z. B. Wasserstoff oder Eisen ist.

Die morphogenetischen Felder bilden die Matrizen für mineralische, kristalline und biologische Strukturen. Ich betone diesen Punkt, weil nicht nur Rupert Sheldrake den Inhalt der morphogenetischen Felder auch auf andere Qualitäten ausgeweitet hat. Dadurch wird die ursprüngliche Idee etwas verwässert. Es führt zu einer deutlicheren Abgrenzung und dadurch einem besseren Verständnis, wenn wir alles, was über die natürliche Formbildung hinausgeht, als ein eigenständiges *sensitives Feld* bezeichnen.

Das sensitive Feld verarbeitet und speichert Empfindungen, Gefühle, Verhaltensweisen und Eigenschaften von Pflanzen und Tieren. Es ist also nicht nur auf Menschen beschränkt, es ist das ganze Feld der Biosphäre, die als umfassendere Struktur eine andere Wahrnehmung hat als die einzelnen ihrer Bestandteile. Auch Pflanzen und Tiere haben Empfindungen und Gefühle, wie wir immer mehr erkennen. Alle Lebewesen erzeugen und benötigen sensitive Energie (die dem Begriff »feinstofflich« am nächsten kommt) und informieren das »Bewusstsein der Biosphäre«, das sie mit ihrer sensitiven Energie und den Informationen ihrer »Lebenserfahrung« anreichern und erhalten. Es ist naheliegend, dass es auch eine Art von »Gedächtnis« für diese Energieschwingungen und die damit verbundenen Infor-

mationen geben muss. Vergleichbar damit sind unsere menschlichen Erinnerungen, denn ohne Gedächtnis, ohne Speicherung
unserer individuellen Biografie im Gehirn, hätten Menschen
keinerlei Identität.

Wenn es für Empfindungen und Gefühle und alle damit zusammenhängenden Eindrücke jeder Lebensform kein Speicherfeld geben würde, wäre auch die Entwicklung von menschlichen
Empfindungen und Gefühlen in der sehr kurzen menschlichen
Evolution nicht so schnell möglich gewesen. Es gibt viele Tiere,
die den Tod ihrer Angehörigen betrauern. Menschen bestatten
darüber hinaus ihre toten Verwandten, was bereits mit dem Auftreten des Homo sapiens nachweisbar ist. Gäbe es von Anbeginn
kein Mitgefühl mit anderen Menschen, hätte man die Leichname
einfach irgendwo liegen lassen. Der umgekehrte Rückkoppelungsprozess mit dem sensitiven Feld, das mit der Biosphäre
verknüpft ist, informiert auch die Pflanzen und Lebewesen darüber, wie sie sich miteinander koordinieren können. Man kann
sagen: Die Biosphäre insgesamt ist das Sinnesorgan der Erde.

Ein weiteres anzunehmendes Feld ist das Bewusstseinsfeld, das
mit dem Lebensfeld oder der Biosphäre verknüpft ist. Der
Geologe Wladimir Wernadski (1863–1945), der den Begriff der
Biosphäre prägte, erfand auch in den 1920er-Jahren den Begriff
Noosphäre – Geistsphäre oder Bewusstseinsfeld. Der Philosoph,
Paläontologe und Anthropologe Pierre Teilhard de Chardin
(1881–1955) lernte Wernadski in den 1920er-Jahren in Paris
kennen und übernahm von ihm den Begriff der *Noosphäre*, die
er mehr als eine Sphäre des Geistes sah und weniger materialistisch als Wernadski.[44] Seither wird Noosphäre, Geistsphäre
oder Bewusstseinsfeld, wie wir es heute bezeichnen, vor allem
mit Teilhard de Chardin in Verbindung gebracht. Für seine Evolutionslehre ist die Entwicklung des menschlichen Bewusstseins, ähnlich wie sie in diesem Buch ausgeführt wird, ein zen-
trales Argument.[45]

In diesem Feld werden seiner (und meiner) Vorstellung nach alle wesentlichen Gedanken, Philosophien, wissenschaftlichen Erkenntnisse und Kulturleistungen der Menschheit abgespeichert und beeinflussen umgekehrt die weitere Evolution des menschlichen Bewusstseins. Obwohl Teilhard zu seiner Zeit noch nichts von Computern und Internet wusste, spekulierte er prophetisch: »Wie soll die Verknüpfung der reflektierenden Elemente der Erde vor sich gehen? Natürlich durch die Nachrichtennetze und die Rechenmaschinen, die uns alle in einer Art ›ätherischem‹ Mitbewusstsein verbinden. Sie nehmen so eine direkte Abstimmung der Gehirne aufeinander mittels der noch geheimnisvollen Kräfte der Telepathie vorweg.«[46] In dieser Aussage wird deutlich, dass er die Denksphäre letztlich als ein umfassenderes Bewusstseinsfeld sieht.

Ich selbst sehe das globale Internet nur als eine »technische« Vorstufe dieses globalen Bewusstseins. Meiner Wahrnehmung nach hat sich das »kosmische Internet« bereits herausgebildet. Wenn es dieses Bewusstseinsfeld nicht bereits geben würde, müssten unsere Kinder immer wieder alles von vorne neu erlernen. Sie müssen zwar immer noch viele Kulturtechniken lernen, aber bestimmte Fähigkeiten und das Verstehen von bereits vorhandenem Wissen lernen Kinder und auch lernwillige Erwachsene in jeder Generation schneller oder zumindest leichter.

Es ist zu vermuten, dass es innerhalb oder außerhalb des Bewusstseinsfelds noch ein kreatives Feld gibt, denn Bewusstsein selbst ist nicht kreativ, sondern eine Matrix, die in Wechselwirkung mit der Kreativität steht. In diesem Feld werden neue Ideen geboren, die es bisher nicht gab. Das gilt sowohl für die kreative Evolution der Natur wie auch für die Evolution der zukünftigen Menschen. Kreativität ist ein geheimnisvolles Phänomen, auf das ich im siebten Kapitel eingehe. Wir Menschen sind in der Lage, uns in dieses kreative Feld einzustimmen, und gewinnen so neue Ideen, die wir auf allen Ebenen unserer Gesellschaft und Kultur nutzen können. Genauso wie die kreative Intelligenz der Evolution immer neue Formen geschaffen hat, wird es den zukünftigen Menschen möglich sein, ihre Kultur und ihre Lebenszusammenhänge immer wieder neu zu gestalten.

Wir können die natürliche Evolution des Lebens und die Evolution des Bewusstseins tatsächlich nur begreifen, wenn wir die Vorstellung von wirksamen Feldern über die physikalischen Felder hinaus erweitern. Diese Vorstellung ist gar nicht so »mystisch«, wie es scheint. Denken wir nur an das Gravitationsfeld, das physikalisch vorausgesetzt wird, jedoch bisher nicht wie das elektromagnetische Feld tatsächlich belegt werden kann. Aber offenbar gibt es Gravitation. Es ist ohne Weiteres zulässig, den Feldbegriff für nicht physikalische Wechselwirkungen zu verwenden, weil er Erscheinungen beschreiben kann, die wir sonst nicht verstehen würden. Es ist eine brauchbare Arbeitshypothese, die unsere Erkenntnis weiterbringen kann.

Ein »Feld« besteht natürlich aus vielen differenzierten Teilfeldern, die auf verschiedenen Ebenen miteinander wechselwirken. Wahrscheinlich gelangt man in der Physik nicht zu einer einheitlichen Theorie, die das Wissen um Elektromagnetismus, Gravitation und Kernkräfte verbindet, weil man nicht einbezieht, dass es gewissermaßen »hierarchisch« miteinander verwobene Felder sind, die wechselwirken. Alles auf das Gleiche zu reduzieren bringt keine Ergebnisse.

Wir haben es mit keinem einheitlichen Feld zu tun, sondern jedes Feld besteht aus vielen Feldern, die in verwickelten Rückkoppelungsschleifen miteinander interagieren. Die verschiedenen Feldkategorien bringen auch ein differenziertes Verstehen unterschiedlichster Phänomene, die man so besser einordnen und differenzieren kann.

Die Felder im Überblick[47]:

1. physikalisches Feld: elektromagnetische Felder, Gravitationsfelder, Magnetfelder u. a.

2. Lebensfeld: Informationsfelder der DNA und Zellen, epigenetische Felder

3. formbildendes Feld (morphogenetische Felder)

4. sensitives Feld (das Bewusstsein der Biosphäre)

5. Bewusstseinsfeld (Noosphäre)

6. kreatives Feld

7. vereinigendes Feld

Über das letzte Feld habe ich noch nichts ausgesagt. Ich gehe davon aus, dass es so etwas wie eine vereinigende Kraft gibt, die man auch als »kosmische Liebe« bezeichnen kann. Denn alle Teile des Ganzen haben eine Verbindung miteinander. Man kann es nicht anders sehen: Wenn die natürliche Evolution einen Sinn haben soll, dann ist es die Liebe zum Leben, die von einer alles durchdringenden geistigen Kraft zusammengehalten wird. Wenn es diese Kraft im Universum nicht geben würde, wären wir auch nicht imstande, überhaupt irgendein anderes Lebewesen zu lieben. Liebe ist der vereinigende Faktor des Ganzen: Ohne Liebe würde Leben nicht existieren.

Ich werde in den entsprechenden Kapiteln des Buches noch detaillierter auf die einzelnen Felder eingehen. Ich stelle dieses Konzept voran, weil Sie damit von Anfang an eine ganzheitliche Vorstellung davon bekommen, dass meine »Evolutionstheorie« einen völlig neuen Ansatz bringt. Denn wenn wir wirklich etwas *verstehen* wollen, müssen wir die eindimensionale oder dualistische Denkweise verlassen und anfangen, Struktu-

ren zu sehen. Strukturelles Denken verbindet Fakten mit Qualitäten. Elemente von isolierten Strukturen oder solchen, die
nur durch allgemeine Gesetzmäßigkeiten verbunden sind, sind
nur Schatten der Wirklichkeit. Wir können immer noch einen
weiteren Schritt *vom Wissen über etwas* hin *zum Bewusstwerden
der Strukturen selbst* machen. Wissen allein ist immer unvollständig. Verstehen ist ein kreativer Akt, denn ein gewisser Grad
an Verstehen ist immer an wirkungsvollem Handeln beteiligt.[48]
Wissen über die natürlichen Prozesse der Evolution allein
bringt uns nicht weiter. Wenn wir sie besser in diesem größeren
Zusammenhang verstehen, können wir daraus auch Hand-
lungsleitlinien für unser Leben schöpfen. Dieses Denkmodell
macht es darüber hinaus möglich, die Evolutionsgeschichte
unter ganz neuen Blickwinkeln zu betrachten.

3 DAS LEBENSLICHT GEHT AN

> *»Der Mensch und das Universum*
> *haben gemeinsame Attribute,*
> *die sich immer wiederholen*
> *und in jeder Existenzform enthalten sind.«*
> J. G. Bennett[49]

Offensichtlich hat die Evolution der Welt eine Zielrichtung, die besonders bei zunehmender Differenzierung und zunehmender Vielfältigkeit immer deutlicher wird. Es gibt eine schöpferische Triebkraft, die über sich hinausgehen, die Neues erschaffen und entdecken will. Die grundlegenden Schwingungsfelder der Atome werden zu Molekülen verknüpft und so auf eine höhere Stufe gebracht.

Darüber hinaus entsteht eine Qualität, die materielle, anorganische Formen einbezieht, aber sie plötzlich zu organischen Formen bildet und somit das Leben hervorbringt.

Die natürliche Evolution ist von der Entstehung der Erde abhängig. Es kann durchaus sein, dass sie sich auch auf anderen lebensfreundlichen Planeten vollzog, doch wegen der Ausmaße des Universums werden wir das in nächster Zeit nicht erfahren. Wie schon gesagt, unterscheidet sich Leben von Nichtleben. Daher ist es von Bedeutung, mehr darüber zu wissen, welche Bedingungen notwendig sind, damit Leben überhaupt entstehen kann. Nur so können wir verstehen, dass die natürliche Evolution ein außergewöhnliches Ereignis ist, für das materialistische Erklärungsversuche völlig unzureichend sind.

Am Anfang war der Wasserstoff

> *»Das schönste Glück des denkenden Menschen ist,*
> *das Erforschliche erforscht zu haben*
> *und das Unerforschliche ruhig zu verehren.«*
> Johann Wolfgang von Goethe

»Materie ist gefrorenes Licht«, sagt der Physiker David Bohm.[50] Am Wasser wird besonders deutlich, dass materielle Erscheinungen verschiedene Formen annehmen können: Es kann fließen, verdunsten und gefrieren. Ich sprach bereits vom Quantenschaum, gefüllt mit virtuellen Bewusstseinsquanten, aus denen die Energiefelder der materiellen Formen hervorgehen. Diese schwingenden Energiefelder verdichten sich und haben nur scheinbar eine unabhängige Teilchenexistenz. Diese Darstellung wird gestützt durch die Berechnungen und Erklärungen des australischen Physikers Reginald T. Cahill[51], die deutlich machen, dass das Weltall fortwährend neu entsteht. Die Strukturen kommen und vergehen, wachsen und verschwinden.

Auch die Naturgesetze, die der englische Biologe Rupert Sheldrake als »Gewohnheiten der Natur«[52] bezeichnet, bilden sich erst mit der Entstehung der Strukturen, d. h., das Universum entsteht immer wieder neu aus dem virtuellen Quantenschaum. Das Bewusstsein ist in diesem unberechenbaren Nichts enthalten wie das Hintergrundrauschen auf einer Tonaufnahme. Meiner Meinung nach ist dieses sogenannte Nichts tatsächlich ein Etwas, das wir Bewusstsein oder Geist nennen. Nach allem, was bereits erörtert wurde, lässt sich Geist sowieso nicht von Materie trennen.

Die fraktalen, selbstähnlichen Netzwerke, die durch das Auftauchen mit Schwingungsfeldern entstehen, die Elektronen, Quarks und Photonen, finden sich, getragen von der Informationsverarbeitung, im ursprünglichen Quanten-Bewusstseinsfeld, um eine Nukleosynthese (der Vorgang, durch den die Entstehung der Elemente erklärt wird) zu Elementen zu erzeugen. Protonen und Elektronen sind, wie wir wissen, keine festen Kügelchen, sondern eher schwingende »Saiten«, deren Musik, ihre Frequenzen, in einem ähnlichen Verhältnis zueinander stehen wie die Planeten zur Sonne. Es sind also Teilchenwellen-Felder mit viel »leerem Raum« – wenn man in dieser Nanowelt überhaupt von »Raum« sprechen kann.

Das Quantenvakuum des Weltraums besteht überwiegend aus weiträumig verstreuten Energiefeldern – die Dimensionen sind kaum vorstellbar, außer wir werden von Douglas Adams ins *Restaurant am Rande des Universums* eingeladen. Dann erleben wir vielleicht, wie lange es dauert, unser Ziel zu erreichen. Wahrscheinlich sind wir dann längst verhungert. Denn das Universum, das wir mit Teleskopen einsehen können, ist so unendlich groß, dass wir uns die Ausmaße nicht wirklich vorstellen können. Es ist schon schwindelerregend, sich vorzustellen, welche Ausmaße allein unser eigenes Sonnensystem und unsere Galaxis haben, in der es sich am Rande bewegt. Ich kann mir schon kaum die Entfernung eines Lichtjahres vorstellen. Ein Lichtjahr hat die Strecke von 9,5 Billionen Kilometern. Das Licht der Sonne, die 150 Millionen Kilometer entfernt ist, benötigt fünf Lichtsekunden, um die Erde zu erreichen.

Wir haben es also im Kosmos mit unvorstellbar großen räumlichen Entfernungen zu tun, die auch zeitliche Entfernungen sind, wenn die Theorie der Raumzeit zutrifft. Hier auf der Erde brauchen wir schon sieben Stunden, um mit dem ICE von Hamburg nach Basel zu reisen. Im Weltall brauchen wir etwas länger, um von A nach B zu gelangen. Allein ein Satellit wie der Huygens-Cassini benötigte mit einer Geschwindigkeit von knapp 30 000 km/h sieben Jahre, um den Saturn in unserem Sonnensystem zu erreichen. Es wird geschätzt, dass unsere Galaxie, die Milchstraße, eine Ausdehnung von 100 Millionen Lichtjahren hat. Diese Ausdehnung ist relativ klein, denn es gibt Galaxien, die um ein Vielfaches größer sind.

Unser Sonnensystem mit der Erde rotiert in unvorstellbarer Geschwindigkeit von 900 000 km/h in einem der Spiralarme um das Zentrum unserer Galaxie. Insgesamt hat das Universum eine Ausdehnung von mindestens 100 Milliarden Lichtjahren und enthält Millionen Galaxien. Von dieser Ausdehnung sehen wir nur rund zehn Prozent.

Aufgrund theoretischer Erwägungen können sich die Astrophysikerinnen und Astrophysiker nicht vorstellen, dass es trotz all der unzähligen Galaxien insgesamt nur vier bis fünf Prozent Materie geben soll und das restliche All leer ist. Manche sagen, die Leere besteht aus »Dunkler Materie« und »Dunkler Energie«, die man jedoch bisher nicht aufspüren konnte. Der Physiker Paul Davies berechnete, dass der gemessene Wert der dunklen Energie wesentlich kleiner ist als der natürliche Wert, den die Theorie fordert.[53] Man könnte auch sagen, dass das Universum ein Quantenvakuum ist, in dem sich die fünf Prozent Materie als Abermilliarden von Galaxien sichtbar materialisiert haben. Keiner kann sagen, wie das überhaupt möglich war.

Dennoch existiert das sichtbare Universum, und darin »plätschert« die Urmaterie, der Wasserstoff. Metaphorisch gesprochen, ist das materielle Universum tatsächlich ein »schäumendes Quantenmeer«. Es besteht vorwiegend aus dem einfachsten Element, dem Wasserstoff mit einem Proton als Kern und einem Elektron. Es gibt – wenn auch in wesentlich kleineren Mengen – Wasserstoff mit einem zusätzlichen Neutron, Wasserstoff-2 genannt. Ein weiterer Urbestandteil des Universums ist das Heliumgas mit zwei Protonen, das allerdings keine Verbindung mit anderen Elementen eingeht. Die Intelligenz des Universums zählt noch mit den Fingern …

Doch wie entstehen die anderen Elemente, die wir kennen? Früher nahm man an, dass sich alle chemischen Elemente durch Kernfusionen in den Sternen aus Wasserstoff entwickeln. Im Prinzip ist das auch so, doch der deutsche Physiker Hans Bethge zeigte 1939, dass eine winzige Menge Kohlenstoff genügt, um diesen Prozess einzuleiten. Ein neu gebildeter Stern, der aus einem Gasnebel, gefüllt mit Wasserstoff und Helium, kondensiert, enthält etwa ein Prozent Kohlenstoff, genauer gesagt, das Kohlenstoff-Isotop 12.[54] Bei der Kernreaktion im Stern wird der Kohlenstoff zwar zuerst aufgebraucht, am Ende aber wiederhergestellt. Die Entstehung des Kohlenstoffs ist ein Beispiel dafür, dass die physikalischen Gesetze auf das Leben fein abgestimmt sind, denn ohne Kohlenstoff sind keine lebendigen Strukturen möglich.

Das Spannende ist nun, dass bei den Zwischenschritten der Wasserstoffumwandlung in Helium-4 drei verschiedene Stickstoff-Isotope und ein Sauerstoff-Isotop nötig sind, die es ebenfalls in winzigen Mengen gibt. Im Zusammenspiel von Kohlenstoff, Stickstoff und Sauerstoff nimmt so der Sauerstoff seine Rolle im kosmischen Schauspiel ein. Allerdings bleibt Wasserstoff der dominante Anteil an der Entwicklung. Jedes einfache Element ist, so könnte man sagen, ein Wasserstoff in einer bestimmten Verdichtung. Damit jedoch irgendetwas anderes daraus entsteht, ist ein Zusammenspiel der vier genannten Grundelemente und der vier Grundkräfte (starke Wechselwirkung, elektromagnetische Wechselwirkung, schwache Wechselwirkung und Gravitation) notwendig – auch der genetische Code besteht aus nur vier Bausteinen, den grundlegenden Aminosäuren!

Ich möchte hier nicht auf weitere Details der Entstehung von Galaxien, Sternen und Planeten eingehen. Der Raum zwischen den Sternen unserer Heimatgalaxie ist auch mit einem Vakuum zu vergleichen, doch dieses enthält fein verteilte Materie, darunter sogar auch Wasser, also H_2O. Wasserstoff und Sauerstoff sind also die erste Liebschaft eingegangen, um eine komplexere Struktur hervorzubringen. Wasser ist offenbar in vielen Regionen der Milchstraße reichlich vorhanden.

Gas und Staub ballen sich in einigen Bereichen der Milchstraße und der Galaxien zwischen den Sternen zusammen und bilden ausgedehnte »molekulare Wolken«. In diesen Wolken können sich neue Sterne bilden, wenn sich die dortige Materie verdichtet. Man weiß inzwischen auch, dass in diesen Gebieten, in denen das Gas kollabiert, die neuen Sterne entstehen. »Das Wasser sendet dem Universum draußen ein Signal, dass ein Stern entsteht.«[55] Keiner weiß, was zu dieser Verdichtung führt. Auf jeden Fall müssen anziehende und abstoßende Kräfte, die umeinander herumwirbeln, aneinander»kleben« bleiben und aufeinander einwirken, sodass es schließlich zum Entstehen eines Sterns wie unserer Sonne kommt.

Die alten Griechen nahmen in ihrer Mythologie an, dass *Gaia*, die Mutter Erde, aus dem Urchaos hervorgegangen sei. Chaos ist tatsächlich die etymologische Wurzel von »Gas«. Visionen sind doch nah an der Realität! Aber was ist dieses Chaos? »Es ist hilfreich, die Quelle des Chaos als fehlende Information zu betrachten, denn Chaos ist das, was Menschen beobachten, wenn Ihnen die Information fehlt, um eine zugrunde liegende Ordnung zu erkennen.«[56] Unser Sonnensystem bildete sich aus kosmischem Gas und Staub. Es gibt wohl mehr Staub im Universum als sonst etwas, »Sternenstaub« – und auch hier auf der Erde –, und deshalb muss ich beinahe jeden Tag die Bücher - regale abstauben. Rund 40 000 Tonnen kosmischer Staub und anderes Material prasseln jährlich aus dem Weltraum auf die Erde. Und seit mindestens 30 000 Jahren ist dieser Partikel- regen ziemlich konstant.[57] Schade, dass Staub kein Gold ist, ob- wohl … Anscheinend ist er mehr wert als Gold, denn ohne ihn würden wir hier nicht auf der Erde weilen. Aus all diesen un- zähligen Atomen, Wasserstoff, Helium, Staub, ein paar Metal- len und Eis, bildete sich um die Sonne zuerst eine Art Scheibe, wie wir sie auch beim Saturn beobachten können, und die aus mehreren Ringen bestand. Die Partikel verklumpten sich darin bald zu größeren Gesteinsbrocken. Physiker haben herausge- funden, wie das Wachstum und die Verdichtung des Staubes zu

Gebilden von etwa zehn Zentimetern Größe funktioniert. Wie diese Zusammenballungen sich allerdings schließlich zu unserem Planeten formten, kann man nur raten, jedenfalls wuchsen offenbar aus den kleineren Gebilden Brocken und Felsen, die immer größer wurden und irgendwann die Größe unserer Erde erreichten.

Die Astrophysiker wundern sich dennoch immer noch darüber, wie die Körnchen der Staubteilchen aneinanderhaften können und sich nicht gegenseitig vernichtet haben. Eine Möglichkeit soll sein, dass die Planeten sich direkt durch »Gravitationsinstabilität« in der Scheibe geformt haben – oder beides im Zusammenspiel. Denn die Zusammenstöße waren nicht nur zerstörerisch. Im Gegenteil, sie gaben dem Planeten letztlich eine Atmosphäre, Wasser und die Möglichkeit, Leben zu beherbergen. In dem Teil des solaren Nebels, aus dem sich die Erde herauskondensierte, waren flüchtige Substanzen wie Wasser und Kohlendioxid ein seltenes Gut; nur weiter draußen, wo die Temperaturen niedrig genug waren, um sie kondensieren und vereisen zu lassen, konnten sie zu einem wesentlichen Bestandteil der Protoplaneten werden. Diese kälteren Körper konnten sich aus Gas und Staub einen Eismantel einfangen, so wie Schneeflocken hoch in unserer Atmosphäre den Wasserdampf aus der Luft aufnehmen können.[58] Auf diese oder ähnliche Weise kam das Wasser in das Gestein und auf die Erde. Manche Wissenschaftler vermuten, dass Kometen Eis aus dem Universum auf die Erde brachten, viel Eis, weil sonst kaum die große Menge an Wasser auf der Erde zu erklären ist. Die Ozeane erschienen erst Millionen Jahre später.

Der »Weltallcomputer«[59] rechnet schließlich alles noch einmal durch. Dann formt sich am Rande der Milchstraßen-Galaxie in einem ihrer Spiralarme vor rund 4,5 Milliarden Jahren ein Sonnensystem, unsere Heimat im Weltall. Damit sich in diesem Sonnensystem jedoch Planeten aufhalten können, müssen die »Sonnenprozessoren« im Weltallcomputer neu programmiert werden. Die Aufgabe ist schwierig: Die Sonne ist zu heiß. Deshalb müssen die Planeten in geeignetem Abstand zum Zentralstern angebracht werden, insbesondere der Planet Erde, der an dritter Stelle in der Umlaufbahn später einmal Leben beherbergen sollte. Würde die Erde nur ein wenig dichter um die Sonne ihre Schleifen ziehen, hätte kein Leben entstehen können.

Ich verweile kurz bei diesem interessanten Aspekt der Sonnenabstände der Planeten, denn diese sind nicht willkürlich, zumindest wenn man die Verhältnisse ihrer Abstände ansieht. Sir Friedrich Wilhelm Herschel (1738–1822), britischer Astronom deutscher Herkunft, entdeckte als Erster den Planeten Uranus. Er kam durch die Berechnungen von Johann Daniel Titius (1729–1796) im Jahre 1766, die Johann Elert Bode (1747–1826), ein deutscher Astronom, sechs Jahre später veröffentlichte, darauf, diesen Planeten zu suchen. Titius und Bode hatten die durchschnittliche Entfernung der Planeten von der Sonne berechnet.

Die Erde ist 150 Millionen Kilometer von der Sonne entfernt, diese Entfernung bezeichnet man heute als astronomische Einheit (AE). Merkur, der sonnennächste Planet, ist rund 0,4 AE entfernt, die Venus 0,7 AE, der Mars ca. 1,6 AE. Zwischen Mars und Jupiter kreist der Asteroidengürtel, Jupiter ist 5,2 AE entfernt, Saturn knapp 10 AE. Aufgrund dieser Verhältnisse, die er mit 10 multiplizierte, berechnete er: 4, 7, 10, 16, kein Planet, 52, 100, 196.

Diese Reihe lässt jedoch keine besonders auffällige mathematische Folge erkennen. Er überlegte sich: Nehmen wir an, der Merkur als sonnennächster Planet ist bei Entfernung 0, also -4 Einheiten, dann ist die Venus 7-4 = 3 und die Erde 10-4 = 6. Plötzlich hatte er eine klare Reihe: 0–3 – 6–12–24 (Asteroidengürtel), 48 (Jupiter), 96 (Saturn) und 192 Herschels Georgsstern, später Uranus genannt.[60]

Und tatsächlich: Er konnte ihn daraufhin mit seinem Teleskop finden! Sind diese Zahlen rein zufällig? Wohl kaum.[61] Diese Art von Gesetzmäßigkeit kann man im Großen wie im Kleinen immer wieder finden, denken wir nur an das Periodensystem der Elemente, das ja ebenfalls durch solche Art des Nachdenkens über Gesetzmäßigkeiten gefunden wurde, in diesem Fall auf Grundlage der pythagoreischen Musikoktave.

Herschel heißt zu Ehren Wilhelm Herschels ein neues Infrarotteleskop, das im Mai 2009 ins All geschickt wurde, um die Entstehung und Entwicklung der Galaxien zu erforschen – man sieht daran, dass Wissenschaftler durchaus Visionen ihrer Vorläufer schätzen!

Nun aber weiter im Thema. Zuerst war die Erde ein wabbelndes Gebräu aus kochendem, geschmolzenem Magma, dessen Oberfläche sich durch den richtigen Abstand von der Sonne langsam abkühlte. Doch bevor es unseren Mond gab, machte die Erde ähnlich wie die Venus ein Wechselspiel von Sauna und Kühltruhe durch. Durch den Aufprall des Kleinplaneten Theia – wie man ihn heute nennt – wurde der Mond herausgesprengt. Nachdem dieser seinen Platz in einer Erdumlaufbahn in rund 300 000 km Entfernung eingenommen hatte, verlangsamte er die Erddrehung, sodass sich der Tag nach und nach von acht auf 24 Stunden verlängerte und stabile Klimazonen entstehen konnten. Das war für die spätere Entwicklung der Erde und des Lebens absolut notwendig. Außerdem hält der Mond die Ozeane in Bewegung, sodass das Wasser zirkuliert.

An was man alles im Voraus denken muss! Der Weltraumcomputer hat wohl einige Gigabytes mehr als mein PC! »Die Existenz von Leben, wie wir es kennen, hängt sehr empfindlich von vielen auf den ersten Blick zufälligen Eigenschaften der physikalischen Gesetze und der Struktur des Universums ab … Die Wissenschaftler haben schon lange gemerkt, dass das Universum auf eine geradezu unglaubliche Weise für Leben geeignet ist, haben das aber in der Mehrzahl einfach ignoriert«, schreibt der Physiker Paul Davies in seinem Buch *Der kosmische Volltreffer*. Das Universum scheint offenbar wie für den Menschen geschaffen!

Als sich die Erde abkühlte, trennten sich die Magmabestandteile voneinander, das Eisen sank in den Kern, die leichteren Elemente wie Silizium, Natrium, Kalium, Sauerstoff bildeten mit einigem restlichem Eisen die Erdkruste. Der Weltallcomputer sorgte also auch gleich dafür, dass später ausreichend Silizium für die Prozessoren unserer heutigen Computer vorhanden sein würde ... Immerhin ist Silizium mit 26 Prozent das am häufigsten vorkommende Element in der Erdrinde! Meistens tritt es nur in gebundenem Zustand wie z. B. als Quarz auf, und daher besteht inzwischen sogar ein Mangel an Silizium für die Chips, und man sucht neue Leitersubstanzen. In der Erdkruste befanden sich auch die verschiedenen Gase wie Wasserstoff, Stickstoff, Kohlenoxide und Wasser, die durch die Abkühlung freigesetzt wurden. Dadurch war die Atmosphäre jedoch noch nicht für das Leben geeignet.

Und beinahe hätte sich die Entwicklung der Erde gar nicht so vorteilhaft vollzogen und die Atmosphäre erschaffen, die wir heute kennen, denn Wasserstoff entweicht ins Weltall. So heben sich nach Berechnungen jährlich 500 000 Milliarden Tonnen Wasser in die Atmosphäre, von denen allerdings nur ein geringer Teil verschwindet, aus einem Grund, den ich gleich erkläre. Jedenfalls hat sich ausreichend Wasser auf der Erde gebildet und verteilt, sodass zwei Drittel der Erdoberfläche mit Wasser gefüllt sind.

FANTASTISCHES WASSER

»Grundeigenschaft der lebendigen Einheit: sich zu trennen,
sich zu vereinen, sich ins Allgemeine zu ergehen,
im Besonderen zu verharren, sich zu verwandeln,
sich zu spezifizieren und, wie das Lebendige
unter tausend Bedingungen sich dartun mag,
hervorzutreten und zu verschwinden,
zu verfestigen und zu schmelzen, zu erstarren und
zu fließen, sich auszudehnen und zusammenzuziehen.«
Johann Wolfgang von Goethe

Ohne Kohlenstoff sind keine organischen Moleküle möglich, aber ohne Wasser kann es überhaupt kein Leben geben, im Hinblick auf die Evolution ein wesentlicher Faktor. Es hat eine Milliarde Jahre gedauert, bis Leben auf dem Planeten Erde entstand und so erst eine Atmosphäre gebildet wurde. Doch zuerst musste das Wasser auf der Erde bleiben. Tatsächlich entweicht nur wenig Wasserdampf ins Weltall. Das liegt daran, dass sich Materieteilchen im Wirkungsfeld von Licht nicht geradlinig fortbewegen, sondern, bildhaft gesprochen, auf »spiraligen Schraubenbahnen«. Wenn Licht auf die Wassermoleküle trifft, werden diese durch die Photonen magnetisiert. Photonen sind elektromagnetische Schwingungen. Das Licht kann deshalb die Elektronen des Wassers in Schwingung versetzen und bewirkt dadurch eine Eigendynamik in der Bewegungsart der Wassermoleküle.

Man muss wissen, dass ein Kubikmillimeter (1 mm³) Wasser aus 10 000 Billionen (10^{16}) Molekülen besteht. Eigentlich müssten die Photonen die Moleküle in das Schwerkraftfeld der Sonne ziehen, doch es greift bei diesem Vorgang auf wunderbare Weise ein anderes Prinzip, das Archimedes zuerst entdeckt hat: *Die Auftriebskraft eines Körpers ist genau so groß wie die Gewichtskraft des vom Körper verdrängten Mediums.* Es wird ein

Zustand erreicht, in dem die energetische Dichte des die Wassermoleküle umhüllenden Photonenstroms gleich der energetischen Dichte der umhüllten Wassermoleküle ist. So geschieht es, dass die Wassermoleküle kondensieren und Wolken bilden. Und die Wolke, wenn sie dichter und schwerer wird, entlädt das Wasser wieder als Regen. Der Kreislauf des Wassers ist in Gang.

Über die riesigen Ozeane, die Flüsse und Bäche, welche die Lebensadern der Erde bilden, brauche ich hier nicht zu reden. Meine Aufgabe ist vielmehr, über die Besonderheit des Wassers zu sprechen. Der vielfältige Wasserkreislauf hält das Leben auf der Erde in Schwung. Er wiederholt und erneuert sich ständig. Außerdem sind die wechselnden Aggregatzustände des Wassers – flüssig, eisförmig und gasförmig – von höchster Bedeutung für diesen Kreislauf. Das Leben hätte nicht entstehen können, wenn das Wasser nicht die bekannten »Anomalien« hätte, sich also von den meisten anderen Gasen und Molekülen unterscheidet. Der Gefrierpunkt des Wassers liegt bei vier Grad Celsius, das entspricht 277 Kelvin.

Der Übergang von flüssigem Wasser zu festem Eis ist ein bisher noch völlig ungeklärter Prozess. Mit dem Gefrierpunkt ist die größte Dichte des Wassers erreicht, und bei weiterer Abkühlung dehnt es sich wieder aus! Ohne diese Eigenschaft, die z. B. einen See von oben her gefrieren lässt, wäre kein Leben im Wasser möglich, keine einzige Zelle hätte überlebt. Frösche, andere Amphibien und auch Pflanzen können übrigens bei tieferen Gefrierpunkten deshalb überleben, weil sie einen Frostschutz, vergleichbar mit dem im Autokühler, herstellen und so ihre Flüssigkeiten nicht gefrieren lassen. Ein umgekehrtes Prinzip haben australische Frösche erfunden: Sie können bis zu fünf Jahre lang einen Sommerschlaf in ausgedörrtem Zustand halten, ohne zu trinken!

Der Übergang in den gasförmigen Zustand, der Siedepunkt des Wassers, liegt bei 373 Kelvin. Interessant ist die Einteilung nach Kelvin vom mathematischen Standpunkt. 373 K ist ebenso eine Primzahl wie 273 K, die 0° Celsius entspricht, bei dem sich das Wasser wieder ausdehnt. Primzahlen sind, wie wir wissen, nur durch sich selbst oder durch 1 teilbar, und das bedeutet, dass die besonderen Wasseranomalien genaue Einheiten darstellen, die nicht zufällig sind. Primzahlen machen die Mathematiker »verrückt«, weil sie sich nicht voraussagen lassen. Ist es nicht außerordentlich, dass selbst positive Zahlen so viel Unsicherheit ins Spiel bringen? Tatsächlich würden selbst kleine Abweichungen das ganze Wassersystem aus den Fugen werfen.

Im Zusammenspiel mit anderen bio-geo-chemischen Kreisläufen, z. B. dem Kohlenstoffkreislauf, dem Stickstoffkreislauf usw., trägt das Wasser als »Lösungsmittel« dazu bei, andere Substanzen zwischen verschiedenen Ökosystemen und Klimazonen hin und her zu transportieren.

»Nur durch eine so dynamische Umwelt, die sich ständig verändert und doch auch dauernd wiederholt, kann Leben aufrechterhalten werden. Gleichzeitig kann das Leben wiederum einen wichtigen und häufig bestimmenden Einfluss auf diese natürlichen Kreisläufe ausüben ... Bio-geo-chemische Kreisläufe schaffen Rückkoppelungen, die Störungen der Umweltbedingungen verstärken oder dämpfen können ... Damit erhält der Planet die Fähigkeit, sich selbst zu regulieren und angesichts wechselnder Umstände stabile Zyklen und eine verhältnismäßig konstante Umwelt aufrechtzuerhalten.«[62]

Über diese wundervolle Selbstregulation erfahren wir später noch mehr im Zusammenhang mit der Biosphäre. Mir geht es jetzt mehr um die besonderen »inneren« Eigenschaften des Wassers. Wenn Wasserstoff am Anfang der Materiebildung steht, ist Wasser zweifelsohne das »Molekül des Lebens«, obwohl es erst einmal lebensfeindlich war, denn Wasser kann die Anschlussstellen von organischen Verbindungen wie der DNA schädigen.

Wasser ist dennoch die Lebensgrundlage! Schon der griechische Gelehrte Thales von Milet hielt Wasser für das Element, aus dem alle anderen Körper entstanden sind. Für ihn war es »Prinzip aller Dinge, aus dem alles ist und zu dem alles zurückkehrt«. Heute wissen wir, dass Wasser kein Element ist, sondern eine Verbindung aus zwei Wasserstoffatomen und einem Sauerstoffatom. Sie bilden das Wassermolekül: H_2O. Etwa 70 Prozent unserer Erde ist mit Wasser bedeckt, auch der menschliche Körper besteht ungefähr in derselben Menge aus Wasser. Zusammengerechnet gibt es 1,4 Billiarden Liter Wasser auf der Erde. Davon sind etwa 97 Prozent Salzwasser und nur drei Prozent Süßwasser (das langsam für viele Menschen ausgeht). Ebenso bemerkenswert wie das Vorhandensein des Wassers ist der Umstand, dass der dreiprozentige Salzgehalt der Ozeane anscheinend sich nie so verändert hat, dass das später entstandene Leben gefährdet worden wäre. Auch das Wasser in der Zelle eines Körpers entspricht ungefähr der Zusammensetzung von Meerwasser.

Wasser ist außerdem der Hauptbestandteil aller Lebewesen. Fast alle unsere Stoffwechselvorgänge stehen mit Wasser in Zusammenhang. Einige Tiere setzen sich sogar fast vollständig aus Wasser zusammen: Bei Quallen beträgt der Anteil an Wasser etwa 99 Prozent. Vermutlich gibt es diese Urtiere aus Wasser ohne Herz, Hirn und Blut deshalb auch schon seit 650 Millionen Jahren, länger als die meisten anderen Tiere. Quallen sind auch außerordentlich bedeutend für die Durchmischung des Wassers in den Ozeanen, wie man jetzt herausgefunden hat. Es gibt sogar Quallen, die sich bei längerem Nahrungsmangel in einen Embryonalzustand zurückentwickeln können, also gewissermaßen ewig leben. Offenbar hat »die Evolution« diese Fähigkeit später vergessen und daher nicht in andere Organismen eingebaut… Algen, grüne Pflanzen und einige Bakterien benötigen Wasser für die Sauerstoff liefernde Fotosynthese. Wasser unterstützt, wie wir inzwischen wissen, alle Funktionen des menschlichen Körpers und macht diese überhaupt erst möglich. Über das Wasser erreichen Botenstoffe, Hormone und Nährstoffe alle lebenswichtigen Organe. Das Wasser im Gehirn wird sogar dreimal täglich ausgetauscht. Außerdem dient es als »Klebstoff« für den Zusammenhalt der Zellen über die Zellmembran. Ohne intelligentes Wasser also auch keine Zellen.

In allen Fällen ist ein hocheffizienter, aber selektiver Wassertransport von zentraler Bedeutung, der den Austausch anderer Moleküle ausschließt. Wissenschaftler vom Max-Planck-Institut für biophysikalische Chemie in Göttingen haben herausgefunden, wie der genaue Funktionsmechanismus dieser perfekten Wasserfilter funktioniert. Der Wassertransport zwischen den Zellen erfolgt nach diesen Erkenntnissen über in die Zellmembran eingebettete mikrofeine Kanäle, die sogenannten *Aquaporine*. Die Aquaporine lassen zwar Wassermoleküle hindurch, verhindern aber, dass die Zelle Nährstoffmoleküle oder Salzionen verliert. Obwohl diese Filter sehr feinporig sind, erreichen Aquaporine eine erstaunlich hohe Wasserleitfähigkeit von bis zu drei Milliarden Wassermolekülen pro Sekunde und Kanal. Eine 10×10 cm^2 große Membran mit eingebetteten Aquaporinen könnte somit etwa einen Liter Wasser in etwa sieben Sekunden filtern oder entsalzen.

Wie aber erfüllt das Protein diese widerstreitenden Anforderungen? Erste Antworten ergaben sich bereits aus der räumlichen Atomstruktur des Aquaporins (AQP1), die erst vor Kurzem in enger Zusammenarbeit zwischen einer japanischen Arbeitsgruppe um Yoshinori Fujiyoshi, einer Baseler Gruppe um Andreas Engel und der Göttinger Max-Planck-Arbeitsgruppe »Theoretische Molekulare Biophysik« mithilfe elektronenmikroskopischer Messungen entschlüsselt wurde. Es zeigte sich, dass das Protein in der Zellmembran einen zwei Nanometer (zwei Millionstel Millimeter) langen und an der engsten Stelle nur 0,3 Nanometer breiten Kanal bildet – gerade groß genug, um ein einzelnes Wassermolekül passieren zu lassen. Diese Enge können größere Moleküle gar nicht erst passieren.[63]

Wasser besteht aus zwei verschiedenen Elementen, daher ist es ein Molekül, eine höhere Organisationsordnung von Atomen. Um ein Molekül herzustellen, müssen sich mindestens zwei Elemente miteinander an den »richtigen« Stellen verbinden. Genauer gesagt, verbindet sich die jeweilige Information von zwei oder mehreren chemischen Elementen miteinander, und diese teilen sich ihre individuellen Informationen über die Anordnung ihrer eigenen Teilchenwellen-Eigenschaften miteinander. Das ist mit Buchstaben vergleichbar, die sich zu Wörtern bilden; bei komplexeren Molekülen bilden diese Wörter sogar »Sätze« aus. Wir können mit Sicherheit davon ausgehen, dass sie gut miteinander kommunizieren, sonst würde die Molekularstruktur sofort wieder auseinanderfallen![64]

Noch spannender als die chemische Zusammensetzung des Wassermoleküls ist jedoch, dass Wasser keine reine Mischung aus Wasserstoff und Sauerstoff ist! Ein solches Gemisch wäre tatsächlich hochexplosiv. Wasser ist kein bloßes Aggregat von zwei Stoffen, es hat als Molekül eine höhere Einheit erlangt. Die unabhängigen Informationen des Wasserstoffs und Sauerstoffs werden zugunsten einer höheren Form aufgegeben.

Dabei werden nicht einfach die ursprünglichen Bestandteile zufällig neu geordnet, nein, es wird tatsächlich eine völlig neue Substanz mit einem Eigenleben gebildet. Wasserstoff und Sauerstoff bleiben keine aktuellen Bestandteile, sie sind nur noch potenziell vorhanden. Dasselbe gilt natürlich für jede andere chemische Verbindung, das sollten wir immer im Auge behalten! Was wir also üblicherweise als die »Bestandteile« von Molekülen betrachten, sind keine Teile wie Backsteine eines Hauses, die immer Backsteine bleiben. Ein Molekül ist vielmehr eine transformierte Substanz mit völlig neuen Eigenschaften.[65]

Man kann sich kaum vorstellen, was dieses einfache Wassermolekül alles zuwege bringt! Denn die Bedeutung des Wassers für biologische Formen besteht im Wesentlichen nicht in seiner Fähigkeit, strukturierte Zustände anzunehmen, sondern darin, zwischen flüssigen, kristallinen und gasförmigen Aggregatszuständen zu oszillieren, also hin und her zu schwingen. Wasser macht genau das, was Goethe so poetisch ausgedrückt hat: »... *sich zu trennen, sich zu vereinen, sich ins Allgemeine zu ergehen, im Besonderen zu verharren, sich zu verwandeln.*« Deshalb ist die beim Wasser im thermischen Gleichgewichtszustand chaotische Struktur, die Unordnung also, Voraussetzung für seine Plastizität gegenüber äußeren Ordnungsimpulsen, die das Wasser zu relativ langlebigen dynamischen Ordnungszuständen umorganisieren kann.

KANN SICH WASSER ERINNERN?

> *»In Wirklichkeit gibt es keine Materie auf der Erde,*
> *die so außergewöhnlich ist wie das Wasser.«*
>
> Masaru Emoto

Wasser oder der ihm zugrunde liegende Wasserstoff muss bei diesen genannten Eigenschaften ein Träger der Lebensenergie und des damit verbundenen »Bewusstseins vom Ganzen« sein. Wenn es nicht genau die »richtige« Qualität und die »richtige« Menge in Organismen und auf der Erde haben würde, gäbe es kein Leben, sondern nur Felsbrocken und Wasser, wie man bei anderen Planeten in unserem Sonnensystem sehen kann. Daher wäre es nicht verwunderlich, wenn Wasser auch Informationen speichern und erhalten könnte. Es muss sogar in der Lage sein, bestimmte Lebensinformationen nicht zu verlieren.

Die meisten Physiker verneinen die Möglichkeit der Informationsspeicherung des Wassers. Sie sagen, wir müssen uns vorstellen, dass Wasser sich dauernd in hoher Geschwindigkeit neu strukturiert. Daher geht eine Information, die man von außen dem Wasser aufbringt, in Sekundenbruchteilen wieder verloren, wie man bei Versuchen festgestellt hat. Genauso wie es in Flüssen und Bächen verwirbelt daherkommt, ist es auch in seiner Molekülstruktur gewissermaßen verwirbelt. Doch um seine Struktur als Wasser zu erhalten, muss es zugleich eine inhärente Information in sich tragen, die seine Eigenschaft als Wasser aufrechterhält. Die Informationsverarbeitung in den Atomen und Molekülen nimmt das jeweilige chemische Element vor, auch wenn es sich zu Molekülen verbindet. Rein physikalisch gesehen, müsste eine zusätzliche Information in Form eines oder mehrerer Atome von außen dazukommen, um die Gesamtinformation des Moleküls zu verändern.

Als eine Gruppe von Wissenschaftlern um den französischen Immunologen Jacques Benveniste 1988 in der angesehenen Wissenschaftszeitschrift *Nature* Versuche mit homöopathisch im Wasser verdünnten Molekülen publizierte, die nach gut dokumentierten Forschungen immer noch Wirkungen haben sollten, schreckte die materialistisch orientierte Wissenschaftsgemeinde auf. Seitdem brennt der Streit darüber, ob Wasser tatsächlich in der Lage ist, sich an fremde Informationen auch dann zu erinnern, wenn kein Molekül mehr darin nachweisbar ist. Das ging bis hin zu Betrugsvorwürfen gegen den Wissenschaftler.[66] Dabei hat er lediglich zu beweisen versucht, dass selbst homöopathische Verschüttelungen eines Wirkstoffs noch eine Wirkung auf Blutkörperchen erzielen, auch wenn in ihnen kein einziges Wirkstoffmolekül mehr nachweisbar ist.

Die Möglichkeit, Wasser könne Informationen über längere Zeit speichern und sich auch noch an diese Information erinnern, rüttelt tatsächlich an den festen Gebäuden der Schulwissenschaft. Man streitet kaum noch ab, dass es unterschiedliche Wasserqualitäten geben kann, doch dass Wasser so etwas wie ein Gedächtnis haben könne, das geht dann doch zu weit! Das wäre ja genauso etwas wie unsere Vorstellung, der Quantenschaum bestünde aus Bewusstseinsquanten. Aber was ist eigentlich der Unterschied zwischen den planckschen Wirkungs-

quanten und Bewusstseinsquanten? Das ursprüngliche planck-
sche Wirkungsquantum »h« steht für eine *Wirkung*, es beschreibt kein materielles Objekt. Selbst wenn es mit einem Photon gleichgesetzt wird, ist es nicht materiell, denn ein Photon
erkennen wir an seiner Wirkung und betrachten es nicht als ein
materielles Teilchen.

Was spricht dagegen, dass Wasser fremde Information speichern könnte? Ein Kubikmillimeter – also ein winziger Tropfen – Wasser enthält 10^{16} Wassermoleküle. Die Verwirbelung
der Information eines in Wasser gelösten fremden Moleküls
durch die homöopathische Verschüttelung könnte durchaus in
der Lage sein, zumindest einem Teil der unzähligen Wassermoleküle die Information eines zugesetzten Stoffes aufzuprägen,
genauso wie Zitronensaft, der auch mit viel Wasser verdünnt
noch nach Zitrone schmeckt, und das noch nach Tagen.

Die Herstellung eines homöopathischen Mittels hat jedoch
eine bedeutende Besonderheit, es ist nicht einfach eine Verdünnung – das wird von den Schulmedizinern unterschlagen oder
einfach nicht gewusst. Denn die homöopathische Verschüttelung, auch Potenzierung oder Dynamisierung genannt, ist keine
»Verdünnung«, wie immer gesagt wird. Durch Verschüttelung
in einem bestimmten Rhythmus wird Wasser zusammen mit
den zugesetzten fremden Molekülen intensiv verwirbelt. Wassermoleküle haben die Tendenz, sich sofort und fortwährend
mit anderen Wassermolekülen zu verbinden, so entstehen die
sogenannten Wassercluster aus etwa 400 bis 600 Molekülen.
Da die Wassermoleküle selbst in ständiger Schwingung sind,
ist es ohne Weiteres denkbar, dass die Informationen der fremden Moleküle sich durch *rhythmische* Verschüttelung mit den
Schwingungsfeldern der Wassercluster verbinden. Durch bloße
Verdünnung lässt sich das nicht erreichen, wir haben es hier mit
einer anderen Qualität zu tun.

Die Berliner Universitätsklinik Charité hat eine jahrelange
Untersuchung über die Wirkung homöopathischer Mittel durch-

geführt. »Die Mediziner untersuchten erstmals auf hohem Niveau den ganz normalen klinischen Alltag von über 100 Arztpraxen in Deutschland und der Schweiz, die klassische Homöopathie anbieten. Die Forscher verfolgten über einen Zeitraum von zwei Jahren die Krankheitsverläufe von knapp 4000 Patienten. Bei den meisten Teilnehmern erzielten die Homöopathen eine deutliche Besserung.«[67]

Ganz abgesehen von der Empirie: Selbst wenn man bei der Homöopathie den Placeboeffekt unterstellt, der immer wieder vorgebracht wird, bedeutet dieser doch nichts anderes, als dass eine Bewusstseinsinformation des Patienten in die Körpervorgänge eingreift. Den Placeboeffekt gibt es auch bei »harter« Medizin und dort kommt er viel häufiger vor, als die meisten Patienten vermuten. Acetylsalicylsäure z.B., der Wirkstoff des bekannten Schmerzmittels, würde heute bei 40 Prozent Placeboeffekt nicht mehr zugelassen! Bereits Hahnemann, der Begründer der Homöopathie, war sich des Placeboeffekts bewusst und machte Doppelblindversuche mit homöopathischen Mitteln und Placebos, um seine Entwicklung wissenschaftlich zu belegen. Eine neuere Untersuchung hat gezeigt, dass homöopathische Mittel zwei bis drei Mal wirksamer sind als Placebos.

Doch zurück zum Wasser. Wasser reagiert nicht nur hochempfindlich auf alle möglichen Arten von Einflüssen, sondern kann sich auch längere Zeit erinnern, wie beispielsweise Magnetisierungsversuche gezeigt haben. Durch das rhythmische Verschütteln der homöopathischen Mittel könnten im Wasser relativ langlebige kohärente Schwingungen gespeichert werden. So zeigte W. Smith, dass dem Wasser auch elektromagnetisch bestimmte Schwingungsmuster aufgeprägt werden können, die durch Resonanz im Menschen bestimmte Regulierungsvorgänge auslösen können.[68]

LEBEN AUS DER URSUPPE?

>>*Niemand kann behaupten,*
er habe das Problem von
der Entstehung des Lebens gelöst.<<
Lynn Margulis, Mikrobiologin

Ich hätte meine Geschichte der Evolution auch hier anfangen können, statt mich mit Quanten und Wasser zu beschäftigen. Doch ohne Verständnis der Ausgangsbedingungen unserer Existenz auf der Erde, die für sich genommen erstaunlich genug sind, würden wir auch nicht begreifen können, wie in einem >>toten Universum<< unter bestimmten vielfältigen Parametern und Variablen so etwas wie Leben überhaupt entstehen konnte.

Die heutige Erde unterscheidet sich völlig von der anfänglichen Erde. Es dauerte mindestens eine halbe Milliarde Jahre, bis sich eine feste Erdkruste mit beweglichen Schollen bildete. Nachdem der Planet Erde langsam abgekühlt war, kondensierte sich das Wasser, das nicht ins Weltall verdunstete, sodass sich immer mehr Regenwolken ausbreiteten. Es setzte für Millionen von Jahren ein Dauerregen ein, und die Ozeane entstanden zwischen den beweglichen Schollen.

>>Inmitten all dieses Gesteinsmaterials befanden sich auch die flüchtigen Bestandteile, die durch Zusammenstöße geliefert worden waren, als sich der Planet bildete – Wasserstoff, Stickstoff, Schwefelwasserstoff, Kohlenoxide und Wasser. Als das geschmolzene Gestein dann abkühlte und fest wurde, wurden die Gase in einem Prozess, den man *Entgasen* nennt, freigesetzt. Die Atmosphäre, die aus dem Entgasen hervorging, unterschied sich beträchtlich von der heutigen, da sie vorwiegend aus Kohlendioxid, Stickstoff und Wasserdampf bestand.<<[69] Auch Ammoniak, eine Verbindung von Wasserstoff und Stickstoff, und Methan, das erste Mitglied der Kohlenwasserstoffe, waren möglicherweise in dieser Atmosphäre.

Nun haben wir eine ziemlich unfreundliche Atmosphäre. Die Sonneneinstrahlung erhitzt ungebremst die giftige »Luft«, und auch das Wasser der Ozeane kocht – an der Oberfläche wie auch am Meeresboden, wo ständig vulkanische Eruptionen stattfinden. Die sogenannte »Ursuppe« war, besser gesagt, ein »totes Meer«. Wie in dieser toten »Ursuppe« lebendige Zellen entstehen können, beschäftigt jeden Wissenschaftler. In den 20er-Jahren des letzten Jahrhunderts machten einige Wissenschaftler bereits Versuche, dieses Rätsel zu lösen, weltbekannt wurde jedoch der Versuch, den der Chemiker und Nobelpreisträger Harold Clayton Urey, der übrigens auch an der Entwicklung der Atombombe beteiligt war, und der Biochemiker Stanley Miller im Jahre 1953 unternahmen.

Die Versuchsapparatur bestand aus einem evakuierten Rundkolben gefüllt mit Wasser, dem ein vermutetes Urgasgemisch zugefügt wurde. Außerdem wurden im oberen Kolben Funken gezündet, um Blitze zu simulieren. Dieses Experiment wurde nach seiner Veröffentlichung auch von anderen Wissenschaftlern in unterschiedlichen Modifikationen weltweit wiederholt und weitgehend bestätigt. Später hat man auch UV-Strahlen verwendet, weil diese ohne Ozonschild und Sauerstoffatmosphäre höchstwahrscheinlich in großem Maße auf die Erde prallten.

Nach diesen Versuchen wurde »die irrige Meinung verbreitet, durch den Miller-Versuch sei experimentell bewiesen, dass sich in der Atmosphäre der frühen Erde Aminosäuren, die Bausteine der Proteine, und Nukleotide, die Bausteine der Nukleinsäuren (DNA, RNA), gebildet haben, aus denen sich unter den Bedingungen der frühen Erde Makromoleküle, wie Nukleinsäuren und Proteine, bilden konnten«.[70]

Wie jeder Chemiker weiß, gibt es unter bestimmten Bedingungen immer chemische Reaktionen, also eine Neuanordnung von Atomen und auch Neu- und Umstrukturierungen von Molekülen. Das geschieht gewissermaßen von selbst, weil entsprechende Bedingungen wie Konzentrationsverhältnisse der reagierenden Komponenten, Temperatur und Druck entsprechende Molekularbindungen verursachen. Ohne diese Möglichkeit, chemische Elemente zu kombinieren, hätten wir weder anorganische noch organische Stoffe, also auch keine PET-Flaschen für unser Mineralwasser. Aber unter den Miller-Bedingungen entstanden tatsächlich auch einige Moleküle: Außer Essigsäure und Methansäure, einem Nebenprodukt von Essigsäure, bekam man auch in ganz geringen Mengen zwei Aminosäuren, Glycin (das man 2009 auf einem Kometengestein gefunden hat) und Alanin. Die DNA-RNA-Bausteine konnten unter diesen Bedingungen jedoch nicht nachgewiesen werden. Danach folgten viele andere Experimente, aber es gab kein Hinweis auf die grundlegenden Lebensmoleküle.

Das wirft die prinzipielle Frage auf: Können biologisch relevante Makromoleküle sich selbst bilden? Alle Versuche deuten darauf hin, dass unvermeidlich immer nur ein Vielstoffgemisch entsteht, »das zwar in geringen Mengen biologisch relevante, Ketten bildende, bifunktionelle Monomere wie Aminosäuren enthält, ganz überwiegend aber aus Ketten abbrechenden monofunktionellen Molekülen wie Ameisensäure, Essigsäure, Propionsäure, Methylamin, Aethylamin besteht.«[71]

Biochemisch gesehen, müssen sich lange Kettenmoleküle zu Makromolekülen wie der DNA bilden, die aus den vier grundlegenden Aminosäuren Adenin, Cytosin, Thymin, Guanin, Phosphatgruppen und Zuckergruppen gebildet wird. Die Verbindung mit der RNA – dazu später – geschieht über Wasserstoffbrücken. Und die Kette ist sehr lang! In Bakterienzellen, die eintausendstel Millimeter (ein Mikrometer) groß sind, ist die Molekülkette ein Zentimeter lang, verteilt auf die Zelle. Der Zellkern einer menschlichen Zelle ist zehn Mikrometer groß, darin ist die DNA-Kette zwei Meter lang, verteilt auf die 46 Chromosomen, wodurch die mittlere DNA-Länge 4,3 Zentimeter lang ist.

Man muss sich das folgendermaßen vorstellen: Stopfen wir in einen Wasserball 40 bis 50 je zwei Kilometer lange und ein Zehntel Millimeter dünne Drähte in verknäulter Form hinein, so werden wir überrascht feststellen, dass selbst dann, wenn alle Drähte mit einer Gesamtlänge von 100 km in der Kugel verpackt sind, nur rund 1,2 Prozent ihres Volumens mit Masse ausgefüllt sind.[72]

Also darf keine Substanz vorhanden sein, die einen Kettenabbruch bewirkt. Und Wasser kann die Anschlussstellen schädigen, was es auch tatsächlich durch Hydrolyse macht, also durch eine Aufspaltung der Kette. »Wie auch immer die richtigen Monomere – das sind, chemisch gesprochen, kleine Moleküle – unter günstigen Bedingungen aktiviert werden, die monofunktionellen Kettenabbrechermoleküle sind mit von der Partie. Nur Enzyme, die hochspezifischen Biokatalysatoren, sind in der Lage, bestimmte Moleküle auszuwählen und zu begünstigen. Enzyme aber gab es in der Ursuppe nicht, denn Enzyme sind Proteine mit hohen Molekulargewichten.«[73]

Enzyme sind spezialisierte organische Substanzen, meistens Polymere – also lange Molekülketten –, aus Aminosäuren, die als Katalysatoren wirken und im Stoffwechsel der Lebewesen fast alle chemischen Reaktionen steuern.[74]

In einfachere Sprache übersetzt heißt das, dass zur Bildung der DNA-RNA-Molekülkette im Zellkern viele Bedingungen erfüllt werden müssen. Wenn man bedenkt, dass selbst in einem einfachen Bakterium wie der Colizelle in der Darmflora bereits 2000 Enzyme notwendig sind, stellt sich die Frage, wie die einfachsten Makromoleküle in gewünschter Länge überhaupt erst entstehen können.

JETZT KOMMT LEBEN IN DIE BUDE

> *»Eine neue Frage aufzuwerfen, neue Möglichkeiten*
> *oder alte Fragen aus einem neuen Blickwinkel zu betrachten*
> *erfordert kreative Vorstellungskraft und kennzeichnet*
> *wirklichen Fortschritt in der Wissenschaft.«*
>
> *Albert Einstein*

Bevor jedoch die Information, die »Software« des genetischen Codes, der das Programm zur Herstellung der vielen Tausend Proteine in sich trägt, entstehen kann, benötigen die Gene eine »Hardware«: die Zellmembran, die Organellen, Mitochondrien – die Kraftwerke der Zellen – und weitere wichtige Teile im Zellplasma. Ohne Zelle kann kein genetisches Programm ablaufen, und ohne Programm gibt es keine Zelle, die ja aus Proteinen gebildet wird. Wie kann eine Zelle durch solche Rückkoppelungsschleifen überhaupt entstehen?

Geologen und andere Wissenschaftler, die versteinerte Gebilde untersucht haben, die als Stromatoliten bekannt sind, gehen davon aus, dass die frühen Organismen bereits mit der Entstehung der Ozeane vor rund 3,7 Milliarden Jahren aufgetaucht sind und sich kaum von den Einzellern unterscheiden, die wir heute kennen: Bakterien, lebendige Mikroorganismen, die ein eigenes genetisches Programm besitzen. Aber woher kamen diese Einzeller plötzlich, die nach allem, was wir über die komplexe Chemie der Molekülbildung wissen, kaum aus der toten Ursuppe entstanden sein können?

Manche vertreten die Theorie, dass die ersten Bakterien von Meteoriten aus dem Weltall kamen – aber auch dort müssen sie irgendwie entstanden sein! Auch die Theorie von anfänglichen Fettbläschen, die durch Sonneneinwirkung Phosphate und Nukleinsäureketten bildeten, ist angesichts der beschriebenen Komplexität von Polymeren wohl nichts weiter als eine Fantasie.

Die *Prokaryoten*, Bakterien ohne Zellkern, stellen die Grundlage der Biosphäre dar und siedeln seit ca. 3,7 Milliarden Jahren auf unserem Planeten. Sie waren aber nicht nur die ersten, sondern auch für die längste Zeit der Erdgeschichte die einzigen Lebewesen – vermutlich zwei Milliarden Jahre lang. Zweifellos haben sie während dieser Zeit die unterschiedlichsten Arteigenschaften entwickelt. Heute kennt man mindestens 5000 verschiedene prokaryotische Bakterienarten. Sie produzierten als erste Organismen freien Sauerstoff und schufen so die Voraussetzung für die Entstehung von Pflanzen und Tieren. Ohne Mikroorganismen wäre der vollständige Abbau von organischen Stoffen in anorganische Stoffe überhaupt nicht möglich. Auch viele andere Prozesse sind auf die Arbeit der Prokaryoten angewiesen.

Evolutionsbiologen gehen gerne über die Besonderheiten einer Zelle hinweg und beschäftigen sich nur mit der Evolution der Tiere. Auch die meisten Kritiker der Evolutionstheorie gehen nicht darauf ein – ein großer Fehler! Zum besseren Verständnis der »Unmöglichkeit« des Entstehens einer Zelle durch langsame und modulare Bauweise wie eines Autos am Fließband muss deutlich gemacht werden, wie komplex eine Zelle überhaupt ist.

Eine Zelle kann deshalb ein eigenständiges Leben führen, weil sie durch eine Membran geschützt ist. »Einer der Gründe, weshalb die Wissenschaftler die Membran so falsch einschätzten, ist, dass sie so dünn ist. Zellmembranen sind nur ein Siebenmillionstel Millimeter dick. Sie sind so dünn, dass sie nur durch ein Elektronenmikroskop gesehen werden können. So konnten die Biologen erst in den 50er-Jahren bestätigen, dass es die Membran überhaupt gab. Bis dahin glaubten viele Biologen, dass das Zytoplasma durch seine gallertartige Konsistenz zusammenhielt. Mithilfe der Mikroskope lernten die Biologen, dass alle lebendigen Zellen eine Membran haben und dass alle Zellmembranen die gleiche dreilagige Struktur aufweisen.«[75]

Zellen könnten ohne Membranen nicht funktionieren. Es gibt innere Membranen um die verschiedenen Organellen, die möglicherweise von prokaryotischen Bakterien stammen, die von den späteren eukaryotischen Zellen aufgenommen und in die Zelle eingebaut wurden. Dazu kommen äußere Membranen, deren Funktion es ist, die Zellen gegenüber der Außenwelt zu schützen. Sie erhalten innere Bedingungen aufrecht, z. B. den richtigen Salz-, Säure- und Sauerstoffgehalt. Dazu besitzen sie Kanäle und »Pumpen«, die den Zufluss von Ionen und Molekülen regeln, auch den Austausch mit Wasser.[76] Das Wasser im Zellinneren unterscheidet sich von dem »normalen« Wasser, deshalb muss die Zelle dieses erst umwandeln.

Die Membranen sind also keine passiven Wände, sondern äußerst aktiv für die Erhaltung des Lebens der Zelle. Und sie sind natürlich auch bei der Zellteilung beteiligt. Die Membran ist unersetzlich und gleichzeitig leicht verwundbar. Die Lipidschicht der Zelle wird von denselben schwachen Kräften zusammengehalten, die auch in Seifenblasen wirksam sind.

Die anscheinend simple Struktur täuscht über ihre funktionelle Komplexität hinweg. Die durchschnittliche Zelle führt jede Sekunde Hunderte chemischer Reaktionen durch und kann sich selbst alle 20 Minuten reproduzieren. Und dies geschieht in winzigen Größenordnungen.

Eine Zelle ist ein lebendiges Laboratorium, das andauernd in einem fließenden und veränderlichen Zustand ist, sie ist kein festes Ding wie ein Tisch. Die Zellbiologen erhielten Einblicke in die erstaunlichen Fähigkeiten der Zellmembran, indem sie die primitivsten Organismen studierten, die es auf diesem Planeten gibt, die Prokaryoten. Prokaryoten, zu denen auch Bakterien und andere Mikroben gehören, bestehen nur aus einem von einer Membran umgebenen Tropfen Zytoplasma. Sie stellen zwar die primitivste Lebensform dar, doch sie besitzen ein rudimentäres Bewusstsein und verfolgen ihre eigenen Ziele. Ein Bakterium lässt sich nicht ziellos in der Gegend herumtrei-

ben, sondern führt genau wie die komplexeren Zellen mit Zellkern (Eukaryoten) die grundlegenden physiologischen Prozesse
durch. Eine Bakterie isst, atmet, scheidet aus und zeigt sogar
eine Art *neurologischen* Prozess. Sie kann wahrnehmen, wo es
Nahrung gibt, und sich dorthin bewegen. Genauso kann sie
Gifte und Räuber erkennen und vor ihnen flüchten. Anders
ausgedrückt: Auch Prokaryoten zeigen Intelligenz!

»Welche Struktur verleiht der Prokaryote also ihre Intelligenz?
Wir finden im Zytoplasma der Prokaryoten keine Organellen
wie Zellkern und Mitochondrien wie in den höher entwickelten Eukaryoten. Die einzige geordnete Struktur, die als Kandi-
dat für das Gehirn der Prokaryoten infrage kommt, ist ihre Zellmembran«, schreibt der Zellforscher Dr. Bruce Lipton.[77]

Die ebenfalls zu den Prokaryoten zählenden Cyanobakterien,
die wie die Archaea, die Urzellen, noch keinen Zellkern besitzen, dominierten die Frühphase des Lebens aufgrund ihrer größeren Anpassungsfähigkeit. Es dauerte sehr lange (vermutlich
bis vor etwa zwei Milliarden Jahren), bis sich die ersten eukaryotischen Zellen herausbildeten, aus deren Nachkommen alle höheren Lebensformen – Einzeller wie Amöben, Pilze, Pflanzen,
Tiere und Menschen – bestehen.

Dieser »neue« Zelltyp ist den prokaryotischen Zellen in fol-
gender Hinsicht überlegen: Er ist nicht von einer starren Zell-
wand umhüllt, die gegen extreme Säuren und Laugen schützt,
sondern nur von einer flexiblen Zellmembran; die Zelle kann
so größere Moleküle bis hin zu anderen Zellen durch Ausstül-
pung und allmähliches Umschließen (Endozytose) in sich aufnehmen. Außerdem besitzt er ein sogenanntes Zytoskelett aus
speziellen Gerüstproteinen, den Mikrotubuli. Beides führte
dazu, dass die Eukaryoten den Prokaryoten hinsichtlich ihrer
Zellgröße überlegen wurden.[78] Möglicherweise ging diese ganze
Entwicklung sehr dramatisch vor sich, denn ein Umbau und
eine Neuentwicklung der Zellstruktur ist ein schöpferischer Akt
ohnegleichen. Denn in der eukaryotischen Zelle schwimmt die

DNA nicht mehr herum, sondern hat einen eigenen geschützten Platz im Zellinneren, umschlossen von spiraligen Protein-
strukturen, den Chromosomen.

Die Zellen höherer Organismen (Eukaryoten) bestehen im
Wesentlichen aus dem Zytoplasma, einer gallertartigen Masse,
in welche der von einer Membran umgebene Zellkern eingebettet ist. Das Zytoplasma, nach außen von der Plasmamem-
bran abgegrenzt, setzt sich hauptsächlich aus Wasser, Proteinen
und löslichen Stoffen zusammen. In diese Zellmasse sind verschiedene kleinere Strukturen eingebettet, die als Organelle bezeichnet werden und die unterschiedliche Aufgaben im Stoffwechsel der Zelle erfüllen. Im Zellkern eingeschlossen ist das
Genom (Erbgut), das auf die mikroskopisch kleinen fadenar-
tigen Chromosomen, die Träger der Gene, verteilt ist.[79] Die
Zelle ist also gewissermaßen ein holografisches Abbild des ganzen Körpers eines größeren Lebewesens.

Mit einzelligen Organismen, die einen überaus effizienten
und intelligenten Bauplan besitzen, der auf besondere Weise
bereits zu Anfang höchst komplex strukturiert ist, beginnt also
das Leben. Leben hat zwar physikalische und chemische Grundbausteine, doch es hat darüber hinaus seine eigene Bewegungs-
freiheit und kann sich selbst reproduzieren. Organismen sind
keine Steine oder Maschinen, es sind lebendige, intelligente
Wesenheiten. Sie können selbst darüber bestimmen, was sie
tun oder lassen möchten, jeder Organismus auf seine Art – und
selbst der winzigste Organismus kann ziemlich viel leisten,
denken wir nur an die vielfältigen Bakterien, aus denen wir
zum größten Teil aufgebaut sind. Ohne Bakterien gäbe es kein
menschliches Leben.

Tatsächlich sind wir Menschen niemals allein! Der Mensch
besteht nicht nur aus eigenen Körperzellen, sondern auch aus
einer riesigen Ansammlung von Mikroben. Die Bakterien, die
Haut und Darm besiedeln, übertreffen unsere Körper- und
Geschlechtszellen zahlenmäßig sogar um mindestens eine Grö-

ßenordnung. Das ist vor allem den Darmbakterien zuzuschreiben. Ihre Zahl wird auf zehn bis 100 Billionen geschätzt. Und der Mensch ist zwingend auf sie angewiesen – die Darmbakterien aber nicht auf ihn! Denn dem Menschen fehlen Gene für etliche Verdauungsenzyme, ohne die sich manche Nahrung nicht verwerten ließe.[80] Doch nicht nur im Darm, sondern überall im Körper siedeln Bakterien und haben vielfältige Aufgaben. Im Verhältnis dazu sind krankheitserregende Mikroben die Ausnahme – und sie können sich nur ausbreiten, wenn das Körpersystem aus dem Gleichgewicht gekommen ist.

Wie wir heute wissen, überlebten all diese einzelligen Organismen die Bedingungen zu Beginn der Erde und bildeten später mehrzellige Kolonien. Unzählige Billionen von ihnen verwandeln die giftige Atmosphäre, sodass sich neue organische Lebensformen bilden können, die einen anderen Stoffwechsel haben. Das geht so weit, dass sie schließlich Stickstoff, Ammoniak und Methan umwandeln und für spätere Zellgenerationen den lebensnotwendigen Sauerstoff herstellen.

BELEBTES WASSER

»In jedem Tropfen guten Wassers wohnt eine Welt von
Möglichkeiten. Auch das, was wir uns unter Gott vorstellen,
hat in jedem Tropfen Wasser seine Heimat.«
Viktor Schauberger

Wie sind die Urzellen nun entstanden? Wir können spekulieren, dass ähnlich wie bei der Bildung der Wasserstoffatome aus dem Nichts des Quantenschaums sich am Anfang des Lebens einige Bewusstseinsquanten darüber verständigt haben, Informationsfelder aus den vier Grundelementen – Wasserstoff, Sauerstoff, Kohlenstoff und Stickstoff – zu lebensfähigen Zellen zu verdichten. Der russische Geochemiker Wladimir Wernadski bezeichnete Materie, die zu Leben wurde, als »belebtes Wasser«. Doch Leben hat eine höhere Ordnung als Wassermoleküle. Die Bewusstseinsquanten haben die Zelle wie eine Sinfonie komponiert, in der jeder Ton mit einem anderen Ton einen eigenständigen Klang und eine Melodie erzeugt. Da alle atomaren Elemente letztlich schwingen, ist dieser Vergleich durchaus treffend. Und das würde bedeuten, dass es bereits einen quantenphysikalischen Bauplan gab, eine Matrix, eine Gebärmutter, um die erste Zelle mit dem ersten DNA-Molekül zu erschaffen, das nur geschützt durch eine dünne Zellhaut sich selbst replizieren konnte. Aber vor allem und zuerst musste diese Zelle auch in der Lage sein, Gase zu transformieren, um irgendwie in einer kühleren Felsnische am Leben zu bleiben.

Wir sollten uns keinen »göttlichen« Laborchemiker vorstellen, der auf einer Wolke sitzt und mit verschiedenen Chemikalien experimentiert, bis schließlich eine lebendige Zelle mit allen ihren vielfältigen Funktionen und einem ziemlich komplexen genetischen Programm das Licht der Welt erblickt. Angesichts der hohen Komplexität einer Zelle, die Enzyme und Proteine für die Bildung ihrer Membran benötigt, die erst von der darin liegenden DNA produziert werden müssen, können wir uns auch keine zufälligen Bedingungen vorstellen, die diese Struktur entstehen ließen.

Wie auch immer das Szenario der frühen Erde war, es mussten bestimmte Bedingungen vorhanden gewesen sein, dass die schöpferische Intelligenz in den schwingenden Wellenfeldern, die wir als Materie – Mutter – bezeichnen, mit den vorhandenen Materialien komponieren konnte, um schließlich die Zelle hervorzubringen. Mir ist schon klar, dass Schulwissenschaftler mit dieser Vorstellung nichts anfangen können. Wenn angesehene Quantenphysiker heute jedoch sagen, dass Wirklichkeit Information ist, die auch dafür sorgt, dass ein Hamburger ein Hamburger bleibt und sich nicht in eine Kröte verwandelt, dann kann diese Information die Teilchenwellen auch so an-

ordnen, dass eine lebende Zelle herauskommt. Welche Bedeutung Leben für den Planeten Erde insgesamt hat, wird im fünf-
ten Kapitel behandelt. Doch offensichtlich sollte das Experiment Leben begonnen werden.

Leben ist etwas ganz Besonderes, nicht einfach nur belebte Materie.
Es kann nicht im Sinne irgendeines nicht lebenden Mechanismus ver-
standen werden. Leben hat Empfindungen und Lebensäußerun-
gen, und diese sind stets auf ein Ziel gerichtet. Bakterien können wahrnehmen und sich Nahrung suchen. Ihre materielle
Struktur ist kein Mechanismus wie eine Uhr mit Rädchen, sondern sie sind *empfindungsfähig.* Im Vergleich dazu kann das Verhalten materieller Systeme wie Flugzeuge mit so viel Genauig-
keit erkannt und vorausgesagt werden, wie es unsere Rechner
erlauben. Das Verhalten lebendiger Dinge ist jedoch nie ganz
vorhersagbar. Die Kluft zwischen dem Nichtlebenden und dem
Lebenden konnte von der Seite des Nichtlebenden her nicht
überbrückt werden. Es bedurfte eines intelligenten Bewusstseins
vom Ganzen. Noch im primitivsten Leben gibt es eine Intelligenz, die vermutlich bereits in den kompliziertesten atomaren
Strukturen und Molekülen angelegt ist, aber noch keine zielgerichtete Lebensäußerung hervorbringt.

Von der Zeit an, da geeignete Bedingungen auf der Erde vorhanden waren, war es ihr bestimmt, das Leben zur Welt zu bringen. Einige wesentliche Faktoren trugen dazu bei: Die umfang-
reiche Wassermasse, die die Temperatur der Erde stabil hält; die
Atmosphäre, welche die wesentlichen Elemente Wasserstoff,
Kohlenstoff, Sauerstoff und Stickstoff bereitstellt, während sie
gleichzeitig die Leben spendende Strahlung von der Sonne
übermittelt und die tödlichen ultravioletten Strahlen absorbiert;
die feste Erde selbst, die in ihrer Rinde alle bekannten chemischen Elemente enthält: Sie alle verleihen dem Leben einen
vollkommenen Geburtsort und eine Heimat. Ist die Sonne der
»Vater« des Lebens, so ist die Erde gewiss dessen Mutter.[81]

FARBE KOMMT INS SPIEL, DIE ERDE WIRD GRÜN

> *»Es sollte uns nicht überraschen, dass Zellen so klug sind.*
> *Schließlich waren die ersten Lebensformen*
> *auf unserem Planeten Einzeller.«*
>
> Bruce Lipton[82]

Das Leben begann als eine dünne Schicht von einfachen Archaenzellen und Cyanobakterien, die man früher als »blaugrüne Algen« bezeichnete und die sich über den Ozean ausbreiteten. Die »Cyanos« enthielten bereits das Chlorophyllmolekül, sodass sie ihre Nahrung in Form von Zucker direkt durch Fotosynthese erzeugen konnten. Die Atmosphäre enthielt wenig Sauerstoff und der Ozean wenig Salz, doch die gewaltige Tätigkeit der Fotosynthese, die 500 Millionen Jahre lang andauerte, fixierte große Mengen an Kohlenstoff und setzte eine gleich große Menge an Sauerstoff in die Atmosphäre frei. Dabei war der Sauerstoff, den alle Tiere zum Atmen brauchen, ursprünglich ein Gift und produzierte Umweltverschmutzung in extremem Ausmaß. Doch die Abkömmlinge der Bakterien arrangierten sich und überlebten.

Wir müssen hier haltmachen, um auf das Wunder der Fotosynthese zu schauen, auf jenen genialen Prozess, durch den sich die Cyanobakterien und später die grüne Vegetation des Sonnenlichts bedienen können, um Kohlendioxid und Wasser in Kohlenwasserstoffe und Sauerstoff umzuwandeln.

Das Geheimnis dieses Wunders ist das Chlorophyllmolekül, das mit den ersten Bakterienarten auf der Erde aufgetaucht ist, die es dann an die später entstandenen Algen weitergegeben haben. Alles Leben hängt vom Chlorophyll ab, das chemisch eine Verbindung aus Kohlenstoff, Wasserstoff, Sauerstoff und Stickstoff ist, mit einem Magnesiumatom, das in seinem Mittelpunkt ruht. Das Chlorophyllmolekül ist so komplex, dass es bisher chemisch nicht synthetisiert werden konnte! Eine halbe Milliarde Jahre lang hat das Chlorophyll die wunderbare Aufgabe ausgeführt, das gesamte Leben mit Kohlenstoff zum Aufbau von Körpern und mit Sauerstoff zum Atmen zu versorgen.[83]

Bis dahin war die Fortpflanzung bloß eine Vermehrung von Protoplasma gewesen. Vor etwa 1,7 Milliarden Jahren entwickelten sich Zellkerne in der Membran (eukaryotische Zellen). Erst zu dieser Zeit – über drei Milliarden Jahre nach der Entstehung der Erde – waren die Landoberfläche, die Ozeane und die Atmosphäre für einen weiteren großen Schritt bereit.

Es gab also über zwei Milliarden Jahre lang, seit dem Auftauchen der Prokaryoten, nur eine dünne Bakterienschicht, die sich von Luft, Wasser, Licht und den Chemikalien der Erdrinde ernährte. Der Übergang vom einfachen Leben zu den Eukaryoten war ein Schritt, der spontan ganz einfach nicht hätte geschehen können. Er bestand darin, eine flexible Zellmembran herzustellen und dieser einen Kern zu geben, der das Urbild seines eigenen Aufbaus besaß. Zum ersten Mal erschien auf der Erde ein individuelles Wesen. Soweit man nach den dürftigen Überresten in den ältesten Gesteinsmassen urteilen kann, dauerte dieser Schritt eine halbe Milliarde Jahre.

DIE KOSMISCHE LUST: ZELLEN VERSCHMELZEN

> *»Wenn sich Zellen zusammenschließen,*
> *erhöht sich ihre Wahrnehmung exponentiell.«*
> *Bruce Lipton*[84]

Man kann über den schöpferischen Genius, der eine Zelle hervorbrachte, ungefähre Mutmaßungen anstellen, wenn man bedenkt, dass die einfachste Zelle mehr als 100 Millionen Wasserstoff-, Kohlenstoff-, Stickstoff- und Sauerstoffatome sowie besondere Elemente wie Eisen, Magnesium und Schwefel enthält, die alle in die höchst komplizierte Struktur aufeinander wirkender Moleküle eingebaut sind. Zellen vermögen im Wasser zu treiben, folglich können sie einander begegnen und miteinander verschmelzen, um ein neues Individuum zu ergeben. Auch hier spielt Wasser eine bedeutende Rolle! Dadurch wurde die geschlechtliche Fortpflanzung möglich. Das Leben ging von der Selbsterneuerung zur Fortpflanzung über. Zwei Zellen konnten neue Zellen hervorbringen, und nachdem sie auf diese Weise ihrer Existenz Dauer verliehen hatten, konnten sie sterben und ihre Körper sich auflösen. Sexualität und Tod kamen zur gleichen Zeit. »Aus dem Zusammenleben von Zellen, einer Durchdringung und Vereinigung, die weit tiefer geht als jeder Aspekt der menschlichen Sexualität, entstand alles – von den frühlingsgrünen Pflanzen und den warmen, feuchten Körpern der Säugetiere bis hin zu den globalen Verknüpfungen der Erde.«[85]

Doch nicht nur die sexuelle Fortpflanzung spielt eine Rolle in der Evolution zu Vielzellern. Die zitierte Lynn Margulis ist die Pionierin für die Erkenntnis und Erforschung der Symbiogenese, der Entwicklung der Arten durch Symbiose. Ihre Forschungen haben verdeutlicht, dass die meisten Arten und Lebewesen erst durch Symbiose miteinander entstehen und leben können. Sie schreibt: »Ständig verschmelzen ›Individuen‹ und passen ihre Fortpflanzung an. Sie bringen neue Populationen hervor, die zu symbiontischen neuen Wesen aus vielen Einzelelementen werden. Diese wiederum organisieren sich auf einer höheren, umfassenderen Integrationsebene zu neuen ›Individuen‹. Symbiose ist kein nebensächliches oder seltenes Phänomen. Sie ist natürlich und weit verbreitet. Wir leben in einer symbiontischen Welt.«

Um nur ein Beispiel für die Symbiose zu nennen: Es gibt grüne Plattwürmer, deren Gewebe dicht mit grünen Algenzellen durchsetzt ist. Beide Arten leben zusammen, wachsen und vermehren sich und beide sterben auch zusammen! Und die Algen produzieren sogar die Nahrung der Würmer, sodass deren Mund überflüssig geworden ist.

Die Möglichkeit der Zellverschmelzung und der sexuellen Reproduktion machen es erst möglich, dass Vielzeller entstehen können. »Die Evolution der Protoctisten (Algen, Wasserpilze, Schleimpilze und andere), die zu den Vorfahren der Pflanzen und Tiere wurden, erforderte auch Opfer und Verluste; Vielzelligkeit und höhere Komplexität bedingten Alterung und Tod des Individuums. Der Tod, der buchstäbliche Verfall der körperlichen Hülle, war der grausame Preis[86] für die meiotische (Zellverschmelzung) Sexualität. Die Entwicklung der Komplexität bei Protoctisten und ihren Nachfahren, den Tieren und Pflanzen, führte *zur Evolution des Todes als einer Art sexuell übertragener Krankheit*.«[87]

Der wichtigste Schlüssel zum biophysikalischen Verständnis des Lebens ist wahrscheinlich die Kohärenz, wie der Physiker Herbert Fröhlich erstmals erkannte: das kohärente, kooperative Verhalten einer großen Zahl von Teilchen – Molekülen, Makromolekülen und dergleichen mehr. Die Grundlage solch hochstrukturierter Architekturen und Prozesse konnte er auf kohärente elektromagnetische Wechselwirkungen zwischen den Teilchen und Teilchensystemen zurückführen, die eine viel größere Reichweite als chemische Kräfte besitzen. Auch die gegenseitige Erkennung von Teilchen und Molekülen an ihren molekularen Schwingungen und elektromagnetischen Feldern, ihre gegenseitige Anziehung und Abstoßung, ihre präzise Kopplung und so weiter geschieht auf der Grundlage kohärenter Wechselwirkungen.[88]

Tatsächlich muss die materielle Realität als eine untrennbare Ganzheit betrachtet werden, die nicht aus einzelnen Teilchen besteht, sondern aus Wahrscheinlichkeitsfeldern, die einmal in Wechselwirkung miteinander auch für immer verbunden bleiben, selbst wenn sie räumlich weit auseinanderliegen. Die komplexe Struktur der Zelle besteht eben auch aus Schwingungen, die sich kohärent überlagern. Die hohe Sensitivität für feinste Reize und ganzheitliche Reaktionsfähigkeit lebender Organismen setzt ebenfalls ein kohärentes, regulierendes Feld voraus.

Außer mit biochemischen und elektromagnetischen Signalen kommunizieren die Zellen in Vielzellern noch über verschiedene Signalsysteme, wie die von Professor Albert Popp entdeckten Biophotonen.[89] Bedenken wir aber auch, dass biochemische und physikalische Signale bei einem hochkomplexen Organismus wie dem menschlichen Körper mit seinen 50 Billionen Zellen wahrscheinlich zu langsam für die Kommunikation sind.

Wenn wir allerdings davon ausgehen, dass letztlich »Information« alles zusammenhält, dann erfolgt die Kommunikation der Zellen nicht nur in physikalischer und chemischer Geschwindigkeit. Informationen sind schneller als das Licht, wie wir aus den quantenphysikalischen Erkenntnissen über die Verschränkung von Teilchen wissen. Wie sollten sonst die riesigen Zellverbände, die sich im Laufe der Evolution entwickelt haben, auf kohärente Weise ihre unterschiedlichen Aufgaben in einem Körper organisieren?

»Um in solchen großen Zusammenballungen zu überleben, entwickelten die Zellverbände strukturierte Umgebungen – Gemeinschaften, in denen sie die anfallenden Aufgaben effektiver und exakter verteilen konnten, als es das Organigramm eines Großbetriebs je vermag. Es bewährte sich, einzelnen Zellen bestimmte Aufgaben zuzuordnen. In der Entwicklung von Tieren und Pflanzen beginnt diese zytologische Spezialisierung bereits beim Embryo und ermöglicht damit den Zellen, bestimmte Gewebe und Organe zu bilden. Im Laufe der Zeit wurde diese hochdifferenzierte Arbeitsteilung in die Gene jeder Zelle einprogrammiert, was die Effizienz und Überlebensfähigkeit des Organismus erheblich verbesserte.«[90]

EIN ALPHABET AUS VIER BUCHSTABEN

*»Wir haben nicht die geringste Vorstellung davon, wie es möglich ist,
dass diese Zellen sich zu Organen ganz bestimmter Größe und
genau definierter Form zusammenfügen und wie aus vielen Milliarden Zellen
und den daraus gebildeten Organen eine Funktionseinheit mit ganz bestimmter
Größe und Form entsteht, nämlich das fertig ausgebildete Lebewesen.«*

Prof. Dr. Bruno Vollmert

Die »große Mutter Natur« hat mit *lebenden* Zellen den Schritt
von energetischen Schwingungsfeldern zu organischen Wesen
und damit einen Anfang zur Belebung der Erde gemacht. Das
reduktionistische Modell der analytischen Naturwissenschaften,
das von den Teilen ausgeht, um so das Ganze zu beschreiben,
wird uns zum Verständnis des Lebens nicht weiterhelfen. Ein
lebendiger Organismus ist eben kein willkürlicher Mechanismus, der einfach zufällig immer höhere Komplexität erschafft
bis hin zu Gehirnen, die über sich selbst nachdenken können.
Die Biologen und Genetiker winden und drehen sich, um nur
nicht anerkennen zu müssen, dass höchste biologische Komplexität nur durch eine intelligente Strategie entwickelt werden
kann. Dafür sind noch nicht einmal eine ausgeklügelte Blau-
pause und ein ansprechendes »Design« nötig. Versuch und Irrtum – oder »Emergenz«[91], wie das neueste Modewort der Theorie komplexer Systeme heute heißt – sind durchaus mögliche
Varianten wie in jedem wissenschaftlichen Experiment. Allerdings können komplexe Strukturen nur »auftauchen«, wenn
eine »Vorstellung« davon vorhanden ist, was erzeugt werden
soll, und es bedarf außerdem einer intelligenten Vorgehensweise und Konstruktion.

Intelligenz zeichnet sich dadurch aus, dass sie immer wieder
nach neuen Wegen sucht. »Intelligenz ist vielfältig in ihren Manifestationen: Sie kann durch das Entwickeln einer kreativen
Explosion oder durch eine stille, fast unbemerkte Steigerung

von Potenzial für die Zukunft wirken.«[92] Die Entstehung der eukaryotischen Lebenszellen hat vom Entwurf bis zum Gelingen zwei Milliarden Jahre benötigt. Vermutlich wurde einiges ausprobiert, und da Zellen nur Mikrometer kleine organische Substanz sind, können wir niemals feststellen, welche »Experimente« durchgeführt wurden. Selbst bei den gefundenen versteinerten Algen, die 1,7 Milliarden Jahre alt sind, kann man nicht feststellen, wie sie als lebendige Formen reagierten und lebten. Auf jeden Fall muss die prokaryotische Zelle alle Eigenschaften gehabt haben, die sie überlebensfähig machte.

Die spätere kohärente Architektur der eukaryotischen Zelle ist ein Wunderwerk der kreativen Intelligenz. Und zwar besonders deshalb, weil sie nicht durch Selbstorganisation oder Selektionsmechanismen aus den einfachen Zellen entstehen konnte. Alle Selbstorganisationshypothesen gehen bei allen Zellarten dabei von etwas aus, was erst eigentlich noch entstehen soll: DNA- und RNA-Ketten, die schon so lang sind, dass eine Replikation (Selbstverdoppelung) ohne Enzyme nicht möglich ist. Bei der Zelle handelt es sich um eine höhere Organisationsform als beim komplexesten Molekül. Wenn wir ein Molekül mit einem Computer vergleichen, beides Anordnungen vieler verschiedener Komponenten, wäre die Zelle nicht nur ein Computer, sondern wie eine Fabrik mit all den Menschen, die dort arbeiten, zusammen mit ihren Maschinen, Büroräumen und Computern, und die zudem alle ihre Bestandteile selbst herstellt.

Information – besser gesagt, »intelligente, lernende und selbstregulierende Software« – bildet die Grundlage von allem, nicht nur der kleinsten Bausteine des Universums, sondern auch des biologischen Lebens und des menschlichen Denkens und Bewusstseins. Auf winzigen chemischen Makromolekülen in unserem Zellkern, der DNA, liegen Millionen von Informationen, ohne die Leben – wie wir es kennen – nicht möglich wäre. Doch nicht allein die DNA im Zellkern ist von Bedeutung, auch die

Mitochondrien und Chloroplasten in Pflanzen, die für die Umwandlung des Lichts sorgen, haben wichtige Gene.

Ebenso wie die Proteinproduktion der Nukleinsäuren wird das Zusammenspiel der Zellen eines Organismus durch Information gesteuert. Alle aus Zellen bestehenden Lebewesen verarbeiten im Millisekundentakt unzählige Informationen, damit jeder Körper, den sie aus Billionen Zellen bilden, auch unter schwierigen Bedingungen bestehen und leben kann. Die Nervenzellen und das Gehirn von Insekten, Säugetieren und Menschen sind hochgradig entwickelte Biocomputer, deren Software unablässig Information verarbeitet und unablässig neue Information erzeugt. Zellen in vielzelligen Wesen müssen in der Lage sein, die Gegenwart der Nachbarzellen wahrzunehmen, müssen Entscheidungen über die Herstellung von Proteinen treffen und darüber, ob sie sich bewegen oder sterben sollen. Dennoch glauben ernsthafte Wissenschaftler immer noch daran, dass ein organisches chemisches Molekül, die Desoxyribonukleinsäure (DNS[93]), irgendwie selbst seine Software geschrieben hat.

»Nach jüngsten Erkenntnissen ist die Natur ein genialer Programmierer«, sagen die Wissenschaftler. »Das Codierungssystem für die Aminosäuren im Erbgut erweist sich also als so geschickt konzipiert, dass es katastrophalen Fehlern vorbeugt und zugleich die Evolution beschleunigt.«[94] Wer oder was ist »die Natur«, die dieses Programm geschrieben hat?

Das Erbgut des Menschen besteht lediglich aus vier Stickstoffbasen – die Grundbausteine des Lebens sind immer einfach: Aus zwei Elementen setzt sich das Wassermolekül zusammen, aus vier Elementen bereits ein hochkomplexes Lebensmolekül! Die vier Basen sind Adenin (A), Thymin (T), Cytosin (C) und Guanin (G). Diese wiederholen sich in unterschiedlicher Sequenz in Tripletts[95] (z. B. AAG, ATG usw.) auf den zwei Metern des DNA-Strangs verteilt auf 46 Chromosomen (23 mütterliche

und 23 väterliche) pro Zelle beim Menschen. Insgesamt sind in der menschlichen Zelle auf der Doppelhelix von DNA und RNA über drei Milliarden Basenpaare vorhanden, wobei es immer nur zwei mögliche Paarungen gibt:
A-T und C-G, so z. B.

ATGCCCTGTAGC...
TACGGGACATCG...

Andere mögliche Kombinationen wie G-A oder T-C kommen nicht vor. Die gegenüberliegenden Basen sind chemisch durch Wasserstoffbrücken verbunden – also auch hier spielt Wasserstoff eine bedeutende Rolle. Diese vier Basen, aufgereiht zu 64 Tripletts, codieren 20 verschiedene Aminosäuren (und ein Start- bzw. Stopp-Codon) – rein rechnerisch wären aber 64 Aminosäuren möglich, also eine Aminosäure pro Triplett oder Codon. Die Aminosäuren wiederum stellen Proteine und Enzyme her – auch für die Reproduktion der Zelle selbst! Und damit die DNA die Aminosäuren herstellen kann, sind Enzyme – also ebenfalls Proteine – aus dem restlichen Teil der Zelle notwendig. Eine sehr verwickelte Schleife!

Niemand weiß, wie die Informationen innerhalb der Zellen und von Zelle zu Zelle ablaufen. Es gibt verschiedene Transmitter wie Enzyme und Hormone, welche die Botschaften transportieren, aber wer gibt den Befehl? Von einem Computerprogramm wissen die Programmierer genau, was es macht – auch wenn die Anwender das meistens nicht wissen. In den Zellen wissen nur die Gene über ihr Programm Bescheid. Die 20 Aminosäuren, auf denen das Leben gründet und die vom genetischen Code hergestellt werden, kennen den Code anscheinend gar nicht! Sie werden nur herumgeschoben, an- und abgekoppelt und abkommandiert. Sie treiben wie Vagabunden im Zellplasma herum, bis sie von einer Synthetase (katalytische Enzyme) eingefangen und an die richtige tRNA (Transmitter-

RNA) geklebt werden. Sie liegen nicht schön in Reih und Glied wie in einem Baukasten. Und noch schöner: Eine Aminosäure »weiß« überhaupt nichts von den anderen!

Außerdem kommt hinzu, dass mehrere verschiedene Tripletts gleiche Aminosäuren codieren – das erschwert den Gentechnikern ihre Arbeit, »die Natur« hat auch dafür gesorgt. Und auf dem Strang der Doppelhelix sind wesentlich mehr Tripletts vorhanden, sodass nicht alle Tripletts auf dem Strang Aminosäuren codieren. Höchstwahrscheinlich haben diese auch eine Funktion, obwohl sie bisher als stille Gene oder sogar als »Genmüll« (Junk-DNA) bezeichnet werden; die Genforschung weiß noch nicht genau, welche Rolle sie spielen. Die nicht codierenden Codone machen übrigens 95 Prozent aus, genau so viel wie die »fehlende Materie« im Weltall.[96] Warum schleppt die DNA so viele unbenutzte Codone mit herum? Doch einige neue Erkenntnisse gibt es bereits, ich werde darauf zurückkommen. Die Anzahl der inzwischen gezählten codierenden Gene beim Menschen liegt bei ca. 25 000 bis 30 000, wesentlich weniger, als vor dem Human Genom Project angenommen wurde.

Gene sind Tripletts, die Aminosäuren codieren, die wiederum Tausende von Proteinen für alle möglichen Zwecke herstellen. Dabei besitzt ein Mensch nur doppelt so viele Gene wie eine Fliege oder ein Wurm! Eine Maus hat beinahe dieselbe Zahl von Genen, obwohl 30 Prozent davon eine andere Funktion haben als beim Menschen. Und der Mensch hat nur etwa 400 Gene mehr als ein Schimpanse (allerdings gibt es auf anderer Ebene wesentliche Unterschiede). Die DNA ist beweglich und muss sich immer wieder vervielfältigen, sie stellt eine Kopie von sich selbst her. Die gewaltige Leistung eines solchen Kopiervorgangs wird deutlich, wenn wir uns vergegenwärtigen, dass alle Tripletts, aufgereiht auf dem DNA-Strang, einer Bibliothek mit 3000 Büchern zu 1000 Seiten mit je 1000 Buchstaben entsprechen. Irgendwo auf diesem Strang verteilt, liegen die 30 000 Tripletts, die »aktiven« Gene.

Bei der großen DNA-Menge im Verhältnis zur Zellgröße ist es notwendig, dass die DNA in organisierten Untereinheiten, den 23 Chromosomenpaaren, im Zellkern vorliegt. Chromosomen bestehen aus DNA-RNA (RNA sind Kopien der DNA-Vorlage, welche die weitere Arbeit machen), die vielfach um die eigene Achse gedreht und um bestimmte Proteine gewickelt ist. Zwei Meter DNA passen so in einen Zellkern, der nur ein Hundertstel Millimeter klein ist. Bei der Teilung einer Zelle sind die Chromosomen so stark aufspiralisiert, dass man sie anfärben und im Mikroskop betrachten kann. Und bedenken wir auch: Dieses wichtige Informationsknäuel nimmt nur 1,2 Prozent der Masse einer Zelle in Anspruch.

Dieser Informationsstrang ist in der Lage, 70 000 bis 90 000 unterschiedliche Proteine für alle Bedürfnisse des Körpers herzustellen. Ein Protein besteht aus einigen Hundert Aminosäuren, ist also ein sehr langes Makromolekül, und ebenso viele Codone werden auch benötigt, um ein Protein zu erzeugen. Die Sequenz der Codone, die ein einzelnes Protein aktiviert, ist ein Gen. Wenn schon die Bakterien wissen, wie sie sich bewegen sollen, müssen dies die Proteine ebenfalls wissen. Sie sind intelligente Wesenheiten. Die Informationen für die Genexpression müssen ständig bearbeitet werden. Außerdem minimiert der genetische Code die Folgen von Fehlern. Kleinste Fehler können große Folgen haben wie bei der Sichelzellenanämie.[97]

Proteine können sich bewegen, sie wissen, wie sie sich durch Nahrung erhalten und wie sie mit anderen Proteinen zusammenarbeiten müssen. Sie können sich sogar selbst reproduzieren. Sie sind auf einer Ebene der Betrachtungsweise chemische Verbindungen, aber sie gleichen auch lebendigen Wesen mit absichtsvollen Aktionen. Durch das Immunsystem des Körpers erkennen sie fehlerhafte Strukturen oder schädliche Angreifer und treffen Entscheidungen über die geeignete Bildung von Abwehrzellen, um schädliche Bakterien oder Viren zu beseitigen. Und das ganz gezielt: Nur die Krankheitserreger werden

angegriffen, nicht die gesunden Zellen. Autoimmunkrankheiten wie Rheuma oder multiple Sklerose sind vermutlich eher
der heutigen Zivilisation geschuldet.

Wie schon erwähnt, stellt ein Gen mehrere verschiedene Proteine her, die Gene werden je nach Bedarf an- und abgeschaltet.
Die 95 Prozent der sogenannten stillen Codone, die laut Ge-
nomforschung keine Proteine herstellen, scheinen eine sinnlose
Wiederholung von bestimmten Aminosäuren-Tripletts zu sein.
Auch wenn die Natur verschwenderisch mit ihren Ressourcen
umgeht, es ergibt keinen Sinn, bei diesem ganzen ausgeklügelten System nur fünf Prozent der 3000 Bücher der Genbiblio-
thek zu nutzen.[98] Inzwischen weiß man jedoch, dass die sogenannten Transposone eine wichtige Rolle beim Zusammenfügen
neuer Gensequenzen spielen.[99]

DIE SPRECHENDEN GENE

»Nach jüngsten Erkenntnissen ist die Natur
ein genialer Programmierer.«
Aus: Spektrum der Wissenschaft

Für das internationale Genomprojekt wurden Millionen von
Forschungsgeldern investiert, um die DNA zu entschlüsseln.
Ein für alle Welt erstaunliches Ergebnis war, dass die Zelle tatsächlich nur 25 bis 30 000 Gene nutzt, um alle Proteine herzustellen. Es können auch ein paar mehr sein, je nachdem, wie
man »Gen« definiert – die Wissenschaftler sind sich da noch
nicht einig.[100] Vor dem Genomprojekt ging man von mindestens 100 000 aus.

Russische Forscher, darunter Biophysiker, Embryologen und
Linguistiker der Akademie der Wissenschaften um Dr. Peter
Gariaev, wollten herausfinden, was die 95 Prozent ungenutzter
Codone machen.[101] Sie stellten fest, dass diese Aminosäuren-

buchstaben eine grundlegende Syntax besitzen, d. h., es gibt eine klare Struktur und Logik in der Sequenz der Tripletts, eine Art biologischer Sprache. Diese Tripletts bilden tatsächlich Wörter und Sätze, genauso wie in unserer gewöhnlichen Sprache, und folgen bestimmten Regeln der Grammatik. Man hat ja immer versucht, den Ursprung der menschlichen Sprache zu finden. Anscheinend sieht es so aus, dass dieser in der DNA-Grammatik liegt.

Diese Erkenntnis macht durchaus Sinn, denn wie sollten Sprachen entstehen, wenn sie keine biologische und intelligente Grundlage haben würden? Automatisch im Gehirn schwadronierende Neuronen könnten wohl von selbst keine Sprache erfinden, noch nicht einmal Vogelgesänge.

Während nun das Genomprojekt die Maschinensprache des genetischen Codes entzifferte, entschlüsselten die russischen Forscher die Programmiersprache der DNA. Die Gruppe um Gariaev entdeckte, dass die DNA kein geschlossenes Buch des Lebens ist. Sie fanden heraus, dass die Codone in verschiedenen Sequenzen neu geordnet werden können. Mit anderen Worten: Bestimmte Tripletts können ihre Plätze tauschen, wodurch die Software des DNA-Makromoleküls neu programmiert werden kann. Nachdem die Forscher herausgefunden hatten, dass die DNA Syntax und Semantik entsprechend unseren Sprachen besitzt, wird immer deutlicher, dass die relativ wenigen Gene zur Proteinsynthese durch viele weitere, die andere Funktionen haben, auf dem Strang ergänzt werden.

Als die DNA in Teströhrchen kohärentem Laserlicht ausgesetzt wurde, spiralisierte sich das Laserlicht entlang der spiraligen Doppelhelix, so als beeinflusste diese die Bahn des Lichts. Der erstaunlichste Effekt aber war: Nachdem die DNA selbst entfernt wurde, drehte sich das Laserlicht weiter in Spiralen! Das Vakuum des Raums, der zuvor mit der DNA besetzt war, hatte sich verändert – und irgendetwas ließ das Licht weiterhin seine Spiralen drehen! Man nannte dies einen »Phantomeffekt«, vergleichbar mit dem Phantomeffekt der Photoneninterferenzen eines Photons, die eigentlich nicht hätten vorkommen dürfen und die der Physiker David Deutsch so genannt hatte.[102]

Diese Phantomwirkungen wurden gemessen und wissenschaftlich dokumentiert. Ein anderes Wissenschaftlerteam um Vladimir Poponin wiederholte die Versuche von Gariaev, ebenso ein amerikanisches Institut. Sie kamen zu dem Schluss, dass sich eine Feldstruktur im physischen Vakuum gebildet hatte, auch nach der Entfernung der DNA. Das erinnert sehr an den erwähnten Quantenschaum.

Die erstaunlichsten Experimente aber bestanden in der Neuprogrammierung der DNA-Sequenzen mit moduliertem Laserlicht. Ähnlich wie der Nobelpreisträger Prof. Theodor Hänsch Laserlicht einfärbte, um mehr Daten über die Glasfaserleitungen schicken zu können, modulierte man Klänge und Sprache auf das Laserlicht und schickte es in die DNA. Auf diese Weise ließen sich lebende Organismen in den Testschalen umprogrammieren. Die Schwingung von Worten konnte so Einfluss auf das Programm der DNA nehmen, sie mussten nur auf Laserlicht moduliert werden. Noch erstaunlicher war die Entdeckung, dass beschädigte DNA repariert werden konnte!

Ob es nun stimmt, wie kolportiert wird, dass man aus Froschzellen Salamanderzellen machte, möchte ich dahingestellt sein lassen. Aber eines ist sicher: Wenn alle Felder, aus denen alle Atome und Moleküle bestehen, sich ständig in Schwingung befinden, können diese Felder mit Klängen von außen, also mit Schwingungen, resonieren. Daher ist es auch vorstellbar, dass die verwirbelte Information in homöopathischen Kügelchen den Genen Impulse geben können, bestimmte heilende Proteine in den Körper hinauszuschicken. Man muss die Genstruktur vermutlich gar nicht manipulieren, die richtigen Impulse – mit welchen Mitteln auch immer – reichen zur Selbstheilung eines Organismus aus. Darauf sollte man in Zukunft die Aufmerksamkeit richten.

GENE SIND LERNFÄHIG

>*Das Gehirn macht aus jedem psychischen*
einen biologischen Vorgang.«
Joachim Bauer

Auch ohne Laserlicht beeinflussen Umwelt und Gehirn die Gene fortwährend. Es ist wichtig zu verstehen, dass es bei den Genen nicht nur auf den Buchstabentext ankommt, sondern viel wichtiger ist es, wann und wie ein Gen aktiviert wird. Je nach Situation werden Gene an- und abgeschaltet. Die Aktivität der Gene wird ständig reguliert. In Stresssituationen wird ganz schnell die Produktion von Adrenalin angeworfen, in freudigen Umständen werden Endorphine produziert. Alles wird auf Bedarf gesteuert: Kreislauf-, Blutzucker-, Hormonregulation und Immunsystem. Die vielleicht größte Rolle spielt dabei das Gehirn, nicht nur beim Menschen.

Das Leben eines jeden Organismus beruht auf dem Zusammenspiel der Zellen. Das Gehirn ist ebenfalls aus Milliarden von Nervenzellen aufgebaut, den Neuronen. Der größte Teil des Körpers besteht aus Proteinen, die für den Aufbau der Körpersubstanz und der Zellen notwendig sind. Proteine regeln den ganzen biochemischen Ablauf, sei es für die Herstellung von Nervenzellen, Muskelzellen oder Organzellen. An allen Schaltstellen sitzen die Enzyme, die ebenfalls Proteine sind, aber besondere Regulationsaufgaben haben.

Durch die Produktion von Hormonen und Neurotransmittern tragen die Proteine nicht nur Signale und Informationen von Zelle zu Zelle hin und her, sondern auch über den Blutstrom in den ganzen Körper. Da diese Methode jedoch zu langsam ist, sind außerdem noch elektrische Signale notwendig und, wie ich schon sagte, auch die lichtschnelle Kommunikation durch Biophotonen. Letztlich besteht ein Organismus aus Information, und so bedarf es der verschiedenen Informationsflüsse nur, wenn bestimmte Stoffe an bestimmten Orten im Körper benötigt werden. Die grundlegendste Regulation läuft über Informationsverarbeitung.

Die Evolutionstheoretiker Prof. Laurence D. Hurst und Stephen J. Freeland haben sich einige Gedanken darüber gemacht, warum der genetische Code im Laufe der Evolution immer weiter optimiert wurde: »Der Standardcode ist nämlich nicht nur ein Produkt der natürlichen Auslese, sondern fungiert auch als eine Art Suchalgorithmus zur Beschleunigung der evolu-tiven Anpassung an die Umwelt. Das fehlertolerante Design mit Blocks aus Codons, die entweder synonym sind oder bio-chemisch ähnliche Aminosäuren verschlüsseln, leistet mehr als bloße Schadensbegrenzung. Statistisch gesehen, sind klei-nere Veränderungen mit höherer Wahrscheinlichkeit vorteilhaf-ter als große. Indem der genetische Code die Auswirkungen einer jeden Mutation minimiert, maximiert er also zugleich die Chance, dass dabei ein besseres Protein entsteht.«[103]

Die Forscher sind jedoch inzwischen weiter. 35 Gruppen aus 80 Organisationen auf der ganzen Erde haben bei einer groß angelegten Untersuchung vier Jahre daran geforscht, eine »Stückliste« aller biologisch funktionalen Elemente von einem Prozent des menschlichen Genoms zu erstellen.

»Diese eindrucksvolle Anstrengung brachte viele aufregende Überraschungen hervor und bahnte den Weg für zukünftige Forschungsarbeiten, in denen die funktionale Landschaft des gesamten menschlichen Genoms untersucht wird«, sagte der NHGRI-Direktor[104] Francis S. Collins, M.D., Ph.D. »Wegen dieser harten Arbeit und der scharfsinnigen Einsichten des EN-CODE-Konsortiums[105] wird die wissenschaftliche Gemein-schaft einige seit Langem etablierte Ansichten darüber, was Gene sind und was sie tun und wie die funktionalen Elemente des Genoms evolvierten, überdenken müssen.«

In den vergangenen Jahren haben Forscher große Schritte bei der Nutzung der Daten von DNA-Sequenzen gemacht, um

Gene zu identifizieren, die traditionell als Teile des Genoms angesehen werden und die Proteine codieren. Die proteincodierende Komponente dieser Gene machte bis dahin nur einen winzigen Anteil des menschlichen Genoms aus – 1, 5 bis zwei Prozent. Doch es gibt jetzt Beweise dafür, dass andere Teile des Genoms auch wichtige Funktionen haben.[106]

»Unsere Ergebnisse offenbaren wichtige Prinzipien über die Organisation der funktionalen Elemente im menschlichen Genom und bieten so eine neue Sicht des ganzen Ablaufs, angefangen bei der DNA-Transkription bis zur Evolution der Säugetiere. Insbesondere gewannen wir bedeutende Einsichten in DNA-Sequenzen, die keine Proteine codieren und über die wir früher kaum etwas wussten«, sagte Evan Birney, Ph.D., der Vorsitzende des Europäischen Molekularbiologischen Labors am European Bioinformatics Institute (EBI) in Hinxton, England.

Die Erkenntnisse dieser Forschungen enthalten die Entdeckung, dass die Mehrzahl der DNA im menschlichen Genom in funktionale Moleküle transkribiert wird, in die RNA, und dass diese Kopien die lang gehaltene Ansicht herausfordern, dass das menschliche Genom aus einem relativ kleinen Set von einzelnen Genen zusammen mit großen Mengen von sogenanntem DNA-Müll, der biologisch nicht aktiv ist, besteht.

Die neuen Daten zeigen, dass das Genom sehr wenige ungenutzte Sequenzen enthält und tatsächlich *ein komplexes, ineinander verwobenes Netzwerk* ist. In diesem Netzwerk sind Gene nur eine von vielen Arten von DNA-Sequenzen, die eine funktionale Wirkung haben. »Unsere Ansicht über die Transkription und die Gene müssen sich jetzt weiterentwickeln«, sagen die Forscher in ihrem Paper. Darin wird auch bemerkt, dass das Netzwerkmodell des Genoms *»einige interessante mechanistische Fragen aufwirft«*, die noch zu beantworten sind.

In meinen eigenen Worten würde ich diese Aussage so interpretieren: Das mechanistische Modell ist nicht mehr haltbar!

Die Datenflut birgt noch andere Überraschungen. Bis vor Kurzem dachten Forscher, dass die meisten der DNA-Sequenzen, die für biologische Funktionen wichtig sind, in Bereichen des Genoms liegen, die den evolutionären Zwängen unterworfen sind, also höchstwahrscheinlich ohne Änderungen erhalten werden, wenn sich Arten weiterentwickeln. Die ENCODE-Forscher fanden jedoch heraus, dass die Hälfte der funktionalen Elemente im menschlichen Genom anscheinend während der Evolution keinen Einschränkungen unterlag.

In den Augen der Forscher zeigt diese mangelnde evolutionäre Einschränkung, »dass viele Genome der Arten eine Sammlung funktionaler Elemente enthalten, einschließlich RNA-Transkripten, die keinen besonderen Nutzen in Begriffen von Überleben oder Reproduktion haben. Die Forscher spekulieren, dass sie als ein *Warenhaus der natürlichen Selektion* fungieren, indem sie als eine Quelle der funktionalen Elemente wirken, die einzigartig für jede Spezies ist und aus Elementen bestehen, die ähnliche Funktionen unter den Arten ausüben, obwohl sie Sequenzen haben, die überhaupt nicht ähnlich aussehen«.

Das heißt so viel wie, dass das Genom nach dem Baukastensystem arbeitet und nach Bedarf unterschiedliche Aktivitäten entfaltet. Damit erklärt sich auch, dass bestimmte Körperteile von Säugetieren in ganz entfernten Arten auch auftreten können, wie beispielsweise Augen, Arme, Flügel oder der Kehlkopf bei Vögeln oder Menschen.

Und wer schaltet die Funktion an? Die kreative Intelligenz, die das wundervolle Netzwerk organisiert.

SIGNALE VON AUSSEN: DIE EPIGENETISCHE INFORMATION

>»Die Epigenetik erzählt die Geschichte davon,
> wie Umweltsignale die Aktivität der Gene steuern.«
>
> Bruce Lipton

Nicht nur die Einflüsse der Umwelt über die Sinnesorgane der Lebewesen aktivieren Gene, sondern auch Faktoren, die im Leben der Familie liegen, in der ein Lebewesen aufwächst. So gibt es bei Vögeln regionale Singvarianten, Dialekte, die das Gesangsrepertoire einer Vogelart so sehr verändern, dass sie von Artgenossen aus anderen Regionen nicht mehr verstanden werden.

Wir wissen, dass die umweltbeeinflusste Feinabstimmung von Generation zu Generation weitergegeben werden kann. In der August-Ausgabe des Magazins *Molecular and Cellular Biology* von 2003 wurde eine wichtige Studie der Duke-Universität veröffentlicht, die nachweist, dass Umwelteinflüsse sogar genetische Mutationen in Mäusen überwinden können. Die Mausmütter, die methylgruppenreiche Nahrung erhalten hatten, brachten normale braune, schlanke Mäusekinder hervor, obwohl ihre Nachkommen das gleiche Agouti-Gen hatten wie ihre Mütter. Die Mäuse, die keine Zusatzstoffe erhalten hatten, produzierten gelbliche Junge, die auch mehr fraßen als die braunen und ungefähr doppelt so viel wogen.

Während das internationale Genomprojekt die Schlagzeilen füllte, hob eine Gruppe von Wissenschaftlern ein neues, revolutionäres Wissenschaftsgebiet der Biologie aus der Taufe, die Epigenetik. Die Wissenschaft der Epigenetik (was bedeutet: über die Genetik hinaus) verändert unser Verständnis dessen, wie das Leben gesteuert wird, von Grund auf.[107] In den letzten zehn Jahren hat die Epigenetik festgestellt, dass die DNA in unseren Genen zum Zeitpunkt der Geburt noch nicht vollständig festgelegt ist. Gene bestimmen nicht unser Schicksal! Umwelteinflüsse, darunter auch Ernährung, Stress und Gefühle, können unsere Gene verändern, ohne die grundlegende Zusammensetzung infrage zu stellen. Und die Epigenetiker haben festgestellt, dass diese Modifizierungen genauso an die Nachkommen weitergegeben werden können wie die DNA über die RNA in der Doppelhelix.

»Zweifellos hinkt die Epigenetik hinter den genetischen Entdeckungen hinterher. Seit Ende der 40er-Jahre haben die Biologen DNA aus den Zellkernen isoliert, um die genetischen Mechanismen zu untersuchen. In diesem Zusammenhang ziehen sie den Nukleus aus der Zelle, brechen seine schützende Membran auf und entfernen den Chromosomeninhalt, der zur Hälfte aus DNA und zur anderen Hälfte aus gewöhnlichen Proteinen besteht. In ihrem Drang, die DNA zu untersuchen, werfen die meisten Wissenschaftler die Proteine einfach weg.

Inzwischen wissen wir, dass sie dabei das Kind mit dem Bade ausschütten. Die Epigenetiker bringen jetzt wieder das Kind ins Spiel, indem sie die Proteine der Chromosomen untersuchen. Dabei stellt sich heraus, dass diese Proteine in der Vererbung eine ebenso wichtige Rolle spielen wie die DNA.

In den Chromosomen bildet die DNA den Kern, und die Proteine umhüllen die DNA wie ein Ärmel. Wenn die Gene bedeckt sind, ist ihre Information nicht ›lesbar‹. Stellen Sie sich Ihren Arm als ein Stück DNA vor, in dem das Gen für blaue Augen steckt. Im Zellkern wird dieses Stück DNA von gebundenen, regulativen Proteinen bedeckt, die das Blaue-Augen-Gen wie einen schützenden Ärmel verdecken, sodass es nicht gelesen werden kann. Wie kriegt man diesen Ärmel weg? Man braucht ein Signal aus der Umgebung, welches den Protein-Ärmel dazu bringt, seine Form zu verändern, sich z. B. von der Doppelhelix der DNA zu lösen. Dann kann das Gen gelesen werden. Wenn die DNA enthüllt ist, kann die Zelle davon eine Kopie machen. Die Aktivität der Gene wird also durch die An- oder Abwesenheit des schützenden Proteins ›kontrolliert‹, welches durch Umweltsignale gesteuert ist.

Die Epigenetik erzählt also die Geschichte davon, wie Umweltsignale die Aktivität der Gene steuern. Das Primat der DNA ist nun hinfällig. Der neu erkannte Informationsfluss sollte lieber ›das Primat der Umgebung‹ genannt werden. Er beginnt mit einem Umweltsignal, geht dann zu dem regulativen Protein und erst dann zur DNA, RNA und dem Endergebnis, dem neu zu bildenden Protein.«[108]

Der Informationsfluss fließt nicht nur in eine Richtung. In den 60er-Jahren stellte Howard Temin das zentrale Dogma mit Experimenten infrage, in denen offenbar wurde, dass die RNA auch entgegen dem angenommenen Informationsfluss wirken und die DNA verändern kann. Zuerst wurde er für seine Häresien ausgelacht, doch dann gewann er den Nobelpreis für die Beschreibung der »reversen Transcriptase«, des molekularen »Mechanismus«, durch den die RNA den genetischen Code umschreiben kann. Die reverse Transcriptase ist jetzt berühmt-berüchtigt geworden, weil sie von der RNA des Aidsvirus dazu benutzt wird, die DNA der infizierten Zelle zu manipulieren. Es ist jetzt auch bekannt, dass Veränderungen in dem DNA-Molekül, z. B. die Entfernung einer Methyl-Gruppe, die Verbindungen der regulativen Proteine beeinflussen. Proteine müssen auch in der Lage sein, den vorgesehenen Informationsfluss abzublocken, da die Protein-Antikörper in Immunzellen mit der Veränderung der DNA der Zellen zu tun haben, die sie synthetisieren. Der rückwärtige Informationsfluss ist nur sehr eingeschränkt möglich, was die Zelle vor radikalen Veränderungen ihres Erbguts bewahrt.

Andere Untersuchungen haben in einer Vielzahl von Krankheiten, darunter Krebs, Herzleiden und Diabetes, epigenetische Mechanismen entdeckt. Tatsächlich lassen sich nur fünf Prozent der Krebs- und Herzerkrankungen auf erbliche Anlagen zurückführen. Die Medien haben zwar aus der Entdeckung der Brustkrebsgene BRCA1 und BRCA2 eine große Sache gemacht, aber sie haben verschwiegen, dass 95 Prozent der Brustkrebserkrankungen nichts mit ererbten Genen zu tun haben. Bei einer signifikanten Anzahl von Krebspatienten wurde nachgewiesen, dass ihre Krankheit durch umweltbeeinflusste epigenetische Veränderungen verursacht wurde und nicht durch defekte Gene.[109] Die epigenetischen Beweise sind so zwingend, dass so mancher tapfere Wissenschaftler schon wieder Jean Baptiste Lamarck (1744–1829) hervorgekramt hat, den viel geschmähten ersten Evolutionstheoretiker, der davon überzeugt war, dass durch Umwelteinflüsse erworbene Eigenschaften vererbt werden können.

Lamarck hatte bereits 50 Jahre vor Darwin die Evolutionstheorie entwickelt und auch Mechanismen der Evolution aufgezeigt. Seine Theorie ging allerdings davon aus, dass das Auswahlverfahren nicht unerbittlich das Überleben des Stärkeren verfolgte, sondern auf einer kooperativen Interaktion zwischen Organismen und ihrer Umgebung beruht, die es den Lebensformen ermöglicht, zu überleben und sich in einer dynamischen Welt zu entwickeln. Eine Theorie, die von vielen alternativ denkenden Biologen heute gestützt wird.[110] Das »epigenetische Feld« könnte auch die Schnittstelle zu Rupert Sheldrakes »morphogenetischem Feld« sein – siehe nächstes Kapitel.

Die DNA in den Zellen ist zwar schon ein Wunderwerk der Natur, doch sie allein ist auch nicht maßgebend. Anscheinend gibt es in jeder Körperzelle eine übergeordnete Erbgutverwaltung, die darüber bestimmt, welche Gene gerade arbeiten dürfen und welche nicht. Wie schafft es eine Stammzelle, sich im Embryo zu über 200 verschiedenen Zellarten zu entwickeln? Und dabei verändert sie die Gene nicht einmal. Es deutet wohl immer mehr darauf hin, dass das Genom mit dem DNA-Text zwar den Lebensbauplan liefert, doch um ihn vernünftig lesen und verarbeiten zu können, braucht jede einzelne Zelle eine effektive Organisation, eine Art Ordnungs- und Katalogsystem.

Der Zellbiologe Bruce Lipton hat tatsächlich recht, wenn er von einer intelligenten Zelle spricht. Ich kann wirklich nicht mehr verstehen, warum sich die materialistisch-mechanistische Wissenschaftsgemeinde so dagegen sträubt, wenigstens eine intelligente Prozessstruktur in lebendigen Wesen zu akzeptieren. Man spricht lieber über Mechanismen, die wie ein Computerprogramm ablaufen, statt anzuerkennen, dass Leben alles andere als mechanistisch abläuft. Leben ist nicht einfach nur eine Erweiterung von Materie, sondern benutzt bewusst die Materie! Mit dem Leben ist plötzlich etwas aufgetaucht, was zwar von grundlegenden materiellen Bausteinen wie Kohlenstoff, Wasserstoff, Sauerstoff und Stickstoff abhängig ist, diese aber völlig verwandelt. Genauso wie Wasser eben nicht einfach nur eine chemische Verbindung zweier Gase ist, ist das Molekül des Lebens nicht einfach nur eine Polymerkette wie in unseren Lycrafasern. Die bedeutendere Frage ist ja vielmehr: Wie kann eine Molekülkette Leben erzeugen! Oder täuschen wir uns, wenn wir Leben von Materie unterscheiden?

Der Biologe Andreas Weber sagt in seinem Buch *Alles fühlt*, dass nur der ganze Körper, der ganze Zellverband, die Erbanlagen lesen, interpretieren und in Sinn verwandeln kann. Lebewesen sind keine genetischen Automaten. Und wie will man schwingende Energiefelder, die ständig in extrem schneller Bewegung sind, regelrecht lebendig und unvorhersehbar funktionieren, von ebenso schnellen Lebensprozessen wie der Proteinsynthese für lebende Zellen unterscheiden? Ich glaube, die Mikrobiologie und die Biologie im Besonderen haben noch nicht den Anschluss an die Quantenphysik hergestellt. Biologen denken wohl immer noch in newtonschen Kategorien von Ursache und Wirkung. Denn in der Zelle kann man eben nicht zwischen Ursache und Wirkung unterscheiden. Alles, was da geschieht, sind Prozesse, bei denen man nicht weiß, was zuerst und was hinterher kommt, weil alles sich gegenseitig bedingt. Wir würden vieles noch besser verstehen, wenn wir anfangen, in neuen, erweiterten Kategorien zu denken.

4 DIE »GÖTTIN EVOLUTION«
STEIGT AUS DER LOTUSBLÜTE

*»Wir würden unser Wissen nicht für Stückwerk erklären,
wenn wir nicht den Begriff von einem Ganzen hätten.«*

Johann Wolfgang von Goethe

Mit jedem Atemzug nehmen wir und alle anderen vielzelligen Lebewesen die »zweite Seinsnahrung« auf, die Luft. Auch Pflanzen, die Sauerstoff in unsere Atmosphäre abgeben, benötigen einen Teil des Sauerstoffs selbst. Nach dem Wasser und – für höhere Lebewesen – einigen anderen organischen Substanzen ist der Sauerstoff in der Luft die zweitwichtigste Lebenserhaltungsnahrung. Tatsächlich können wir ohne Luft nur ein paar Minuten überleben, auf Wasser können wir etwas länger verzichten. Damit Zellen sich zu mehrzelligen Lebewesen weiterentwickeln konnten, musste vorher in Hunderten von Millionen Jahren dafür gesorgt werden, dass die notwendige Menge an Sauerstoff für vielzellige Lebewesen vorhanden war. Wir können uns daher die Evolutionsgeschichte nicht ohne solche Ausgangsbedingungen denken.

Wenn materialistische Evolutionsbiologen »Zufallsereignisse« als Faktor einführen, widerstrebt dies jedem gesunden Menschenverstand. Es könnte ja noch angenommen werden, dass die Erde zufällig an der richtigen Stelle im Sonnensystem entstand, auch dass sie eine bestimmte Menge Wasser enthält. Doch dass zufällig komplexe Bakterien und Algen entstanden sind, die dann den entsprechenden Sauerstoffanteil für eine weitere Evolution gebildet haben, ist höchst unwahrscheinlich einem weiteren Zufall zuzuschreiben.

Nachdem Sauerstoff am Ende des Archaikums (vor 2500 Millionen Jahren) aufgetreten war, blieb er für viele Millionen Jahre bei einem Anteil von einem Prozent in der Luft. Größere Landtiere brauchen jedoch mindestens zehn Prozent Sauerstoff, so wurde langsam immer mehr Sauerstoff verfügbar, besonders als sich auf dem Festland große Pflanzen entwickelten.

Jüngste Forschungen werfen ein neues Bild auf diese Entwicklung: »Ein explosives und bisher nicht erkanntes Ergrünen der Erde ereignete sich gegen Ende des Präkambriums (vor rund 550 Millionen Jahren). Das war ein wichtiger Auslöser für die kambrische Explosion des Lebens«, erklären Wissenschaftler, die unter Leitung des Geologen L. Paul Knauth von der Arizona State University mit neuen Methoden dieses Phänomen erforschten. Sie fanden heraus, dass es eine sehr schnelle Entwicklung der Pflanzendecke auf den Landflächen der Erde mit einer Pioniervegetation gab, die einige Hundert Millionen Jahre vor der Evolution der Gefäßpflanzen existierte. Das erklärt, wie der Sauerstoffgehalt der Erdatmosphäre so schnell ansteigen konnte – etwas, was lange Zeit als Vorbedingung für die großen Entwicklungsschritte der Tierwelt galt.[111]

Nachdem sich später weitere Pflanzen ausgebreitet hatten und das organische Material sich abgelagert hatte, das dann wiederum weiteren Sauerstoff durch die Mikroorganismen erzeugte, stieg der Sauerstoffgehalt in der Luft vor 200 Millionen Jahren auf zehn Prozent. Erst vor 50 Millionen Jahren stieg der Anteil auf 17 Prozent und zehn Millionen Jahre später auf 23 Prozent, was die Verbreitung großer Säugetiere erst ermöglichte. Vor zehn Millionen Jahren senkte sich der Sauerstoffgehalt in der Luft auf 21 Prozent ab.[112] Genau die Menge, die für Menschen am günstigsten ist.

Sauerstoff ist jedoch auch ein giftiges Gas. Deshalb entwickelte »die Evolution« auch biologische Verteidigungsmechanismen, um die Schäden durch die Einwirkung von Sauerstoff zu verringern. Denn das Einatmen von Sauerstoff ist eigentlich gefährlich. Durch Sauerstoffoxidation entstehen chemische Verbindungen, die sogenannten freien Radikale im Körper, die Mutationen, Krebs und andere Krankheiten auslösen können.[113] Ohne alle wesentlichen Vorbereitungen und Arbeiten zur Herstellung eines geeigneten Lebensraums auf der Erde, wozu auch der Stickstoff- und Kohlenstoffkreislauf gehören, gäbe es jedenfalls gar keine Evolution.

Dafür, dass der Sauerstoff allerdings die Körper tatsächlich nicht vergiftet, hat »die Evolution« auch gesorgt: Sie hat für bestimmte Nahrung mit den Vitaminen C und E und einige Bioflavoniden gesorgt, welche die freien Radikale im Körper bekämpfen, die durch Sauerstoffoxidation entstehen. Was haben die Zellen gemacht, bevor es diese Vitamine aus Pflanzen gab? Irgendwie hat die intelligente Natur Prozesse entwickelt, um bei normalem, gesundem Leben die richtige Dosis an Sauerstoff zu schenken. Wunder, Zufall oder Kalkül?

Es wird also noch richtig spannend. Denn die natürliche Evolution ist ein derart komplexes Phänomen, das nicht mit einfachen Erklärungen abgehakt werden kann. Vielen Evolutionsforschern ist inzwischen klar, dass viele der Vermutungen Darwins aufgrund neuer Erkenntnisse einer Revision bedürfen. Doch keiner wagt sich so weit, anzuerkennen, dass die Natur und ihre Entfaltung intelligenter Steuerfunktionen bedürfen, um alle notwendigerweise aufeinander abgestimmten Bedingungen zu erfüllen.

ETWAS SCHNELLER BITTE!

> *»Die Natur findet eine Freude ohne Ende darin,*
> *neue Formen zu erfinden, neue Wesen zu schaffen.«*
> Leonardo da Vinci

In evolutionsbiologischen Werken wird nicht erklärt, wie aus den ersten Zellen die späteren vielzelligen Lebewesen entstehen. Warum und wie schließen sich Zellen zu größeren Organismen zusammen und geben ihre eigene Individualität auf? Denn das ist die Grundlage der späteren Evolution von Pilzen, Pflanzen und Tieren und kann deutlich machen, dass die Entstehung von höheren Lebewesen vielfältige Anpassungen der Zellorganisation und des Genoms erforderte, die nicht durch mechanistische Zufallsgeneratoren in der Zelle geschehen konnten.

Zwei Milliarden Jahre lang dümpelten Bakterien in den Ozeanen und an den Küsten nun vor sich hin. Sie hatten die Aufgabe, die Biosphäre für weiteres Leben vorzubereiten. Sie fraßen sich gegenseitig auf, vereinigten sich, bildeten verschiedene Fähigkeiten und viele Formen heraus: rote, violette und grüne, vergärende, fotosynthetische und Sauerstoff atmende, Schwefel produzierende und Sauerstoff produzierende, Methan fressende und andere Arten. Im Laufe der langen Zeit sind mindestens 5000 Arten entstanden, die arbeitsteilig die notwendigen Aufgaben für die Verbesserung des Erdklimas und späterer Lebensbedingungen bewältigten.

Dann kam es zu einem neuen evolutionären Schub: Einzeller mit Zellkern entstanden. Sie werden allgemein Protisten genannt. Ich bezeichne sie lieber als »Urwesen«. Sie sind weder Tiere noch Pflanzen, haben aber »richtige« eukaryotische Zellen. Zu diesen Wesen gehören Amöben, Wimpertierchen (Ziliaten), Geißeltierchen und einzellige Algen. Von diesen Einzellern stammen dann mehrzellige Arten ab wie Seetang, Schwämme, Quallen und die Kolonie bildende Form der Amöben, die Schleimpilze. Es gab, wie Forscher inzwischen herausgefunden haben, noch andere Mehrzeller, die Metazoen oder Urtiere, die eine eigene Evolutionslinie eingeschlagen haben und von denen offenbar höhere Tierarten abstammen – falls man überhaupt der Abstammungstheorie folgen will. Denn genauso wie alle unterschiedlichen Lebewesen mehr oder weniger plötzlich zu einem bestimmten Zeitpunkt da waren, können auch die »höheren« Tierformen durch genetische Veränderung eigenständig entstanden sein.

Die Mischform zwischen Einzeller und Vielzeller, die Schleimpilze (*Myxomyceten*), ist ein interessantes Beispiel eines evolutionären Versuchs. Es gibt sie seit 700 Millionen Jahren und in mindestens 1000 Arten in unterschiedlichsten Formen und Farben – und es gibt ebenso viele verschiedene Arten von begeisterten Hobbyforschern, die sie weltweit beobachten. Die gelb gefärbte Art (*Physarum*) kann zwei Quadratmeter Fläche bedecken. Kein Wunder: Diese Lebewesen sind nicht nur fress-begierig und daher wichtig für die Reinigung der Natur, sie sind auch sehr interessante Geschöpfe. Solche Amöbenkolonien bestehen kurzzeitig aus 100 000 Zellkernen, sie leben aber wie eine einzige Zelle oder ein einzelner Organismus. Die Physarum sehen etwa aus wie gelber Schleim oder Gelee. Diese Zellkolonie reagiert auf Wärme und Licht und marschiert schneller voran als zuvor eine einzelne Amöbe – immerhin mit über einem Millimeter pro Stunde. Wie Kraken streckt sie Arme aus und bewegt sich so voran. Und intelligent ist dieser Organismus obendrein: Schleimpilze sind in der Lage, in einem Labyrinth den schnellsten Weg zum Futter zu finden, obwohl sie weder Nervensystem noch Gehirn haben.[114]

Doch wie konnten aus den ursprünglichen prokaryotischen Bakterienzellen plötzlich Zellen mit Zellkern entstehen, die wesentlich komplexer sind? Als Erklärung für den Sprung von Prokaryoten zu Eukaryoten schlägt die Biologin Lynn Margulis die Symbiose verschiedener prokaryotischer Zellen vor. Doch selbst eine Symbiose bringt ja nicht notwendigerweise höhere Zellarten hervor, es ist immer dasselbe Zellmaterial. Eine Symbiose der Zellen von Mann und Frau bringt immer wieder Embryos hervor, aus denen dann Menschen werden. Außerdem ist die DNA von richtigen Einzellern wesentlich länger, verwickelter und komplexer. Wir können also nur spekulieren.

Die wesentlich höhere Komplexität der Eukaryoten gegenüber den Prokaryoten erfordert nicht nur eine neue Zellmembran, sondern auch eine völlig neue innere Organisation.[115] Die Versuchsreihe eines koreanischen Biologen, der im Labor Bakterien und Amöben zu einer Endosymbiose miteinander verschmolzen hat und gerne als »Beweis« für die Entwicklung von Prokaryoten zu Eukaryoten angeführt wird, ist nur Beweis dafür, dass man *unterschiedliche* Zellarten kreuzen kann.[116] Für den Schritt von Bakterie zu Amöbe ist es jedenfalls kein Beweis. Die Amöbe ist ja bereits eine eukaryotische Zelle!

Wissenschaftler gehen inzwischen davon aus, dass Eukaryoten parallel zu Prokaryoten entstanden sind und die Eukaryoten sich bestimmte Bakterien einverleibt und bestimmte Eigenschaften wie die Organellen und Mitochondrien in die neue Zellart eingebaut haben. In dieser Hinsicht ist die Endosymbiose ein wichtiger Schritt weiter. Doch sie erklärt leider nicht, wie »richtige« Einzeller ursprünglich entstanden sind, denn Bakterien haben eine ganz andere Struktur. Es ist auch noch nie beobachtet worden, dass aus irgendwelchen Bakterien höhere Einzeller entstanden wären.

Nun waren die Einzeller mit einer komplexen DNA jedenfalls da, und die »Mutter Evolution« konnte ihre Erfahrungen damit sammeln. Es geschah aber offenbar lange, lange nichts besonders Aufregendes. Dann entstanden vor vielleicht 600 Millionen Jahren oder etwas früher ganz seltsame Urwesen, die Ediacara, die so heißen, weil man die ersten Versteinerungen davon in australischen Hügeln gleichen Namens gefunden hat. Doch Ediacara-Lebensformen scheinen weltweit verbreitet gewesen zu sein.[117] Manche Versteinerungen sehen aus wie Blutegel oder Regenwürmer, andere zeigen eine Art Gerippe wie bei den Ammoniten. Die Paläontologen gaben ihnen schöne Namen wie Cyclomedusa, Dickinsonia, Rangea.

Möglicherweise wurden sie von symbiotischen Algen ernährt oder filtrierten Nahrung aus dem Wasser. Diese Wesen scheinen weder Köpfe noch Schwänze gehabt zu haben, auch keine richtige Vorder- oder Hinterseite, es gibt keinen Hinweis auf Kreislauf-, Verdauungs- oder Nervensystem. Die Paläontologen können nicht herausfinden, ob es Pflanzen- oder Tierwesen waren, einzellig oder mehrzellig. Doch einige davon haben bereits Ähnlichkeiten mit heute existierenden Tieren wie den Weichtieren, Seeanemonen und Würmern.[118] Es entstanden auch wurmartige Kreaturen, die damit begannen, den Meeresboden nach Essbarem zu durchwühlen.

»Vor 550 Millionen Jahren traten dann die Erfinder der Biomineralisation auf den Plan: Röhrenförmige Wesen namens Cloudina sonderten ein kalkhaltiges Außenskelett ab ... Das Tier umgab sich mit einem Panzer, um seinen Körper zu entgiften. Womöglich ein Vorfahr der Ringelwürmer.«[119] Anscheinend waren die erwähnten Ediacara-Geschöpfe irgendwie doch noch sehr uninteressant. Es musste also bald etwas Neues aus diesen Wesen kreiert werden.

Wenn es diese Wesen auf dem ganzen Globus gab, können sie sich kaum evolutionär voneinander- und auseinanderentwickelt haben. Sie entstanden mehr oder weniger gleichzeitig während einer relativ kurzen Zeitspanne. Der Vorfahre aller Tiere war neuesten Forschungen nach vermutlich das »Urmetazoon«, das bereits ein Vielzeller war. Es ähnelt dem heutigen Placozoa *(Trichoplax adhaerens)*, einem »Scheibentier«. Das führt zur nächsten Frage: Wie können aus meist einzelligen Urwesen, Würmern oder schwabbeligen Weichtieren, die sich von Moosen ernährten, sich noch komplexere Formen wie Wirbeltiere bilden, etwa die ersten Lurche? Diese Veränderungen können nur durch langwierige genetische Experimente entstanden sein, gerade weil viele Gene für die späteren Entwicklungen bereits in Einzellern wie den Geißeltierchen vorhanden waren.

Erinnern wir uns: Aus wenigen »Buchstaben« können Millionen von Wörtern gebildet werden. Die intelligente Evolution macht es offenbar ganz geschickt. Sie probiert kreativ unterschiedliche Baupläne aus und experimentiert so mit verschiedenen Lebensformen. Dadurch ermöglicht sie verschiedene Anfangsbedingungen für eine weitere Differenzierung. Dann wartet sie ab und »beobachtet«, wie sich diese Lebewesen weiterentwickeln.

Genau diese Erkenntnisse werden heute von der Evolutionsbiologie bestätigt. »Neue Entdeckungen lassen darauf schließen, dass viele Hilfsmittel für den Aufbau eines vielzelligen Organismus schon bei unseren einzelligen Vorfahren vorhanden waren. Die Evolution setzte diese Werkzeuge dann irgendwann für neue Aufgaben ein«, schreibt Carl Zimmer in *National Geographic.*[120] Und weiter heißt es: »Dieses Prinzip, nach dem sich die Fliege entwickelt, gilt für alle Lebewesen. Wie sich gezeigt hat, gibt es zu den Genen, die bei der Fliege für die Anlage des Bauplans sorgen, bei vielen anderen Tieren – von den Krebsen über Regenwürmer und Neunaugen bis zu uns Menschen – nahezu identische Entsprechungen.« Die Wissenschaftler sind sich einig, dass eine Grundausstattung aus Genen für die Anlage des Körperbaus seit dem Entstehen der ersten Tiere vorhanden war. Doch wer oder was hat das Programm für die Differenzierung geschrieben?

Auf jeden Fall benutzt »die Evolution« immer wieder bereits getestete und für gut befundene Eigenschaften in neuen Wesen.

Johann Wolfgang von Goethe hatte vor Darwin bereits erkannt, dass es wenige Elemente benötigt, um viele Variationen hervorzubringen, was auch von der modernen Genforschung bestätigt wird. So dachte er über die Möglichkeit einer Urpflanze nach: »Eine solche muss es doch geben: Woran würden wir sonst erkennen, dass dieses oder jenes Gebilde eine Pflanze sei, wenn sie nicht alle nach einem Muster gebildet wären?« Er sah damit die Mathematik der fraktalen Selbstähnlichkeit bereits intuitiv voraus. »Die Urpflanze wird das wunderlichste Geschöpf von der Welt, um welches mich die Natur selbst beneiden soll. Mit diesem Modell und dem Schlüssel dazu kann man alsdann noch Pflanzen ins Unendliche erfinden, die konsequent sein müssen, d. h. die, wenn sie auch nicht existieren, doch existieren könnten ...«[121]

Deshalb hat es wohl auch 700 bis 1000 Millionen Jahre gedauert, bis es höhere Tiere als die Urwesen gab, es dauert eben seine Zeit, bis komplexere Baupläne zur Verfügung stehen. Dieser Vorgang geht nicht allein über genetische Umstrukturierung, sondern es müssen ganz neue Gensequenzen hinzugefügt werden, die mit allen anderen Sequenzen intelligent koordiniert sind. Deshalb kommen die Genforscher zur Erkenntnis: »Die Natur ist ein genialer Programmierer.«[122] Die Intelligenz in der evolutionären Entwicklung zeigt sich insbesondere daran, dass aus Umbau und Vermehrung weniger Bausteine – den vier Basen der Doppelhelix – komplexere Lebenswesen erzeugt werden. Welcher intelligente Mensch würde mir widersprechen, dass die Evolution der DNA im Zellkern irgendwie durch eine organisierende, intelligente Instanz vorgenommen werden muss und nicht einfach von allein abläuft?

Auch der beliebte Begriff der »Selbstorganisation« erfordert im Kern eine Informationsvernetzung und vor allem ein »Bewusstsein des Ganzen«, um alle Um- und Anbauten im Genom vorzunehmen. »Um sich klarzumachen, wie eine solche Grundausstattung eine derartige Vielfalt hervorbringen kann, sind die Stummelfüßer (*Onychophora*) ein gutes Beispiel. Diese kleinen Lebewesen kann man gut als Würmer auf Beinen beschreiben. Auf vielen, nahezu gleichartigen Füßchen kriechen sie über den Boden tropischer Regenwälder. Sie sind heute die engsten Verwandten der vielgestaltigsten Tiergruppe auf der Erde überhaupt: der Gliederfüßer (*Athropoden*). Dazu gehören Insekten, Krebse und Spinnen, darunter so unterschiedliche Formen wie Schmetterlinge, Taranteln, Pfeilschwanzkrebse und Zecken.«[123]

Wenn wir das Wirken einer inhärenten kreativen Intelligenz annehmen, wäre es ohne Weiteres denkbar, dass zur Vorbereitung eines evolutionären Schritts verschiedene sogenannte epistatische Gene entwickelt und ausgearbeitet werden. Das ist ähnlich der Gene, die auf Bedarf an- und abgeschaltet werden, um z. B. Adrenalin zu produzieren, wenn die Situation brenzlig wird. Die neuen Gene für weitere Evolutionsexperimente können aber erst aktiviert werden, wenn *alle* notwendigen Umbauarbeiten in der Zelle ausgeführt und alle notwendigen Gene und die entsprechenden Programme für die Proteinproduktion vorhanden sind. In diesem Zeitraum sind alle Allele für diese neuen Gene rezessiv.

Ein Allel repräsentiert in der Fachsprache eine bestimmte Variation eines Gens, manchmal »Sicherungskopie« genannt. Allele Gene haben geringfügige Änderungen in der Basensequenz der DNA, wodurch das Gen variiert wird. So kann z. B. das Gen, das für die Farbe einer Blüte verantwortlich ist, in zwei verschiedenen Ausprägungsformen vorkommen und bei der Pflanze entweder eine rote oder eine weiße Blütenfarbe hervorrufen. Entsprechend spricht man vom Allel für die rote oder vom Allel für die weiße Blütenfarbe.

Wie man sich vorstellen kann, muss es einige intelligente »Überlegungen« innerhalb der Zelle geben, die solche Dinge vorbereiten. Vielleicht spielen dabei auch die sogenannten 95 Prozent nicht codierenden Sequenzen im Genstrang eine Rolle, wo die erst später gebrauchten Sequenzen erst einmal »geparkt« werden. Da natürlich das Ergebnis nicht in der lebendigen Umwelt mit allen ihren Unwägbarkeiten getestet werden kann, kommen alle möglichen Variationen von Lebewesen heraus, z. B. Tiere mit Zangen oder Greifarmen, Tiere mit unterschiedlichen Augen oder Wahrnehmungsorganen.

Das ist, wie Goethe so treffend sagt: »Die Natur bekümmert sich nicht um irgendeinen Irrtum; sie selbst kann nicht anders, als ewig recht handeln, unbekümmert, was daraus erfolgen möge.« Sie kann alles ausprobieren. Sie muss keine staatlichen Gesetze beachten wie die heutigen Gentechniker. Wenn dann die neu entstandenen Lebewesen überhaupt nicht funktionieren, werden sie dann tatsächlich aufgrund schwieriger Lebensumstände »selektiert«. Wo gearbeitet wird, passieren Fehler. Die vorbereitenden genetischen Strukturen aber müssen auf jeden Fall durchgeführt werden, genauso wie Computerprogrammierer sehr viele Testläufe durchführen müssen, bis das Programm auf die Öffentlichkeit losgelassen werden kann. Zusätzliche Betaversionen für unabhängige Tester – die »natürliche Selektion« – sorgen dafür, dass übersehene Fehler ausgemerzt werden. Doch kein Programm ist ohne Fehler oder vollkommen absturzsicher! Die Tester bekommen sogar einen Bonus, wenn sie viele Abstürze herbeiführen.

Ein Problem für unser menschliches Verstehen der verwickelten Informationsschleifen im Genom ist die Kommunikation, die in der Zelle abläuft: Weder das DNA-RNA-Molekül noch die Aminosäuren und Proteine, die daraus gebaut werden, »wissen« anscheinend voneinander – besser gesagt: Wir wissen nicht, wie sie sich gegenseitig über ihre Aktivitäten informieren. Doch da die Kommunikation offenbar funktioniert, muss es eine übergeordnete Informationsstruktur geben, die das Ganze organisiert. Hinzu kommt, dass Impulse einerseits aus dem Körper selbst oder andererseits der Umwelt dazu anregen, bestimmte Proteine herzustellen. Dieses Programm wird dann ausgeführt. Wenn es ein Mechanismus wäre, dann wäre es umso mysteriöser, wie alle der 70 000 Proteine wissen, wo sie gerade gebraucht werden. Die Proteom-Forschung geht inzwischen sogar von wesentlich mehr Proteinen aus. Aber das Wichtigste ist: »Das Genom ist ein alter Hut. Spannend ist, was danach kommt. Denn es sind die Proteine, welche alle Vorgänge des Lebens steuern. Ihr Zusammenspiel zu ergründen ist die nächste große Herausforderung der Biowissenschaften.

Wenn man eine Zelle zu einem bestimmten Zeitpunkt untersucht, zeigt sich, dass sie bei Weitem nicht den gesamten Satz an Proteinen herstellt, den sie erzeugen könnte. Die allermeisten Gene einer Zelle werden niemals abgelesen. Umgekehrt entstehen aus bestimmten Genen mehrere verschiedene Proteine. Diese Gene sind aus Modulen aufgebaut, die unterschiedlich zu Botenmolekülen zusammengesetzt werden können. Entsprechend fertigt die Ablesemaschinerie der Ribosomen unterschiedliche Proteine. Auf diese Weise können beispielsweise die Zellen der Körperabwehr in kurzer Zeit Antikörper gegen die unterschiedlichsten Erreger herstellen. Viele Wissenschaftler halten die Proteinausstattung einer Zelle, also das Proteom, für biologisch aussagekräftiger als das Genom.«[124]

Wer oder was ist also für das intelligente, organisierende Prinzip zuständig? Diese Frage ist die Crux der Sache, weil es ein außerordentlich komplexer systemischer Prozess ist.

Wenn wir nur der mechanistischen Version der Entwicklung folgen würden, hätte das Szenario so ablaufen müssen: Beim Verband der einzelligen oder mehrzelligen Urwesen rumorte es. Eine Konferenz wurde einberufen. »Könnt ihr euch vorstellen, dass man das Wasser und die Felsen, auf denen wir leben, nicht nur spüren kann, sondern auch sehen?«, sagte ein Strahlentierchen. »Also, ich bin damit zufrieden, so wie es ist«, antwortete eine Amöbe. »Ich bin ganz zufrieden«, sagte das Wimpertierchen. »Ich muss nur mein Maul aufsperren und schon fließt Nahrung hinein.« »Aber vielleicht ist es ja doch aufregender, die Welt auch zu sehen«, meinte ein blinder Wurm. Die Konferenz zog sich einige Millionen Jahre hin. Schließlich wurde der Beschluss gefasst: »Nun bereiten wir mal das Entstehen von funktionsfähigen Augen und Beinen vor.«

Man kann das witzig finden, doch diese fiktive Konferenz hat sicherlich nicht stattgefunden. Strahlentierchen, Wimpertierchen und wie sie alle heißen gibt es heute noch. Die kreative Version sieht etwas anders aus. Die lange in den Genen und Ribosomen vorbereitete Metamorphose wurde im geeigneten Moment angeschaltet. Man kann sich das ungefähr so vorstellen wie die Verwandlung einer weichen, kriechenden Raupe in einen Schmetterling mit Körperpanzer und Flügeln. Die Metamorphose einer Raupe in einen Schmetterling ist ein äußerst komplizierter und gleichzeitig unbestimmter Vorgang. Die Raupe verpuppt sich erst einmal. In dieser Puppe zerfließt das

Zellmaterial völlig. Dann kriecht aus der Puppe der fertige Schmetterling hervor, so wie ein Küken aus dem Ei. Durch die Metamorphose ändert sich das Aussehen grundlegend. Die Schmetterlinge haben vier Entwicklungsstadien – die Natur bleibt beim einfachen Zählen: Ei, Raupe, Puppe und Falter. Kein Wunder, dass Schmetterlinge die meisten Menschen faszinieren. Trotz dieses komplizierten Vorgangs der Metamorphose kommen am Ende 165 000 verschiedene Schmetterlingsarten heraus. Da die kreative Intelligenz eine künstlerische Neigung hat, unterscheiden sich die Schmetterlinge mit unendlich vielen Flügelmustern voneinander. Weder Funktion noch Nützlichkeit sind für diese Ausprägungen verantwortlich.

Und für diese Unterschiede braucht es wie in der Musik nur ungefähr ein Dutzend Grundschemata, schon immer gab es Fraktale.[125] Die Natur spielt regelrecht mit Variationen – überlebensnotwendig sind diese nicht. Die kreative Intelligenz hat offenbar Freude an der Schönheit und Vielfalt, wie Leonardo da Vinci dies mit seinem Künstlerauge sah.

Die Grundschemata weisen wieder auf ein epigenetisches Programm hin. Aus der Stammzellenforschung weiß man jetzt, wie wichtig die epigenetische Information ist.

Noch einmal zur Erinnerung: Epigenetisch ist eine Information, die *nicht* in den materiellen Genen liegt, gewissermaßen ein lokales Informationsfeld. Diese Information ist von großer Bedeutung, das wird von den Wissenschaftlern heute allgemein anerkannt. Beim Klonen wurde dies besonders deutlich: Wenn beim Klonen der Kern einer Körperzelle in eine entkernte Eizelle eingeschleust wird – wie beim Klonschaf Dolly geschehen –, »programmieren« die Enzyme der Eizelle die Muster auf den Chromosomen der Körperzelle um. Doch dieser epigenetische Neustart verursacht häufig Fehler. Oftmals werden die Klonzellen gar nicht oder nur unvollständig reprogrammiert.[126]

SPRÜNGE ZU NEUEN UFERN

> *»Die Natur überschreitet die Grenze, die sie sich selbst gesetzt hat,*
> *aber sie erreicht dadurch eine andere Vollkommenheit.«*
>
> Johann Wolfgang von Goethe[127]

Die Entwicklung der eukaryotischen Zellwesen zu Vielzellern dauerte ungefähr 1000 Millionen Jahre, nachdem sie vor 1700 Millionen Jahren entstanden waren. Noch immer gab es keine »höheren« Lebensformen. Was bewegt Einzeller dazu, sich zu Vielzellern zusammenzuschließen? Wie entsteht die kohärente Kommunikation in diesem Zellverband?

Während Schleimpilze noch aus Zellkolonien bestehen, die einen zentralen Befehlsgeber haben, entstanden schließlich richtige Vielzeller: Pilze. Von ihnen gibt es mindestens 100 000 Arten. Pilze sind außerordentliche Geschöpfe, jedes erfüllt unterschiedliche Aufgaben in der Natur. Ihr eigentliches »Gehirn« ist das Myzel. Ein Myzel sieht tatsächlich aus wie ein Nervensystem, wie die Neuronennetzwerke im menschlichen Gehirn – und man hat kilometergroße Pilzmyzele gefunden. Der ganze Erdboden ist von ihnen durchzogen. Die Evolution hat gut vorgeplant. Denn 80 bis 90 Prozent aller Pflanzen könnten ohne sie, also ihre Symbiosen mit ihnen, nicht existieren – also auch nicht der Mensch! Zusammen mit den Mikroben in der Erde sorgen Pilze für eine ständige Reinigung der Natur. Die Symbiose von Algen und Pilzen brachte die Flechten hervor, die überall, sogar auf Steinen, siedeln können.

Nachdem die Urwesen nach ihrem Entstehen einige Vielzellertests in Zellkolonien, Grünalgen, Würmern und anderen Formen unternommen und es auch mit symbiotischen Verschmelzungen probiert hatten, konnten sie sich eine gewisse Komplexität und Individualität zulegen. Diese Lebewesen waren später auch zugleich die Nahrungsquelle für die späteren Tiere – wie praktisch! So ist marines Phyto- und Zooplankton die Nahrungsquelle vieler Tiere. Heute leben noch etwa 250 000 Arten von Urwesen dieser Vorstufe der Tier- und Pflanzenarten.[128]

Die Evolutionstheoretiker gehen nun davon aus, dass sich aus diesen eigenartigen Wesen Pflanzen und Tiere entwickelt hätten, die sich »richtig« sexuell fortpflanzten, bis sie reichhaltig ausgestattete Tiere mit differenziertem Gewebe und Organen wurden. Doch dies geschah nicht in *kleinen Schritten*, wie die Theorie Darwins es vorsieht. Wissenschaftler, welche die genetischen Grundlagen des Wandels entschlüsseln, fanden heraus, dass Evolution viel schneller abläuft, als man lange dachte. Selbst eine Hausmaus verändert sich innerhalb von 50 Jahren, denn kleine Veränderungen im Erbgut können große Folgen haben.[129]

Wahrscheinlich war es »der Evolution« mit diesen weichen und schleimigen Wesen wieder einmal zu langweilig geworden. Denn plötzlich, als sie scheinbar eingeschlafen war, gab es einen großen Kreativitätsschub: die kambrische Explosion vor rund 540 Millionen Jahren.[130] Das intelligente »Lebensentwicklungsprogramm« hatte nicht nur die geeignete Software, sondern auch eine völlig neue »Hardware« herausgearbeitet, den Bauplan für komplexe Tiere.

Die Paläontologin J. Madeleine Nash führt aus: »Bis vor rund 600 Millionen Jahren gab es keine Organismen, die komplexer waren als Bakterien, mehrzellige Algen [und Pilze] und einzelliges Plankton. (…) Doch dann, vor 543 Millionen Jahren, zu Beginn des Kambriums, entstanden in einer Zeitspanne von nicht mehr als zehn Millionen Jahren urplötzlich Geschöpfe mit Zähnen, Tentakeln, Klauen und Kiefern. Wie in einem Ausbruch von Kreativität, der sich weder vorher noch nachher wiederholte, hat die Natur Blaupausen für so ziemlich jedes Geschöpf des Tierreichs skizziert.«[131]

Durch die Funde von Burgess Shale (British Columbia, Kanada), wo die meisten Fossilien entdeckt wurden (inzwischen auch an anderen Fundstellen auf allen Kontinenten), bekommt man einen Eindruck, wie reich an Arten das Leben im Kambrium schon war. Die vor dieser Entdeckung bekannten Fossilien waren allesamt nur durch Hartteile, wie Trilobitenpanzer, überliefert. Aber sie bildeten einen sehr geringen Anteil an den eigentlich existierenden Lebewesen. Erhaltungszustand und Häufigkeit des Vorkommens machten es nun möglich, einen Lebensraum, der vor über 500 Millionen Jahren existierte, ziemlich genau zu rekonstruieren. Erstaunlich und von großer Bedeutung ist, dass die meisten Baupläne (außer denen der Wirbeltiere) zu dieser Zeit schon vorhanden waren und Paläontologen so Stammbäume vom Kambrium bis heute aufgestellt haben. Tatsächlich ist es jedoch so, dass die meisten Tiere aus dem Burgess-Schiefer keine modernen Nachfahren haben. Ob es einzelne Abstammungslinien sind, ist daher fraglich. Außerdem entstanden richtige Wirbeltiere erst mindestens 150 Millionen Jahre später. Wo kamen diese her?

Auf jeden Fall entdeckte man in den großen Fossilienlagern in aller Welt, dass viele biologische Neuerungen beinahe gleichzeitig entstanden. Doch der »schlimmste anzunehmende Unfall« für die darwinistische Theorie der kleinen Schritte ist, dass neue Tierstämme immer wieder plötzlich und in kurzen Zeiträumen von einigen wenigen Millionen Jahren entstanden. Im Kambrium entwickelten viele Arten erstmals harte Skelette und Schalen. Dies wird einerseits erklärt als Schutz vor den ersten großen Räubern, die ebenfalls zu dieser Zeit auftraten, andererseits durch das große Angebot von Kalziumkarbonat durch eine Veränderung in der chemischen Zusammensetzung des Meerwassers. Das Auftreten dieser Schalen und Skelette, die sich fossil wesentlich besser erhalten haben als die Weichteile, macht erklärbar, warum im Kambrium plötzlich so viele Tierstämme auftreten, über deren Vorfahren nichts bekannt ist.

Das bestätigt nur die Arbeitshypothese dieses Buches, nach der es keine »Abstammung« von neuen Tierarten aus anderen vorhergehenden gibt.

Die mehrzelligen Lebewesen wie die Ediacara, die vor der »kambrischen Explosion« lebten, besaßen offenbar kein Skelett und nur wenige Hartteile. Die folgende Entwicklung einer tragenden und schützenden Struktur in Form eines Innen- oder Außenskeletts stellte einen wirklich entscheidenden Schritt für die Evolution des Lebens zu dieser Zeit dar.

Die Schalen und Skelettteile boten einer Vielzahl komplexer Lebensformen neue Möglichkeiten für die Weiterentwicklung, und im Gegensatz zu den Weichteilen, die selten erhalten sind, haben die späteren Forscher dadurch bessere Fossilien. Eines ist klar: Wenn es vor dem Kambrium bereits derartige neue Wesen gegeben hätte, wären sie gefunden worden, man sucht ja seit mindestens 150 Jahren danach. Schalen- oder Wirbeltiere haben Panzer oder Skelette, die versteinern können. Und wenn es früher schon ähnliche Tiere gegeben haben sollte, spielt das auch keine Rolle für die Evolutionstheorie. Wesentlich ist, dass es 100 bis 200 Millionen Jahre dauerte, bis aus Ediacara-Wesen Krebstiere, Gliederfüßer, Stachelhäuter und andere ähnliche Arten entstanden. Auch eine weitere Entwicklung müsste, evolutionär gesehen, erheblich länger gedauert haben. Ob es Vorläufer von Wirbeltieren wie Fischen damals schon gab, ist immer noch fraglich.

»Die Tierwelt des Kambriums zeigt sich gewissermaßen mit einer ›evolutionären Dialektik‹. Einerseits lassen sich die meisten der heutigen Tierstämme auf kambrische Formen zurückführen, andererseits lebten zu dieser Zeit auch Tiergruppen, die nur während dieser Periode existierten und auch nur wenige Vertreter hervorbrachten. Dies stützt das Bild von der Kambrischen Explosion als einem evolutionären ›Großversuch‹, während dessen viele neue Entwicklungslinien ›angetestet‹ und unter Umständen auch schnell wieder verworfen wurden«, schreibt der Paläobotaniker Prof. Dr. R. Daber.[132]

Viele der Urtiere sind wieder verschwunden. Für den direkten Sprung von einzelligen Organismen ohne eine lange Folge von

Übergangsstufen bis zu 50 komplexen Tierklassen wie erste Wirbeltiere, Schalentiere, Schnecken, Fische, Amphibien usw., die danach aus den Bauplänen der kambrischen Fauna entstanden, gibt es ebenfalls keinen plausiblen genetischen *Mechanismus*, da die Gene sehr konservativ angelegt sind, um möglichst Fehler zu vermeiden. Auch wenn Biologen heute sagen, dass alle Tiere »nach dem gleichen Grundbauplan entstehen und Variationen eines Themas« sind, haben sie damit nicht erklärt, wie und warum »die Evolution« ihre Themen variiert. Können sich Bücher automatisch selbst schreiben?

Auch Charles Darwin überlegte sich: »Das plötzliche Erscheinen ganzer Gruppen von neuen Arten in gewissen Formationen ist von mehreren Paläontologen ... als bedenklicher Einwand gegen den Glauben an eine allmähliche Umgestaltung der Arten hervorgehoben worden. Wären wirklich zahlreiche Arten von einerlei Gattung oder Familie auf einmal plötzlich ins Leben getreten, so müsste diese Tatsache freilich meiner Theorie einer Deszendenz mit langsamer Abänderung durch natürliche Selektion verderblich werden. Denn die Entwicklung einer Gruppe von Formen, die alle von einem Stammvater herrühren, dieses Mittel muss ein äußerst langsamer Prozess gewesen sein; und die Stammformen selbst müssen ja schon sehr lange vor ihren abgeänderten Nachkommen gelebt haben.«[133]

Als Argument zu seinen Gunsten führt er an, dass die geologischen Funde viel zu selten sind, um daraus beweiskräftige Schlüsse zu ziehen. Aber immerhin hat er selbst erkannt, dass seine Theorie fragwürdig ist.

Seit knapp 150 Jahren hat man noch viel mehr ausgegraben und immer noch keine älteren Fossilien richtiger Tiere gefunden. Nach neuesten Funden lebten sogar Säugetiere bereits vor 160 bis 190 Millionen Jahren zur Zeit der Saurier, etwa biberähnliche Schwimmer und Fischjäger.[134] Wenn man noch ältere Säugetiere ausgräbt, dann muss die ganze Evolutionsgeschichte neu geschrieben werden – langsame genetische Veränderungen jedenfalls kann man in der Theorie jetzt schon streichen. Das Gros der Säugetiere entstand jedoch in wenigen Millionen Jahren, nachdem die Saurier zum größten Teil durch eine Umweltkatastrophe ausgestorben waren.

Wie kam es, dass im Kambrium aus einfachen Vielzellern innerhalb von zehn bis 50 Millionen Jahren ein Riesenreich an unterschiedlichen Tiergattungen und Arten entstand? Und wie konnten später aus einfachen Amphibien, Lurchen und kleinen Echsen schließlich in weiteren 200 Millionen Jahren Riesenechsen wie die Dinosaurier entstehen? Im Laufe der Evolution von dieser Zeit an sind mindestens 20 bis 30 Millionen Arten (Tiere einschließlich Insekten, Spinnentiere, Hohltiere wie Korallen usw.), Pflanzen und Pilze entstanden, die meisten davon jedoch in einem sehr kurzen Zeitraum von zehn Millionen Jahren wie bei den Tierstämmen. Die einfachen Bakterien und auch die einfachen Amöbenwesen und Algen zusammen lebten insgesamt drei Milliarden Jahre, ohne größere Veränderungen hervorzubringen. Was war der Auslöser dieser wundersamen Kreativität der Evolution?

Doch wie entstehen aus Eier legenden Fischen oder Lurchen, die man auf 360 Millionen Jahre zurückdatiert, nach weiteren 180 Millionen Jahren plötzlich nicht nur Riesenechsen, sondern auch die einfachen Säugetiere, die ihre Nachkommen in Beuteln oder in Blasen im Körper wachsen lassen? Wo sind kleine Säugetiere plötzlich hergekommen? Eier legende Amphibien und Echsen gab es ja schon länger. Auch wenn sie nicht ganz plötzlich entstanden sind, ändert es nichts an der Tatsache, dass es eine enorme kreative Leistung der »Evolution« war, biberähnliche Schwimmer oder Nager mit Fellen hervorzubringen.

Wenn wir diese Vorgänge verstehen wollen, kommen wir nicht darum herum, der Tatsache ins Auge zu blicken, dass die Vielfältigkeit verschiedener Entwicklungslinien weder gehäufte

Zufälligkeiten noch gezielte Selektionen als Erklärungsraster zulässt. »Die Evolution« wurde an mehreren Punkten ihrer Wirkungszeit ganz plötzlich außerordentlich kreativ. Sie bringt nicht nur verschiedene Arten hervor, sondern auch unendlich viele Gestaltungen, die ihr und uns viel Freude bereiten. Im Laufe der letzten 500 Millionen Jahre ist eine reichhaltige Tier- und Pflanzenwelt sukzessive entstanden, aber jedes Mal in großer Unterschiedlichkeit der Geschöpfe und jeweils in kurzen Zeiträumen von einigen Millionen Jahren.

Zur Illustration meines Arguments möchte ich nur ein paar Zahlen nennen: Heute gibt es eine Million Insektenarten (die zahlreichste Gattung und auch die Nahrungsgrundlage vieler höherer Arten), darunter 9000 Ameisenarten, 30 000 Spinnenarten, 380 000 Käferarten und 165 000 Schmetterlingsarten. Man schätzt die existierende Zahl der Insektenindividuen auf zehn Trilliarden. Es gibt 100 000 Pilzarten und 260 000 Pflanzenarten. Unzählige Meeresbewohner wie Quallen, Kraken und Fische, 45000 Schneckenarten, 40 000 Krebstierarten, 9800 Vogelarten, 4680 Säugetierarten – um nur einige zu nennen. Außerdem dürfen wir nicht vergessen, dass es in früheren Zeiten noch viele Variationen mehr gab, die durch Umweltbedingungen ausstarben. Wirbellose Tiere wie Insekten, Krebse, Garnelen oder Schnecken bilden jedoch immer noch die Mehrzahl aller Tiere. An diesen Zahlen ist auch deutlich zu sehen, dass komplexere Lebewesen immer in weniger Arten vorkommen – und jede Art unterschiedlichster Gattung ist mit einzigartigen Fähigkeiten ausgestattet und erfüllt besondere Aufgaben innerhalb der Biosphäre.

Der innere Bauplan der jeweiligen Arten ist jeweils sehr ähnlich und kam mit der kambrischen Explosion. Diese und alle anderen Arten haben sich den unterschiedlichen Bedingungen angepasst und unterschiedliche Formen und Abweichungen entwickelt. Die Säugetiere traten erst vor 190 Millionen Jahren im Tertiär gemeinsam mit den Sauriern auf, aber erst nach dem

Aussterben der Saurier ungefähr vor 70 Millionen Jahren entstand die größte Vielfalt der heute lebenden Säugetiere einschließlich der Affen. Die ersten Halbaffen gibt es schon seit
54 Millionen Jahren. Und wie anfangs erwähnt, konnten größere Säugetiere nur leben, weil sich der Sauerstoffgehalt in der
Luft vergrößerte.

Warum sind nach dem Aussterben der Saurier so plötzlich
4600 Säugetierarten entstanden? »Der wachsende Zoo lässt keinen Zweifel mehr daran, dass die Säuger der Dinosaurierzeit
bereits damals wichtige Mitglieder der Lebensräume an Land
und im Wasser stellten. Ihre Vielfalt dürfte deutlich größer und
mithin die frühe evolutionäre Entwicklung der Säugetiere auch
weitaus komplexer gewesen sein. ›Wir stehen an der Schwelle
zu einem geradezu dramatischen Wandel jenes Bildes, das wir
uns von der Evolutionsgeschichte der Säugetiere machen.‹ Die
Ursäuger dürften schon bald vollends aus dem Schatten der Dinosaurier treten.«[135]

Darwins Fresco von der »natürlichen Selektion« bekommt
immer mehr Sprünge: Wie war es den frühen und kleinen Säugetieren möglich, gemeinsam mit den gefährlichen Sauriern zu
leben? Aber wichtiger noch: Wie entstanden die Ursäugetiere,
die sich dann plötzlich vor ungefähr 50 Millionen Jahren in
ihrer ganzen Vielfalt entwickelten.

In der Literatur über die Evolution wird immer wieder davon
gesprochen, dass sich verschiedene Entwicklungslinien »getrennt« oder voneinander »abgespalten« haben. Es wird aber
nirgendwo erklärt, *wie sich Entwicklungslinien getrennt haben*,
ganz abgesehen vom »Warum«. Wie sind aus wenigen Urwir-
beltieren in kurzen Zeiträumen Huftiere, Katzentiere, Fledertiere, Nagetiere und Primaten entstanden? Wie und warum
haben sich die Linien voneinander getrennt? Diese Erklärung
kann die mechanistische Evolutionstheorie nicht geben. Die
materialistische Evolutionstheorie bietet keine Erklärung für

eine evolutionäre »Notwendigkeit« für eine Vielfalt ähnlicher Säugetiere wie Nager mit 1999 Arten, Fledertiere mit 977 Arten, 239 Raubtierarten und 256 Primatenarten. Es gibt insgesamt 28 verschiedene Säugetierordnungen, also Raubtiere, Beuteltiere, Nagetiere, Hasentiere usw. Die übliche Erklärung ist, dass sich alle Tierstämme verschiedenen Umweltbedingungen angepasst haben und entsprechende Nischen auf der ganzen Erde besetzten. Dabei stellt sich eben die Frage, wozu das Ganze? Und darüber hinaus: Hat man je ein »Ursäugetier« gefunden, von dem alle anderen abstammen?

Wirklich bewundernswerte und hervorragende Wissenschaftler sprechen gerne von einem »Experiment«: »Die beiden großen Säugetiertypen – Plazentatiere und Beuteltiere – stehen für ein weltweites Experiment der Säugetierrevolution.«[136] Dem stimme ich zu – doch ein »Experiment« wird von etwas ausgeführt, das eine bewusste Intelligenz besitzt, es führt sich nicht von allein durch!

Aus der Linie der Primaten hat sich dann der Mensch »abgesondert«. Die inneren Baupläne der Wirbeltiere, also Skelettbau, Organe, Gehirne usw., sind alle sehr ähnlich – sogar bis hinunter zum Salamander. Deshalb muss gefragt werden, welche kreative evolutionäre Triebkraft die große Variation hervorgebracht hat, die schließlich im Menschen gipfelte – und *vor allem, warum*. Denn es gibt keinerlei wissenschaftlich fundierte Erklärung für die besondere Entstehung weder der Artenvielfalt noch menschenartiger Wesen, die ungefähr vor zehn Millionen Jahren aufkamen. Die Evolution war mal wieder sehr schnell!

Der *Homo erectus* trat erstmals vor 1,5 Millionen Jahren in Erscheinung. Man nimmt an, dass er bereits vor 400 000 Jahren anfing, präzise Werkzeuge wie Speere herzustellen, und bereits eine Sprache benutzte.[137] Schädel, die als die ältesten bekannten Fundstücke des *Homo sapiens* eingestuft werden, sind inzwischen auf 190 000 Jahre zurückdatiert worden.[138]

Auch wenn die Beteiligung einer »kreativen Intelligenz« in der Evolution nicht direkt »bewiesen« werden kann, ist sie jedoch indirekt durchaus zu erkennen. Es gibt eine Fülle von Hinweisen darauf, dass hinter der Entwicklung der Vielfalt eine organisierende – vielleicht sogar auch künstlerisch verspielte – Intelligenz stehen könnte. Nur durch sie lässt sich eine Evolution mit dem Auftreten einer großen Vielfalt von Tier- und Pflanzenarten erklären.

Es hat also über 3,7 Milliarden Jahre seit dem Entstehen der Erde gedauert, bis die Luft die richtige Zusammensetzung hatte, damit Leben entstehen konnte, das genau diese Luft benötigt. Die Algen und Amöben wären auch mit einer anderen Luft zurechtgekommen. Und es ist auch gut möglich, dass sich, wie James Lovelock[139] sagt, Leben, Umwelt und Atmosphäre gegenseitig beeinflussen. Es kann gar nicht anders sein, als dass sich im Bewusstseinsfeld der Erde, das sich erst langsam aufgebaut hat, ein Plan entwickelte, der eine andere Atmosphäre notwendig machte. Mit dem Entstehen der komplexen Einzeller mit Zellkern und größerer DNA mussten Vorbereitungen für komplexere Lebensformen getroffen werden, für die offenbar eine solche Atmosphäre geeigneter ist als z.B. größere Anteile an Schwefel oder Methan. Größere Organismen reagieren ja meist sehr sensibel auf Giftstoffe in der Luft.

Evolutionsbiologen argumentieren, dass die Biochemie der späteren Lebewesen sich an die durch die Sauerstoffproduktion der grünen Algen entstandenen Verhältnisse einfach angepasst hat. Doch das ist kaum wahrscheinlich. Dafür ist alles andere auch äußerst genau aufeinander abgestimmt.

Nicht nur die richtige Zusammensetzung der Luft, das Zusammenwirken verschiedener Arten und die ganze fein abgestimmte Ökologie zusammen mit ihren unzähligen Artenvariationen und das notwendige Nahrungsangebot könnten so systemisch zusammenwirken, wie sie es tun, wenn alles einfach nur eine zufällige Entwicklung gewesen wäre. Alle Faktoren der

Biosphäre müssen einigermaßen gut aufeinander abgestimmt sein: Luft, Nahrung, Überlebensfähigkeit usw. Das bekannte Beispiel von Fred Hoyle trifft hier auf jeden Fall zu: Es ist unmöglich, dass ein Hurrikan durch einen Haufen von Einzelteilen fegt und ein Flugzeug entstehen lässt. Die anderen bekannten Fakten machen das noch deutlicher.

Für mich sind schwammige abstrakte Erklärungen wie »Die Evolution« hat dieses oder jenes hervorgebracht« einfach zu dünn und nichtssagend. Wenn Leben und insbesondere die Artenvielfalt von Pflanzen und Tieren ein Experiment war und ist, dann ergibt es nur einen Sinn, wenn wir von der Beteiligung eines intelligenten Bewusstseins – in welcher Form auch immer – ausgehen.

Offenbar wird »die Evolution« nur deshalb »abstrakt« dargestellt, weil man verhindern will, dass irgendein Ziel oder Zweck und vor allem eine äußere Macht als Erklärung eingeführt werden. Dabei wäre es doch leicht, einfach eine kreative, organisierende Intelligenz anzunehmen, weil dann viele unverstandene Tatsachen eine andere Perspektive bekommen. Man muss ja weder an »die Evolution« glauben noch sie anbeten! Vermutlich interessiert sie das ganz und gar nicht. Dafür ist sie zu intelligent. Und wenn wir die Intelligenz einbeziehen, dann hat das menschliche Leben auch einen Sinn, weil wir einen Funken dieser Intelligenz in uns tragen.

DIE »GÖTTIN EVOLUTION« WIRD ERFUNDEN

> *»Im Universum lässt sich nicht zwischen geistigem und*
> *materiellem Stoff unterscheiden. Beide sind ein und dasselbe.*
> *Vielleicht sind Geist und Materie wie die beiden Seiten des*
> *Möbiusbandes, die verschieden erscheinen, aber gleich sind.«*
>
> Bertrand Russell[140]

Eine Entdeckung durch genaue Beobachtung ist ein kognitiver Prozess und bringt keine jähe Erkenntnis. Beobachtung stützt sich zum einen auf die Sinneswahrnehmung, zum anderen auf nicht sinnliche Verarbeitung der Wahrnehmung. Wir können nur sehen, was wir gelernt haben zu sehen. Überliefert ist die Geschichte des Schamanen eines indigenen Volkes, der auf das Meer hinausblickte, auf dem Segelschiffe die Küste ansteuerten. Doch er konnte die Segelschiffe nicht sehen, weil er nie eins gesehen hatte. Erst nach einer Weile, als diese angelegt hatten und Menschen vom Schiff hinunterstiegen, nahm er die Segelschiffe wahr. Eine Entdeckung ist folglich die Wahrnehmung einer Bedeutung, eine Verschmelzung von sinnlicher Wahrnehmung und kognitiver Erkenntnis.

Wenn wir den Erkenntnisprozess aber bereits mit der Entde-ckung beginnen, mit dem, was wir schon wissen, wird unser Verstehen so weit beeinflusst und verzerrt, dass wir nichts Neues mehr wahrnehmen können. Der »Zeitgeist«, der gesellschaft-liche und kulturelle Hintergrund eines Forschers und Beob-achters spielen dabei auch noch eine Rolle.

Als Charles Darwin seine Evolutionstheorie entwickelte, hatten gerade die industrielle Revolution und der Aufstieg des Kapitalismus begonnen. Maschinen und mechanische Geräte wurden entwickelt und bestimmten von da an das Denken der Menschen. Tiere, Pflanzen und menschliche Körper, die man seit der Aufklärung sezieren durfte, wurden als Mechanismen gesehen, als Uhrwerke oder kleine Fabriken. Der »Kampf ums

Dasein« (ein Lieblingssatz Darwins) der immer größer werden-
den Zahl der Menschen hatte begonnen. Leben verlor seine Le-
bendigkeit, die es noch hundert Jahre zuvor in Goethes Zeiten
gehabt hatte. Da man die Lebensenergie, das »Fluidum«, das
Leben von reinen mechanischen und materiellen Prozessen unterscheidet, nicht messen konnte, wurde es gedanklich abgeschafft. In diesem Zeitgeist waren die Mechanismen von »natürlicher Selektion und Anpassung an die Lebensumstände«
für den jungen Darwin eine allgemeine Gegebenheit, die er auf
die Natur übertrug.

Zu Anfang des 20. Jahrhunderts, als die mechanische Dampfmaschine das Zepter der industriellen Entwicklung übernommen hatte, wurde selbst die Erkenntnis über die Quanten nicht
als Quantentheorie, sondern als »Quantenmechanik« bezeichnet. Dieser Begriff wird immer noch benutzt, obwohl die Physiker längst wissen, dass die kleinsten Wellenfelder keinen mechanischen Prozessen unterliegen, sondern unvorhersehbar wie
lebendige Prozesse sind. Auch wenn diese Erkenntnisse nach
hundert Jahren weit verbreitet sein sollten, denken die meisten
Menschen – und Wissenschaftler, allen voran die Biologen –
immer noch in Kategorien von Atomen, Objekten und mechanischen Prozessen, auch jene, die es besser wissen sollten.

Nachdem Charles Darwin 1859 sein Buch *Über die Entstehung
der Arten durch natürliche Zuchtwahl* veröffentlicht hatte, brachte
er einen riesigen Denkstein ins Rollen, der eine Revolution in
der Biologie bewirkte. Vorherrschend war zur Zeit der Veröffentlichung seiner Theorie immer noch das christliche Weltbild
der Gottesschöpfung. Seine Theorie von der gemeinsamen Abstammung und der Veränderung der Arten war jedoch so
schlüssig – und passte vor allem so gut in den Zeitgeist des Materialismus –, dass sie schnell zur Grundlage der wissenschaft -
lichen, biologischen Evolutionslehre wurde.

Die heutigen Anhänger Darwins versteigen sich dann auch in
folgende Aussage: »Die Natur tut das alles selbstständig. Es be-

darf keiner Folge spezieller Schöpfungsakte. Daraus folgt nicht, dass keine spezielle Schöpfung stattgefunden hat. Nur die logische Notwendigkeit dafür wird abgeschafft. Paley irrte sich. Die Uhren brauchen keinen Uhrmacher. Sie können sich selbst machen.«[141] Was für ein Schwachsinn! Kann sich irgendeine Zelle oder irgendein Lebewesen selbst herstellen?

Im Wesentlichen basieren Darwins Erkenntnisse auf tiergeografischen Beobachtungen, die er vor allem an der südamerikanischen Küste und auf den Galapagos-Inseln gemacht hat. Er schreibt in seinem Buch: »Wenn daher auch noch so vieles dunkel ist und noch lange dunkel bleiben wird, so zweifle ich nach den sorgfältigsten Studien und dem unbefangensten Urteil, dessen ich fähig bin, doch nicht daran, dass die Meinung, welche die meisten Naturforscher hegen und auch ich lange gehegt habe, als wäre nämlich jede Spezies unabhängig von den übrigen erschaffen worden, eine irrtümliche ist. Ich bin vollkommen überzeugt, dass die Arten nicht unveränderlich sind; dass die zu einer sogenannten Gattung zusammengehörigen Arten in direkter Linie von einer andern gewöhnlich erloschenen Art abstammen, in der nämlichen Weise, wie die anerkannten Varietäten irgendeiner Art Abkömmlinge dieser Art sind. Endlich bin ich überzeugt, dass die natürliche Zuchtwahl das wichtigste, wenn auch nicht das ausschließliche Mittel zur Abänderung der Lebensformen gewesen ist.«[142]

Seine Beobachtungen ließen die Folgerung zu, dass sich verschiedene Populationen aus ähnlichen Gattungen heraus durch langsame Schritte und eine natürliche Selektion entwickeln.

»Man kann figürlich sagen«, schreibt er, »die natürliche Zuchtwahl sei täglich und stündlich durch die ganze Welt beschäftigt, eine jede, auch die geringste Abänderung zu prüfen, sie zu verwerfen, wenn sie schlecht, und sie zu erhalten und zu vermehren, wenn sie gut ist.«[143] Wie kann diese Behauptung überhaupt zutreffen, wenn man die Vielfalt auch innerhalb einzelner Arten betrachtet? Im Viktoria-See in Afrika gibt es 500 verschiedene Barscharten – es gibt sie nicht nur in allen Größen und Farben, sie überleben alle. Sogar als der See vor einigen zehntausend Jahren einmal beinahe ausgetrocknet ist, hat der größte Teil der Barsche überlebt. Und: Wer hat diese verschiedenen Barsche gezüchtet?

»Natürliche Zuchtwahl« oder Selektion setzt einen intelligenten Züchter voraus. Selbst die Züchtung von widerstandsfähigeren Pflanzen dauert Jahre, und Mais bleibt immer noch Mais. Es gibt ganz wenig erfolgreiche Kreuzungen wie die Nektarine. Kreuzungen von nicht artverwandten Tieren sind beinahe unmöglich, auch wenn das schon mal vorkommt. Wirklich lebensfähig sind Chimären jedoch nicht. Wenn jedoch die vielen Barscharten oder Galapagos-Finken-Arten nicht »gezüchtet« wurden, was hat dann ihre Vielfalt und Anpassungsfähigkeit an die Lebensumstände verursacht?

Wenn man Darwins Erkenntnisse beurteilt, sollte man berücksichtigen, dass zu Darwins Zeiten keiner wusste, wie die Zelle funktioniert und dass darin ein genetischer Code verborgen war. Die neodarwinistische Theorie, die heute allgemein anerkannt ist, stützt sich nun auch auf die Erkenntnisse der Genforschung. Dennoch wird immer noch behauptet, die natürliche Evolution arbeitet mit dem Zufall. Sie sorgt für eine große Zahl kleiner genetischer Änderungen im genetischen Code – Mutationen genannt –, die sich dann im Phänotyp ausformen und durch Rekombination auf unterschiedliche Individuen verteilen. Die Selektion sorgt dafür, dass die Nachkommen, welche die besten Eigenschaften haben, an die Umweltbedingungen angepasst sind und überleben. Das Überleben des stärksten Typs der Auswahl garantiert, dass nur die beste »Varietät« oder Art weiterbesteht. »Natürliche Selektion« ist der Mechanismus, der durch Anpassung an die jeweiligen Umweltverhältnisse entsteht.

Die Theorie geht davon aus, dass kleine Veränderungen immer wieder *neue* Arten hervorbringen. Das mag auf die Vielfältigkeit verschiedener Stechmücken, Frosch- oder Fischarten zutreffen, es trifft jedoch nicht auf die Vielfältigkeit insgesamt zu – die genannten Zahlen machen das eindeutig klar.

Darwin und auch seine Nachfolger versuchen dennoch zu erklären, dass jede komplexe Charakteristik oder wesentliche Transformation – wie vom saurierhaften Archaeopteryx zum Vogel oder vom Fisch über Amphibien zu Affen und dann zum Menschen – das kumulative Ergebnis vieler kleiner Schritte sei.

Die Lehre vom langsamen Wandel trifft wahrscheinlich auf die Spezialisierung der 5000 Bakterienarten (wohlgemerkt: es sind Prokaryoten, Zellen ohne Zellkern) zu, die dafür zwei Milliarden Jahre Zeit hatten, um durch Verschmelzung, Umweltbedingungen und Anpassung ihre vielfältigen Aufgaben erfüllen zu können. Davon hatte Darwin jedoch keine Ahnung. Es mag auch eine Erklärung für die Vielfalt innerhalb einer Art wie Hunderttausende von Schmetterlingen zutreffen. Keiner jedoch hat eine Erklärung für diese kreative Vielfalt, die sich nicht mit Zufall, Selektion und so weiter begründen lässt. Die »langsame Entwicklung« trifft jedoch nicht auf die Evolution von »höheren« Tieren und Pflanzen zu, die plötzlich und in ganz kurzen Zeiträumen entstanden.

Auch der Erklärungsversuch von Genetikern, dass »genetische Variabilität durch verschiedene Mechanismen wie Punktmutationen, Rekombination, Gentransfer und Genomreduktion« hervorgerufen wird, ist keine zwingende Begründung. Natürlich sind Veränderungen innerhalb der DNA notwendig, damit Lebensformen sich wandeln. Doch die Erklärung reicht nicht aus, um der kreativen Vielfalt gerecht zu werden.

Darwin und seinen Nachfolgern ging und geht es vor allem darum, Gott als den großen Planer der Natur durch spontane Evolutionsprozesse zu ersetzen. Genau genommen hat man eigentlich nur einen abstrakten Gott durch die »Natur« oder »die Evolution« ersetzt – die so unbewusst zu einer »neuen Göttin« wurde. Sie organisiert nun stellvertretend die Schöpfung – und wird von den materialistisch gesinnten Naturwissenschaftlern dennoch als »dumm« oder »blind« verkauft.

»Die Evolution« darf zwar kreativ unglaubliche Geschöpfe erschaffen, aber sie ist deswegen keineswegs intelligent! Ähnliches hat man jahrhundertelang über Frauen gesagt. So drehen und winden sich die neodarwinistischen Evolutionstheoretiker, um zu verhindern, dass wieder ein Gott oder eine wie immer geartete »höhere Intelligenz« einen Beitrag zur Evolution der Arten leisten darf.

Weil man plötzliche Sprünge in der Naturentwicklung nicht plausibel erklären kann, wird die Existenz dieser Sprünge einfach geleugnet oder mit fehlenden Fossilienfunden abgetan – damit hat Darwin schon argumentiert. Manche Theoretiker wie der Zoologe Stephen Jay Gould haben schließlich den Begriff »schnelle Übergänge« oder »unterbrochenes Gleichgewicht« eingeführt, um die darwinsche Theorie zu halten. Er geht davon aus, dass der Fortschritt in der Evolution häufig aus langen Zeiträumen relativen Stillstands bestand, die dann durch kurze Perioden schnellen Fortschritts unterbrochen wurden. Doch damit ist nicht erklärt, was diesen »schnellen Fortschritt« hervorgebracht hat.

Heute weiß man auch, dass Evolution immer noch abläuft – und das ziemlich schnell. Wissenschaftler betonen inzwischen, dass auch die Evolution des Menschen noch nicht abgeschlossen ist. Sieben Prozent seines Erbguts haben in den vergangenen 10 000 Jahren eine schnelle Evolution mitgemacht. Evolutionsbiologen ist es dabei ein Rätsel, warum neuerdings immer mehr Menschen eine Genvariante haben, die das Haar dicker macht.[144] Die Forscher meinen klassisch »darwinistisch«, dass Menschen mit dickeren Haaren attraktiver bei der Partnerwahl seien. Nur: Wer oder was hat den Genen den Befehl gegeben? Werden nun auch soziale und kulturelle Vorlieben der Menschen in die Evolution einbezogen?

UNBÄNDIGE EXPERIMENTIERLUST

> *»Jede Art kam zufällig in Raum und Zeit ins Dasein*
> *aus vorher existierenden eng verwandten Spezies.«*
> *Alfred Russel Wallace*

Alfred Russel Wallace (1823–1913) war Sozialist und Mitbegründer der britischen Landreformbewegung. Er hat die Grundzüge der darwinistischen Evolutionstheorie einige Jahre vor Charles Darwin entworfen, aber Jahrzehnte nach dem bereits erwähnten Jean Baptiste Lamarck. Doch Wallace kam, nachdem er anfänglich dieselbe Evolutionstheorie vertrat wie Darwin, bereits 1864 zu der Überzeugung, dass es ein intelligentes Organisationsprinzip außerhalb oder innerhalb der Evolution geben müsse. Er war sogar der Auffassung, dass sich diese Positionen nicht widersprechen. »Das ganze gesammelte Argument meiner *World of Life* kommt zu dem Ergebnis, dass jedes Detail für eine Instanz des Geistes spricht, die größer ist als jeder menschliche Geist … Ob diese unbekannte Wirklichkeit ein einzelnes Wesen und überall im Universum tätig ist… oder geistig durch feinste Schritte [in der Evolution] wirkt, halte ich für gleichbedeutend.«[145] Dieser Gedanke hat nichts mit dem Kreationismus zu tun, der auch im 19. Jahrhundert populär war. Wallace hielt weiterhin zur darwinistischen Theorie, dass es eine evolutionäre Entwicklung gibt, ergänzte diese jedoch mit der Einsicht, dass es für die Organisation der Prozesse mehr bedarf als einen bloßen blinden »Mechanismus«.

Der evolutionistischen Theorie nach hat die Natur außerdem kein zielgerichtetes System für ihre Entfaltung. Aber irgendwie kann man im Rückblick erkennen, dass sich bestimmte Formen stufenweise weiterentwickelt haben, so die Standardtheorie.

Ein Beispiel dafür ist, dass irgendeine Wassertierart mit fußähnlichen Schwimmflossen an Land ging und sich zu einem Landtier entwickelte. Bei den Walen, die Säugetiere sind, nimmt man demgegenüber an, dass sie zurück ins Wasser gingen. Wie haben sie dann an Land gelebt? Es gibt auch Fische mit beinähnlichen Flossen, vielleicht war diesen das Wasser zu kalt. Ein Problem gibt es leider mit dieser Evolutionsmythe: Alle diese Tiere leben immer noch in ihrem angestammten Lebensraum. Sie mögen sogar miteinander verwandt sein und ähnliche Skelette, Organsysteme und Gehirne haben. Es fehlen leider die Belege für eine schrittweise Weiterentwicklung.

Vielleicht müssen wir darauf nicht mehr lange warten und können innerhalb der nächsten 50 Jahre »die Evolution« in Aktion beobachten: Es wird befürchtet, dass durch den Klimawandel die Eisbären aussterben. Aber vielleicht passen sie sich auch an und entwickeln neue Überlebensstrategien, vielleicht sogar ein anderes Fell? Deshalb nimmt man inzwischen zu gemeinsamen genetischen Bauplänen Zuflucht, die sich unterschiedlich differenzieren. Auch wenn es Landtiere wie Fischotter, Biber mit Fußflossen und sogar das Eier legende tasmanische Schnabeltier gibt, unterscheiden diese sich in vieler Hinsicht von richtigen Wassertieren, die ausschließlich im Wasser leben. Das Schnabeltier ist zwar ein Säugetier, aber ähnelt auch den Vögeln und hat zehn Geschlechtschromosomen (statt zwei). Da Tasmanien über Jahrmillionen ziemlich abgeschieden war, kann man hier sehen, dass »die Evolution« jede Variante möglich macht. Man kann jedoch nicht sagen, dass dieses Schnabeltier aus einer Kreuzung von Ente, Biber und Reptil entstanden ist, obwohl es deren Merkmale in sich trägt. Eier legende Säuger gibt es normalerweise auch nicht.

Die stufenweise Entwicklung wird auch gerne am Beispiel der Entwicklung der Augen aufgezeigt. Die Theorie, dass sich Schritt für Schritt optimalere Augen entwickelt haben sollen, ist ziemlich haarsträubend, denn es gibt viele verschiedene Augenarten je nach Tierform. Das menschliche Auge ist vielen Tieraugen unterlegen, die mehr Farben sehen können und so - gar Rundumsicht besitzen. Die Evolutionsbiologen erklären

dann, dass es im Kambrium darum ging, mit verbesserten Licht-
rezeptoren verschiedene Helligkeitsstufen, Bewegungen von
Objekten und verschiedene Formen zu identifizieren. Dadurch
war das Zuschalten eines verarbeitenden Nervensystems »unvermeidlich« geworden. Schließlich betrachten wir Menschen
die Evolution mit einem Sehapparat, »der über Jahrmillionen
vervollkommnet wurde«, wie es in einem Artikel heißt. Wunderbar. Die »Göttin Evolution« hat richtig hart daran gearbeitet,
optimiertes Sehen hervorzubringen. Sie hat wirklich alle möglichen Formen getestet und optimiert. Leider wird nirgendwo
erklärt, wie diese Vielfalt entstand und warum der Mensch nun
seine besondere Augenform hat.

Heute heißt es auch: »Neueren Forschungen zufolge entstanden aber manche Augenbildungsgene nur einmal bei einem
vorzeitlichen Tier. Im Zuge der Evolution wurden weitere Gene
der Steuerung durch diese Uraugen-Gene unterstellt; zusammen brachten sie schließlich die verschiedensten Augentypen
hervor.«[146] Welche Gründe gibt es dafür, dass sich in unterschiedlichen Tieren unterschiedliche Augen entwickelten – und
durch welchen Mechanismus? Offenbar ist es so, dass jede
Augenform für jeden spezifischen Zweck der Tiere (und Menschen) genau richtig ist. Eine andere Form würde zu anderen
Wahrnehmungen und somit zu einer anderen Wirklichkeit
führen.

Kann mir dann ein Evolutionsbiologe bitte erklären, welche
»Zufälle« und »Mechanismen der Selektion« hier jeweils die geeigneten Augen entstehen ließen?

Man kann nur mit Darwin argumentieren, dass »die natürliche Evolution« das System Auge immer weiter verbessert hat.
Da können wir froh sein! Gab es einen Überlebensgrund dafür?
Für die jeweilige Tierart schon, doch nicht für die Entwicklung
von einer Art zu einer anderen. Außerdem hat sie die jeweiligen Augen in allen Varietäten beibehalten, sonst wüssten wir
nicht, dass es unterschiedliche Formen gab und gibt.

Ein schönes Beispiel ist der Fangschreckenkrebs *Squilla man-tis*. Dieser besitzt zwei Stielaugen, von denen jedes aus 10 000 Einzelaugen besteht und drei Bilder gleichzeitig liefert – Rund-umsicht aus sechs Perspektiven. Hinzu kommt das fortschritt-lichste Farbsehvermögen überhaupt. Denn dieser Krebs nimmt 100 000 Farben wahr, einschließlich UV-Licht. Er kann sogar mit einem Querband, das über seine Augen läuft, Beute »ab-scannen« und Entfernungen bestimmen.[147] Nun, dieses Organ ist offenbar nicht weiter verwendet worden. Wie ist es entstan-den und wie hat es seine Fähigkeiten erworben? Andere Krebse benötigen es nicht.

Erklärung der Evolutionsbiologen: Die Spezialisierung auf eine Fähigkeit ermöglicht es, Fressfeinde auszuschalten. Doch diese besonderen Krebsaugen gehen weit über die Anforderun-gen einer notwendigen Spezialisierung hinaus. Außerdem ist die häufigere Strategie der Lebewesen, einen anderen Lebens-raum zu besetzen oder einen anderen Lebensrhythmus einzu-nehmen. »Spezialisierung« ist in meinem Verständnis ein sehr banales Argument – vor allem »braucht« ein kleiner Krebs wohl kaum solche Augen zum Überleben. Die Yeti-Krabbe dagegen ist blind und lebt und überlebt in einer Meerestiefe von 2300 Metern. Zufall? Selektionsvorteil?

Sind optimale Augen nun überlebensnotwendig? Offenbar nicht. Umwelteinwirkungen für die evolutionäre Anpassung von Lebewesen anzunehmen ist meiner Meinung nach ein viel zu allgemeines Argument und erklärt keine Vielfalt. »Die An-passung sollten wir nicht als stammesgeschichtlichen Mecha-nismus betrachten, denn jeder Organismus ist heute geradezu wunderbar an seine Umwelt angepasst.«[148]

Es gibt eine Menge Tiere, die gut mit schlechteren und sogar ohne Augen zurechtgekommen sind, dafür aber eine andere Sinneswahrnehmung wie Infrarot entwickelt haben. Es muss doch die Frage, warum »die Evolution« bei vielen Schlangen die Infrarotsicht oder bei Fledermäusen Ultraschallortung entwickelt, erlaubt sein. Man könnte argumentieren, Fledermäuse haben sich angepasst und Ultraschall entwickelt, weil sie die Insekten nachts jagen und Augen daher nicht nützlich sind. Darüber hinaus kommen sie so auch nicht mit den Vögeln ins Gehege, die tagsüber Insekten jagen. Aber beide Argumente greifen nicht. Diese Wesen sind so entstanden, wie sie entstanden. Ihre besonderen Sinne wurden nicht aus Gründen der Anpassung an die Umwelt entwickelt.

Das Gleiche müsste dann ja auch für ihre Flugfähigkeit gelten, die im Vergleich zu Vögeln außerordentlich ist. Einfach ein paar Gene hin und her geschoben, und schon haben wir eine Anpassung hingelegt. Wie sollen sie das denn gemacht haben? Nein, nicht sie selbst, sondern die »Göttin Evolution« hat es gemacht. Diese wenigen Beispiele zeigen bereits deutlich: Das Argument »Anpassung« im Sinne von körperlichen Veränderungen beruht nicht auf wissenschaftlich nachprüfbaren Kriterien!

Begnügen wir uns mit der herkömmlichen Vorstellung von Anpassung. Fledermäuse teilen sich den Lebensraum vielerorts mit Vögeln, ohne ihn sich gegenseitig streitig zu machen. Es kommt sogar vor, dass sie miteinander kooperieren.

Es stimmt sicherlich, dass sich unter bestimmten Lebensumständen und natürlichen Bedingungen durch »Anpassung an die Notwendigkeiten« neue oder andere Eigenschaften, wie z. B. die verschiedenen Schnäbel der berühmten Darwin-Finken auf den Galapagos-Inseln, »entwickelt« haben. Der »Mechanismus« der »Anpassung« im Sinne von körperlichen Veränderungen bietet allerdings keine konkrete Erklärung dazu, *wie* die Evolution es macht. Wenn sie tatsächlich ein »Züchter« wäre, dann müsste sie auch genau wissen, welche Gene sie an- und abschalten muss, dass genau die gewünschten Eigenschaften auftreten, ganz abgesehen vom epigenetischen Faktor, der die neuen Eigenschaften dann weitervererbt.

Und hatte die Schlange ihre Fähigkeit von Anfang an oder erblindete sie allmählich und bildete dadurch diese neue Fähigkeit aus? Das einzig haltbare evolutionäre Argument wäre, dass sie die Augen durch Gebrauch verbessert und an die Nachkommen weitergegeben hat. Aber sie ist von Anfang an offenbar gut mit ihrer Art der Wahrnehmung zurechtgekommen. Sie hat außerdem verschiedene sehr nützliche Fortbewegungsarten entwickelt. In ihrem Lebensraum kann sie auch ohne Beine gut in schmale Höhlen schleichen und dort ihre Beute fangen. Infrarotsicht ist ihr dabei eine zusätzliche Hilfe.

Natürlich gibt es »Anpassung« – die Frage ist nur, *was* dafür die notwendigen Mittel bereitstellt. Ein schönes Beispiel für die Anpassung ist ein Nachtfalter. Normalerweise haben diese Insekten keine Chance zu entkommen, wenn Fledermäuse sie im Visier haben. Doch einige Falter können sich schützen: Statt um ihr Leben zu fliegen, stören sie mit Ultraschallsignalen die Echoortung der Fledermäuse.

Bertholidia trigona, ein giftiger Nachtfalter aus der Familie der Bärenspinner, der in Süd- und Nordamerika lebt, nimmt das Sonar der Fledermäuse wahr und schlägt dann mit gleichen Waffen zurück. Die Falter geben klickende Ultraschallsignale von sich und stören damit die Echolotung der Fledermäuse. Diese können dann die Falter nicht mehr orten.[149] Es ist doch erstaunlich, wie intelligent selbst einfache Falter neue Abwehrmaßnahmen entwickeln! Wie haben sie es bewerkstelligt, diese Ultraschallsignale zu erzeugen?

Die Lehre von der Anpassung ist ziemlich missbraucht worden. »Einige Forscher gingen zu weit und unterstützten unwahrscheinliche Theorien im Hinblick auf den Überlebenswert von Organen, Farbmustern und Verhaltensweisen … Ein sehr bekannter und respektierter Naturwissenschaftler behauptete ernsthaft, die hellrosa Färbung des Rosalöfflers diene diesem Vogel bei Sonnenaufgang und Sonnenuntergang als Tarnung – ohne einen Gedanken darauf zu verschwenden, was dieser Vogel während der übrigen Zeit tat.«[150]

Weil die Entwicklung der Augen bis hin zum menschlichen Auge immer wieder als Argument für »die Evolution« angeführt wird, möchte ich hier eine dritte alternative Theorie vorbringen, die eine materialistische und intelligente Entwicklung vereinigen kann: Die intelligente Instanz innerhalb der Natur entwirft immer mehrere alternative Eigenschaften. Das ist vergleichbar mit dem genetischen Code, der so entworfen ist, dass er Fehler minimieren und sich zugleich optimieren kann. Manchmal muss nur ein bestimmtes Gen angeschaltet und ein anderes abgeschaltet werden. Wie schon erwähnt, sind die verschiedenen alternativen Baupläne im genetischen Code als rezessive Information geparkt, die dann in einem neuen Lebewesen aktiviert wird. So werden neue, andere oder verbesserte Augen bereits in anderen Individuen vorbereitend genetisch strukturiert und mit dem Hervorbringen einer neuen Variation aktiviert. Wie soll es sonst gehen? Darwin selbst wunderte sich darüber, dass ähnliche oder gleiche Organe bei verschiedenen Tieren vorhanden sind, auch wenn sie nicht von derselben Art sind.

Bei allen Entwicklungen, die wir beobachten können, entstehen komplett neue Arten, also nicht nur Varianten derselben Arten, nicht schrittweise und aufeinanderfolgend aus einer vorherigen Art. Sie benutzen nur dieselben genetischen Baupläne mit jeweiligen Änderungen.

Diese Erkenntnis stützt meine These der »intelligenten experimentellen Evolution«. Wenn einmal eine Art entstanden ist, kann sie sich »verbessern« und verändern und an Umweltbedingungen anpassen – oder sie stirbt aus. Doch auch das Aussterben ist kein Indiz, denn es kommt seltener vor als behauptet. »Das Aussterben ist kein Beweis dafür, dass die Natur Lebewesen zufällig hervorbringt und dann zulässt, dass die schlechter angepassten aussterben. Denn ein Hauptzug des Fossiliennachweises ist wiederholtes *Massenaussterben*.«[151] Es gab mindestens sechs solcher Vorkommnisse, denken wir nur an das plötzliche Aussterben der Saurier, *aller* Saurierarten bis auf wenige Reptilienarten wie die Krokodile. Es ist bisher jedoch keine Art gefunden worden, die einen Hinweis dafür gäbe, dass beispielsweise aus Weichtieren Hartschalentiere wie Krebse entstanden wären. Es gibt Schneckenarten mit hartem Gehäuse, in dem die Schnecke haust – doch das ist eben eine andere Variation innerhalb der Schneckenpopulation. Das intelligente Bewusstsein hat alle Möglichkeiten ausprobiert und kam immer wieder auf neue Lösungsansätze für neue Arten.

Wir können es drehen und wenden, wie wir wollen, wissenschaftlich gesehen, gibt es bis heute keinen Erklärungsansatz, welcher innere Impuls in den Zellen den Befehl gibt, einen Teil des Systems oder sogar das ganze System umzubauen, damit neue Pflanzen- oder Tierarten entstehen, und wie diese sofort an gegebene Umstände angepasst sind. Es gibt genauso wenig eine Erklärung dafür, warum die unterschiedlichsten Arten die verschiedensten Lösungsmöglichkeiten für ihre jeweilige Art gefunden haben.

EINE AUFREGENDE WELT

> »Es wird für die Menschen immer deutlicher, dass die Welt weder ein Uhrwerk ist,
> das einmal aufgezogen wurde und bis zum Ablaufen wie vorgesehen funktioniert,
> noch ein blindes, bedeutungsloses Chaos, das durch reinen Zufall komplexe
> biochemische Strukturen mit der Fähigkeit zu denken und zu fühlen
> hervorgebracht hat. Deshalb leben wir in einer Welt, die durch und durch
> dramatisch ist und darum durch und durch aufregend.«
>
> John G. Bennett[152]

Unter den Anhängern Darwins wurde der Begriff »natürliche Selektion« von Anfang an kritisiert, denn er ist nicht mechanistisch genug, sondern suggeriert irgendeine »metaphysische« Instanz, die auswählt. Der Begriff wurde dennoch beibehalten, weil er auch für die Neodarwinisten praktisch war, da er doch viele Sachverhalte ohne genaue Begründungen erklären konnte. Ich könnte einen kleinen Tipp geben: Ersetzt einfach den unbrauchbaren Begriff »Selektion« durch den Begriff »Risikofaktor«. Risiken sind im Leben allgemein weit verbreitet, denken wir nur an Unfälle oder Krankheiten. Wenn Risiko kein ernst zunehmender Faktor im Leben wäre, dürfte es alle Unwägbarkeiten nicht geben – wenn wir nicht mit unüberprüfbaren metaphysischen Begriffen wie »Karma« oder »Strafe Gottes« argumentieren möchten. Dasselbe gilt für die Evolution des Lebens.

Im Zusammenhang mit der Evolutionstheorie kommt der Risikofaktor nur im Sinne von »Selektionsdruck« zur Sprache. Doch kaum einer hat sich bisher überlegt, dass intelligente kreative Entwicklung und Risiko untrennbar miteinander verknüpft sind. Wenn wir von »Anpassung an die Umwelt« sprechen, ist eben auch das Risiko beteiligt, dass etwas nicht so funktioniert wie vorgesehen. Das hat nichts mit zufälligen Erscheinungen zu tun, dafür müsste es jede Menge davon geben.

Die meisten Eigenschaften oder Fähigkeiten von Lebewesen haben sich im Verlauf der Evolution optimal entwickelt, worüber die Bioniker immer mehr ins Staunen geraten. Anderes hat sich – rein mit menschlichen Augen betrachtet – nicht optimal entwickelt. Wir könnten eine Menge Geld im Gesundheitswesen sparen, wenn unsere Zähne wie bei den Meerschweinchen, Haien und anderen Tieren immer nachwachsen würden. Ein Problem gibt es allerdings dabei: Hätten wir Biberzähne, müssten wir ständig nagen. Eine interessante Gesellschaftsvision! Warum hat »die Natur« manche optimierten Prinzipien nicht beibehalten oder den Lebensumständen angepasst, sondern wieder verworfen oder nicht genetisch in alle Wesen eingebaut oder zumindest »angeschaltet« gelassen?

Ich bewundere immer wieder den Salamander, der ungeheure Regenerationsfähigkeiten hat. Regeneration ist einer der Heilungsprozesse, die die chemisch-mechanistische Medizin bis heute nicht erklären kann. Wenn wir uns in die Finger schneiden, heilt die Schnittwunde wieder zu, Knochen wachsen nach einem Bruch wieder zusammen – zum Glück! Diese menschliche Selbstheilungsfähigkeit ist allerdings nur noch rudimentär gegenüber der Fähigkeit, die ein Salamander hat. Wirkliche Regeneration »ist die Fähigkeit, nicht nur zu heilen, sondern fehlende Körperteile vollständig zu *ersetzen*«, schreibt der Mediziner Dr. Robert O. Becker, der sich intensiv mit diesem Thema beschäftigt hat. Er fährt fort: »Viele ›niedere‹ Tiere haben diese Fähigkeit. Jeder weiß z. B., dass ein halber Regenwurm wieder zu einem ganzen wird, wenn er genügend Zeit dafür hat … Ein weiteres Tier mit einer absolut faszinierenden Fähigkeit, fehlende Glieder zu erneuern, ist der Salamander. Auf der Skala der Evolution gehört er zu den Amphibien und steht direkt unter dem Frosch. Von unserer höheren Warte aus mögen die Amphibien ziemlich tief unten auf der Leiter stehen, tatsächlich sitzen wir jedoch mit ihnen in einem Boot, denn wir sind Wirbeltiere wie sie.

Der Salamander darf sich rühmen, das Urwirbeltier zu sein, von dem alle anderen ›höheren‹ Tiere einschließlich des Menschen abstammen. Die Anatomie des Salamanders entspricht genau unserer (oder umgekehrt).«[153] Insgesamt gleicht sein ganzer Körper völlig dem menschlichen. Er hat Skelett, Knochen, Muskeln, Blutgefäße und Nerven, und alle sind so angeordnet wie bei uns. »Der Salamander, der uns in seinem körperlichen Bauplan so gleicht, hat die Fähigkeit, viele Körperteile in allen Einzelheiten nachwachsen zu lassen: Vorderbein, Hinterbein, Auge, Ohr, bis zu einem Drittel des Gehirns, fast den gesamten Verdauungstrakt und nicht weniger als die Hälfte des Herzens. Die Systeme, die sein Wachstum steuern, sind so wirkungsvoll, dass sie sogar verhindern, dass der Salamander Krebs bekommt. Theoretisch könnte er also unsterblich sein – wenn er nicht gefressen wird.«[154] Nicht alle Salamander brauchen das zu befürchten. In japanischen Flüssen gibt es zwei Meter lange Flusssalamander, die mit Sensoren ausgestattet sind und überhaupt keine natürlichen Feinde haben. Sie ernähren sich ganz geschickt von Fischen.

Das Vorhandensein der Regeneration steht in direktem Widerspruch zur mechanistischen Wissenschaft. Das Ganze ist eben nicht die Summe seiner Teile, sondern die Teile werden vom Ganzen hervorgebracht. Bei der Regeneration unterläuft dem Salamander kein einziger Fehler.

Dieses Beispiel verdeutlicht, dass die Möglichkeit der beinahe kompletten Wiederherstellung eines Körpers genetisch vorhanden ist, diese Eigenschaft jedoch nicht bei vielen »höheren« Lebewesen verwendet wird. Darwinistisch gesehen, wäre diese Regenerationsfähigkeit ein »Selektionsvorteil«. Es fragt sich nur, warum dieser in den folgenden Evolutionslinien nicht beibehalten wurde. Hat »die Evolution« diese Fähigkeit schlichtweg vergessen? Auf jeden Fall stützt diese Tatsache die These, dass nicht immer besondere Baupläne und Eigenschaften in der Evolution der Natur verwendet werden, sonst wäre diese außerordentliche Selbstheilungsqualität weitervererbt worden. Die kreative Intelligenz mag Gründe dafür haben, die Unvollkommenheit eher zu favorisieren als die Vollkommenheit!

Den Ansatz für eine mögliche Erklärung vielfältiger Unvollkommenheiten in der Natur kann uns der Risikofaktor liefern. Denn Risiko ist das Element, das Kreativität und Freiheit ermöglicht, denn wo es ein Zusammentreffen schwieriger Probleme gibt, ist auch meist die Möglichkeit vorhanden, aus logischen oder mechanistischen Zwängen herauszuspringen und einen spontanen Neuanfang zu beginnen.

Die Bedeutung des Risikofaktors geht über die heisenbergsche Unbestimmtheitsrelation hinaus, die einfach nur die Wahrscheinlichkeit eingeführt hat und besagt, dass wir nie sicher sein können, wie die Dinge sich auf der Quantenebene *wahrscheinlich* verhalten.

Das Ganze geht tiefer: Wenn wir den Begriff des Risikos einführen, dann ist jeder Gedanke an einen »allmächtigen« Gott, einen Designer oder die »allgegenwärtige natürliche Selektion« hinfällig. Es gibt Grundbausteine der Materie und des Lebens, vermutlich sogar physikalische und chemische Gesetze, die sich im Laufe ihrer Evolution den Umständen nach entwickeln und verändern. Jeder dieser Grundbausteine ist dem Risiko unterworfen, nicht optimal zu funktionieren, zu scheitern oder unter bestimmten Umständen nicht zum Zuge zu kommen.

Wenn wir verschiedenen Entwicklungsprozessen eine wie auch immer geartete inhärente Intelligenz zuschreiben, bedeutet das nicht, dass alles genauestens vorausgeplant und richtig gemacht wird oder dass bestimmte Entwicklungen verworfen oder nicht genutzt werden. Es sieht so aus, dass es für kreative Entwicklungen immer eine Unsicherheit, eine Lücke geben muss, sogar eingebaute Mängel[155], damit ein neuer Prozess möglich ist. Und das ist meiner Meinung nach ein entscheidender Faktor in der Evolution des Lebens.

Sexuelle Fortpflanzung ist beispielsweise ein Vorgang mit ungewissem Ausgang und hohem Risiko. Offenbar hat die Natur deshalb dafür gesorgt, dass Millionen von Spermien um die einzige Eintrittslücke im weiblichen Ei kämpfen. Irgendein Spermium schafft es schließlich, es muss überhaupt nicht das »tüchtigste« sein. Bei Hunderten von Millionen von Spermien, die von vielen männlichen Tieren einschließlich des Menschen ausgestoßen werden, ist das Erreichen der Befruchtung eher so zufällig wie ein Treffer im Lotto. So wird durch Überfluss das Risiko minimiert, damit es auf jeden Fall klappt und in 99,9 Prozent der Fälle funktioniert. Es gibt unzählige Fortpflanzungsstrategien, aber keine festen Regeln und Strategien. Bei jeder Spezies läuft es anders. So ist das Risiko für die Spermien, die wie bei Korallen einfach ins Meer ausgestoßen werden, geeignete Eier zu befruchten, enorm hoch – aber es funktioniert.

Der Überfluss an Samen in der Natur und die hohe Fehlertoleranz im genetischen Code zeigen sehr klar, dass die Natur den Risikofaktor gleich mit einbezieht. Ein interessantes Beispiel dafür haben amerikanische Forscher gefunden. Bei einer bestimmten Finkenart (*Carpodacus mexicanus*) legen Vogelmütter die Eier mit Söhnen später als jene mit Töchtern, wenn im Nest Blut saugende Milben warten und den Nachwuchs bedrohen. Das machen sie, weil die männlichen Nachkommen gesundheitlich davon gefährdeter sind als die weiblichen. Wie die Vogelmütter die Reihenfolge der Eier mit den Geschlechtern bestimmen, ist den Wissenschaftlern völlig unklar…[156]

Ich bin sogar noch mehr erstaunt darüber, dass die meisten Tiere ihre Eier hegen und wissen, dass darin der Nachwuchs gedeiht. »Instinkt« ist in diesem Fall mehr als ein unbewusster siebter Sinn. Die Tiere *wissen*, dass sie ihren Nachwuchs ausbrüten! Würden die Pinguine sich sonst solcher Entbehrungen unterziehen, wie wir sie aus dem Film *Die Reise der Pinguine* kennen? Eier außerhalb des Körpers abzulegen ist zudem sehr risikoreich, nicht nur bei den Pinguinen. Es gibt viele andere Tiere, die es auf die Eier oder auf die Jungtiere, die frisch entschlüpfen, abgesehen haben. Da dennoch sehr viele Nachkommen überleben, kann auch hier nicht von »natürlicher Selektion« gesprochen werden. Ein »Risikofaktor« bietet eine intelligentere Alternative, weil das Risiko die Möglichkeit der Freiheit in sich birgt – und somit eine größere Vielfalt.

Aber warum macht »die Natur« es so schwierig, dass Samen oder Spermien auch das Ei finden? Warum sind Eier oder Neugeborene immer in einem gefährdeten Zustand und den Unsicherheiten der Natur ausgeliefert? Dieser Fakt kann nichts mit Selektion zu tun haben, da die genetische Ausstattung zu einem hohen Grad gut ist. Außerdem untersucht »die Natur« wohl kaum die Gene im Labor, um krankhaften Nachwuchs von vornherein auszuschließen. Es gibt viele derartige Ungereimtheiten in der Natur.

Der Begriff »natürliche Selektion« würde nur einen Sinn ergeben, wenn wir einen intelligenten Vorgang darin sehen. Es geht um die Fortpflanzung der gleichen Art mit optimalem Ergebnis unter Verringerung des Risikos, dass nicht wirklich lebensfähige Samen in den Vermehrungskreislauf gelangen. Tatsächlich ist die genetische Struktur der meisten Lebewesen so optimal entworfen, dass bei der Reproduktion selten Missbildungen entstehen. Eine Verringerung der Samenmenge durch Konzentration auf die »besten« Samen wäre mit einem noch höheren Risiko für die Fortpflanzung verbunden. Dadurch würde jede Art sehr schnell aussterben, weil es für zu wenig Samen unwahrscheinlicher ist, zur Fortpflanzung zu gelangen. Deshalb ist es intelligenter, den Risikofaktor bei der Fortpflanzung zu beachten.

Keine Intelligenz kann voraussehen und planen, ob die sexuelle Fortpflanzung gegenüber der Selbstreproduktion, die es ja Milliarden von Jahren gab, vorteilhafter ist. Es gibt deshalb viele Arten der Fortpflanzung, sogar das Klonen. Eine Gecko-Art ist nur weiblich, und ihre Eier werden nicht befruchtet. Jedes Tier ist dabei nur weiblich und ein Klon seiner selbst. Es gibt einige Tiere, wie z. B. Meeresnacktschnecken, die sich selbst befruchten oder hermaphroditisch sind. Würden wir Menschen diese Eigenschaft haben, wäre ein völlig anderes Sozialgefüge entstanden. Tatsächlich gibt es auch bei Menschen richtige Hermaphroditen.

Durch den Risikofaktor wird es für das Leben erst möglich, sich zu verwandeln und immer neue Formen hervorzubringen. Bei Säugetieren überwiegt aber die sexuelle Fortpflanzung, die offenbar einen weiteren Intelligenzschub mit sich bringt. Gäbe es nicht diese Unsicherheit in der Übertragung des Erbmusters, wäre das Leben schon lange einförmig geworden und könnte nur unter gleich bleibenden Bedingungen fortdauern. Falls sich diese Bedingungen grundlegend änderten, würde das Leben vernichtet werden. Gerade das Risiko, das die Fortpflanzung mit sich bringt, bietet die Möglichkeit zur Entwicklung höherer Seinsstufen.[157]

Wir dürfen hier jedoch den Risikofaktor nicht mit Zufall und Zufälligkeiten verwechseln. Zufall beruht auf Wahrscheinlichkeiten, Unfälle können immer und jedem passieren. Der an jeder Entwicklung beteiligte Risikofaktor begünstigt nicht den Zufall, sondern sorgt vielmehr dafür, dass ausreichend Flexibilität und kreative Freiheiten die Evolution voranbringen. Das Risikogesetz macht es ebenfalls möglich, dass nicht nur »die Tüchtigsten« überleben, sonst wäre die Welt um vieles ärmer.

Es kommt viel häufiger vor, dass bestimmte Spezies eine Nische, eine Lücke im System der Natur finden und so überleben. Doch ohne den Risikofaktor, der ja auch Gelingen, Überleben und Freiheit der Lebensentfaltung jeder Spezies beinhaltet, gäbe es keine intelligente Evolution.

Um die geeignete Nische in der Natur zu finden, müssen die Lebewesen auch eine gewisse eigenständige Intelligenz und Entfaltungsfreiheit besitzen, Instinkt allein reicht dafür in den meisten Fällen nicht aus. Pflanzen haben z. B. – soweit wir das wissen – keinen »Instinkt«, vergleichbar mit unserer Intuition. Dennoch finden sie Nischen und überleben. Sie sind in der Lage, sich den Umweltbedingungen anzupassen, untereinander zu kommunizieren und über ihre Art der Samenverteilung ihre Reproduktion zu gewährleisten. Im Grunde wurden im Laufe der Evolution nur vollkommene Fehlkonstruktionen selektiert, also lebensunfähige Missgeburten. Die meisten der ausgestorbenen Arten wurden durch kosmische Risiken wie Meteoriteneinschläge oder Umweltkatastrophen vernichtet.

Der Physiker David Bohm sagte: »Man findet keine vollkommene Ordnung oder Harmonie, denn alles, was existiert, ist dazu verdammt, sich zu verändern oder zu sterben. In Hinsicht auf die Evolution möchte ich behaupten, dass die natürliche Auslese nicht alles ist. Vielmehr ist die Evolution ein Zeichen der schöpferischen Intelligenz der Materie, die verschiedene Strukturen erforscht, die weit über das hinausgehen, was zum Überleben notwendig ist.«[158] Wenn wir also den Risikofaktor als »dritte Kraft« in die Evolution einführen, können viele Probleme gelöst werden, die eine dualistische Weltanschauung hineinbringt. Er führt zu einem anderen Verstehen der Betrachtung der Evolutionsfaktoren.

Der Risikofaktor macht es erst möglich, dass eigenständig intelligente Lebewesen entstehen. Das hat nichts mit dem »Kampf ums Dasein« zu tun, sondern mit einem Streben nach höherer Entwicklung. Für die Überlebensfähigkeit in allen Variationen wurde zuerst gesorgt, danach für die weitere Entwicklung der Intelligenz bei Lebewesen, insbesondere beim Menschen, denn im Gegensatz zu den meisten Tieren kann der Mensch die »Gewohnheiten« seiner eigenen Natur selbstbestimmt verändern und sich die äußere Natur bis zu einem gewissen Grad an seine Bedürfnisse anpassen oder sogar umgestalten. Die Freiheit hätte er nicht, wenn alles vorbestimmt oder fest programmiert wäre.

ENDLICH: ROBUSTE WERKSTOFFE UND GENIALE LEICHTBAUWEISEN

> *»Es ist unmöglich, dass eine Art aus der anderen hervorgehe; denn nichts unterbricht den Zusammenhang des nacheinander Folgenden in der Natur.«*
> *Johann Wolfgang von Goethe*[159]

Ein wesentlicher Schwachpunkt der Evolutionstheorie ist, dass sie sich nur durch das Auffinden von Fossilien beweisen lassen kann. Und dabei wurden die Forscher damit konfrontiert, dass es bisher keine gefundenen Fossilien gibt, die überzeugend einen einzigen *Übergang von einer Spezies zu einer anderen* belegen. Man hat nirgendwo Überbleibsel gefunden, die belegen, dass aus einem Krebs ein Krallentier oder aus einem Fisch ein Wiesel geworden wäre. Aus einem Fisch entsteht kein Fischotter, auch wenn die Baupläne ähnlich sind. Es gab immer Veränderungen und Verbesserungen innerhalb einer bestimmten

Spezies, so Darwins Beispiel der Galapagos-Finken, die aufgrund des Nahrungsangebots, des Klimas und der Umwelt unterschiedliche Schnäbel entwickelten. Wir haben ja auch andere Zähne als die Neandertaler. Die Gentechniker würden sehr gerne wissen, wie die Finken das machen! So könnte man gentechnisch in das laufende Programm eingreifen und schönere Nasen, bessere Zähne oder größere Busen herstellen, ein Riesengeschäft und das ohne aufwendige Operationen!

Der kurze Zeitraum der kambrischen Kreativitätsexplosion von zehn Millionen Jahren lässt genetisch sowieso keine langsamen Mutationen zu. Auch der Zeitraum vom Kambrium bis zum Aufkommen der ersten Wirbeltiere und späteren Säugetiere und Saurier ist viel zu kurz, um langsam und Schritt für Schritt die notwendigen genetischen Umbauten vorzunehmen. Es werden zur Unterstützung der neodarwinistischen Theorie dann immer schöne Schaubilder gemalt, wie z. B. der Saurier, der kleiner wird, Flügel bekommt, zum Archaeopteryx wird und schließlich zum Vogel transformiert. Nur: Die Zwischenglieder fehlen vollständig, und das hat nicht nur mit den fehlenden Fossilien zu tun.

Hinzu kommt, dass die Klasse der Vögel die artenreichste der Landwirbeltiere ist. Diese Vielfalt muss sich auch erst entwickeln. Wenn die etwa 9000 Vogelarten mit ca. 35 000 Unterarten innerhalb von wenigen Millionen Jahren entstehen, kann das nur durch unbändige Experimentierlust der kreativen Intelligenz erklärt werden, nicht durch Notwendigkeit, Zufall, Anpassung oder Selektion. Selbst wenn der Archaeopteryx der Vorfahre der Vögel gewesen wäre, erklärt auch dies nicht die riesige Artenvielfalt mit völlig unterschiedlichen Fähigkeiten der einzelnen Arten – und die kurze Zeit ihrer Entstehung. Es gibt keine Fossilien, die irgendwelche Stufen und Entwicklungslinien belegen. Darwinistisch gesehen, müsste es diese Zwischenstufen aber geben. Mangels Beweisen konstruieren Evolutionsbiologen dann eine sinnvolle Abfolge.

Der Biologe Richard Dawkins, ein Vertreter der darwinschen Evolutionstheorie, kann sich nur darüber wundern, »dass es so war, als ob diese Arten ohne eine evolutionäre Geschichte plötzlich auf die Erde gepflanzt worden wären«. Und wirklich gibt es keinen Beweis für die Transformation einer Gattung in eine andere Art oder schrittweise, winzige Veränderungen, die zu neuen Arten führen. Es wird immer eingewandt, dass man halt keine Fossilien finden könnte, weil nicht alles von den geologischen Veränderungen aufbewahrt worden sei. Manches wie Augen versteinert ja auch nicht. Doch Skelette und Muscheln und Panzer von Tieren sind in allen geologischen Schichten aufgetaucht – doch ohne die Beweise für die Entstehung einer Art aus einer anderen. Noch nicht einmal für die gesamte Menschheitsentwicklung seit Lucy oder wie die Vormenschen so schön heißen – und das ist nur einige Millionen Jahre her. Man hat nur ein paar Knochen und Schädel.

Es ist allerdings kaum zu erklären, warum ernsthafte Wissenschaftler die Schwachstellen dieser Theorie nicht sehen wollen und auf der materialistischen Grundlage beharren, dass die biologische Evolution in einem selbst organisierten mechanistischen Prozess und durch zufällige Entwicklungen imstande war, aus »toter« Materie so komplexe Lebensformen hervorzubringen wie Bakterien, Pilze, Rosen, Orchideen, Ameisen, Schnecken, Krebse, Delfine, Elefanten, Adler und schließlich sogar Menschen.

Die heutigen Ingenieure, die sich Gedanken über ein »biologisches Design« machen, also technische Geräte entwickeln möchten, die sich an der intelligenten Konstruktionsvielfalt der Natur orientieren, haben deutlich erkannt, wie »die schöpferische Natur« – wie sie es nennen – arbeitet. Von den Grundprinzipien natürlicher Konstruktionen sticht bei ihnen die simple Forderung hervor: Die Natur hat es immer wieder geschafft, *das Ganze zu optimieren*, statt Einzelelemente zu maximieren.[160] Die Bioniker heben dieses Prinzip besonders hervor: »Leider werden Konstrukteure und Designer heutzutage in der Ausbildung immer noch auf Maximierung ›fehlgeprägt‹. Sie verlieren beim Versuch, einen Einzelaspekt möglichst gut zu konstruieren, den Blick auf die Optimierung des Ganzen. Die Natur geht genau umgekehrt vor. Sie maximiert nicht die Kraft eines Muskels und nicht die Stärke eines Knochens, sondern optimiert das Zusammenspiel zwischen Muskel und Knochen. Der Muskel ist dann vielleicht nicht so stark... und der Knochen nicht so bruchfest, doch das Knochen-Muskel-System erreicht für seine Aufgabe einen genügenden Sicherheitsgrad, und zwar so, dass es weder für seinen Aufbau noch für seine Unterhaltung mehr Energie als unbedingt nötig verschlingt – eine perfekte Konstruktion.«[161]

Neue Spielarten treten meist spontan auf, nicht durch langsame Veränderungen, die »Mutationen« genannt werden. Plötzlich gibt es Augen und Flügel, die üblichen Illustrationen dieser plötzlichen Schritte. Das Problem der Theorie ist, dass neue Eigenschaften ins Gesamtsystem passen müssen, also wenn Flügel entstehen, muss das gesamte Skelett des Vogels, seine Sichtweise, der Gleichgewichtssinn und vieles mehr entsprechend darauf eingestellt sein. Es muss nicht nur »profitabel« für die neue Art sein, sondern auch gleich funktionieren. Und die meisten Vögel können nach kurzer Zeit fliegen. »Wenn man davon ausgeht«, schreibt der Biologe Rupert Sheldrake, »dass die Evolution sich in solchen großen Sprüngen vollzieht, so verliert die natürliche Auslese ihre schöpferische Funktion, und aus eben diesem Grund ist die Theorie umstritten. Die evolutionäre Kreativität hat jetzt vor allem im Organismus selbst ihren Ursprung, und neue Arten von Organismen entstehen ganz einfach spontan.«[162]

Es ist durchaus möglich, dass eine Saurierart der Vorläufer von Vögeln war. Ein Hinweis auf die Abstammung von Sauriern sind ja die großen Laufvögel. Doch von diesen Vogelarten gibt es im Verhältnis zu den Flugvögeln ganz wenige Arten.

Gegenüber dem Archaeopteryx und den Emus ist z.B. eine Schleiereule ein Meisterwerk. Den Vogel zum Vogel gemacht hat vor allem eine der genialsten Erfindungen der formbildenden Kreativität: die Feder. Ohne die vielfältigsten Federvariationen für unterschiedliche Bedürfnisse der vielen Vogelarten hätte diese Spezies nicht ihren Erfolg gehabt, der auf der unvergleichlichen Flugfähigkeit beruht, ganz abgesehen von den vielfältigsten Schnäbeln für jeden Zweck und jede Lebenslage.

Offenbar hat mit der Fähigkeit zum Fliegen die Evolution 200 Millionen Jahre nach der Entstehung der Insekten, von denen einige außerordentliche Flugfähigkeiten besitzen, dieses Strukturmerkmal wieder aufgenommen. Ein entwicklungsgeschichtliches Ergebnis ist bei den Vögeln die meisterhafte Konstruktion der Schwungfedern eines Vogelflügels.

»Aus Dutzenden unterschiedlicher Federtypen zusammengesetzt, verhält der Flügel sich wie eine geschlossene Tragfläche. Alle einzelnen Strahlen der Federn sind darüber hinaus wie winzige Reißverschlüsse miteinander verhakt, was garantiert, dass Einrisse schnell zu reparieren sind und damit so die Geschlossenheit der Fläche wiederhergestellt wird. Diesen Reparatur- und Wartungsdienst führen die Vögel durch, indem sie immer wieder in Ruhezeiten die Federn eine nach der anderen mit dem Schnabel glätten und aufgezogene Fahnenverschlüsse schließen. Nur durch diesen Mechanismus ist eine Feder als Element eines effizienten Flugapparats überhaupt funktions - fähig.«[163]

Die biologische Evolution scheint wahrscheinlich zwei Strategien zu nutzen: große kreative Sprünge kombiniert mit kleinen Veränderungen oder Innovationen. Die Idee einer Feder und die Flugfähigkeit eines Vogels lassen sich nicht ohne einen kreativen Einfall entwickeln. Welcher genetische Mechanismus sollte einen Archaeopteryx sonst dazu antreiben, in irgendeiner späteren Generation plötzlich Federflügel und besondere Flugfähigkeit hervorzubringen?

Immer mehr Ingenieure schauen heute genauer hin, um von diesen kreativen Entwicklungen der Natur zu profitieren. Das Stichwort ist »Neue Technologien nach dem Vorbild der Natur«. Ich möchte zur Illustration einige weitere Errungenschaften der intelligenten Evolution beispielhaft für unzählige andere darstellen.[164]

Nicht nur die Vögel mit ihren Vogelfedern haben das Fliegen optimiert. Bereits die Insekten, die entwicklungsgeschichtlich mindestens 200 Millionen Jahre vor den Vögeln auftauchten, haben eine Perfektion im Fliegen erreicht, die kaum überbietbar erscheint. Regelrechte Flugakrobaten sind die Libellen, die es schon vor 325 Millionen Jahren gab. Damals hatten sie Flügelspannweiten bis zu 70 cm. Die Begriffe aus der Alltagssprache – akrobatisch, kraftvoll, elegant – lassen sich flugbiophysikalisch untermauern. Dann kommen noch technische Begriffe wie getrennter Flügelantrieb, Flugleistung und Feinsteuerung ins Spiel.

Wo immer man sich in der Natur umsieht, findet man Form und Funktion bestens aufeinander abgestimmt, unvergleichlich fein differenziert und vielfältiger ausgestattet als in der Technik. In der Natur gibt es beispielsweise Druckknöpfe, Klapp- und Klemmkonstruktionen. Druckknöpfe müssen immer so ausgeformt werden, dass sie dem mechanischen Prinzip folgen. Wenn nicht, halten sie nicht oder sind nicht zu schließen. Klappkonstruktionen dienen der Lösung des Problems, Teile zum Zweck des Verstauens ineinanderzuklappen. Die Natur löst das mindestens ebenso elegant wie die Technik. Das zeigt bereits der Vergleich eines Insektenvorderbeins mit einem Mehrzwecktaschenmesser.

Die Technik setzt traditionellerweise Konstruktionen aus einzelnen Elementen additiv zusammen. Ganz anders die Natur: Bei ihr sind die Einzelelemente einer Konstruktion in der Regel multifunktionell. Sie gehen häufig ineinander über, dass man nicht weiß, wo Element A aufhört und Element B beginnt.

Nicht lineare Änderungen in den Elastizitäten werden dabei ebenso häufig eingesetzt wie fließende Übergänge in anderen mechanisch wichtigen Eigenschaften.

In der Biologie wie in der Technik spielen Sensoren eine große Rolle beim Entfernungsschätzen. Roboter, die Teile ergreifen, wie auch anlandende Insekten, die den Landepunkt präzise festzulegen haben, müssen Entfernungen messen können. Meist benutzen sie dazu zwei getrennt liegende Augen. Ohne perfekt arbeitende Sinnesorgane wäre nichts vorstellbar, weder der Balztanz der Vögel noch das Galoppieren von Pferden, weder der Körperkontakt in einem Rudel noch die Wirkung der Unterlegenheitsgeste bei einem Säuger. Selbst Pflanzen benötigen Sensoren. Wie könnte sich eine Ranke festheften, nachdem sie irgendwo angestoßen ist?

Die Natur ist der radikalste Nanotechniker. Die Ideenschmiede der Natur scheint unerschöpflich. Die winzigsten Saugpumpen, von denen 50 auf einen Millimeter gehen, Kugelgelenke, so fein wie eine Nadelspitze – die biologische Evolution hat sie hervorgebracht. An einer Stechmücke können wir eine Reihe von Mechanismen studieren: die Feinstruktur der Antennen als Molekülfilter. Die Antenneneinlagerung in Form von »Fastkugelgelenken«. Die Gegenführung der Einzelteile im Stechapparat des Rüssels. Die Rüsselverstauung in der Rüsselscheide. Scharniergelenke an den Beingliedern und vielerlei mehr. Dazu kommen noch sensorische Gesichtspunkte.

Bei zahlreichen fliegenden Insekten werden die Vorder- und Hinterflügel durch Koppelungsmechanismen zusammengehalten. Insektenflügel sind häufig so aufgebaut, dass eine sehr dünne Spreite zwischen tragenden Adern zickzackförmig auf und ab verspannt ist. Damit gewinnen die Flügel Steigfähigkeit. In ähnlicher Weise funktioniert Wellpappe.

Biologische Materialien, ihre Ausformungen und Anordnungen, sind fast immer erkennbar hochfunktionell. Für eine be-

stimmte Aufgabe wird nahezu ausnahmslos mit dem geringst-
möglichen Materialaufwand gearbeitet. Und die daraus resul-
tierenden idealen Leichtbauten im Mikro- und Makrobereich
bedienen sich häufig des Prinzips der Materialanordnung entsprechend der Spannungstrajektorien, der Materialausformung
zu Membranen, die durch leichte Stützensysteme auf Abstand
gehalten werden. Es werden Häute zu umspannenden Schaum-
gebilden konstruiert, anorganische Nadeln werden durch organische Bänder verfilzt wie etwa bei Schwämmen. Zauberhafte
Hohlkugeln und strahlenförmige Strukturen sind allesamt
Leichtbauweisen.

Wie gläsern-transparente Fallschirme treiben Quallen in der
Strömung der Ozeane. Da sie zu fast 99 Prozent aus Wasser bestehen, sind sie kaum schwerer als das Medium, das sie nahezu
schweben lässt. Ein gelegentlicher Rückstoß reicht aus, um sie
am Absinken zu verhindern. Quallen tragen in ihren zarten
Tentakeln Nesselbatterien mit hochkomplexem Bau, die unter
Verwendung von äußerst harten und dennoch sehr zähen und
dehnungsfesten Materialien entstehen. Quallen, Meeresschne-
cken und Meeresmuscheln zählen zu den zauberhaftesten Ge-
schöpfen der Weltmeere. Dabei können sie äußerst wehrhaft
sein. Die Gifte mancher Schnecken gehören zu den stärksten
bekannten Giftstoffen. Inzwischen hat man denselben Giftstoff
in unterschiedlichen, überhaupt nicht verwandten Arten von
Tieren gefunden, d. h. die Fähigkeit, diesen speziellen Giftstoff
herzustellen, ist unabhängig entwickelt worden. Jetzt hat man
auch herausgefunden, dass die Quallen eine wichtige ökologische Funktion in den Weltmeeren erfüllen: Sie mischen das
Wasser durch, sodass die bei der globalen Erwärmung entstehende Wärme durch die kälteren Wasserschichten, die nach
oben gelangen, aufgenommen werden kann.[165]

Erwähnen möchte ich noch die Blase als das Bauprinzip der
Technik und des Lebens schlechthin. Alle Lebewesen, auch der
Mensch, werden in einer Blase geboren. Im alltäglichen Sprach-

gebrauch ist die Blase, der Pneu, nur ein luftgefüllter Gummi-
reifen am Auto. Für die Ingenieure ist der Pneu aber bedeutend
mehr: eine flexible und dennoch stabile Verpackung, bestehend
aus einer Hülle, die ein fließfähiges Medium wie Luft, Wasser
oder Granulat enthält. Darüber hinaus ist der Pneu das universale Konstruktionsprinzip, das formgebende Bauelement von
lebenden Organismen überhaupt. In der lebenden Welt wim-
melt es geradezu von Pneus unterschiedlichster Ausformungen.

Auch wenn man bedenkt, dass vermutlich immer gewisse
Verbesserungen und Innovationen und auch Anpassungen an
Umweltverhältnisse vorgenommen werden müssen, ist es notwendig, dass eine Pflanze, ein Insekt, ein Tier gleich nach ihrem
bzw. seinem Entstehen ziemlich gut »funktioniert«. Ein Vogel,
der nicht fliegen kann, ist hoffnungslos unterlegen. Eine Raub-
katze, die nicht schnell genug sprinten kann, um ein Beutetier
zu schlagen, ebenfalls. Wenn neugeborene Tiere nicht von
ihren Eltern umhegt und geschützt werden, können sie nicht
überleben. Und in vielen Fällen sind junge Tiere sofort mit
allen nötigen Eigenschaften ausgestattet, auch wenn sie noch
manches lernen müssen. Ein menschliches Baby braucht Jahre
dazu – dafür lebt es in einer sehr geschützten Umgebung.

Pflanzen, die sich nicht gegen Insektenbefall wehren können,
sind ebenso unterlegen. Deshalb haben viele Pflanzen Ab-
wehrgifte entwickelt. Doch wenn die Spezies nicht gleich zu
Anfang an diese Gifte produziert und von Raubinsekten ange-
fallen wird, überlebt sie nur einen Sommer. Doch die Natur hat
noch andere Hilfsmaßnahmen: So fressen z. B. Marienkäfer
gerne Blattläuse und schützen so die Pflanze, ein Beispiel für
Koevolution, auf das ich noch zu sprechen komme. Allein die
wenigen Beispiele über die genialen Konstruktionsweisen und
den Selbstschutz gegen Feinde machen jedem deutlich, dass die
»Göttin Evolution« nicht mit einem »blinden Uhrmacher« zu
vergleichen ist, wie es der einflussreiche Biologe Richard Dawkins und andere versucht haben, uns weiszumachen.

AMEISEN EROBERN DIE PILZWELT
UND BRINGEN KULTUR IN DIE WELT

> *»Nach unserer Ansicht ist es die hoch entwickelte,*
> *aufopferungsbereite, soziale Lebensweise, die den Ameisen*
> *den Konkurrenzvorteil gebracht hat, der zu ihrem Aufstieg*
> *zu einer weltweit dominierenden Gruppe geführt hat.«*
>
> Bert Hölldobler

Die »Göttin Evolution« ist nicht nur kreativ in der Entwicklung »technologisch« fein konstruierter Bauweisen von Lebewesen. Intelligentes Verhalten ist auch bei Insekten ein bedeutendes Merkmal. Als kleines Beispiel sollen uns die Blattschneiderameisen dienen. Sie lassen Wissenschaftler nur so staunen, denn sie besitzen die unter Tieren seltene Fähigkeit, Pilze auf frischem Pflanzenmaterial zu züchten, den Blättern, die sie von Bäumen und anderen Pflanzen abschneiden und ins Nest tragen. Der Ameisenforscher Bert Hölldobler schreibt: »Sie sind richtige Gärtnerinnen. Sie ernten Pilze, die aus vielen fadenförmigen Hyphen bestehen und unserem Brotschimmel ähneln. Ihre Kolonien, die sich an diesem ungewöhnlichen Material gütlich tun, erreichen eine gewaltige Größe und zählen im Reifestadium mehrere Millionen Arbeiterinnen. Jede Kolonie ist in der Lage, täglich so viel Vegetation wie eine ausgewachsene Kuh zu fressen ... Die Blattschneiderameisen erhalten ihre Gärten durch kleine, fast wie durch ein Wunder genau aufeinander abgestimmte Schritte, die sie in ihren unterirdischen Kammern durchführen. Alle Arten folgen einem ähnlichen Lebenszyklus, mit dem sie Pilzzuchttechniken von Generation zu Generation weitergeben ...«[166]

Inzwischen kennt man auch einen dritten Symbionten: ein Bakterium, das auf dem Körper der Ameisen wächst; es produziert Antibiotika, die eine Infektion der Pilzkulturen durch einen Schmarotzerpilz verhindern.

Auch Charles Darwin war fasziniert von den mentalen Fähigkeiten der Ameisen. In seinem Buch *Von der Abstammung des Menschen*, das 1871 veröffentlicht wurde, schreibt er: »Ameisen kommunizieren ganz bestimmt Informationen miteinander … Sie bauen große Gebäude, halten sie sauber, schließen die Türen am Abend und stellen Wächter auf. Sie bauen Straßen und wenn nötig Tunnel unter Flüssen. Oder sie bauen vorübergehend mit ihren eigenen Körpern Brücken über den Fluss.«

Es gibt 9500 bekannte Ameisenarten. Bert Hölldobler führt aus: »Wenn man alle Ameisen weltweit zusammennimmt, wiegen sie etwa ebenso viel wie alle Menschen. Da aber diese Biomasse aus so winzigen Tieren besteht, ist die gesamte terrestrische Umwelt von ihnen durchsetzt … Sie haben einen enormen Einfluss auf die restliche Pflanzen- und Tierwelt. Sie beeinflussen das Leben und bestimmen die Evolution von zahllosen anderen Pflanzen und Tieren.«[167] Für die gesamte Ökologie der Erde sind sie lebenswichtig. Mit vielfältigen Spezialisierungen besetzen sie die unterschiedlichsten ökologischen Nischen.

»Nach unserer Ansicht«, schreibt Bert Hölldobler, »ist es die hoch entwickelte, aufopferungsbereite, soziale Lebensweise, die den Ameisen den Konkurrenzvorteil gebracht hat, der zu ihrem Aufstieg zu einer weltweit dominierenden Gruppe geführt hat. Es scheint, dass Sozialismus unter ganz bestimmten Umständen doch funktioniert. Karl Marx hatte es nur mit der falschen Art zu tun.«[168] Kürzlich wurde sogar bekannt, dass die Blattschneiderameisen regen Pilzhandel bestreiten: Wenn sie einen Pilz satthaben, tauschen sie diesen mit anderen Stämmen.

Es gibt viele andere Insektenarten, die nicht nur intelligentes Sozialverhalten aufweisen, sondern auch außerordentliche Bauten konstruieren. Hervorgehoben seien die Termiten, eine Schabenart, also keine Ameisen. Termiten leben in Staaten, die bis zu 50 Millionen Individuen groß werden können. Inzwischen kennt man über 2000 Arten. Einige Arten züchten ebenfalls

Pilze, mit denen sie auf raffinierte Art das Verdauungsproblem lösen. Bei der Kriegerischen Großtermite (*Macrotermes bellicosus*) türmen die alten Arbeiter im Randbereich der Termitenburgen das zerkleinerte Holz- und Pflanzenmaterial zu sägemehlartigen Ballen. Hier holen die jungen Arbeiter das Rohmaterial, fressen es und schichten dann den Kot im Innern des Baus zu Komposthaufen auf. Auf dem Kompost lassen die Termiten spezielle Pilze wachsen, welche die Zellulose mithilfe von Enzymen aufschließen und den nur in geringen Mengen vorhandenen Stickstoff anreichern. Und so entsteht eine vitaminreiche und stark eiweißhaltige Kraftnahrung. Aus diesen Pilzgärten, einer Biomasse, die pro Termitenburg bis zu 40 Kilogramm ausmachen kann, holen sich die jungen Arbeiter laufend die weißen Pilzköpfchen und füttern damit den Nachwuchs. Die volkseigenen Berufssoldaten, die mit ihren zu Brechzangen umgeformten Kiefern nicht mehr selbst Nahrung aufnehmen können, werden mit dem umgewandelten Kompost verpflegt.[169]

Der Berner Zoologe Martin Lüscher untersuchte in den 50er-Jahren des letzten Jahrhunderts an der Elfenbeinküste die Nester von *Macrotermes natalensis*. Die gegen fünf Meter hohen Bauten (andere Macrotermes gehen bis zu sieben Metern) haben 30 bis 60 Zentimeter dicke Mauern, so hart wie Zement. Einen Meter unter Grund gibt es ein großes Kellergewölbe. Vom Kellerboden ragt ein Wald kräftiger Säulen empor, der das Fundament für das darüber liegende Nest trägt. Und im Estrich des Hochhauses öffnet sich ein weiterer großer Hohlraum.

Der Stoffwechsel der Termiten und ihrer Pilzgärten produziert viel Wärme und Feuchtigkeit und schafft im Nest ein den Termiten behagliches Klima von 30 Grad Celsius mit einer Luftfeuchtigkeit zwischen 96 und 99 Prozent. Wo die eigene Feuchtigkeit nicht ausreicht, holen sich die Termiten zusätzliches Wasser im Untergrund – in Wüstengebieten hat man unter Termitenbauten bis zu 40 Meter tiefe »Brunnenschächte« gefunden.

Die Termiten müssen nun aber in ihrer gewaltigen Festung atmen können, was umso schwieriger ist, als die extreme Luftfeuchtigkeit im Innern die Poren der Wände praktisch verstopft. Das Millionenvolk braucht am Tag um die 250 Liter Sauerstoff, also weit über 1000 Liter frische Luft. Die von den Termiten praktizierte Lösung erscheint genial: Die Außenwand des Termitenturms hat eine rippenartige Struktur. In den Rippen verlaufen dicht unter der Oberfläche vom Estrich in den Keller zahlreiche Lüftungsröhren. Die im Bau aufsteigende warme Luft fließt im Estrich seitwärts in die Rippen weg und sinkt in den Röhren langsam nach unten. Dabei nimmt die Nestluft von der Außenwelt Sauerstoff auf und gibt gleichzeitig das von den Termiten und Pilzen produzierte Kohlendioxid ab. Im Keller sammelt sich dann die regenerierte Luft für die neue Reise durch das Nest.

Die Zirkulation durch die »äußeren Lungen« kühlt außerdem die im Estrich 30 Grad warme Luft auf eine Kellertemperatur von 25 Grad ab und vermeidet so ein sukzessives (und vor allem für die Königin und die empfindliche Brut rasch gefährliches) Erhitzen des Termitennestes. Damit die Luft trotz starker Schwankungen der Außentemperatur über Tag und Nacht konstant kühl bleibt, sind Arbeiter wohl pausenlos damit beschäftigt, einen Teil der Belüftungsröhren mit Baumaterial zu verschließen oder wieder zu öffnen.

Für das Ökosystem erfüllen die Termiten ebenfalls eine wichtige Aufgabe: Sie sind äußerst nützliche Komponenten ihres natürlichen Lebensraums. Nicht umsonst nennt man sie die Regenwürmer der Tropen. Durch ihre Grabarbeit lockern sie den Boden auf, verwerten abgestorbenes Pflanzenmaterial und düngen mit ihrem Kot den Boden. Die Nährstoffe von Holz- und Pflanzenteilen können durch Termiten sehr viel schneller wieder in den Nährstoffkreislauf gelangen als allein durch Verrottung.

GEGENSEITIGE HILFE

> *»In der Betätigung gegenseitiger Hilfe, die wir bis an die ersten*
> *Anfänge der Evolution verfolgen können, finden wir also*
> *den positiven und unzweifelhaften Ursprung unserer*
> *Moralvorstellungen; und wir können behaupten, dass in dem*
> *ethischen Fortschritt des Menschen der gegenseitige Beistand –*
> *nicht gegenseitiger Kampf – den Hauptanteil gehabt hat.«*
>
> Pjotr Alexejewitsch Kropotkin

Ein Paradigma des Darwinismus beschreibt die Natur als erbarmungslosen Kampf der Lebewesen untereinander. In seinem Werk *Die Entstehung der Arten* behauptet Darwin, dass alle Lebewesen einen harten Konkurrenzkampf ausfechten, den »Kampf ums Dasein«. Darauf basiert die Vorstellung der natürlichen Auslese. Der russische Fürst Pjotr Kropotkin (1842–1923) ist als Vertreter anarchistischer Theorien bekannt. Weniger bekannt ist, dass er ein anerkannter Naturwissenschaftler war.

1902 veröffentlichte er sein Buch *Gegenseitige Hilfe*, das eine Streitschrift gegen den damals aufkommenden »Sozialdarwinismus« war, gekennzeichnet durch den Vormarsch der kapitalistischen Industrieproduktion, die ihre Arbeiter regelrecht versklavte. Anhand zahlreicher Beispiele aus Natur und Geschichte konnte er nachweisen, dass die erfolgreichste Strategie in der Evolution auf gegenseitiger Hilfe und Unterstützung und eben nicht auf dem *Überleben des Stärksten* beruhte. Und er hatte damit recht. Viele Biologen haben inzwischen ausreichend Material dafür gesammelt.

»Einen erbarmungslosen Kampf zwischen Arten kann man künstlich im Labor herbeiführen, doch fällt es schwer, klare Beispiele dafür zu finden, dass vom Menschen ungestört in der Natur lebende Arten sich gegenseitig Schaden zufügen … Man sieht nur selten zwei Tiere, besonders Tiere verschiedener Arten, die um dieselben Fleischstücke kämpfen, und selbst wenn eine

Konkurrenz zu beobachten ist, erscheint sie doch oft inkonsequent.«[170]

Wirklicher Konkurrenzkampf in der Natur ist nur schwer zu beobachten, sagen die meisten Ökologen und Naturbeobachter. Im Gegenteil: Die Natur hat zahlreiche Strategien entwickelt, um Konkurrenz zu vermeiden. Eine der am besten dokumentierten Prinzipien der Ökologie ist der Grundsatz, dass zwei Arten niemals dieselbe Nische bewohnen. Es sind Tausende von Beispielen bekannt, wo ähnliche Tierarten ohne Konkurrenz koexistieren, weil sie unterschiedliche Nahrung brauchen oder zu verschiedenen Zeiten aktiv sind oder sonst wie eine andere Nische besetzen.

Jede Pflanzenart hat auf diese Weise ihren eigenen Platz: Die einen spezialisieren sich auf sandige, andere gedeihen nur auf alkalischer Erde, andere wiederum brauchen gar keinen Boden, wie z. B. die Flechten. Diese können auf Steinen leben, weil sie als Moose mit Algen eine Symbiose geschlossen haben.[171]

Solche Symbiosen gehen noch weiter: 80 Prozent der Bäume könnten ohne die Symbiose mit Pilzen in ihrem Wurzelgeflecht nicht existieren. Pilze kennen kein Chlorophyll – das ist der grüne Blattfarbstoff, der für die Fotosynthese so wichtig ist. Dennoch wäre die Welt ohne sie wohl nicht so grün: Bestimmte Pilze tragen nämlich ganz wesentlich dazu bei, dass Pflanzen überhaupt gedeihen können. Ihre fädigen Ausläufer dringen in die Wurzelzellen ein und verwachsen untrennbar mit ihnen.

»Diese Symbiose ist für das Leben auf der Erde extrem wichtig«, erklärt Dr. Daniel Wipf vom Bonner Institut für Zelluläre und Molekulare Botanik. »Sie spielt bei der Ernährung von etwa 80 Prozent aller Landpflanzen eine ausschlaggebende Rolle.« Die Wurzelpilze profitieren ebenfalls von der Zusammenarbeit: Sie sind selbst nicht zur Fotosynthese befähigt, können also nicht mithilfe von Sonnenlicht aus Kohlendioxid und Wasser Zucker herstellen. Das übernehmen die Pflanzen für ihre Symbionten.[172]

Ein anderer Vorteil der gegenseitigen Hilfe wurde bei der Vermehrung des Erbguts entwickelt. Tiere und auch Pflanzen, sogar manche Pilze, vermehren sich ausnahmslos aus einem Embryo in einer Hülle, entweder der Plazenta oder dem Ei, und gehen aus der Verbindung von Samen- und Eizelle hervor.

Pflanzen können sowohl aus Sporen als auch aus sexuell entstandenen Embryonen hervorgehen. Bei der Samenbildung wird die Eizelle im Fruchtknoten der Blüte mit einem Zellkern aus dem Pollen befruchtet, der von Bienen oder anderen Insekten und sogar von Vögeln übertragen wird – eine schlaue Strategie! Ein Wüstenkaktus hat z. B. eine Blüte entwickelt, in der tief unten ein süßer Saft gebildet wird. In diesen Kanal passt genau der Kopf einer Spechtart, die, angelockt von dem Saft, die Blütenpollen während des Trinkens im Gefieder aufnimmt und weiterverbreitet. Es gibt seit vielen Millionen Jahren in diesem besonderen Biotop auf der Baja California keine andere Tierart, die diesem Kaktus helfen könnte![173]

Auf allen Ebenen der Hierarchie des Lebendigen gibt es »organische Einheiten«, seien es die Symbiosen oder die Koevolution von gegenseitiger Abhängigkeit und Hilfe. In der Natur existiert alles nur durch die Wechselwirkung ihrer Teile und innerhalb weiter reichender Wechselbeziehungen. Deshalb müssen auch mit den höher entwickelten Blütenpflanzen bereits die Bienen bzw. Insekten wie Käfer oder Schmetterlinge vorhanden sein, sonst funktioniert das nicht. Bestimmte Dschungelpflanzen brauchen z. B. Vögel, die ihre Samen aufknacken, weil diese so hart sind, dass sie nicht durch Umwelteinflüsse aufgehen können. Andere Vögel, die Samen aufknacken können, lassen nach ihrer Mahlzeit immer etwas für die Kollegen zurück, die das nicht können.

Die Koevolution kommt viel häufiger vor als bisher untersucht und stützt die Hypothese einer anderen, intelligenten Evolutionsgeschichte. Wie sonst ist die zeitgleiche Entstehung von 20 000 Bienenarten und mindestens 200 000 Blütenarten (den »Bedecktsamern«) zu erklären? Bienen können nicht ohne Blüten ihren notwendigen Honig sammeln! Und umgekehrt benötigen die meisten Blütenpflanzen ihre Bestäubung.

Selbst wenn einige ursprüngliche Blütenpflanzen von frühen Käfern und Insekten bestäubt wurden, besteht bereits da eine gegenseitige Abhängigkeit. Die Explosion einer großen Vielfalt von Blütenpflanzen wurde jedoch erst zusammen mit den Bienen zustande gebracht. Denn im weiteren Verlauf der Stammesgeschichte haben sich beide, Bienen und Blütenpflanzen, gemeinschaftlich entwickelt und gegenseitig gefördert: Indem Bienen die Pollen von Pflanze zu Pflanze weitertrugen, verbesserten sie deren Fortpflanzungschancen. Die Pflanzen begannen sich darauf einzustellen und entwickelten süße Säfte, um die Tiere an sich zu binden. Mit der Zeit passten sich beide, Bienen und Blütenpflanzen, immer besser aneinander an: Die Pflanzen entwickelten ihre heutigen Blütenformen mit tiefen Nektarkelchen und Staubfäden, die Bienen ihre langen Rüssel, um gut an den Nektar heranzukommen, und ihr speziell an den Pollentransport angepasstes Haarkleid.[174]

Die Mikrobiologin Lynn Margulis und die von Wissenschaftlern vermuteten evolutionären Zeitabläufe stellen die Entwicklung so dar, dass Tiere, vor allem wirbellose, die hauptsächlich im Wasser leben, und einfache Wirbeltiere mindestens 200 Millionen Jahre früher als Landpflanzen und Pilze entstanden.[175] Das mag für das Meer zutreffen, in dem es mit Plankton, Algenarten, Seetang ja bereits genügend Pflanzenarten für die Ernährung der Meerestiere gab, von denen die meisten Pflanzenfresser sind. Kleinere Tiere könnten sich von Flechten und Moosen ernährt haben. Höhere Tierarten brauchen dagegen auch höhere Pflanzenarten wie Gräser und Blattpflanzen. Beide haben sich gemeinsam entwickelt.

Der Paläobotaniker Prof. Rudolf Daber geht davon aus, dass die Landpflanzen sich im Silur (vor ca. 450 Millionen Jahren) mindestens 50 Millionen Jahre vor den Landtieren entwickelt haben, da »die Tiere sich ausschließlich heterotroph, d. h. von anderen Organismen, ernähren«.[176]

Tiere ernähren sich hauptsächlich von Insekten und Pflanzen. Sogar die meisten Saurier waren Pflanzenfresser – soweit man das feststellen kann. Das Bild der Koevolution und der gegenseitigen Ernährung ist noch stimmiger, wenn man die Nahrungskettenvernetzung in Betracht zieht. Der antarktische Krill z. B. ernährt sich von Plankton, er selbst wiederum ist Nahrung für Wale und Fische.

Schauen wir noch kurz auf die Insekten, die vor ungefähr 350 Millionen Jahren entstanden. Die ersten Landtiere waren Gliederfüßer, Arthropoden, darunter auch die Kellerasseln. Sie bilden die größte Gruppe der Arten und sind für die weitere Evolution anderer, größerer Arten und der Pflanzen von größter Bedeutung gewesen. Aufgrund ihrer Vielfalt haben Insekten heute beinah jede ihrer Größe angemessene ökologische Nische realisiert. Dabei spielt eine möglichst hohe Artenvielfalt eine bedeutende Rolle bei der Remineralisierung organischer Stoffe im Boden, in der Bodenstreu, im toten Holz und in anderen organischen Strukturen. Zu dieser Gruppe gehören auch die Leichenzersetzer, die in Tierleichen zu finden sind.

Viele weitere Arten leben als Pflanzenfresser von lebenden Pflanzenteilen, das Spektrum reicht dabei von Wurzelhaaren über Holz bis hin zu Blättern und Blüten. Eine Reihe von Arten lebt als Nektar- und Pollensammler und spielt dabei eine wichtige Rolle bei der Pflanzenbestäubung. Wieder andere Insekten leben in und an Pilzen und ernähren sich von diesen. Eine große Gruppe von Insekten ernährt sich räuberisch von anderen Insekten oder kleineren Beutetieren. Eine letzte Gruppe stellen diejenigen Insekten dar, die sich von Teilen größerer Tiere wie Haaren, Schuppen und Ähnlichem ernähren. In diese Gruppe gehören auch die zahlreichen Parasiten unter den Insekten, die beispielsweise Blut saugen oder sich in lebenden Geweben entwickeln.[177]

Auch und gerade an den Insekten sieht man deutlich die Notwendigkeit der Koevolution und der gegenseitigen Abhängigkeit aller Lebewesen im gesamten Ökosystem der Erde. Hinzu kommt, dass ein großer Teil der Säugetiere und der Vögel ganz von Insekten lebt. Ohne sie hätte sich diese Vielfalt nicht entwickeln können. Das wirft auch ein Licht auf die Reihenfolge der Entstehung verschiedener Pflanzen- und Tierarten.

Alle Lebewesen sind im Gesamtsystem der Biosphäre von Bedeutung und hängen voneinander ab. Außerdem besetzen sie immer ihre jeweiligen Nischen, selbst die Insekten. Fleischfresser vermeiden Konkurrenz, indem sie zunächst an unterschiedlichen Orten und zu unterschiedlichen Zeiten jagen. Häufig teilen sie ihren Fang mit anderen Tieren, wie z. B. Wölfe, die Raben durchaus tolerieren, wenn diese ebenfalls von der Beute fressen. Oft lassen Raubtiere auch viele Reste für andere Fleisch fressende Tiere zurück. Viele Tiere nehmen bei der Nahrungssuche die Hilfe anderer Arten in Anspruch. Der amerikanische Blauhäher kann Eicheln öffnen, die Virginiawachtel hingegen nicht. Der Blauhäher ist jedoch ein unordentlicher Esser und lässt in der geöffneten Schale noch viel Nahrung zurück. Die Virginiawachtel kann somit eine Nahrungsquelle nutzen, die ihr sonst nicht offen stände.

Sich von den Überresten der Mahlzeiten anderer Lebewesen zu ernähren ist im Tierreich gang und gäbe. Kooperation und Teilung kommen nach allen Erkenntnissen mehr vor als Konkurrenz und Kampf der Arten untereinander.

Das darwinsche Postulat des Überlebens des Tüchtigsten ist durch unzählige Erkenntnisse der Forscher heute nicht mehr haltbar. Es trifft höchstens auf schwache Tiere in einem Rudel zu, die Beute von Jägern zu werden.

Viele Tiere sind für den Erhalt des Bestands ihrer Beutetiere notwendig, weil sie hauptsächlich die schwächsten Glieder der Herden jagen. Man könnte sogar so weit gehen und sagen, dass sich bestimmte Tiere für den Erhalt ihrer Art opfern. Raubtiere

begnügen sich zudem mit relativ wenig Nahrung. Eine Anakonda z. B. kann ein halbes Jahr auf ihre nächste Beute warten.
Selbst an dieser Front herrscht kein Krieg. Nur Menschen konnten so etwas Dummes erfinden! Zum anderen sind viele Fleischfresser Aastiere wie Raben oder Aasgeier mit einer wesentlichen
Reinigungsaufgabe in der Natur.

»Die ausgeklügelte Kooperation zwischen Pflanzen und Tieren im Allgemeinen stellt sich wie ein Wunder dar. Jede Gruppe
braucht die Produkte der anderen. Pflanzen verwenden Kohlendioxid der Luft und Wasser aus dem Boden, um daraus
Zucker herzustellen. Als Nebenprodukt geben sie Sauerstoff ab.
Tiere konsumieren pflanzliche Zucker und verbrennen sie mit
Sauerstoff, um Energie zu gewinnen. Das dabei entstehende
Kohlendioxid atmen sie aus, während das Wasser als Urin wieder in den Boden gelangt. Nichts geht verloren.«[178]

Viele Ökologen und andere Forscher mit Felderfahrung geben
offen zu, dass die theoretischen Erwartungen von den beobachteten Fakten nicht gestützt werden. Daniel Simberloff
schreibt: »Man sieht nur selten zwei Tiere, besonders Tiere verschiedener Arten, die um dieselben Fleischstücke kämpfen, und
selbst wenn eine Konkurrenz zu beobachten ist, erscheint sie
oft inkonsequent. Vielleicht klettert eine Winkerkrabbe schnell
in ein Loch am Strand und wird sofort vom aktuellen Besitzer
vertrieben. Doch die Krabbe macht sich dann einfach davon
auf der Suche nach einem anderen Loch.«[179]

Es gibt weder Konkurrenz zwischen den Arten noch in den
Arten untereinander. Auch wenn es mal zu Territorialkämpfen
oder Sexualkämpfen um Weibchen kommt, ist das nicht die
Regel. Es gibt wenige Tierarten, bei denen sich die Männchen
um die Weibchen regelrecht schlagen. Die überwiegende Strategie ist das Balzritual: Männchen versuchen, dem Weibchen
zu zeigen, dass sie die Größten, Schönsten und Besten sind.
Dabei geht es jedoch nicht um den »Kampf ums Dasein«, son-

dern einzig darum, dass die Spezies mit gesunden Genen überlebt – Risikominimierung innerhalb einer Spezies. Und in diesem Fall werden die Nachkommen nicht von einer abstrakten
»natürlichen Auswahl« selektiert, sondern das Weibchen wägt
instinktiv oder in vielen Fällen auch intelligent ab, möglichst
nur gesunde und kräftige Nachkommen zu erhalten. Das wird
zwar von Darwinisten behauptet, Beweise dafür stehen aber
aus. Wahrscheinlicher ist – ähnlich wie bei menschlichen Balz-
ritualen –, dass eine Auswahl nach bestimmten Vorlieben der
Partner getätigt wird.

Doch zurück zum intelligenten, abgestimmten Verhalten innerhalb der Natur. Tatsächlich teilen sich ähnliche Arten, die
einen gemeinsamen Lebensraum bewohnen, diesen in ökologische Nischen auf. »Nische bedeutet nicht nur den Raumaus-
schnitt, den eine Pflanze oder ein Tier in Anspruch nimmt,
sondern auch die Funktion der betreffenden Art in der Lebens-
gemeinschaft und wie sie hineinpasst: ob es sich z. B. um einen
Produzenten, einen Konsumenten oder einen Reduzenten
handelt; wie sie die Energiequellen nutzt; welchen Tieren sie
zum Opfer fällt und welche sie selbst erbeutet; welche Aktivi-
tätsperiode sie aufweist und was für Veränderungen sie in der
Umwelt hervorruft.«[180]

Es sind Tausende von Beispielen bekannt, wo ähnliche Tierarten ohne Konkurrenz koexistieren, weil sie unterschiedliche
Nahrung brauchen oder zu verschiedenen Zeiten aktiv sind
oder eben andere Nischen besetzen. Dasselbe gilt für Pflanzen,
von denen die meisten auf die Symbiose mit Pilzen angewiesen
sind, um zu überleben. Eine nette Partnerschaft und keine Konkurrenz. Pflanzen und Tiere teilen sich jeweils in vielen Fällen
den Lebensraum entweder nach Nahrungsangebot oder zeitlich
gestaffelt. Man könnte sagen, sie haben eine intelligente Strategie entwickelt, Konkurrenz untereinander zu verhindern.

»Die meisten Standorte beherbergen zwei Lebensgemeinschaften; die eine ist tagsüber, die andere nachts aktiv. Tagsüber

sind Bienen, Schmetterlinge, Wiesel, die meisten Eidechsen und Vögel zu sehen. In der Abenddämmerung ziehen sie sich zurück, und die Nachtschicht übernimmt die Herrschaft, darunter Schaben, Motten, Mäuse, Fledermäuse und Eulen.«[181]

Komorane und Krähenscharben teilen sich denselben Küstenabschnitt in Großbritannien, sie brüten und ernähren sich auf ähnliche Weise. Wenn das Konkurrenzmodell gültig wäre, müssten sie sich gegenseitig bekämpfen. Es hat sich jedoch gezeigt, dass sie unterschiedliche Nahrung essen. Außerdem nistet eine Art hoch oben auf den Klippen, die andere am Fuße der Klippen.

Wenn es tatsächlich zu Konkurrenzsituationen zwischen Tieren kommt, wandert eine Art dahin, wo sie keine Probleme hat. Sie vernichten sich aber nicht gegenseitig. Pflanzen können nicht so gut emigrieren, deshalb haben sie eine andere Strategie entwickelt. Blütenpflanzen vermeiden eine Artenkonkurrenz um Bestäuber, sie blühen einfach zu verschiedenen Zeiten.

»Gerade das Meer ist ein Paradebeispiel für Ökosysteme, die sich nicht aufteilen lassen in Bühne und Schauspieler. Weil im leeren Raum des Wassers die einzig verfügbaren Oberflächen die Körper anderer Wesen sind, verdrängen Tiere, die sich irgendwo ansiedeln, nicht andere Arten, sondern ziehen deren Vielfalt an wie eine Laterne nächtliche Insekten. Korallen in den tropischen Meeren oder die Muschelbänke der Gezeitenzone in der Nordsee sind darum Lebensräume, deren Möglichkeiten sich mit jedem hinzukommenden Bewohner vervielfachen, nicht reduzieren ... Und wie beim tropischen Regenwald können Forscher mit ihren darwinistischen Modellen auch angesichts der Lebensoasen an den Ozeanküsten noch immer nicht wirklich erklären, wie deren Vielfalt zustande kommt.«[182]

Auch der Mensch kooperiert von Natur aus, sagt der Medizinprofessor und Neurologe Joachim Bauer, und sei deshalb auch biologisch nicht für den Kampf ums Überleben angelegt worden. »Der Schlüssel liegt in bestimmten Nervenzellnetz-werken im Gehirn. Die Motivationssysteme befähigen den Menschen dazu, ein zielorientiertes Verhalten zu entwickeln, indem sie es mit der Ausschüttung von Glückshormonen be-lohnen. Das Gehirn besitzt also die Macht, unser Verhalten auf bestimmte Ziele hin auszurichten.«[183]

Und der kalifornische Psychologe James Goodson will mit seiner Arbeitsgruppe bei unterschiedlich geselligen Finken so-gar die speziellen Nervenzellen gefunden haben, die die Sozial-verträglichkeit der einzelnen Tiere bestimmen.[184]

Auch wenn diese und andere Erkenntnisse die These der Ko-operation in der Natur stützen, ist es erstaunlich, dass immer nur nach biologischen Ursachen gesucht wird statt nach der Möglichkeit, dass es ein Bewusstsein für das soziale Verhalten auch im Tierreich und nicht nur beim Menschen gibt – und dass dieses Bewusstsein auch trainiert und entwickelt werden kann.

SIND TIERE INTELLIGENTER ALS MENSCHEN?

> »Die menschliche Intelligenz trat nicht plötzlich auf,
> sie entwickelte sich aus anderen Organismen.«
> Anthony Trewavas[185]

Die Erscheinungsformen der Natur zeichnen sich außerdem durch viele »verspielte« Variationen aus, die keinen »rationalen« Überlebensgesetzen folgen, sondern einfach die Freude an der Gestaltungsvielfalt der Möglichkeiten ausdrücken, meist auch im Zusammenhang mit optimierter Funktionalität, wie ich auf-gezeigt habe. Die neodarwinistische Evolutionstheorie unter-schätzt immer noch die natürliche Kreativität, die nicht logisch zu erklären ist. »Die chronische Erwartung dessen, was nicht vorhanden ist, führt zu einer Art Blindheit gegenüber dem, was in der Natur wirklich zu finden ist: Kooperation zwischen Lebewesen, Zielgerichtetheit, Effizienz und Harmonie mit der Umgebung.«[186]

Noch vor hundert Jahren wurde von Wissenschaftlern behauptet, Tiere seien nur Maschinen oder Automaten, »nicht nur ohne Verstand, sondern auch ohne jede Art der Bewusstheit«.[187] Die mechanistische Art der Erklärung der Tiere und selbst der Menschen, die heute noch gang und gäbe ist, beruht auf dem Materialismus. Die zeitgenössische Gehirnforschung verstärkt diese Haltung sogar noch, indem sie alle bewussten und willentlichen Handlungen des Menschen auf die Mechanismen der Neuronen im Gehirn reduziert.[188]

Es ist typisch für diese Sichtweise, die grundlegenden Unterschiede zwischen der Sinnesbewusstheit und der dazu notwendigen Physiologie einfach zu verwischen. Emotionen von Tieren und Pflanzen werden kaum beachtet, und ihr intelligentes Verhalten wird höchstens dem reinen Überlebensinstinkt zugeschrieben.

Die Welt des Lebendigen umfasst außerdem viele unterschiedliche Arten der Schönheit. Nicht nur elegante Formen, vielfarbig schimmernde Federn, raffinierte Harmonien und Muster, auch hochgradig spezialisierte Strukturen wie das Auge, aber auch eine Menge Eigenheiten, die für das Überleben nicht notwendig sind. Es wird der Eindruck erweckt, dass die Beschreibungen der Strukturen und der physikalischen und biochemischen Erscheinungen bereits die Erklärung sind. Doch die Landkarte ist nicht die Landschaft! Wir können die Aktivität der Neuronen und Synapsen oder der Neurotransmitter im Gehirn bis ins winzigste Detail untersuchen und beschreiben, die Welt, die Tiere, Pflanzen und Menschen, wahrnehmen und erfahren, sie ist damit jedoch nicht erklärt und beschrieben.

Die intelligente Selbstorganisation des Lebens entwickelt einen nahezu unendlichen Reichtum an Ausdrucksmöglichkeiten. Kennzeichen des Lebens ist Bewegung, Veränderung und kreative Anpassung – und Intelligenz. Penicillin ist uns gerade erst seit rund 80 Jahren bekannt. Die Blattschneiderameisen benutzen das Streptomyces-Bakterium schon viel länger als Antibiotikum.[189] Kann man ihnen da Intelligenz absprechen? Dieses Bakterium sagt ja nicht einfach: Damit verhütet ihr Krankheiten von einem bestimmten Parasiten!

Intelligenz ist ein Kennzeichen von Problemlösungsfähigkeit, von Informationsaustausch, von Lernfähigkeit, von Erkenntnis und die Fähigkeit, ein Medium wie einen Computer oder ein Symbolsystem wie einen Text zu nutzen. Es gibt noch weitere Kennzeichen, wie die Fähigkeit der Abstraktion, die Fähigkeit, Verbindungen zwischen Dingen und Ereignissen herzustellen und logische Schlüsse zu ziehen. So können Elstern sich im Spiegel selbst erkennen, was dreijährigen Kindern selten gelingt.

Die geschilderten Fähigkeiten werden von vielen Insekten, Tieren und Pflanzen genutzt. Bienen und Ameisen verwenden deutlich eine Vorstellungskraft und innere Karten zur Orientierung. Bienen können auch Farben unterscheiden. Aber sie lassen sich nicht täuschen, wenn eine andere Farbe als die gewohnte den Weg zur Futterquelle anzeigt. Sie finden diese trotzdem.

Fische sind möglicherweise wesentlich intelligenter, als bislang vermutet wurde. Eine gegenwärtig an der im australischen Sydney gelegenen Macquarie University durchgeführte Studie hat gezeigt, dass Fische sogar eine einfache Form des Lesens beherrschen. Dabei identifizierten die Fische vom Menschen angefertigte Symbole, die für Essen oder andere Stimuli standen. In einem Test wurden die Fische in einem Irrgarten ausgesetzt, der mit verschiedenen Symbolen wie roten Dreiecken und blauen Kreisen versehen war. Wenn die Fische einem bestimmten Symbol folgten, wurden sie mit Essen belohnt. Alle Fische lernten letztendlich, dass ein bestimmtes Symbol bedeutet, gefüttert zu werden.[190]

Papageien im Amazonasgebiet haben kalkhaltige Mineralien entdeckt, die entgiftend wirken und die schädliche Wirkung der Nahrung paralysieren, die sie aufgrund ihrer Lebensumstände fressen müssen. Sie sammeln sich in großen Gruppen zu einer bestimmten frühen Tageszeit an den Felsen, welche diese Mineralstoffe enthalten, und stellen sogar Wächter ab, um sich gegen Feinde zu schützen. Rabenvögel wie Drosseln oder Krähen können sogar Werkzeuge herstellen, um an Futter zu gelangen. Um an einen leckeren, im Wasserbehälter treibenden Wurm zu kommen, werfen Saatkrähen sogar Steine in das Gefäß, damit der Wasserspiegel steigt.[191] In freier Wildbahn benutzen sie jedoch selten Werkzeuge, weil das nicht nötig ist.

Viele Tierarten leben in einer Umwelt, die ihnen Aufgaben stellt, die hoch spezialisierte mathematische Fähigkeiten erfordern. Zugvögel, Schmetterlinge, Wale, Meeresschildkröten und Langusten können Tausende von Kilometern zurücklegen, ohne die Orientierung zu verlieren. Sie haben keine Schwierigkeiten mit der Standort- und Kursbestimmung. Offenbar können sie diese sogar innerlich berechnen, wie Wissenschaftler meinen. Raben, Tauben, Papageien, Ratten, Löwen, Delfine, verschiedene Affenarten können sogar kleine Mengen auf einen Blick erfassen und auch Größenunterschiede im Gedächtnis behalten. Orang-Utans können sogar besser als Schimpansen einschätzen, wie viel Rosinen in einer Schale sind. Sie greifen immer zuerst nach der Schale, in der mehr Rosinen enthalten sind.[192] Es gibt auch Papageien, die richtig zählen können.[193]

Der Tannenhäher, ein Rabentier, ist der Gedächtniskönig im Tierreich: Er erinnert sich mühelos an 3000 Futterplätze. Um die Ernährung des Einzelvogels und seinen Anteil an der Jungenaufzucht zu gewährleisten, werden bei einem Tagesbedarf von ca. 115 Kiefernsamen pro Vogel durchschnittlich 6000 Verstecke mit bis zu 100 000 Samen im Jahr angelegt. Der Verbrauch der versteckten Samen folgt im Frühjahr bei der Schneeschmelze. Hierbei werden zuerst schneefreie Futterverstecke besucht, die ohne großen Energieaufwand aufzugraben sind. Allerdings schrecken auch Schneeverwehungen von bis zu einem Meter Höhe keinen Tannenhäher ab, erfolgreich nach seinen Depots zu suchen. Die Zielgenauigkeit, mit der die Tiere ihre Futterdepots auffinden, wird je nach Autor von 80 bis 95 Prozent beschrieben. Im Winter gräbt er bis zu 130 cm tiefe Löcher durch den Schnee, um zu den angelegten Vorräten zu gelangen.

Japanische Raben können sogar Menschen für sich arbeiten lassen: So beobachtete der Verhaltensforscher Nathan Emery, dass die Raben Tokios in der Rushhour gerne über viel befahrenen Kreuzungen kreisen. Dort lassen sie ihre gesammelten Nüsse auf die Straße fallen, damit diese von den darüber hinwegfahrenden Autos geknackt werden, das wäre schon schlau an sich – doch sie machen es noch geschickter: Die Raben lassen die Nüsse auf Zebrastreifen fallen, sodass sie ungefährdet die Früchte ernten können.[194] Und afrikanische Zebras können sich in die Gedanken der Löwen hineinversetzen und so voraussehen, ob sie selbst oder Antilopen oder Gnus auf dem Speiseplan der Löwen stehen. Ihre Verlustrate ist am geringsten unter diesen Tierarten.

Tintenfische oder Kraken haben die größten Gehirne unter den wirbellosen Tieren. Ihre Intelligenz wurde eingehend untersucht. Sie können in Labyrinthen laufen, aus geschlossenen Kesseln fliehen, in Kessel einbrechen und Hummer stehlen, Töpfe aufdecken und Krebse fangen, sie können sich selbst unsichtbar machen. Wenn sie sich ärgern, werden sie rot. Tintenfische besitzen eine halbe Milliarde Neuronen in ihrem Gehirn, nur 200-mal weniger als wir. Sie sind unzweifelhaft schlau, wenn sie Nahrung aus verschlossenen Plätzen herausholen können, eine Eigenschaft, die sonst nur Bären, Waschbären, Schweine und Menschen haben. Die Kraken können sich so verwandeln, dass sie ihre Umwelt täuschen und in Sekundenschnelle ihre körperliche Form, Farbe, Muster und sogar die

Hautstruktur verändern.[195] Besonders die achtarmigen Kraken sind sehr hoch entwickelte Tiere – sie sehen räumlich und farbig und sind äußerst lernfähig. Jetzt haben Neurobiologen herausgefunden, dass die Kraken ihre acht Arme deshalb auch sehr gut koordinieren können, weil in jedem der Arme 50 Millionen Neuronen auf zwei Meter Länge verteilt sind, sodass eine unabhängige Armbewegung jedes einzelnen Arms möglich ist.[196]

»Intelligenz ist gekennzeichnet durch anpassungsfähiges, variables Verhalten im Laufe der Lebenszeit eines Individuums«, sagt der Biologe Anthony Trewavas.[197] Sie entstand nicht erst mit dem Menschen, sondern evolvierte aus anderen Organismen. »Wenn die Evolution nicht das Ergebnis unabsichtlicher Mutationen und des Überlebens des Tüchtigsten ist, dann ist die Entstehung neuer Arten keine Frage des Zufalls. Das genetische Material entwickelt systematisch die Möglichkeit neuer Themen. In jedem Fall hält sie auf ein zuvor bestimmtes Ziel zu, genau wie das Wachstum des individuellen Organismus. Dies deutet auf Zielgerichtetheit hin.«[198]

Tiere haben für Zielgerichtetheit – d. h. auch absichtliches Verhalten – dieselbe Grundlage wie der Mensch. Sie steuern sich durch Sinneswahrnehmung und Vorstellungskraft.

Absichtsvolles Verhalten ist, wenn Vögel Nester bauen, um ihre Jungen aufzuziehen. Darüber hinaus können sie beträchtliche Intelligenz dabei entfalten, Räuber vom Nest abzulenken. »Ornithologen haben wiederholt beobachtet, was geschieht, wenn ein großer Eindringling, z. B. ein Mensch, sich dem Nest nähert, auf dem ein Schreiregenpfeifer oder Pfeifregenpfeifer brütet. Lange bevor ein Mensch oder ein anderes Säugetier den Vogel in seinem Tarnkleid oder seine Eier zu sehen vermag, kann der Vogel aufstehen und ein paar Meter vom Nest weggehen. Erst dann beginnt er mit seinem klagenden Rufen und läuft oder fliegt in irgendeine Richtung davon, nur nicht zum Nest.«[199]

Ein Vogel kann sogar beim Kriechgang umhertaumeln, der Schwanz schleift oftmals am Boden, und die Flügel sind leicht abgespreizt, der eine meist mehr als der andere, was ganz so aussieht, als sei er verletzt. Das wird als Demonstration des gebrochenen Flügels bezeichnet, und das gesamte Verhalten macht den Eindruck der Schwäche, Krankheit oder Verletzung, obwohl der Vogel völlig gesund ist. Mit solchen Tricks lockt der Vogel den Räuber weg vom Nest, manchmal bis zu 300 Metern, und fliegt dann plötzlich hoch und ohne Umwege zurück.

Tiere verhalten sich flexibel, sogar Insekten. Der Verhaltensforscher W. S. Bristowe beschreibt, wie netzbauende Spinnen ihr stereotypes Verhalten neuen Situationen anpassen. Sie sind auch in der Lage, andere Netze zu konstruieren, wenn nötig.

Taiwanesische Wissenschaftler haben jetzt eine Spinnenart gefunden, die ihre Feinde täuscht, indem sie »Doppelgänger« aus Eihüllen und Reste ihrer Beute baut. Sie webt eine oder mehrere davon in das Netz ein und führt so Fressfeinde in die Irre.[200] Unter dem Einfluss von psychoaktiven Substanzen entstehen sogar »psychedelische« Netzformen.

Der Tanz der Honigbiene ist nur dann sinnvoll, wenn sie durch den Tanz wirkliche Informationen weitergibt. Dies setzt voraus, dass die Tänzerin und ihre Artgenossen einen bestimmten Grad der Bewusstheit besitzen. Dasselbe Prinzip gilt für Tierwanderungen, Balzverhalten, Brutpflege, Beutefang und Fressverhalten, Selbstverteidigung und Kommunikation, alles absichtsvolle Handlungen, die eine zielgerichtete Intelligenz benötigen.

WOZU BRAUCHT DIE NATUR DEN MENSCHEN?

> *»Die Natur bildet den Menschen, er bildet sie um.«*
> *Johann Wolfgang von Goethe*

Beim Menschen hat sich Intelligenz auf besondere Weise weiterentwickelt. Intelligenz entwickelt sich jedoch nicht aus der
»Hardware«, es müssen Gegebenheiten vorhanden sein, die eine
Entwicklung und eine Lernfähigkeit möglich machen. Diese
muss trainiert werden, aber die Bedingungen dafür müssen angelegt sein. Es gibt Tiere, etwa Insekten, Vögel und Affen, die
wie Menschen Werkzeuge und Bauwerke herstellen können,
wenn sie diese benötigen, Tiere können miteinander kommunizieren und sich in Fischschwärmen so organisieren, dass sie
sogar Haie abwehren können. Otter jagen in Gruppen Krokodile, die sie ganz geschickt nur durch intelligentes Gruppenver-
halten verscheuchen können. Kaiserpinguine drängen sich eng
zusammen, um sich gegen den arktischen Winter zu schützen.

»Die Weisheit der vielen« wurde ja exemplarisch mit den
Ameisen und Termiten dargestellt. Auch mit Symbolen wie
Muster und Farben können Tiere etwas anfangen. Schimpansen oder Makaken können bewegte Objekte am Bildschirm
genau verfolgen, und bei ihnen sind sogar dieselben kortikalen
Areale aktiv wie beim Menschen. Dafür ist bewusste Aufmerksamkeit erforderlich. »Bewusstsein hat sich vermutlich parallel
zur Evolution großer, komplexer Gehirne entwickelt und ist
nicht auf den Menschen beschränkt. Anscheinend gibt es aber
Bewusstseinsformen, die nur der Mensch besitzt. Dazu gehören zumindest alle jene, die mit einer ausgearbeiteten, syntak-
tischen Sprache zusammenhängen, nämlich Nachdenken und
Sprechen über das eigene Ich und das Ich anderer. Aber auch
jene Formen von Bewusstsein, die in Zusammenhang mit einer
längerfristigen Zukunftsplanung stehen, dürften auf uns Menschen beschränkt sein.«[201]

Offenbar hat sich die Intelligenz des Menschen ebenfalls durch besondere Lebensumstände entwickelt. Die neueste These ist: Das Leben des *Australopithecus*, also eines frühen Vorfahren des heutigen Menschen, sei wesentlich von der ständigen Bedrohung durch Raubtiere geprägt gewesen. Hyänen, so groß wie Bären, streiften damals durch die Savannen Afrikas, Säbelzahntiger und zahlreiche andere Großkatzen machten Jagd auf Beute. Ohne Werkzeuge und Waffen konnte der frühe Mensch dieser Bedrohung nur seine Wendigkeit, seine Intelligenz und die soziale Stärke seiner Gruppe entgegensetzen. Gemeinsam konnten die frühen Menschen mögliche Angreifer früher entdecken, überlisten oder in die Flucht schlagen.

»Unsere Intelligenz, die Fähigkeit zur Zusammenarbeit und viele andere Fertigkeiten des frühen Menschen sind bei jenen Versuchen entstanden, den Angreifern zu entkommen«, erklärt der Anthropologe Robert Sussman von der Washington-Universität.[202] Erst mit der Verbreitung aufwendigerer Werkzeuge und der Nutzung des Feuers, die nach Sussmans Schätzung vor höchstens 800 000 Jahren begann, wandelte sich das Leben des Menschen allmählich. Dank neuer Zubereitungsarten konnte er jetzt auch größere Mengen Fleisch verzehren. Eine ausgereifte, systematische Jagd gab es dennoch frühestens vor 60 000 Jahren, schätzt der Anthropologe. Diese Erkenntnis widerlegt auch, dass der Mensch von Natur aus Jäger und Fleischfresser sei.

Über die Entstehung des Menschen wird eine Menge an Forschungen in Zeitschriften und Bücher veröffentlicht, wobei allerdings die »Abspaltung der Entwicklungslinie« vom Affen zum Menschen bisher völlig ungeklärt ist. Die Forschung geht davon aus, dass Urmenschen über Millionen von Jahren zusammen mit den Schimpansen, von denen sie abstammen sollen, gelebt und sich auch immer noch mit den Schimpansen geschlechtlich gekreuzt haben. Jüngste Genanalysen des Broad-Instituts, eines Zusammenschlusses der Hochschulen MIT und

Harvard im US-Staat Massachusetts, legen sogar nahe, dass eine erste Abspaltung noch wesentlich früher erfolgte und der gemeinsame Weg von Menschen- und Menschenaffenvorfahren länger dauerte und ungewöhnlicher verlief als bisher angenommen. Danach teilte sich eine frühe Affenart vom gemeinsamen Vorfahren bereits vor ca. zehn Millionen Jahren ab. Die unterschiedlichen Populationen vereinigten sich jedoch einige Jahrtausende später wieder und bildeten eine Mischpopulation, die zu Kreuzungen mit den Vorfahren tendierte. Es ergibt sich also ein komplizierter und sehr lange währender Prozess der Kreuzungen sich auseinanderentwickelnder Gruppen, bis eine erstmalige grundlegende Trennung der Schimpansenvorfahren und der Vorfahren des Homo vor ungefähr sechs bis fünf Millionen Jahren erfolgte.

Noch sensationeller sind die Behauptungen der Forscher, dass diese Trennung noch nicht definitiv war, sondern dass es danach noch gut vier Millionen Jahre bis zur endgültigen Aufspaltung von Mensch und Schimpanse dauerte, beide Arten also erst vor etwa 1,2 Millionen Jahren endgültig getrennte Wege gingen. Dies würden beim Menschen die X-Chromosomen belegen, die für die Bestimmung des Geschlechts wesentlich sind und die sich erst zu diesem späten Zeitpunkt in der für Menschen charakteristischen Form herausbildeten. Dieses konkrete Szenario blieb selbstverständlich nicht unwidersprochen, wirft aber ein neues Licht differenzierterer Betrachtungen auf den Prozess der Menschwerdung, was allgemein anerkannt wurde.[203]

Neuere Genuntersuchungen weisen darauf hin, dass Menschen eher mit Orang-Utans »verwandt« sind als mit Schimpansen. »Stammen« wir wirklich von Affen ab? Fakt ist: Es gibt nur genetische Ähnlichkeiten.

Hinsichtlich der Evolution des Menschen möchte ich mich noch auf zwei weitere bedeutendere Aspekte konzentrieren. Tatsache ist, dass das menschliche Gehirn sich erst vor rund einer Million Jahren wesentlich vergrößerte. »Das geschah so plötzlich«, schreibt Rita Carter[204], »dass die Schädelknochen nach außen geschoben wurden und so die hohe, flache Stirn und den gerundeten Kopf gebildet haben, die uns von den Primaten unterscheiden. Die Gebiete, die sich am meisten ausdehnten, waren jene, in denen gedacht, geplant, organisiert und kommuniziert wird. Die Entwicklung der Sprache war beinahe sicher das Sprungbrett für den Schritt vom Hominiden zum Menschen.«

Dabei dehnten sich beim kurzen Schritt vom *Homo habilis* zum *Homo sapiens* die Frontallappen des Gehirns um 40 Prozent aus und bildeten den Neokortex, das entscheidende Organ für intelligentes menschliches Denken und Handeln. Wie kann eine solche Veränderung, die wesentliche genetische Umbauten benötigt, in so kurzer Zeit vor sich gehen?

Ein weiteres Phänomen dabei ist das Entstehen der Fähigkeit zu sprechen. Ein erster bedeutender Schritt zu dieser Entwicklung hin war der aufrechte Gang. Auch in dieser Hinsicht wurde das menschliche Skelett von der intelligenten Evolution optimal für menschliche Erfordernisse entwickelt. Der Mensch hat eine bewegliche Wirbelsäule, kann Kopf, Arme und Beine, Füße und Hände geschickt koordinieren, alle Teile sind perfekt aufeinander abgestimmt. Es ist nun nicht so, dass die menschliche Struktur in dieser Hinsicht den Tieren überlegen wäre, der Unterschied liegt vielmehr in der aufrechten Haltung und der Gehfähigkeit auf zwei Beinen mit dem Kopf nach oben. Allein diese Struktur macht einen anderen Bezug zur Welt möglich als der Gang auf vier Beinen. Man bezeichnet diesen Frühmenschen daher auch als *Homo erectus*. Die aufrechte Körperhaltung allein wäre nicht ausreichend gewesen, sie erlaubte auch die Vergrößerung des Gehirnvolumens der Hominiden.

Der Erwerb von Sprache wird oft als Schlüsselmerkmal in der Evolution zum Menschen betrachtet. Erst durch diese Kommunikationsfähigkeit soll unser Urahn fähig gewesen sein, sich gegen all die Widrigkeiten auf der ganzen Erde auszubreiten. Im Vergleich zu den Vorläufern des *Homo erectus* ist dessen Gehirn nicht nur größer, sondern zeigt auch in der inneren Organisation deutlich Ausdehnungen im Stirnbereich und der linken Gehirnhälfte, in dem das Broca-Areal liegt, und außerdem im Wernicke-Areal, das große Bedeutung für das Sprachvermögen hat. Wir wissen heute, dass beide Areale die Voraussetzungen für die menschliche Sprachfähigkeit ermöglichten. Aber nicht nur das: Im Gegensatz zum Affen wanderte der Kehlkopf tiefer, sodass eine artikulierte Aussprache von Wörtern statt Grunzlauten möglich war.

Grundsätzlich kann gesagt werden, dass die Evolution mehrerer physiologischer und anatomischer Faktoren für die Entstehung und Verbreitung des *Homo sapiens*, des wissenden Menschen, notwendig war. Der spätere Homo war vor 400 000 Jahren schon recht geschickt im Umgang mit Werkzeugen. So hat man in Deutschland aus dieser Zeit sehr gut bearbeitete Holzspeere gefunden, die gezielt geworfen werden können. Ob dieser Mensch bereits sprechen konnte, weiß man natürlich nicht. Nach allem, was man weiß, begann die Entwicklung des modernen Kulturmenschen erst vor mindestens 160 000, vielleicht sogar schon vor 200 000 Jahren. Doch nennenswerte Spuren von irgendeiner weiterentwickelten Technik oder Kultur über einfache Speere und Steinwerkzeuge hinaus gibt es gerade mal seit 100 000 Jahren.

Erst dann ereignete sich der radikale Sprung in technologischer und kultureller Komplexität, der unsere Spezies so einzigartig macht: Offenbar ging diese Entwicklung auch einher mit der Fähigkeit zum symbolischen und sprachlichen Ausdruck. Der Mensch wurde sich selbst bewusst und entwickelte abstrakte und realistische Kunst, Körperschmuck, Musikinstrumente, aber auch fortgeschrittenere Jagd- und Fallenstellwerkzeuge wie Bogen, Bumerangs oder Netze. Dieser kulturell moderne Mensch zeichnet sich auch dadurch aus, dass er seine toten Angehörigen bestattete und Siedlungen errichtete. Ein Hinweis auf die Entstehung des Mitgefühls. Es wurden kleine, fein geschnitzte Figuren und Knochenflöten in einer Höhle der Schwäbischen Alb gefunden, die man auf 35 000 Jahre datiert. Einige Forscher meinen nun zu wissen, dass erfolgreiche Innovation weniger davon abhängt, wie schlau man ist, als vielmehr, wie gut die sozialen Verbindungen sind, die man hat. Das bedeutet, dass unser Vorfahre bereits eine bedeutende Bewusstseinsentwicklung hin zur Gemeinschaftsbildung erfahren hatte.

Was hat »die Evolution« im Sinn gehabt, um in diesem sehr kurzen Zeitraum eine solche Entwicklung voranzutreiben? Wie viele andere Probleme in der Evolutionstheorie entspricht dies nicht dem darwinschen Axiom der kleinsten und schrittweisen Veränderung in der Evolution. Dafür hätte es rein rechnerisch Millionen von Jahren bedurft, wenn nicht länger. Für solche Phänomene haben die Verteidiger der materialistischen Evolutionstheorie sich den Begriff der »spontanen Mutationen« ausgedacht. Doch wie ich schon ausgeführt habe, gibt es keine »spontane« Mutation, sondern nur eine gezielte, intelligent gesteuerte Entwicklung.

Spontane genetische Veränderungen können auch nicht von den Erkenntnissen der Genforschung gestützt werden, denn plötzliche und komplexe Sprünge in der genetischen Ausstattung der Zellen kommen praktisch nicht vor. Im Gegenteil: Der genetische Code ist nach den neuesten Forschungsergebnissen sehr flexibel ausgelegt. Er hat eine hohe »Fehlertoleranz«, doch auch diese ist eine kreative Leistung und ein Hinweis auf die Flexibilität innerhalb der Zelle. Plötzliche, unausgereifte Mutationen wären einfach nicht überlebensfähig. Eine Veränderung des Gehirns und der Anatomie in dem geschilderten Ausmaß erfordert eine ganze Reihe von Anpassungen des gesamten menschlichen Systems. Und dennoch ist dies offenbar in relativ kurzer Zeit geschehen.

Der angesehene Linguist Noam Chomsky macht klar, dass die Entwicklung der menschlichen Sprache nicht als ein direkter Schritt von der tierischen Kommunikation auftreten konnte. »Es scheint mir kein Grund zur Annahme zu bestehen, dass die menschliche Sprache nur ein komplexerer Fall von etwas ist, das anderswo in der Tierwelt gefunden werden kann«, schreibt er. »Das wirft ein Problem für den Biologen auf, denn falls dies zutrifft, ist es ein Beispiel für einen echten ›Entwicklungssprung‹ – für das Auftreten eines qualitativ anderen Phänomens auf einer spezifischen Stufe der Organisationskomplexität.«[205]

Nach Chomsky besitzen die Menschen eine in ihrem Gehirn angelegte Fähigkeit des sprachlichen Ausdrucks, für Grammatik und Syntax, die in kein gegenwärtiges Modell für den Erwerb dieser Eigenschaft passt. »In der Tat sind die Prozesse, aufgrund derer der menschliche Geist seinen gegenwärtigen Grad an Komplexität erreicht und die spezielle Form seiner angeborenen Organisation ausgebildet hat, vollkommen mysteriös... Man geht durchaus nicht fehl, wenn man diese Entwicklung einer ›natürlichen Selektion‹ zuschreibt, solange man in Rechnung stellt, dass mit dieser Annahme nichts Substantielles behauptet wird, sondern dass sie vielmehr auf nichts anderes hinausläuft als auf die Überzeugung, dass es irgendeine naturwissenschaftliche Erklärung für diese Phänomene gibt.«[206]

Wie bei den besonderen Federn der Vögel ist die Sprachfähigkeit des Menschen und damit verbunden eine umfangreichere Bewusstseinstätigkeit ein evolutionärer Schritt, der ohne besondere Neuordnung und Umstrukturierung in der ganzen genetischen und epigenetischen Ausstattung nicht möglich wäre. Damit der Kehlkopf und die damit zusammenhängenden Gehirnareale sich ausbilden konnten, benötigte es einen besonderen »Eingriff« der intelligenten Natur. Doch »es ist schwer, fünfdimensionale Konzepte in einer Sprache zu vermitteln, die sich entwickelte, um die Affen auf dem nächsten Baum zu verhöhnen«.[207]

Wer hat also den Kehlkopf so eingebaut, dass die Sprache entwickelt werden konnte? Die besonderen Eigenschaften der Sprache werde ich noch eigenständig besprechen.[208]

NEUE FELDER ENTSTEHEN

> *»Der Prozess der Wirkung einer*
> *immateriellen Informationsgestalt auf einen*
> *lebenden Körper mit seinen Energiepotenzialen*
> *ist für den bioenergetischen Prozess wesenhaft.«*
> Karl-Klaus Madert[209]

Die Quantenphysik hat im Gegensatz zur Biologie das atomistische Denken aufgegeben. Es gibt nur noch Felder, die sich durch gegenseitige Schwingungen – also Wellen – überlagern und miteinander Informationen austauschen. Streng genommen gibt es auch keine zeitlich mit sich selbst identischen Objekte. Ich zitiere hier den Physiker Hans-Peter Dürr, der das Ganze sehr schön auf den Punkt bringt: »Es gibt damit im Grunde auch nicht mehr die für uns so selbstverständliche, zeitlich durchgängig existierende, objektivierbare Welt ... Es eröffnet sich vielmehr nur ein *Feld von Möglichkeiten*, für deren Realisierung sich bestimmte Wahrscheinlichkeiten angeben lassen. Das zukünftige Geschehen ist in seiner zeitlichen Abfolge nicht mehr determiniert, nicht mehr eindeutig festgelegt, sondern es bleibt in gewisser Weise *offen*. Das Naturgeschehen ist dadurch kein mechanisches Uhrwerk mehr, sondern hat den Charakter einer fortwährenden Entfaltung. Die Schöpfung ist nicht abgeschlossen – die Welt ereignet sich gewissermaßen in jedem Augenblick neu.«[210]

Dasselbe gilt auch auf der Ebene der Chemie der Moleküle. Die meisten Menschen, aber auch viele Molekulargenetiker und Biochemiker, haben immer noch das Bild eines DNA-Moleküls

aus miteinander verbundenen Billardkugeln, um es ein wenig
polemisch zu sagen, weil dies die allgemeinverständliche Darstellung im Fernsehen und der Schule ist. Die Leute, die mit
Genen forschen, wissen natürlich, dass die DNA komplizierter
aufgebaut ist. Genauso wie die innere Bewegung im geschilderten Wassermolekül gibt es auch innerhalb der Zelle eine fort-
laufende Bewegung aller Teile. Ständig werden neue Proteine
hergestellt, die sich auf kleinstem Raum in sehr charakteristi-
scher Weise falten, damit sie Platz haben. Sie falten sich hauptsächlich zu spiralig geschraubten Helixstrukturen und zu flachen Bändern.

»Mit den Proteinen erwirbt die Welt der Moleküle magische
Kräfte. Wir haben es hier nämlich mit der Möglichkeit zu tun,
dass ein Stoff lebendig wird.«[211] Proteine sind mobile Mole-
küle! Ein Beispiel sind die Muskeln, die daraus aufgebaut sind.
Wenn sich die Muskelproteine nicht durch Verkürzung und
Verlängerung bewegen könnten, wären wir starr wie ein Baum.

Doch diese Bewegung ist noch mehr: Es ist die koordinierte
Bewegung vieler Millionen von Molekülen. In der Zelle geht es
zu wie am Hamburger Hafen. Handelswaren kommen an, müssen zugeordnet, zwischengelagert und losgeschickt werden. Im
Großen wie im Kleinen ist es von großer Bedeutung, Stau und
Kollisionen zu vermeiden, denn diese Transportprozesse sind
lebenswichtig für jeden Organismus. Für den Transport in der
Zelle sorgen Motorproteine, die wie kleine Containerwagen
ihre Waren hin und her befördern. Sie benötigen Transport-
schienen, ohne die sie ziellos im Zytoplasma treiben würden.
Diese Rolle übernehmen unter anderem die Mikrotubuli, lange
fadenförmige Strukturen mit etwa 25 Nanometer Durchmesser
und mehreren Mikrometern Länge, die sich durch die ganze
Zelle ziehen. Die Motorproteine, für die Kinesin-1 ein bereits
gut erforschtes Beispiel ist, bestehen aus Kopfgruppe, Mittelteil
und Schwanz. Sie sind erheblich kleiner als ihre Transport-
schienen. Durch aufwendige Untersuchungen haben Wissen-

schaftler nun herausgefunden, dass der Abstand 17 Nanometer beträgt, den die Transportmoleküle einhalten. Die meisten Teile, die in der Zelle zu Hindernissen werden, sind kleiner als dieser Zwischenraum. So scheinen es die raffinierten Motorproteine zu schaffen, Cargo ohne jegliche Widerstände oder Verhakungen zum Ziel zu bringen.[212]

Proteine sind auch wesentlich daran beteiligt, dass ein Körper und eben auch ein Mensch entstehen können. Beim Menschen und höheren Wirbeltieren enthalten sowohl das Spermium wie auch die Eizelle jeweils einen Satz Chromosomen mit dem Erbgut. Treffen sich beide, verschmelzen sie miteinander. Anschließend vereinigen sich die Zellkerne mit ihrem genetischen Code. Bevor aber ein Spermium die Befruchtung überhaupt beginnen kann, erfährt sein Erbgut zweimal eine massive Konformitätsänderung. Wie in allen anderen Körperzellen ist auch die DNA der Spermien mit sogenannten Histonen bedeckt. Diese Proteine ordnen das Gewirr der langen DNA-Stränge, indem sie diese viele Tausend Male aufwickeln. Die gesamte DNA mit zwei Metern Länge wird so auf wenige Mikrometer verkleinert. In heranreifenden Spermien wird das Erbgut mithilfe von Protaminen, welche die Histone ersetzen, dann noch dichter zusammengeknäuelt! Nach dem Eindringen des Spermienmaterials bekommt die Eizelle das Signal, um ihre begonnene Reifungsteilung, die Meiose, zu beenden. Die Eizelle reduziert mit der Meiose ihren Chromosomensatz um die Hälfte und entsorgt die überflüssige Hälfte.

Indem also für die vollständige Reifung der Eizelle ein Spermium anwesend sein muss, verhindert die Natur die Selbstbefruchtung. Nun hat man herausgefunden, dass ein bestimmtes Molekül verhindert, dass verschiedene wichtige Steuerungselemente der Meiose abgebaut werden. Die wichtigen Signale, die dazu führen, dass schließlich das Spermium von der Eizelle überhaupt wahrgenommen wird und zur Vollendung der Meiose führt, sind die Kinaseproteine.[213]

Außerdem müssen wir berücksichtigen, dass bei jedem Prozess der Neubildung von Aminosäuren und Proteinen ebenfalls die Wahrscheinlichkeitswellen der zugrunde liegenden quantenphysikalischen Struktur beteiligt sind. Und diese tragen die grundlegende Information, welche die Kohärenz des ganzen Prozesses sichert, sodass während all dieser komplexen Abläufe alles an seinen richtigen Platz kommt.

Wissenschaftler fragen sich auch, warum Organe eine bestimmte Größe bekommen und nicht zu willkürlich großen oder kleinen Formen heranwachsen. Aurelio Teleman, Nachwuchswissenschaftler im Deutschen Krebsforschungszentrum, forscht nach Signalübertragungen, die für Wachstumsfaktoren verantwortlich sind. Er ist überzeugt davon, dass es außer Hormonen »noch mehr Kontrollelemente geben muss«. Er erklärt dies an einem Beispiel: »Wenn Sie Ihre rechte und linke Hand miteinander vergleichen, sind sie fast gleich groß, obwohl sie während ihrer Entstehung nicht miteinander kommunizieren konnten. Sie stammen von getrennten Zellgruppen, die sich während der Entwicklung vermehrt und zu einem bestimmten Zeitpunkt damit aufgehört haben. Hätten die Zellen einer Hand ihre Vermehrung nicht zum richtigen Zeitpunkt beendet und nur eine weitere Zellteilungsrunde durchlaufen, wäre eine Hand doppelt so groß wie die andere.« So kommt er zu der Schlussfolgerung: Es muss eine ausgeklügelte Instanz geben, welche die Größe der Zellen und Gewebe von Beginn des Lebens an reguliert.[214]

Welche Information ist nun daran beteiligt, dass sich bestimmte, voneinander unterscheidbare Formen und Gestaltungen von Bakterien bis hin zu Menschen ausbilden? Der Biologe Rupert Sheldrake provozierte die Wissenschaftsgemeinde vor vielen Jahren, als er dafür ein »morphogenetisches Feld« postulierte. Die Idee ist natürlich älter, wie viele Ideen, doch er führte sie in zeitgemäßer Sprache aus und konnte seine Hypothese vielfach belegen und die älteren Vorstellungen weiterentwickeln: »Der Gedanke, dass morphogenetische Felder ein Gedächtnis beinhalten, ist der Ausgangspunkt für die Hypothese der Formbildungsursachen. Ich stelle diese Hypothese auf, weil ich denke, dass sie uns zu einem wirklich evolutionären Verständnis des Lebendigen hinführen kann.«[215]

Er geht davon aus, dass morphogenetische Felder physikalisch genauso real sind wie die Felder in der Physik. »Jede Art von Zellen, Geweben, Organen und Organismen besitzt ihre eigene Art von Feldern. Diese Felder gestalten und organisieren die Entwicklung von Mikroorganismen, Pflanzen und Tieren und stabilisieren die Form des ausgewachsenen Organismus. Dies können sie aufgrund ihrer eigenen räumlich-zeitlichen Organisation.«[216]

Die Struktur dieser Felder wird seiner Meinung nach nicht bestimmt von transzendenten, platonischen Ideen oder zeit losen mathematischen Formeln, sie ergibt sich aus den tatsächlichen Formen ähnlicher Organismen der Vergangenheit. Jeder Organismus, der einmal entstanden ist, jeder Pilz, jede Blütenpflanze, bringt ihre Form in das kollektive Gedächtnis des morphogenetischen Felds ein, stabilisiert es dadurch und macht so möglich, dass sich die nachfolgende Formbildung daran orientieren kann. Es ist eine Art Gewohnheitsstruktur. Die jeweilige Übertragung der Information geschieht durch die »morphische Resonanz«, die wiederum auf Ähnlichkeiten beruht, wie Schwingungen, die in Resonanz miteinander treten. Auf diese Weise steht eine sich entwickelnde Fingerhutpflanze in morphischer Resonanz mit zahllosen früheren Pflanzen ihrer Art, und diese Resonanz formt und stabilisiert ihr morphogenetisches Feld.[217]

Sheldrake sieht die Resonanz jedoch nicht als physikalische wie bei Schallwellen, sondern als einen nicht energetischen Informationstransfer. Dennoch zeigen diese Resonanzen rhythmische Muster, Schwingungen, die wir ja auch in der Wellenstruktur der »Materie« finden. Alle lebendigen Formen sind rhythmisch durchpulst, Zellen teilen sich zyklisch, das Herz hat einen bestimmten Rhythmus, das Gehirn arbeitet in Rhythmen und bringt so die bekannten Gehirnfrequenzen hervor, die man sogar durch Oktavierung in Musik transformieren kann. Dazu mehr im 6. Kapitel.

»Die Hypothese der Formbildungsursachen besagt nun, dass sich zwischen solchen rhythmischen Aktivitätsstrukturen eine morphische Resonanz bildet, wenn sie einander ähnlich sind, und aufgrund dieser Resonanz können die Aktivitätsmuster vergangener Systeme die Felder der folgenden beeinflussen. Morphische Resonanz beinhaltet eine Fernwirkung sowohl *räumlicher als auch zeitlicher Art*.«[218] Es könnte aber auch sein, dass es gar keine »Fernwirkung« gibt, sondern die Strukturen im morphogenetischen Feld unmittelbar im Sinne der Nichtlokalität verfügbar sind.

Sheldrake räumt ein, dass er nicht erklären kann, wie die ersten Felder der Morphogenese aufgetreten sind, ein Problem, das aber auch auf die heute akzeptierten epigenetischen Organisationsprinzipien der DNA zutrifft. Das morphogenetische Feld für ein chemisches Element, einen Kristall oder eine Polypeptidkette der DNS muss ja bereits vorher vorhanden sein. Die morphische Resonanz kann auch nicht die kreativen Formbildungsfelder erklären, d. h. neue Entwicklungen. Dieses Problem lässt sich – auch für die in der materialistisch eingestellten Biologie ungeklärten Formbildungsursachen – nur klären, wenn wir ein Organisationsprinzip annehmen, das auf einem *nicht lokalen Bewusstseinsfeld* beruht. Die Kreativität wirkt innerhalb eines Bewusstseinsfelds und verändert die Kontexte des Lernens in den Programmen der lebenden Zelle.

Vermutlich spielen hier auch die 95 Prozent der ungenutzten Codone in der DNA eine Rolle, weil ja die Vielfältigkeit der lebendigen Formen durch spontane Sprünge entsteht. Es muss also dafür eine Neuorganisation innerhalb des DNA-Moleküls und der Zelle im Allgemeinen möglich sein, und diese Möglichkeit kann nur realisiert werden, wenn die DNA-RNA-Struktur ausreichend flexibel ist.

Die einzelne Zelle und die größeren Zellverbände mit ihrer DNA sind keine programmierten Computer. Wenn wir aber davon ausgehen, dass der »Zellcomputer« eine Quantenkomponente enthält, dann ist die Nichtlokalität der Felder kein Problem mehr.

»Es ist leicht nachzuvollziehen, dass biologische Korrelationen in der Morphogenese sich nicht nur über räumliche Entfernungen hinweg entfalten, sondern auch im Laufe der Zeit. Die Entfernungskorrelationen lassen sich ohne Weiteres als das Spiel der Quantennichtlokalität verstehen, aber wie steht es mit den zeitlich sich erstreckenden Korrelationen? Wie sich herausstellt, sind auch sie das Spiel der Quantennichtlokalität. Dieses besondere Spiel heißt ›verzögerte Auswahl‹.«[219]

Und weiter sagt der Quantenphysiker Amit Goswami: »Der Begriff der verzögerten Auswahl – dass Möglichkeiten so lange warten müssen, bis das Bewusstsein eine Wirklichkeit unter ihnen auswählt – ist ganz wichtig für das Verständnis nicht nur der Morphogenese, sondern auch des kreativen Quantensprungs in der Evolution sowie der Frage, wie Evolution und Morphogenese zusammenwirken.«[220]

Denn hierbei geht es um nichts anderes als darum, wie die kreativen Möglichkeiten im Experimentierlabor des nicht lokalen, nicht zeitlichen Bewusstseinsfelds in die Makroebene der Gestaltungen umgesetzt werden.

Das Erscheinen neuer morphogenetischer Felder geschieht sprunghaft und spontan. Dabei werden bereits erarbeitete Formen und Strukturen, wie z. B. der erwähnte Kehlkopf des Vogels, in andere Felder übertragen. Die morphogenetischen Felder sind Ganzheiten – Holons –, sie lassen sich nicht in Teile zerlegen und sie erscheinen plötzlich. »Ganzheiten jeder Größenordnung können nur ganz oder gar nicht existieren wie die

Quanten in der Physik; es liegt in ihrer Natur, dass sie nicht nach und nach ins Sein treten können. Natürlich gibt es daneben auch eine Kontinuität neu entstandener morphischer Felder mit früheren. Alle neuen Felder umfassen untergeordnete morphische Einheiten, die bereits früher existierten und nun durch die übergeordnete Organisationskraft des neuen Felds zueinander in Beziehung treten.«[221]

Wie schon ausgeführt, findet sich in unterschiedlichen Lebewesen eine Reihe von ähnlichen und gleichen Bauelementen. Johann Wolfgang von Goethe hat in seinen Schriften zur Botanik sehr deutlich gezeigt, dass bereits im Wachstum einer Pflanze eine Metamorphose von einfachen zu komplexeren Gestaltungen geschieht. »Die geheime Verwandtschaft der verschiedenen äußeren Pflanzenteile, als der Blätter, des Kelchs, der Krone, der Staubfäden, welche sich nacheinander und gleichsam auseinanderentwickeln, ist von den Forschern im Allgemeinen längst anerkannt.«[222]

Das Spannende an Goethes Pflanzenbeobachtungen ist jedoch, dass er aufzeigt, dass jede Pflanze das »Feld« (das es zu seiner Zeit noch nicht gab) der Urpflanze in sich trägt. Wir haben zwar Hunderttausende von Pflanzenarten, doch alle haben die Grundelemente dieser Urpflanze in sich, dasselbe gilt auch für andere Lebewesen und Arten. Es sei nur noch eines gesagt: Die Pflanzen und Tiere, die sich aus den »Urwesen« entwickelt haben, können in mehrere nacheinander und aufeinander aufbauende Strukturen oder »Bauelemente« gegliedert werden. Es ist nicht so, dass sie auseinander heraus entstehen, sondern jede neue Form benutzt viele Bauelemente einer niedrigeren Form.[223]

»In der lebendigen Natur geschieht nichts, was nicht in einer Verbindung mit dem Ganzen stehe, und wenn uns die Erfahrungen nur isoliert erscheinen, wenn wir die Versuche nur als isolierte Fakta anzusehen haben, so wird dadurch nicht gesagt, dass sie isoliert seien, es ist nur die Frage: Wie finden wir die Verbindung dieser Phänomene, dieser Begebenheiten?«[224]

Der Schlüssel zu Goethes Ansatz zum Verstehen der organischen Welt liegt in der Perspektive der »Vielheit in der Einheit«, der Dimension des Einen.

Diese Perspektive sollte nicht missverstanden werden als »Einheit in der Vielheit«, das sind zwei verschiedene Sichtweisen. Wenn wir nur Goethes Idee einer »Urpflanze« nehmen, wird deutlich, dass es zwar viele Pflanzen gibt, ihre Grundstruktur sich jedoch aus der Einheit heraus entfaltet. Diese Einheit ist in unserer Terminologie das schöpferische Feld des Bewusstseins, in dem kreativ die neuen Formen ausgearbeitet und dann durch spontane »Transformationen« auf der sichtbaren Ebene manifestiert werden. Mit Goethes Ansatz werden dafür nicht sehr viele Grundstrukturen benötigt. Im Grunde nimmt Goethe die DNA-Struktur vorweg, weil darin durch einfache »Buchstabenkombinationen« vielfältige Ausformungen möglich sind.

»Da im Wissen sowohl als in der Reflexion kein Ganzes zusammengebracht werden kann, weil jenem das Innere, dieser das Äußere fehlt, so müssen wir uns die Wissenschaft notwendig als Kunst denken, wenn wir von ihr irgendeine Ganzheit erwarten.«[225]

5 BIOSPHÄRE EINS –
WENN GAIA IHRE MUSKELN ZEIGT

> *»Die Verbindungen zwischen den
> Elementen eines Systems sind nicht weniger
> bedeutsam als die Elemente an sich.«*
>
> John G. Bennett

Wenn wir die natürliche Evolution auf der Erde studieren und ihre Bedeutung über die Entstehung des Menschen hinaus verstehen wollen, sollten wir uns im Klaren darüber sein, dass »Evolution« eine weit größere Rolle spielt als die biologische Entwicklung des Lebens. Mit der Evolution des Lebens setzte eine neue Entwicklung über die physikalischen und chemischen Prozesse ein, welche die Erde geformt haben. Leben brachte eine völlig andere Dynamik und Wechselwirkungen in die Gestaltung des Planeten hinein.

Die »Biosphäre«, die sich in höchst komplexer Form im Laufe der Evolution entwickelte, ist zu einem größeren, eigenständigen »Organismus« geworden, einer neuen Ganzheit, die nicht mehr nur aufgrund ihrer unzähligen Einzelteile betrachtet werden kann.

Man kann mit gutem Recht behaupten, dass mit der Biosphäre die ganze Natur zu einem »Sinnesorgan« der Erde wurde, das auf großartige und vielfältige Weise miteinander vernetzt und aufeinander abgestimmt ist. Die Biosphäre ist ein Organismus mit einer eigenen Wahrnehmung, vergleichbar mit einem Wald, der mehr ist als alle Bäume und Tiere, die den Wald bevölkern.

DIE ERDE – DAS GRÖSSTE LEBEWESEN

»Die ganze Menschheit ist eine Einheit –
nicht durch sich selbst, sondern durch
die Vermittlung des ganzen Erdenreiches.«
Gustav Theodor Fechner[226]

Was hat sich die »Göttin Evolution« dabei gedacht, als sie den Menschen erfunden hat? Für die Biosphäre und die Ökologie auf der Erde wäre dieser vom Standpunkt der Evolutionstheoretiker nicht unbedingt gebraucht worden, für den Zoologen Stephen Jay Gould ist der Mensch nur ein Lebewesen unter allen anderen ohne größere Bedeutung. Doch Gould ist eben Zoologe und kein Anthropologe.

Tatsächlich kommt die Erde bestimmt ohne den Menschen aus, aber wir nicht ohne die Erde! Wenn man die Artenvielfalt so ansieht, könnte man das beinahe meinen. Doch es hat sich im Gegensatz zu allen anderen Tierarten keine Artenvielfalt der Menschen entwickelt – wenn man von den Haut- und Augenfarben und vielfältigen Meinungen und Glaubensvorstellungen in den Köpfen der Menschen absieht. Das hat sicherlich einen Grund. Offenbar wollte die kreative Intelligenz *ein* Wesen erschaffen, das für die Evolution der Erde eine wichtige Rolle spielen sollte. Die Evolutionsgeschichte kann deshalb nur zusammen mit der biologischen und geologischen Entwicklung auf der Erde gesehen werden, wenn wir das größere Ganze wahrnehmen und verstehen wollen.

Dieses größere Ganze ist das Lebewesen »Erde«, das manche auch als »Mutter Erde« oder griechisch »Gaia« bezeichnen. Im Mythos zeugt sich Gaia selbst aus Himmel und Meer. »Mutter« suggeriert ein Wesen, das ihre Kinder liebt – unsere Erde ist jedoch nicht nur liebevoll, sie kann nach menschlichen Maßstäben auch grausam sein, denken wir nur an Erdbeben oder Tsunamis, die im Gegensatz zum heutigen Klima nicht von

Menschen gemacht oder beeinflusst sind. Im Großen und Ganzen jedoch ist Mutter Erde voller Liebe, denn sie stellt allen Lebewesen ausreichend Luft, Wasser, Nahrung zur Verfügung – und eine große, geräumige Wohnung, die nur an einigen Stellen nicht gut klimatisiert ist. Wenn wir die Erde als Lebewesen betrachten, sollten wir uns unbedingt klarmachen, dass es hierbei um eine völlig andere Größenordnung geht, die weit über das pflanzliche und tierische Leben hinausreicht.

Stellen Sie sich einmal vor, der Mensch sei ein Organ dieses größeren Wesens, der Erde. Wenn sich das Bewusstsein parallel zur Evolution von größeren und intelligenteren Gehirnen entwickelt hat, wie Gehirnforscher vermuten, dann wären die sechs Millionen menschlicher Gehirne auf der Erde womöglich die Schnittstellen für das Bewusstseinsfeld der Erde. So, wie jede einzelne Zelle im Körper in Verbund mit anderen Zellen in Sekundenbruchteilen fortwährend Entscheidungen treffen muss, um z. B. das Immunsystem in Gang zu setzen oder Adrenalin auszustoßen, sollten wir den Verbund der menschlichen Gehirne auch sehen. Diese Betrachtungsweise würde sehr helfen, endlich alle Konflikte, Streitigkeiten und Kriege unter den Menschen aufzugeben.

Natürlich gibt es auch im Zellverband Unzulänglichkeiten, Fehlfunktionen und – bestimmt häufiger, als wir wissen – auch Fehlentscheidungen. Insofern ist der Mensch ebenso kein perfekter Teil der Erde. Aber er ist durch seine besondere Entwicklung in der Lage, Erkenntnisse zu gewinnen und vernunftgemäß zu handeln. Doch außer in wenigen Gehirnen hat sich diese Erkenntnis wohl noch nicht entwickelt und ausreichend verbreitet. Wir hatten ja auch nur 40 000 Jahre Zeit dafür. Darum wird es in Zukunft mehr denn je notwendig sein, genau zu erforschen, welche Rolle wir Menschen tatsächlich in einem größeren Lebewesen haben, in dessen Körper wir eingebettet sind, und wie wir unser Bewusstsein von diesem Ganzen entwickeln können.

Wenn wir die Erde als Lebewesen betrachten, sollten wir dies nicht vom menschlichen Standpunkt allein beurteilen. Zusammen mit dem Leben ist die Erde mehr als nur eine tote Kugel, die im Weltall herumfliegt. Und tatsächlich fliegt unser Sonnensystem sogar in der günstigsten Kreisbahn in der richtigen Entfernung um das Zentrum der Galaxie, wie NASA-Wissenschaftler berechnet haben.

Es gibt noch eine Reihe anderer »Naturkonstanten«, die für das Leben notwendig sind. Dennoch behaupten materialistisch gesinnte Wissenschaftler immer noch, dass »der Bereich der möglichen Werte praktisch unendlich groß« sei.[227] Damit wird versucht, die bestehende »Feinabstimmung« herunterzureden.

Es spielt meiner Ansicht nach jedoch keine Rolle, »wie« die von vielen Wissenschaftlern anerkannte Besonderheit der Erde gekommen ist, wichtig ist vielmehr, dass sie im Gegensatz zu den meisten Planeten, die wir kennen, so hochkomplex ist, dass hier auf der Erde intelligentes Leben entstehen konnte. Und beides zusammen lässt sich nicht durch eine Anhäufung von Zufällen erklären, auch nicht damit, dass bei anderen Bedingungen andere Lebensformen entstanden wären. Können diese Leute nicht einfach zugestehen, dass das Leben auf der Erde so besonders ist, wie es ist, und dass dies eine Bedeutung hat?

Wenn ich die Erde als ein Lebewesen bezeichne, dann nicht nur deshalb, weil es Leben auf der Erde gibt. Das Leben auf der Erde, die gesamte Biosphäre, Mikroben, Insekten, Pflanzen, Pilze, Tiere sind mehr als ein »Inhalt« und eine »Bedeckung« der Erdoberfläche. Klima, Atmosphäre und viele andere Faktoren spielen für die Biosphäre eine Rolle – und alles ist sehr fein aufeinander abgestimmt!

Die Erde hat sich ihr eigenes Bewusstseinsfeld erschaffen, das mit allen Lebensaktivitäten auf ganz enge Weise verwoben ist und diese steuert. Im Verhältnis zur Größenordnung der Erde und zum Bewusstsein der Erde sind wir kleiner als Ameisen. Alles ist eine Frage der Relativität des Standpunkts. Einige

Astronauten haben durch den Blick aus 300 km Entfernung auf den »blauen Planeten« schon ihre Ergriffenheit geäußert. Mit »Google Earth« können wir inzwischen selbst an deren Eindrücken teilhaben!

Offenbar erschafft die Erforschung des Weltraums ein neues Bewusstsein für solche Überlegungen. Der englische Wissenschaftler James Lovelock arbeitete in den 70er-Jahren des letzten Jahrhunderts ebenfalls bei der NASA. Seine Erkenntnisse über die Atmosphärenzusammensetzung auf verschiedenen Planeten brachten ihn zusammen mit der Biologin Lynn Margulis zu der Hypothese, *dass sich das Leben auf der Erde nicht einfach an die gegebenen Bedingungen anpasst, sondern mit dem ersten Auftreten von Bakterien, also Leben, auch die Umweltbedingungen beeinflusst, um diese wiederum dem Leben anzupassen.*

Für die orthodoxe Wissenschaftsgemeinde war diese These so revolutionär – obwohl sie noch im materialistischen Rahmen des wissenschaftlich »Akzeptablen« formuliert wurde –, dass man sie sofort in Bausch und Bogen ablehnte. Später, als immer mehr Fakten die These stützten, hat man die Theorie auf die materialistische Komponente reduziert.[228]

Dabei ist es gesichertes Wissen, dass Bakterien und Pflanzen die Zusammensetzung der Erdatmosphäre so verändern, dass sie ohne größere Schwankungen konstant gehalten wird und auch die Temperatur innerhalb gewisser Grenzen bleibt, die für die Erhaltung des Lebens auf der Erde von grundlegender Bedeutung ist. Lovelock schloss daraus, dass die Erde als lebendiges System betrachtet werden muss, das seine lebenswichtigen Variablen wie ein Organismus selbst reguliert.

Das Bewusstsein machte er allerdings nicht zum Teil seiner Theorie. Im menschlichen Körper gibt es viele unbewusste, autonome Systeme, die zum größten Teil nicht bewusst gesteuert werden können. So ist es sicherlich auch bei Prozessen in und auf der Erde. Dinge, die automatisch ablaufen können, müssen nicht bewusst gesteuert werden. Bewusstsein ist für andere Aspekte notwendig. Wenn ich von einem Bewusstseinsfeld der Erde spreche, meine ich ein universales Feld, das vergleichbar mit der Erdatmosphäre die Erde umspannt oder darin enthalten ist und zugleich auch mit seinen »Bewusstseinsquanten« alles durchdringt. Vielleicht wäre es im Zusammenhang des organischen Lebens genauer, von einem »sensitiven Feld« zu sprechen, darauf komme ich noch zurück. In vielen Dingen sind diese Informationen weniger gegenwärtig, in anderen Dingen und Ereignissen höchst konzentriert. Manchmal ist das Bewusstseinsfeld mit Individuen verbunden, manchmal mit Ereignissen oder Steuerungsprozessen. Deshalb dürfen wir den Bewusstseinsaspekt als Teil des lebendigen Systems »Erde« nicht außer Acht lassen.

Die Betrachtung der Erde als lebendigen Organismus, der mit eigenem Bewusstsein ausgestattet ist, gibt es als mythische und spirituelle Vorstellung schon seit Jahrtausenden. Doch im 19. Jahrhundert stellte der deutsche Physikprofessor und Mediziner Gustav Theodor Fechner (1801–1887) diese These unter der Bezeichnung »Psychophysik« auf eine wissenschaftliche Basis – die im Gegensatz zu James Lovelock eben auch die Sinne und das Bewusstsein mit einbezog.

Fechner formulierte es 1851 so: »Alle Teile der Erde bilden wie die unseres Leibes ein in sich zusammenhängendes, durch eine bestimmte Gestalt äußerlich abgeschlossenes einheitliches Ganzes. (...) Wie unser Leib, so besteht auch die Erde aus festen, flüssigen und luftförmigen Stoffen, die aber nicht gleichmäßig durcheinandergemischt, sondern in scharf umrissene Gebiete gegliedert sind, als da sind: der glutflüssige Kern der Erde, die feste Schale darum, das Meer, die Atmosphäre, das organische Reich und hierin wieder die einzelnen Pflanzen, Tiere und Menschen.«[229]

Wie Lovelock 120 Jahre später, spricht auch Fechner von einer Erdphysiologie, die wie ein Mensch aus allen Teilsystemen wie

Skelett, Zellen, Muskeln, Blutkreislauf, Sauerstoffkreislauf, Nervensystem und Gehirn besteht. Schon bei Fechner finden wir die Grundzüge der gemeinsamen Entwicklung von Erde und Natur: »Die Erde hat ferner einen ähnlichen Entwicklungsgang gehabt wie unser Leib. Sie hat sich nach der herrschenden Lehre vorzeiten aus einer größeren Masse losgelöst und durch innere Kräfte selbst gestaltet, und sie fährt fort, ihre äußere Gestalt immer feiner zu entwickeln. Zu dieser Fortentwicklung der Erde gehört sowohl die Entstehung der Organismen auf ihrer Oberfläche wie alles, was durch die Tätigkeit des Menschen und der übrigen organischen Wesen auf der Erde neu geschaffen ist.«[230]

Ein weiterer interessanter Aspekt ist Fechners Darstellung, dass »die Erde uns selbst ganz in ihre Innenwelt einschließt, während wir sie als unsere Außenwelt fast ganz ausschließen ...«

Das ist auch der Grund dafür, dass wir kaum in der Lage sind, uns als Teil oder Organ des größeren Lebewesens wahrzunehmen. »Bei aller Ähnlichkeit zwischen unserem Bewusstsein und dem uns übergeordneten Bewusstsein (der Erde) gibt es nun doch einen wichtigen Unterschied: Unser Bewusstsein ist so eng, dass die Vorstellungen darin mehr nacheinander als nebeneinander unterscheidbar auftreten und ablaufen.«[231]

Um das Leben unter einem ganzheitlichen Gesichtspunkt zu verstehen, bedarf es daher einer Umkehrung der Wahrnehmung von der »Einheit in der Vielheit« in die Erkenntnis der »Vielheit in der Einheit«.

Eine winzige, aber bedeutende Vielheit ist die mikrobiologische Vielfalt der Böden als ein maßgeblicher Faktor für die Landwirtschaft, aber darüber hinaus für jedes Leben und damit für die ganze Biosphäre einschließlich Meere, Böden und Atmosphäre. Das gilt ebenso für die Bakterien, aus denen wir zusammengesetzt sind, und für die riesige Biomasse der Bakterien, ohne die kein Leben auf der Erde möglich ist. Und diese Bakterien tragen bestimmt auch intelligente »Bewusstseinsquanten« in sich, sie wissen auf ihrer Ebene genau, was sie zu tun haben, denn sie arbeiten an unterschiedlichen Projekten – ohne eine Grundinformation und Abstimmung würden sie alle das Gleiche tun! Gaia hat dafür gesorgt, dass diese 1000 Nanometer[232] kleinen Lebewesen gut verteilt überall auf der Erde zu finden sind. Im Darm des Menschen helfen sie bei der Verdauung, im Boden bei der Zersetzung, auf dem Meer bei der Sauerstoffherstellung.

»Spricht man ... von Biodiversität, denkt fast jeder nur an die höheren Tiere und Pflanzen. Von Spezialisten ausgenommen, erwähnt kaum jemand die Vielfalt der mit dem bloßen Auge nicht sichtbaren Mikroorganismen, ganz nach dem Motto ›Was ich nicht sehe, interessiert mich nicht‹. Als Mikrobiologen möchten wir versuchen, Sie zu überzeugen, dass die Kleinstlebewesen (Prokaryoten), die im Gegensatz zu den höheren Lebewesen (Eukaryoten: Pflanzen, Tiere oder auch Menschen) keinen Zellkern besitzen, eine bedeutende Rolle hinsichtlich der Vielfalt der Lebewesen spielen. Die zellkernlosen Organismen dominieren auf unserem Planeten nicht nur bezüglich ihrer Zellzahl, (...) sondern nach neuesten Schätzungen machen sie auch mehr als die Hälfte der auf der Erde vorkommenden Biomasse aus.«[233] Sie binden rund 500 Milliarden Tonnen Kohlenstoff, das ist etwa die Hälfte des gesamten in der Biomasse vorkommenden Kohlenstoffs. Bezogen auf Stickstoff und Phosphor, sind sogar fast 90 Prozent in diesen Mikroorganismen gebunden.

Die ganze Nahrungserzeugung hängt von diesen Kleinstwesen ab – wenn man die Geo-Biosphäre genau untersucht, ist ganz deutlich zu erkennen, dass alles miteinander zusammenhängt und gegenseitig voneinander abhängt. Tatsächlich sind die »höheren« Lebewesen sogar noch mehr auf die einfacheren Lebewesen angewiesen als umgekehrt. Die Bakterien kamen ohne den Menschen aus, wir aber nicht ohne sie! Vielleicht muss man deshalb eher von ihnen als »höhere« Lebewesen sprechen! Sie sind die Zellen von Mutter Erde.

»Auch die Grenzen der Lebensmöglichkeiten werden durch Prokaryoten festgelegt. Sie kommen auf der Erde überall dort vor, wo die physikalischen und chemischen Gegebenheiten prinzipiell die Existenz von Leben erlauben. So gibt es viele Prokaryoten, die in heißen Quellen vorkommen. Sie können noch bei Temperaturen bis 113 °C wachsen, bei 90 °C wird es manchen von ihnen bereits zu kalt. Andererseits konnte man inzwischen lebende Bakterien nachweisen, die unter einem vier Kilometer dicken Eispanzer in einem Süßwassersee der Antarktis vorkommen. Überdies gibt es keine natürlichen Stoffe, die nicht von Mikroorganismen abgebaut werden, aber auch viele synthetisch hergestellte Stoffe können von diesen Organismen verwertet werden. Es gibt sogar Bakterien, die auf Cyanid (giftige Blausäure!) als einziger C- und N-Quelle wachsen können.

Die Anpassung vieler höherer Lebewesen an bestimmte Standorte wurde erst durch Symbiose mit Mikroorganismen möglich. Viele wesentliche Besonderheiten von Lebensgemeinschaften sind nicht unmittelbar aus den Eigenschaften der einzelnen Organismen ableitbar, sondern das Ergebnis der mannigfaltigen Interaktionen zwischen den einzelnen Mitgliedern der Biozönose, der Gemeinschaft aller Lebewesen.

Dies trifft in besonderem Maße auf Lebensgemeinschaften zu, an denen Mikroorganismen beteiligt sind, da diese über ein breites Repertoire an Stoffwechselleistungen verfügen und oft erst in Wechselwirkung mit anderen Organismen als Ekto- oder Endosymbionten ihre für das Ökosystem typischen Funktionen ausbilden. Ein typisches Beispiel hierfür sind bestimmte Röhrenwürmer in der Tiefsee, die auf ihre bakteriellen Endosymbionten als Nahrungsquelle angewiesen sind. Diese Endosymbionten stellen Sulfide, Sauerstoff und Kohlendioxid zum Wachstum zur Verfügung.«[234]

Wenn wir im Sinne von Goethe und Fechner die Erde als Ganzes, als eine Einheit betrachten, die verschiedene Teile besitzt, die alle zu ihrem lebenden Organismus beitragen, können wir klar feststellen, dass auch das Lebewesen Erde mit Beginn des Lebens der Bakterien vor 3,7 Milliarden Jahren evolviert ist. Die Erde baute sich langsam ihre Zellen auf, ihr Skelett, ihre Organe und ihr Nervensystem. Das Ökosystem auf der Erde ist vollkommen vernetzt mit den Gliedern der Erde, wie dem fruchtbaren Boden, den Felsen, dem Wasser, dem Wasserkreislauf, der Atmosphäre, dem Sauerstoff-, Stickstoff-, Kohlenstoffkreislauf. Die intelligente Evolution kann nur in diesem größeren Zusammenhang überhaupt verstanden werden. Eine einseitige und reduzierte Betrachtung auf biologische Einzelfakten zeigt eben nicht das ganze Bild!

Dieser außergewöhnlich vernetzte systemische Zusammenhang ist kein Wunder, sondern die Grundlage und Bedingung für die Evolution der Erde als Ganzes. Alles Existierende braucht sich gegenseitig: Tiere benötigen Pflanzen, Pflanzen verwenden das Kohlendioxid aus der Luft und das Wasser aus dem Boden. Sie stellen wiederum den Zucker her, den andere Lebewesen benötigen. Dafür geben sie Sauerstoff ab, der nicht nur für den gleichmäßigen Sauerstoffanteil in der Luft benötigt, sondern auch von anderen Pflanzen konsumiert wird.

Fotosynthetische Bakterien tragen die Hauptlast für das Gleichgewicht der Atmosphäre. Die Pflanzen und Bäume verbrauchen nämlich auch Sauerstoff! Das Problem der heißen Sommer wie in 2003 und 2006 zeigt deutlich, dass Hitze nicht nur durch Trockenheit die Pflanzen schädigt, sondern auch die Kohlendioxidmenge in der Luft vermehrt. Steigende Durchschnittstemperaturen fördern in vielen Gebieten der Erde die Fotosynthese, aber gleichzeitig auch die Atmung der Pflanzen. Hinzu kommt, dass Wälder und möglicherweise auch Grünland CO_2 aufnehmen, während Äcker und genutzte Feuchtgebiete CO_2 in ähnlicher Größenordnung wieder abgeben.

Praktisch die gesamte europäische Landfläche unterliegt heute der menschlichen Nutzung. Land- und Forstwirtschaft haben somit einen entscheidenden Einfluss auf die Kohlenstoffbilanz Europas.

Das größte Problem bei der konventionellen Landwirtschaft ist der übermäßige Einsatz von Düngemitteln und Pestiziden. Nur etwa ein Drittel der in der Landwirtschaft ausgebrachten Stickstoffmengen wird über Lebensmittel oder andere Produkte den Böden wieder entzogen, der Rest wird ausgewaschen oder entweicht als Lachgas (Distickstoffoxid) in die Luft.

Diffuse Stickstoffeinträge in die Ost-, Nordsee und das Schwarze Meer rühren zu 60 Prozent aus der Landwirtschaft, bei Phosphor sind es 50 Prozent. Gemessen an internationalen Qualitätszielen des Gewässerschutzes und der Belastbarkeit dieser Gewässer sind die Einträge um den Faktor 7,7 bzw. 3,5 für Stickstoff bzw. Phosphor zu hoch. Neben den Belastungen der Gewässer führt der Eintrag von Stickstoffverbindungen über die Luft zur Versauerung der Böden, was vor allem im Wald seit Jahren zu erkennbaren Schäden führt.[235]

So fordert der Naturschutzbund Deutschland (NABU) die Verbesserung des Klimaschutzes durch 64 Prozent weniger Einsatz fossiler Energien und um 62 Prozent reduzierte CO_2-Emissionen, die vor allem bei der Herstellung von Pestiziden und synthetischen Düngemitteln anfallen. Des Weiteren empfiehlt der Bund einen Bodenschutz durch eine aktive Förderung des Bodenlebens und der Bodenfruchtbarkeit (Humuswirtschaft). Dadurch sind die Arten- und Individuenzahlen bei Bodenmikroorganismen und Bodentieren (z. B. Regenwürmer) um ein Vielfaches höher, die Böden weniger verdichtet und besitzen einen höheren Humusgehalt.

Besserer Artenschutz wird möglich durch größere Vielfalt: So kommen in ökologisch bewirtschafteten Äckern zwei- bis dreimal mehr Ackerwildkrautarten vor wie auf konventionell bewirtschafteten Äckern. Außerdem finden sich auf ökologisch bewirtschafteten Flächen über 40 Prozent mehr Laufkäfer, Kurzflügler und Spinnen, das Zweifache an Schmetterlingsarten und bis zu sechsmal höhere Zahlen von Brutrevieren bzw. bis zu achtfach erhöhte Populationsdichten von Vögeln. Eine weitere positive Nebenwirkung ist der Schutz des Menschen durch Vermeidung von Rückständen in Trinkwasser und Lebensmitteln aufgrund geringerer Nitrat- und keiner Pestizidbelastung von Grundwasser und Ernte.[236]

Aber auch Tiere geben Kohlendioxid ab. Sie verbrennen die konsumierten pflanzlichen Zucker mit Sauerstoff, um Energie zu gewinnen, und geben wiederum Kohlendioxid in die Atmosphäre ab. Allerdings ist Kohlendioxid – auch wenn es mit dem Treibhauseffekt in Verbindung gebracht wird – ein relativ seltenes Gas auf unserem Planeten. Es stellt nur 35 Promille von einem Prozent der Atmosphäre dar. »Diese Kohlendioxidmenge würde, wenn sie nicht ergänzt würde, für die heutige Pflanzenpopulation der Erde nur 40 Jahre lang ausreichen. Die Atmung der Tiere und gewisser Bakterien ist folglich von entscheidender Bedeutung für das Leben der Pflanzen. Und ohne Pflanzen können Tiere nicht überleben.«[237]

Wenn der Kohlendioxidgehalt schwankt, verändert sich auch das Klima, und die Geschwindigkeit des Pflanzenwachstums und der Sauerstoffproduktion verändert sich. Die Fixierung des Kohlendioxids ist so grundlegend für das Leben, dass kein Lebensvorgang ganz unabhängig davon ist.[238]

Ähnliches gilt auch für den Stickstoff. Nur wenige Pflanzen können diesen direkt aus der Luft aufnehmen, obwohl er rund 75 Prozent dieser Luft ausmacht, dreimal so viel wie Sauerstoff. Pflanzen benötigen Nitrate aus dem Boden für die Proteinsynthese. »Glücklicherweise bauen verschiedene Bakterien, die sich auf die Zersetzung organischen Materials spezialisiert haben, routinemäßig Proteine zu Ammoniak ab; andere wiederum verwandeln Ammoniak in Nitrite, wiederum andere sorgen für den Umbau in Nitrate, die schließlich von den Pflanzen aufgenommen werden.«[239] Eine gute Ernte von Lebensmitteln ist nicht ohne diese Vielfalt im Erdboden möglich. Ein hoher Pestizideinsatz schädigt so auch die Mikroorganismen erheblich.

Das bedeutet, dass die Pflanzen, die wir essen, nicht nur schlechter schmecken, sondern auch nicht ausreichend gesunde Nährstoffe enthalten.

Mit der Steuerung der Atmosphäre brachte Gaia einen weiteren Evolutionsschub hervor: Ein Anstieg des Sauerstoffgehalts in der Atmosphäre hat vor rund 50 Millionen Jahren offenbar zur vielfältigen Entwicklung von Säugetieren beigetragen. Besonders größere Tiere wie Säbelzahntiger und Riesenfaultiere konnten sich dadurch besser durchsetzen, vermuten US-amerikanische Wissenschaftler. Anhand von Bohrkernen aus dem Meeresgrund rekonstruierten sie die Entwicklung des atmosphärischen Sauerstoffgehalts der vergangenen 205 Millionen Jahre. Dabei stellten sie fest, dass sich der Sauerstoffanteil vor rund 50 Millionen Jahren verdoppelte. Verantwortlich für den Anstieg sind nach Meinung der Forscher einzellige Algen, die im Meer von der Fotosynthese leben.[240]

Auf den gleichmäßigen Salzgehalt des Meeres von 3,5 Prozent und seine Bedeutung für das Leben im Meer – ein Salzgehalt von fünf Prozent würde alles Leben darin ausrotten – möchte ich hier nicht weiter eingehen. Es soll nur noch gesagt werden, dass das Wasser der Ozeane, Flüsse und Bäche wie der Blutkreislauf des Planeten sind. Wasser ist eine weitere notwendige Substanz für das Lebewesen Erde und deren Organe. Über einzelne Aspekte des Wassers wurde ja bereits gesprochen.

Alle Lebewesen hängen von den vielfältigen Aktivitäten anderer Lebewesen ab, um mit lebenswichtigen Stoffen versorgt zu werden. Keine Art könnte überleben, wenn sie die einzige auf dem Planeten wäre. Sogar die Abfallwirtschaft ist hervorragend geregelt. Recycling hat die Natur lange vor dem Menschen entdeckt! Recycling ist das Stoffwechselsystem der Erde.

Darüber hinaus besitzt die Erde wie ein menschlicher Körper Kreislaufsysteme, die mit dem Lebensnotwendigen versorgen: Kreisläufe des Wassers, des Sauerstoffs, des Kohlenstoffs und des Stickstoffs. Ihr Nervensystem wird von den Pflanzen und Tieren gebildet, die feine Wahrnehmungsorgane haben und deren Mitwirkung direkt oder indirekt der Erde mitteilt, welche Änderungen notfalls vorzunehmen sind. Organismen und Umwelt sind so eng verkoppelt, dass sie ein System bilden.

»Das Evolutionssystem Gaia ist das, was man in der Systemtheorie eine ›emergierende Domäne‹ nennt, etwas, dessen Gesamtheit mehr ist als die Summe seiner Teile.«[241]

EINMAL LUFT ANHALTEN

> *»Wir kommen in diese Welt auf dem Atem*
> *und wir verlassen sie auf dem Atem,*
> *aber wenn wir nicht für den Atem wach sind,*
> *werden wir schlafend für die*
> *Wirklichkeit des Lebens sterben. Atmen heißt Leben.«*
> *Reshad Feild*

Ein Lebewesen materialistisch auf Kreisläufe und Organe zu reduzieren und die Anatomie und Physiologie seines Körpers zu studieren ist typisch für die wissenschaftliche Sicht. Wenn wir darüber hinausgehen und die Erde ganzheitlich betrachten, als ein Lebewesen, das mit Bewusstsein ausgestattet ist, können wir viele Vorgänge auf der Erde besser einschätzen und begreifen. Wenn wir alles nur aus bio-geo-chemischen Wechselbeziehungen zusammengesetzt sehen würden, wäre die Vorstellung von einem »Lebewesen Erde« nur eine schöne Metapher. Die verschiedenen Naturkreisläufe sind natürlich die Grundbedingung für das Leben. Ohne Wasser können wir einige Tage überleben und ohne Luft kaum ein paar Minuten!

Doch die Luft ist mehr als Sauerstoff, Stickstoff und einige andere Gase. Sie verbindet alles Leben. Trotz meines Sprechapparats könnte ich niemandem meine Gedanken mitteilen, wenn die Luft in einem Raum keine Schallwellen verbreiten würde! Trotz Internet ist das Sprechen natürlich nach wie vor das grundlegende Kommunikationsmittel der Menschen, entsprechend die anderen Laute vieler Lebewesen. Jedenfalls wäre für Menschen die Kommunikation eine völlig andere, und es ist fraglich, ob sich das Denken ohne das Sprechen überhaupt herausgebildet hätte. Natürlich gäbe es auch keine Musik – und wer würde darauf schon gerne verzichten!

Das Medium Luft ist öffentlich und nicht privat. Alles Leben atmet und ist durch die Luft miteinander verbunden. Schon zu Beginn der Sauerstoffproduktion auf der Erde teilten sich die Lebewesen die Luft, auch wenn manche Schwefel bevorzugten, und manche von Luft überhaupt nichts wissen wollten. Dieser wunderbare kreative Prozess, durch den das Leben erhalten wird, ist mehr und größer, als wir uns normalerweise vorstellen.

Jeder von uns atmet die Luft des anderen. Wir sind durch die Luft miteinander enger verbunden, als uns manchmal lieb ist. Wenn wir an die quantenphysikalische Verschränkung der Information der Teilchen denken, dann bleibt beim Luftaustausch bestimmt irgendeine Information von jedem bei jedem von uns hängen – ganz abgesehen von der Infektionsgefahr durch Bakterien und Viren, die über die Luft übertragen werden.

Wenn wir die physikalisch-chemische Komponente weiterverfolgen, können wir ebenfalls sehen, dass die Verbindung von Stickstoff, Sauerstoff und einigen winzigen Bruchteilen anderer Gase zu Luft eine andere Qualität hervorbringt, die nicht allein aus ihrer Zusammensetzung erklärt werden kann. Das ist vergleichbar mit dem Wassermolekül, das ebenfalls aus zwei Gasen besteht. Wasser ist durch seine Verbindungen plötzlich ein flüssiges Medium mit außergewöhnlichen Eigenschaften. Luft ist auch ein naturwissenschaftliches Phänomen! Mit reinem Sauerstoff allein könnten wir übrigens auch nicht längere Zeit leben.

Die Luft verbindet uns darüber hinaus mit dem Bewusstseinsfeld der Erde, denn sie trägt Kräfte und Schwingungen mit sich. Nicht zufällig haben Luft und Geist in den meisten Sprachen der Welt dieselbe oder ähnliche Bezeichnungen – »der Geist weht, wo er will«. Atemübungen sind daher sehr machtvoll, sie wurden immer mit der geistigen Entfaltung des Menschen in Verbindung gebracht. Luft spielt in allen spirituellen Traditionen eine besondere Rolle, nicht nur für die Gesunderhaltung des Körpers, sondern auch für die Entwicklung innerer Kraft. Mit diesem Wissen sollten wir noch mehr dafür sorgen, dass die Luft der Erde in den besten Zustand kommt und nicht weiter verschlechtert wird!

LEBEN AUS LICHT

> *»Wenn das schöpferische äußere Licht der Sonne*
> *unsere physischen Augen hat entstehen lassen,*
> *welche Kräfte haben dann unser inneres Licht gebildet?«*
> *Arthur Zajonc*

Die gesamte Biosphäre bildet zusammen mit der Atmosphäre, dem Wasserkreislauf, dem Kohlenstoffkreislauf und vielem mehr ein offenes, sich intelligent und bewusst selbst organisierendes und selbst regulierendes System. Die Biosphäre wirkt auch der Entropie, also dem Wärmeverlust der Erde, entgegen. Dabei wirkt die Atmosphäre wie ein Puffersystem, das die entstehende Wärme speichert und ihre Abstrahlung teilweise verhindert. Dadurch werden auch extreme Temperaturunterschiede vermieden. Für die meisten Lebewesen war die Jahrmilliarden anhaltende relativ gleichmäßige Temperatur lebenswichtig, denn nur Organismen, deren Eigentemperatur im Bereich von null bis 60 Grad liegt, können sich offenbar zu einer höheren Komplexität entwickeln. Die Hitze oder Kälte liebenden Bakterien sind wohl kein Bestandteil von uns geworden.

Die Luft verbindet nicht nur alle Wesen, sie reguliert auch die Einstrahlung des Lichts und die Strahlung aus dem Weltraum. Vor der Entstehung der Atmosphäre trafen UV- und andere kosmische Strahlen die Erde ungehindert. Die Sauerstoff- und Wasserdampfatmosphäre schirmte diese Strahlung nach und nach ab, kein Lebewesen hätte sie ausgehalten oder hätte sich unter dem Einfluss dieser Strahlen entwickeln können. Vermutlich waren die ersten Bakterien resistent dagegen.

Von Anfang an besteht die Erde auch aus elektromagnetischen Feldern. Der Erdmagnetismus und die Weltraumstrahlung haben damals wie heute auf die Entstehung und Erhaltung des Lebens auf der Erdoberfläche und im Meer eingewirkt.

»Und so ist es logisch, dass die Lebewesen diese Felder auch noch heute als lebenswichtige ordnende und steuernde Reize benötigen. Sie erfüllen diese Funktion vor allem durch ihre Schwankungen und Veränderungen, durch ihre Rhythmen, durch die sie für alle Lebewesen zu wichtigen Informationsquellen und Entwicklungsimpulsen werden. Dem sichtbaren Licht kommt dabei eine besondere Rolle zu.«[242]

Zugvögel orientieren sich bekanntermaßen an der Sonne oder am Magnetfeld der Erde.

Das Sonnenlicht erwärmt die Atmosphäre und treibt die geschilderten ökologischen Kreisläufe an. Am allerwichtigsten jedoch ist es als Nahrungsquelle für alle grünen Pflanzen, für Algen und Bakterien mit einem Chlorophyllkern in den Zellen. Der Vorgang der Umwandlung wurde bereits beschrieben. Das Licht absorbierende Pigment Chlorophyll ist wie eine Antenne, über die die Photonen aufgenommen werden. Dieses besondere Molekül reflektiert den grünen Anteil im Licht – daher seine Farbe – und absorbiert die blaue und rote Frequenz des Lichts. Das sind die Wellenlängen, die sich bei ihrer

Schwingung durch die Atmosphäre am wenigsten verändern. Sie dringen sogar tief ins Wasser ein, sodass die Fotosynthese selbst bei bewölktem Himmel und in den obersten Schichten der Gewässer stattfinden kann. Das Chlorophyll weist aber auch die Infrarotfrequenzen zurück und vermeidet dadurch eine Überhitzung.[243]

»Die Umsetzungen in der Zelle geschehen energiesparend rhythmisch, wie man das bei vielen Lebensvorgängen beobachten kann. Durch die Glykolyse wird aus der Glukose der unmittelbar verwertbare Kraftstoff der Zellen, das Adenosintriphosphat (ATP), erzeugt – ein sehr flexibles Molekül mit Wasserstoffbrücken –, aber auch die Grundbausteine, aus denen in anderen Prozessen dann Lipide (Fette und fettähnliche Stoffe), Porphyrine (Farbstoffe wie das Chlorophyll und der Blutstoff Häm), Proteine, Nukleinsäuren (wie die DNA) und andere Stoffe aufgebaut werden. Diese rhythmischen Prozesse gehen auf den Informationsgehalt des Sonnenlichts zurück.«[244]

Auch wenn Menschen keine Chloroplasten in den Zellen besitzen, werden dennoch Sonnenphotonen über die Haut aufgenommen. Die Haut hat besondere braunschwarze, Licht aufnehmende Farbstoffmoleküle, das Melanin. Dieses Pigment verleiht der Haut ihre Farbe. Durch Ausdehnung und Zusammenziehung der Melaninkörnchen in den Pigmenten wird die Aufnahme der UV-Strahlen reguliert. Schwarzhäutige Menschen können allerdings auch einen Sonnenbrand bekommen, doch nicht so schnell wie ganz weißhäutige.

Eine gewisse Dosis Sonnenlicht energetisiert den Körper. Allerdings sollte man sich nicht mehr als 20 Minuten ohne UV-Schutz in der direkten Sonne aufhalten. »Der optische Bereich, mit seiner Vielzahl verschiedener Frequenzen, bietet innerhalb des gesamten elektromagnetischen Spektrums allein schon eine reichhaltige Palette relevanter biologischer Informationen, sei es über den direkten Einfluss der Sonne, sei es über die aufgenommene Pflanzennahrung.«[245]

Auch die auf Licht empfindlichen Zellen der Netzhaut, die Retina des Auges, funktionieren als Licht aufnehmende Pigmente. Die Augen sind sogar mehr als nur ein Instrument des Sehens. Über die sogenannte energetische Sehbahn werden die Augen direkt mit dem Hypothalamus und der Hypophyse und auch der Zirbeldrüse verbunden. Über diese Gehirnorgane werden wesentliche Abläufe gesteuert. Die Lichtaufnahme durch die Augen energetisiert somit den ganzen Körper. Kein Wunder, wenn wir in der dunklen Jahreszeit ein stärkeres Gefühl der Müdigkeit haben als im Frühling, wenn die Sonne wieder kräftig scheint.

»Experimente an deutschen Universitäten haben überdies gezeigt, dass die Zirbeldrüse auch empfindlich auf Magnetfelder reagiert. Es scheint eine funktionelle Verkoppelung zwischen dem optischen System von Auge und Gehirn und einem Sinnensystem im Gehirn zu geben, das Magnetfelder wahrnimmt.«[246] Auch hier wird wieder deutlich, wie fein alles Leben nicht nur auf die Biosphäre, sondern auf alle anderen Eigenschaften des Sonnensystems eingestellt ist. Leben ist eben nicht denkbar ohne eine ganzheitliche Verwobenheit mit allen anderen Prozessen in der Natur.

Der menschliche Körper besitzt noch weitere wichtige Organe innerhalb dieser umfassenderen Sichtweise. Die Zirbeldrüse spielt eine besondere Rolle bei der Aufnahme von Licht. Nachts produziert sie das Tryptamin Melatonin, durch das wir gut schlafen können, tagsüber liegt diese Produktion ziemlich flach. Die Zirbeldrüse ist nicht aus Gehirngewebe entstanden, sondern sie hat ihren Ursprung in spezialisierten Zellen, die aus dem Gaumen des embryonalen Mundes stammen. Descartes vermutet den Sitz der Seele in dieser Drüse, und in der indischen Tantralehre wird sie dem Stirnchakra (eines von sieben Energiezentren im Körper) zugeordnet, das auch als »Drittes Auge« bezeichnet wird.

»An ihrem ungewöhnlichen Standort ist die Zirbeldrüse den Relaisstationen für visuelle und akustische Sinneswahrnehmungen so nahe, dass sie diese fast berührt. Die Gefühlszentren des limbischen Systems umgeben sie, und die Position der Zirbeldrüse ist so beschaffen, dass sie ihr eine direkte Abgabe der von ihr erzeugten chemischen Verbindungen in die Gehirn-Rückenmark-Flüssigkeit gestattet. Herkömmlicherweise wird angenommen, die Lage der Zirbeldrüse würde ihr eine bestmögliche Reaktion auf die herrschenden Lichtverhältnisse ermöglichen. Der Weg von den Augen zur Zirbeldrüse ist jedoch eigenartig gewunden.«[247]

Der Arzt Dr. Rick Strassman stellte sich die Frage, warum die Zirbeldrüse so tief im Gehirn sitzt. Es würde Sinn machen, wenn sie z. B. auf die Hypophyse einwirkt, welche die Fortpflanzungsfähigkeit reguliert, denn das Licht steuert die Ausschüttung von Lusthormonen in der Hypophyse, während die Bildung von Melatonin in der Zirbeldrüse diese unterdrückt. Vermutlich ist deshalb der Sex am Tag leidenschaftlicher als nachts und im Dunklen. Darüber hinaus fand Dr. Strassman heraus, dass die Zirbeldrüse auch die psychedelisch wirkende Substanz DMT herstellt, die besonders beim Geschlechtsakt zu sexueller Ekstase führt.[248] Die Ausschüttung von DMT geschieht auch bei einer intensiven Meditation oder Nahtoderfahrung. DMT wirkt allerdings sehr kurz.

Erstaunlicherweise haben Schamanen im Amazonasgebiet schon vor mindestens tausend Jahren eine Liane gefunden, die DMT enthält. Noch erstaunlicher ist, dass sie eine zweite Pflanze entdeckt haben, Chacruna, deren Blätter, zusammen mit der Liane gekocht, die Wirkung des DMT wesentlich verlängern, weil in der Chacruna der sogenannte MAO-Hemmer enthalten ist. Dieser bewirkt, dass DMT vom Organismus nicht sofort abgebaut wird.

Ich erwähne das, weil nämlich die Einnahme dieses psychoaktiven Tranks *Ayahuasca* starke, hell leuchtende innere Visionen bewirkt, wesentlich intensiver als bei anderen psychoaktiv wirkenden Substanzen. Inneres wie äußeres Licht hat also auch einen starken Einfluss auf das menschliche Bewusstsein. Man kann immer nur staunen, wie alles zusammenhängt. Die Evolution der Biosphäre hat so auch dafür gesorgt, dass Menschen Zugang zur Welt des Bewusstseins erhalten.

DIE ERDE IST EIN LEBENDIGER MAGNET

> *»Magnetische und elektromagnetische Felder haben Energie, können Informationen übertragen und werden von elektrischen Strömen erzeugt. Wenn wir über in lebenden Organismen fließende elektrische Ströme sprechen, dann müssen wir dabei auch berücksichtigen, dass sie Magnetfelder erzeugen, die sich außerhalb des Körpers fortpflanzen und auch von externen Magnetfeldern beeinflusst werden können.«*
>
> Robert O. Becker[249]

Die Atmosphäre mildert einige Strahlen aus dem Kosmos ab, doch der wirkungsvollste Schutzschild um die Erde ist das Magnetfeld, das sie umgibt. Der rotierende Kern der Erde, der aus flüssigem Eisen besteht und einige Kilometer tief im Erd - inneren liegt, erzeugt ein magnetisches Dipolfeld, das im Prinzip einem Stabmagneten ähnelt. Die Sonnenenergie stört und verzerrt dieses einfache Feld so, dass eine Magnetosphäre um die Erde herum entsteht. Diese ist extrem lebenswichtig für die Erde und ihre Lebewesen, denn die Sonne schickt andauernd einen »Solarwind« aus, der aus hochenergetischen Teilchen besteht. Sie bewegen sich mit hoher Geschwindigkeit durch den Raum und prallen auch auf die äußeren Schichten dieses Magnetfelds. Außerdem schickt die Sonne weitere riesige Mengen an lebensgefährlichen ionisierenden Strahlen aus, radioaktive Röntgenstrahlen z. B., und andere Hochenergiestrahlen.

Die Erde dreht sich bekanntlich in einem Tag-Nacht-Zyklus, das Magnetfeld ist jedoch fest im Raum verankert, sodass immer die schützende Seite des Felds der Sonne zugewandt ist. Auf der anderen Seite, die der Sonne abgewandt ist, bildet das Magnetfeld einen Schweif im Raum. Die Magnetosphäre schirmt die Erde von diesen Strahlen ab. Sie werden entweder absorbiert oder umgeleitet.

Weil sich die Magnetosphäre nicht mitdreht, sind wir täglichen Schwankungen der Feldstärke ausgesetzt, die auch Ursache für die Biorhythmen sind. Zwischen den Energien, die auf das Magnetfeld auftreffen, und seiner eigenen Energie besteht natürlich eine Wechselwirkung, und es entstehen elektrische Ströme in Stärken von Milliarden Watt. Eine bemannte und befraute Raumfahrt außerhalb des Magnetgürtels im Sonnensystem würde Riesenprobleme verursachen, weil die kosmischen Strahlen nicht leicht abgeschirmt werden können. Der Strahlungsgürtel, der nach seinem Entdecker auch Van-Allen-Gürtel genannt wird, reicht allerdings bis etwa 64 000 km zur Sonne hin.

Gefährlich für die Erde sind die sogenannten Magnetstürme, welche die Stärke des geomagnetischen Felds extrem stören können. Das kann dazu führen, dass sogar Hochspannungsleitungen und Telefonverbindungen zusammenbrechen. In Satelliten hat man entsprechende Schutzvorrichtungen eingebaut.

Das schöne Nordlicht wird von Sonnenstürmen verursacht. Die mit hoher Energie geladenen Teilchen von der Sonne treten in den Polarregionen in die Magnetfeldhülle ein und dringen bis in die oberen Schichten der Atmosphäre vor. Dort rufen sie durch Wechselwirkung mit den Gasteilchen der Luft die bekannten Lichterscheinungen hervor.

Außer auf die einfachen Biorhythmen des Wechsels von Tag und Nacht und der Jahreszeiten reagieren alle Lebewesen einschließlich der Pflanzen und Bakterien auch auf die täglichen Schwankungen des Magnetfelds, das die Erde durch ihren in-

neren Stabmagneten eng verbindet. Möglicherweise hat diese
polare Ausrichtung auch Einfluss auf die Polarität der Lebewesen bei der Zellteilung. Der Kopf des Embryos wächst immer
nach oben, die Füße nach unten. Die Zellen müssen irgendwie
über ihre räumliche Lage informiert werden.

Verhaltensstörungen bei Tieren und Menschen bei einer starken Magnetfeldschwankung ist für die mechanistische Wissenschaft jedoch kein Thema, weil sie nicht daran glaubt, dass ein
physikalisches Feld die Handlungen eines lebenden Organismus beeinflussen kann. Insbesondere da das Magnetfeld nur
eine durchschnittliche Stärke von einem halben Gauß hat und
täglich sogar um weniger als 0,1 Gauß schwankt.[250] Der Dauer-
magnet am Kühlschrank, der die Tür zuhält, hat eine Stärke
von 200 Gauß!

Hier kommt wieder die Zirbeldrüse, die Epiphyse, ins Spiel:
Sie steuert nicht nur unseren Wach-Schlaf-Rhythmus mit den
Hormonen Melatonin, Serotonin und Dopamin, sie hat auch
kleine Magnete eingebaut. Dadurch versetzt sie uns und manche Tiere in die Lage, das Ansteigen und Absinken der Stärke
des geomagnetischen Felds zu empfangen.

»Externe Felder haben Wirkungen, die sich auf den gesamten
Körper erstrecken und durch mindestens zwei hoch spezialisierte, komplizierte innere Organe vermittelt werden: durch das
magnetische Organ, das aus winzigen Magnetitkristallen besteht und in enger Verbindung mit dem Zentralnervensystem
steht, und durch die Zirbeldrüse, die im Gehirn angesiedelt ist.
Die Tatsache, dass eines dieser Organe in so verschiedenen Spezies wie Bakterien, Insekten, Fischen, Amphibien und Säugetieren vorkommt, ist ein Hinweis darauf, dass sie für die normalen Lebensfunktionen von ausschlaggebender Bedeutung
sind.«[251]

Nach dem heutigen Kenntnisstand können Vögel das Erd-
magnetfeld auf zwei Weisen wahrnehmen. Ein im oberen Teil
des Schnabels gefundener Sensor, der auf Magnetit beruht,

scheint die Stärke des Magnetfelds zu erfassen. Für die Navigation wird zusätzlich eine Richtungsinformation benötigt. Die liefert offenbar ein Magnetsensor im Auge. Es gibt starke Hinweise drauf, dass dieser auf Cryptochrom beruht, einem Protein, das auch Pflanzen als Magnetfühler dient.[252] Diese Systeme im Körper sind sehr früh in der Evolution eingebaut worden. Aus diesem Grund kann man davon ausgehen, dass es für lebende Organismen wichtig ist, dass sie das geomagnetische Feld der Erde spüren und lebenswichtige Informationen daraus ableiten. »Es zeigt sich, dass sich die Lebewesen im Lauf von zwei Milliarden Jahren der Evolution die beiden Teile des elektromagnetischen Spektrums zunutze gemacht haben, von denen sie sicher sein konnten, dass sie immer verfügbar sind: das geomagnetische Feld und das sichtbare Licht.«[253]

Professor Dr. Robert O. Becker hat gegen orthodoxe Vorstellungen bahnbrechende Forschungen über die elektrischen und elektromagnetischen Einflüsse auf Körperwachstum und Heilung unternommen. Er konnte eindeutig nachweisen, dass die meisten Lebewesen – zumindest Bakterien, Würmer, Salamander, Frösche und Menschen, die er hauptsächlich untersucht hat – ein inneres elektronisches Steuersystem besitzen. Dieses Steuerungssystem reguliert die Funktionen des Wachstums und der Selbstheilung des Körpers und der Kommunikation unter den Zellen. Das elektromagnetische System läuft parallel zum Nervensystem und hat im Gehirn nicht in den Neuronen, sondern in den Gliazellen, welche diese umgeben und ernähren, seinen Platz.

Becker entdeckte, dass die Lebewesen ein Gleichstromsystem besitzen. Es ist außer für die genannten Funktionen dafür verantwortlich, das Aktivitätsniveau des Gehirns zu regulieren und durch Ableitung von zeitsteuernden Informationen aus der natürlichen elektromagnetischen Umgebung lebenswichtige biologische Zyklen zu schaffen. Wir sind also nicht nur durch

Licht, Luft, Wasser und Ernährung mit dem Lebewesen Erde verwoben, sondern auch durch elektromagnetische Felder.

Von der Quantenphysik aus gesehen, ist jeder Körper ein elektromagnetisches Energiefeld, das regelrecht in anderen Feldern schwimmt und mit allen anderen Feldern verknüpft ist. Die Kernspintomografie, auch bekannt als Magnetresonanztomografie (MRT), nutzt die Tatsache, dass der Körper eines Menschen letztlich aus Teilchen besteht. Bei der MRT nutzt man die Tatsache, dass Protonen einen Eigendrehimpuls (Spin) besitzen und Atomkerne dadurch ein magnetisches Moment erhalten. Die heute gebräuchlichen Geräte versetzen die Kerne der Wasserstoffatome im Körper in Resonanz. Die beiden Felder übertragen zusammen Energie auf die Wasserstoffkerne. Das Bild entsteht dadurch, dass zunächst durch ein Magnetfeld die Resonanz erzeugt wird, dann durch ein schwingendes elektromagnetisches Feld der Wasserstoffkern durch Energiezufuhr zu einer Änderung der Ausrichtung seines Spins im Magnetfeld angeregt und schließlich das schwingende Feld abgeschaltet wird. Der Kern kehrt nach dem Abschalten sofort in seine ursprüngliche Lage zurück und gibt die Energie in Form eines elektromagnetischen Signals wieder ab, das dann vom Empfänger des Tomografen gemessen wird.

Allein diese Tatsache zeigt, dass wir und alle anderen Lebewesen aus elektromagnetischen Schwingungen bestehen und von einem Magnetfeld umgeben sind, das sich vom Körper in den Raum erstreckt. Mit Magnetresonanz (MEG) können auch die Felder und Frequenzen des Gehirns gemessen werden. Umgekehrt können mit geeigneten Geräten auch physikalische Wechselwirkungen zwischen den in den Organismen fließenden elektrischen Gleichströmen durch externe elektromagnetische Felder beeinflusst werden.

Auf diese Weise kann uns die Erde auch notwendige Informationen vermitteln. Der Empfänger für die Bewusstseinsquanten sitzt in den kleinen Magnetiten im Gehirn. Darüber hinaus kann das ganze elektromagnetische System des Körpers auf Umweltreize und verschiedene Wellen reagieren. Über die elektromedizinischen Anwendungen kann ich hier nicht weitersprechen, das geht über die Geophysik hinaus.[254]

Jeder biologische Körper, auch der menschliche, ist »geronnenes Licht«, ein Feld aus elektromagnetischen Schwingungen. Die Masse von Quarks und Elektronen, aus denen der menschliche Körper besteht, umfasst nur 10^{-11} Prozent der körperlichen Erscheinung. Der Rest ist »freier Raum«, in dem elektromagnetische Feldkräfte wirken. »Auf diese Überlegungen stützt sich die Theorie, dass der Raum mit seinen Feldkräften und unterschiedlichen elektromagnetischen Wellen, auf denen jedwede Form von Information aufmoduliert werden kann, den sichtbaren Bereich unseres Körpers bestimmt.«[255]

Tatsächlich sind alle Lebewesen auch auf Elektrizität angewiesen. Hiermit ist nicht der Strom aus der Steckdose gemeint, sondern es geht um die Stoffwechselabläufe, die auf elektrischen Vorgängen beruhen. Es gibt regelrecht ein Stromversorgungsnetz in allen Organismen, darauf weisen Untersuchungen amerikanischer Forscher an Bakterien hin. Es zeigte sich, dass manche Mikroben nanometerdicke Ausläufer bilden, gewissermaßen Drähte, in denen Elektronen fließen.

»Organismen gewinnen die zum Leben nötige Energie letztlich durch die Übertragung von Elektronen, also elektrischen Ladungen, auf einen Akzeptor. Anders als der Mensch nutzen viele Mikroorganismen nicht den Sauerstoff aus der Luft als Elektronenakzeptor, sondern Metalle.«

Auch Cyanobakterien bilden unter bestimmten Umständen elektrisch leitfähige Strukturen, obwohl sie Fotosynthese betreiben. Und sie geben überschüssige Energie an andere Bakterien ab. Ein Wärme liebendes Bakterium legt ebenfalls Nanodrähte an und steht im Stromverbund mit Methanbakterien.[256]

Man könnte nun einwenden: Wenn alle Flora und Fauna mit der Erde, der Atmosphäre, den elektromagnetischen Feldern und dem Magnetfeld der Erde verbunden sind und davon abhängen, würde das noch nicht »beweisen«, dass *die Erde als solche lebendig* ist. Ein Kennzeichen des Lebens ist doch, dass es sich reproduzieren kann, das kann die Erde nicht!

Kennzeichen für Leben sind zielgerichtetes Handeln, Selbstregulation, Beeinflussung der Umwelt und ein gewisser Grad an Bewusstsein und Selbstbewusstsein, der mit den höheren Lebewesen immer weiter zunimmt, und einige andere Faktoren. In dieser Hinsicht ist das »höhere« Lebewesen Gaia mit diesen Dingen begabt. Aber warum sollte sie sich auf dieser Entwicklungsebene selbst reproduzieren können? Sie hat ja die Lebewesen dafür!

»Lebendig sein« ist außerordentlich komplex. Dennoch lässt es sich an drei grundlegenden Kriterien festmachen:

1. Es muss ein Apparat vorhanden sein, der Informationen verarbeiten kann;

2. Leben muss die Fähigkeit haben, Funktionen mittels einer komplexen Struktur auszuführen;

3. es muss die Fähigkeit haben, im Laufe der Zeit diese Struktur spontan zu modifizieren und auch zu verbessern.

Diese Eigenschaften treffen auf jeden Fall auf das Lebewesen Erde zu. Es muss ja nicht unbedingt so sein, dass die Erde neue Babyerden gebiert und in den Weltraum schickt. Das ist die Aufgabe der Menschen, die ja ihre Satelliten bereits in das All schicken. Damit würde auch das Kriterium der Selbstreproduktion zutreffen!

Wenn »Gaia« in irgendeinem Sinne lebendig und sogar beseelt ist, besitzt sie ein eigenes Organisationsprinzip, und sie hat eigene Ziele und Absichten. Die Entwicklung und Erhaltung der Biosphäre ist bestimmt so ein Ziel. Vielleicht ist sogar die

Technosphäre, die nun von Menschen entwickelt wird, ein Teil dieser Ziele. Es könnte z. B. darüber hinaus auch eine der Absichten von Gaia sein, die Menschen in die Lage zu versetzen, ihr eigenes Bewusstsein weiterzuentwickeln, um in stärkere Resonanz mit Gaias Bewusstsein zu kommen. Auf diese Weise würde nicht nur die Menschheit, sondern auch der Planet weiterevolvieren.

LEBEWESEN SIND DIE SINNESORGANE DER ERDE

»Wenn wir von der Hypothese der
Formbildungsursachen ausgehen,
können wir uns das zielgerichtete organisierende
Feld Gaias als morphisches Feld denken.«
Rupert Sheldrake

Warum hat die intelligente Evolution die Entwicklung der Sinne und des Gehirns bei Tieren und Menschen vorangetrieben? Es gibt keinen Grund für die Entwicklung von Wesen mit hoch spezialisierten Sinnesorganen und großen Gehirnen, wenn wir nur den Aspekt des besseren Überlebens sehen. Ratten sind für das Überleben wesentlich besser ausgestattet als Menschen. Eidechsen ebenso, ihnen wachsen sogar die Glieder nach. Menschen sind in vieler Hinsicht wesentlich gefährdeter, trotz aller Technologie, denken wir nur an Krankheiten, Klimaveränderungen und Naturkatastrophen. Wenn wir mit dem Physiker David Bohm[257] die »Evolution als schöpferische Bewegung der Materie, die mit Intelligenz begabt ist« definieren, dann müssen wir uns überlegen, warum diese besonderen Sinne und Gehirne sich entwickelt haben.

Über die »morphogenetischen Felder« wurde bereits gesprochen, doch ich möchte hier die Idee noch einmal kurz zusammenfassen, weil meine weitere These darauf aufbaut.

– Die Formbildungsfelder sind unsichtbare organisierende Strukturen, die alle Informationen gespeichert haben, die notwendig sind, dass bestimmte entstandene Strukturen ihre Form bewahren. Wenn sich kleine Veränderungen herausbilden, werden diese ebenfalls gespeichert. Dieses Informationsfeld in-formiert die Formbildung bei der Entstehung von Kristallen, Pflanzen, Tieren und Menschen.

– Diese Felder wirken sich auch organisierend auf das Verhalten der Lebewesen aus. Die morphogenetischen Felder speichern die gesamte Strukturinformation der vorangegangenen Geschichte der Arten und der Evolution. Viele notwendige Informationen zur Körperbildung sind aber nicht im genetischen Code gespeichert, wie wir aus den Erkenntnissen über die Epigenetik wissen. Ich würde sagen, die Epigenetik beschreibt ein lokales Informationsfeld, die Morphogenetik ein nicht lokales Feld. Die morphogenetischen Felder treten zusammen mit den materiellen Strukturen auf, so wie jedes Informationsfeld eines Elements dieses darüber in-formiert, dass es z. B. Wasserstoff oder Eisen ist. Auch die Physik erkennt andere, »nicht energetische« Felder an, nicht nur elektrische und magnetische Felder. Das Gravitationsfeld ist so ein Beispiel. Theoretisch wird das Gravitationsfeld angenommen, physikalisch messbar ist es nicht – aber offenbar ist es vorhanden.

– Die wesentliche Wirkungsweise des morphogenetischen Felds ist die Weitergabe der Information für die Bildung einer bestimmten natürlichen Gestalt. Um diese Wirkung entfalten zu können, müssen die Felder darüber hinaus eine Speicherfunktion ähnlich unseres Gedächtnisses haben. Auf diese Weise können die formbildenden Felder Gewohnheiten ausbilden. Wenn eine biologische Struktur wie ein Ahornbaum oder eine Garnele sich einmal herausgebildet hat, wird diese

Struktur die morphogenetische Information immer wieder reproduzieren. Es gibt jedoch auch eine Rückkoppelung aus der Natur, sonst wäre das Feld zu statisch. Möglicherweise gibt es auch Überkreuzungen verschiedener Felder, sodass es möglich ist, dass bestimmte Ausarbeitungen der Natur, wie z. B. die Grundstruktur eines Auges, nicht immer wieder neu erfunden werden muss. Die Intelligenz der Natur arbeitet ökonomisch.

– Die morphogenetischen Felder gelten für mineralische, kristalline und biologische Strukturen. Ich betone diesen Punkt hier, weil nicht nur Rupert Sheldrake den Inhalt der morphogenetischen Felder auch auf andere Qualitäten ausgeweitet hat. Dadurch wird die ursprüngliche Idee leider verwässert. Ich möchte deshalb für alles, was mit Empfindungen, Gefühlen, Verhalten, Gedanken, sozialen und kulturellen Strukturen zu tun hat, ein eigenständiges Feld einführen, das ich als »sensitives Feld« oder »Erdsensorium« bezeichnen möchte.[258] Denn es ist naheliegend, dass es auch eine Art von »Gedächtnis« für die erwähnten Energieschwingungen geben muss. Wenn es für diese Schwingungen kein Speicherfeld geben würde, müssten unsere Kinder immer wieder alles von vorne neu erlernen. Sie müssen viele Kulturtechniken lernen, aber bestimmte Fähigkeiten und das Verstehen von bereits vorhandenem Wissen lernen Kinder in jeder Generation schneller oder zumindest leichter.

Eine schnelle Art des Lernens ist die Imitation. Kinder sprechen einfach nach und können so z. B. – wenn Elternhaus und Umwelt entsprechend förderlich sind – nicht nur die Muttersprache, sondern gleichzeitig auch Fremdsprachen lernen. In einer bilingualen Familie lernen Kinder beide Sprachen gleichzeitig! Sie lernen auch verschiedene Gesten und Gefühlsausdrücke im Elternhaus oder im Kindergarten durch Imitation.

Nicht nur der Mensch und wenige Tiere wie Vögel oder Affen sind in der Lage, durch Imitation zu lernen. Menschenkinder können ein breites Spektrum von Stimmlauten, Körperhaltungen und soziales Verhalten leicht imitieren. Im Gegensatz zu Tieren imitieren wir bereitwillig alles und jeden und haben sogar Spaß daran. »Unsere umfassende Imitationsfähigkeit hat zur Folge, dass Menschen neue Verhaltensweisen von fast unbegrenzter Vielfalt erfinden und durch Kopieren an andere Menschen weitergeben können.«[259]

Inzwischen hat man im Gehirn die sogenannten »Spiegelneuronen« entdeckt, die einen Erklärungsansatz für die Imitationsfähigkeit bieten. »Jedes Mal, wenn wir etwas sehen, wird unser Gehirn so aktiviert, als würden wir die wahrgenommene Handlung selbst ausführen. Das Hirn spiegelt so unser Gegenüber. Und zwar immer. Wenn wir sehen, wie jemand greift. Wenn wir sehen, wie jemand gähnt oder lacht. Ohne dass wir uns dagegen wehren können, werden, sobald wir einen anderen Menschen sehen oder hören, nicht nur Hirnzellen für das Sehen oder Hören aktiv, sondern auch solche, die unsere Muskeln steuern. Schon sind wir versucht, selbst zu greifen, zu gähnen, zu lachen. Wir nehmen unsere Mitmenschen nicht nur wahr, wir simulieren sie.«[260]

Es gibt jedoch Vervielfältigungen von Ideen, Kulturtechniken, Fertigkeiten und Verhaltensweisen, die über direkte Imitation hinausgehen. Ausgehend von den Genen, die sich selbst replizieren und danach streben, sich immer wieder weiterzugeben, hat der Zoologe Richard Dawkins 1976 die Idee aufgebracht, dass es in Analogie zu den Genen eine kulturelle Vererbung geben müsse, die er *Meme* nannte. Als Beispiel führt er »Melodien, Gedanken, Schlagwörter, Kleidermoden, die Art, Töpfe zu machen oder Bögen zu bauen« an.

Er verweist auf wissenschaftliche Ideen, die sich über die Welt verbreiten, Zeremonien, Rituale, Technologien. Alle werden seiner These nach so verbreitet, dass die Meme von einer Person von einer anderen übernommen oder kopiert werden. Meme werden also im menschlichen Gehirn, durch Bücher, durch das Internet oder sonst wie gespeichert und durch Imitation weitergegeben.

Die Psychologin Susan Blackmore erklärt den Begriff Mem: »Wenn wir Meme als Einheiten definieren, die durch Imitation weitergegeben werden, dann ist alles, was durch diesen Kopierprozess weitergegeben wird, ein Mem. Meme erfüllen die Rolle von Replikatoren, weil sie alle drei notwendigen Bedingungen erfüllen, d. h. Vererbung (Form und Details des Verhaltens werden kopiert) und Selektion (nur einige Verhaltensweisen werden erfolgreich kopiert).«[261] Für die Neodarwinistin Blackmore ist der dritte Faktor natürlich das Überleben der fittesten Meme. Nun kommt der entscheidende Punkt für meine weitere These: »Die Mechanismen zum Kopieren und Speichern von Memen sind noch unbekannt«, schreibt Susan Blackmore.[262]

Wo könnten Ideen, Melodien, Verhaltensweisen, Empfindungen und Gefühle gespeichert werden? Diese haben nichts mit den biologischen Strukturen zu tun, ich glaube kaum, dass Zellen fröhlich sind oder trauern können – ausschließen kann ich es allerdings nicht. Die Fähigkeit, zu empfinden, zu fühlen und zu lieben, ist erfahrungsgemäß eine andere Qualität, als Bruchstücke von Ideen und Melodien oder die Art und Weise, Töpfe herzustellen. Wenn sich allerdings Ideen oder Melodien verbreiten, sind sie auch mit bestimmten Gefühlen besetzt.

Nach Susan Blackmores Definition ist auch die Struktur einer Religion ein Mem. Religionen erhalten sich nur aufgrund der damit verbundenen Gefühle.

Auf der anderen Seite gibt es hochintelligente Menschen, die dennoch andere Menschen morden. Die Möglichkeit, zu empfinden, zu spüren, Trauer und Mitleid zu haben, ist eine außerordentlich wichtige Eigenschaft von Lebewesen. Sie ist nicht nur kulturell bedingt.

Auch Charles Darwin bemerkte, dass »Liebe die Antriebskraft des Lebens ist«.[263] David Loye hat gezählt: In Darwins Werk *Von der Abstammung des Menschen* gibt es 95 Einträge für »Liebe«, für »Geist« sogar 131.

Ich denke, dass wir die Evolution der Erde und ihrer Biosphäre besser verstehen, wenn wir die Entwicklung von Pflanzen, Vögeln, Reptilien und Säugetieren seit dem Mesozoikum vor 245 Millionen Jahren als Vorbereitungszeit für das sensitive Feld betrachten. Pflanzen haben zwar keine Gefühle in unserem Sinne, aber sie haben Sensitivität. Sie empfinden Schmerz, streben nach Licht und Nahrung und sind gesellig. Manchmal sind sie auch kämpferisch und verdrängen andere Pflanzen und sie können sich auch sehr gut wehren.[264] Sie bilden die Grundlage der sensitiven Schicht des Erdsensoriums.

Möglicherweise brauchte es diese lange Zeit von Millionen von Jahren, um das Empfindungsvermögen, das Sozialverhalten und die Gefühle zu entwickeln – wenn wir diese nicht materialistisch als bloße Neuronenaktivität im Gehirn definieren. Jede Gattung, jede Tierart und auch die Vögel haben ihre eigene charakteristische Gefühlsskala. Ich hielt einmal einen kleinen Star in der Wohnung, der einen gebrochenen Flügel hatte und den ich nicht den umherziehenden Katern überlassen wollte. Je nach Stimmung tirilierte er fröhlich in verschiedenen Tonlagen, wenn man ihm Futter gab. Wenn man mit ihm sprach, hörte er ganz intensiv hin und reagierte mit entsprechenden Lauten.

Wenn die Pinguin-Männchen den frisch geborenen Nachwuchs zwei Monate zwischen ihren Beinen herumtragen, hat das nicht nur mit der Verantwortung für die Erhaltung der Art zu tun, sie müssen in der Lage sein, ihre Babys zu lieben. Alle Tiere können je nach Art die gesamte Tonleiter menschlicher Gefühle hervorbringen: Mut und Furcht, Sanftmut und Wildheit, Neugierde und Gleichgültigkeit, Rastlosigkeit und Trägheit, Geduld und Erregbarkeit, Reizbarkeit, Konservatismus, Zuneigung, Liebe, Trauer und vieles mehr.[265]

Es scheint so, dass sich diese Entwicklung beschleunigte, nachdem die Saurier ausgestorben waren, denn die heute noch lebenden kleineren Säugetiere sind, wie wir alle wissen, empfindsamer und intelligenter. Überlebende Saurierarten wie Krokodile zeigen keine Gefühle – zumindest ist das nicht bekannt, Elefanten oder Katzen schon.

Meine Hypothese ist, dass es die schöpferische Intelligenz für die weitere Evolution als notwendig erachtete, eine Art »Erdsensorium« aufzubauen, ein sensitives Feld für Erfahrungen, Empfindungen und Gefühle, damit Menschen in Resonanz mit diesem Feld später ähnliche Gefühlsmöglichkeiten entwickeln konnten, so wie biologische Strukturen auf das morphogenetische Feld zurückgreifen können bzw. Impulse zur Formerhaltung daraus bekommen.

Durch die Entwicklung des Empfindungsvermögens hat sich ein sensitives Feld um die Erde gelegt, das wiederum in Rückkoppelung neue menschliche Empfindungen und Gefühle aufnimmt und speichert. Wenn wir sehen, wie grausam und gefühllos Menschen im Laufe ihrer Entwicklungsgeschichte bis heute waren und sind, kann man abschätzen, wie wichtig der Einfluss des »Gefühlsfelds« auf die weitere Entwicklung ist. Die humanistische Idee und der Begriff der Menschenrechte ungeachtet von Herkunft und Rasse sind noch sehr neu, wie wir wissen. Das sensitive Feld ist wohl noch nicht stark genug ausgebildet, sonst hätte die Menschheit ihre militaristischen Verhaltensweisen und Kriegshandlungen längst abgelegt.

Ein Konzept verschiedener Felder, die wie die Felder der Teilchen und Moleküle miteinander vernetzt sind und wechselwirken, bringt über die Gaia-Idee hinaus eine neue Struktur in das Verständnis der Evolution. Wenn Evolution ein Experiment und eine emergente Entwicklung zu ungewissen Ausformungen und Zielen ist, dann müssen Wechselwirkungen zwischen den Feldern möglich sein. In der Natur ist alles ausdifferenziert und hat verschiedene Schichten und Ebenen. Man muss dabei nicht an Hierarchien oder ein finales Ziel denken. Die Blüte einer Pflanze steht nur räumlich höher als ihre Wurzel, so wie das Gehirn räumlich oben im Kopf angesiedelt ist. Doch ohne Wurzel keine Blüte, ohne Gene keine Replikation der Zelle, ohne elektrische Impulse keine polare Ausrichtung des Embryos usw. Jedes Feld des Lebens ist systemisch mit jedem anderen Feld vernetzt.

Die Herausbildung eines Erdsensoriums als »Speicher« für die Meme jeder Art, für Gefühle, Gedanken, soziale Konzepte, Symbole, sprachliche Ausdrucksfähigkeit und andere Qualitäten bildet die notwendige Schnittstelle für die Wechselwirkung mit elektromagnetischen und morphogenetischen Feldern und dem Bewusstseinsfeld der Erde.

Genauso wie in der Physik, in der es verschiedene Felder gibt, die miteinander wechselwirken, wie elektromagnetische Felder, Gravitationsfeld, Quantenfeld, ist es vorstellbar, dass im Bewusstseinsfeld für bestimmte Aufgaben andere Felder angesiedelt sind. Das Bewusstsein ist ein Haus mit vielen verschachtelten Räumen – verschiedene Schwingungsfelder, die miteinander resonieren.

6 ERFAHRUNGSFELDER FÜR SINNE UND SINNLICHKEIT

> *»Erfahrung ist der Schlüssel zum Verstehen.«*
>
> John G. Bennett

Wenn die Biosphäre das Sinnesorgan der Erde ist, dann ist es ebenso wichtig, einen Blick auf die Sinnesorgane der Lebewesen zu werfen, aus denen die Biosphäre besteht. Eine genauere Betrachtung zeigt auch, dass die angeblich »zufällige« Evolution ausgesprochen feine Wahrnehmungsfähigkeiten in allen Lebewesen hervorgebracht hat, die weder überlebensnotwendig sind noch durch Anpassung oder Selektionsvorteile erklärt werden können. Wenn es bei der Evolution nur darum gegangen wäre, möglichst nur alle am besten funktionierenden und anpassungsfähigsten Geschöpfe auszulesen, hätte sie wahrscheinlich die Ratten zu den Herrschern der Erde gemacht.

Doch offenbar hat »die Göttin Evolution« den Menschen auserwählt, trotz seiner vielen Schwächen. Und sie hat noch anderes im Sinn gehabt: ganz besondere menschliche Sinnesorgane, die in Verbindung mit einem im Verhältnis zu anderen Lebewesen hoch entwickelten Gehirn die Möglichkeit eröffneten, nach einem Sinn in diesem Leben zu suchen. Die menschlichen Sinne sind daher auch die Grundlage für den Sinn des Lebens! Ohne diese vielfältigen hochkomplexen Wahrnehmungsfähigkeiten, die unser Sinnessystem bietet, könnten wir Menschen weder Erkenntnisse gewinnen noch nach dem Sinn dieses Lebens suchen.

Wenn wir die Möglichkeiten menschlicher Sinne genauer ansehen, wird deutlich, dass die Wissenschaften aufhören müssen, alles getrennt zu untersuchen und so das Ganze aus dem Auge zu verlieren. Ich verstehe schon, dass die Konzentration auf einen Untersuchungsgegenstand eine besondere Forschung und Fachwissen verlangt. Die Universitäten und Institute sollten meiner Meinung nach jedoch auch eine Stelle schaffen, an der das Fachwissen zusammenfließt und zu einem ganzheitlichen Erkennen führen kann – zu einer neuen Wissenschaft der Zukunft.

Das Leben von Flora und Fauna beruht auf Wahrnehmung in vielfältiger Form: Tiere besitzen ein Nervensystem und Sinnesorgane für eine aktive Wahrnehmung, Pflanzen haben keine Sinnesorgane dieser Art, nehmen aber dennoch ihre Umwelt wahr. Man kann sogar sagen: Eine Pflanze ist ein frei lebendes Sinnesorgan! Sie richtet sich nach Licht aus, reagiert auf Klima und den Wechsel der Jahreszeiten, kooperiert mit anderen Pflanzen und liebt die Geselligkeit mit anderen Pflanzen. Es gibt natürlich hier auch solche, die andere vertreiben, was selten vorkommt. Aber immerhin führen Pflanzen keine Kriege, da sind sie uns voraus.

Alle Organismen, Pflanzen, Pilze und Tiere, erkunden ihre Umwelt, verändern sie und lernen dazu. Viele Lebewesen schließen Bündnisse, Symbiosen, zum gegenteiligen Vorteil. Sie müssen gesammelte Informationen verarbeiten und sich entsprechend verhalten. Dazu haben sie verschiedene Wahrnehmungsorgane entwickelt, die zum größten Teil äußert komplex und hoch entwickelt sind.

Alle Wahrnehmungsorgane oder Wahrnehmungsfähigkeiten sind für ihre jeweiligen Zwecke ausgereift und angepasst. Schauen wir durch unsere Elektronenmikroskope, können wir nur darüber staunen, welche Organe sie dafür entwickelt haben. Die vielfältigen Sinne, die Tiere besitzen, gehen weit über das hinaus, was wir von unseren fünf »normalen« Sinnen kennen. Sie haben nicht nur schärfere, feinere Sinne und eine umfangreichere Wahrnehmung, wie der Hund, der mindestens tausendmal besser riechen kann als wir, sie haben auch besondere Sinne, die wir überhaupt nicht oder nur rudimentär entwickelt haben. Dazu gehören Haut- und Wärmesinne, Orientierung am Licht und Magnetfeld, Zeitsinne, Wettersinn. Sie spüren

Erdbeben im Voraus und können wie die Anakonda mit Infrarot wahrnehmen. Zwischen Augen und Nase hat sie eine kleine Öffnung, einen hochempfindlichen Detektor für Wärmestrahlen, womit sie bei Dunkelheit ein räumliches Infrarotbild bekommt. Bei einigen Amphibien und Reptilien findet man unter der Haut ein kleines Loch in der Schädeldecke, einen mit Lichtsinnzellen versehenen Ausläufer der Zirbeldrüse, die ja schon erwähnt wurde.[266]

»Fledermäuse stoßen durch den Mund bis zu 170-mal pro Sekunde für uns nicht wahrnehmbare Ultraschallwellensignale von 30 000 bis 70 000 Hz aus und fangen die durch Hindernisse reflektierten Schallwellen mit überproportionalen Ohren auf, die aufgrund zahlreicher Querfalten leicht beweglich sind … Durch Schallabtastung vermag eine Fledermaus im Flug nicht nur kleinste Insekten zu erfassen und zu jagen, sondern sich auch ein bleibendes ›Hörbild‹ von fremden Umgebungen zu beschaffen … Ein raffiniertes Antipeilsystem haben einige Bärenspinnerarten entwickelt. Kaum dass ihr Empfänger die Nähe einer Fledermaus meldet, aktivieren sie eine Art ›Störsender‹, der auf der gleichen Ultraschallwelle Störsignale abstrahlt und so die Flattertiere derart verwirrt, dass sie von ihrem Opfer ablassen.«[267] Inzwischen weiß man, dass Fledermäuse auch UV-Licht wahrnehmen können.

Einfache Küchenschaben reagieren auf eine Bodenschwingung im Größenbereich von 0,1 Angström. Wäre die Schabe so groß wie die Entfernung vom Süd- zum Nordpol, könnte sie vergleichsweise Schwingungen in der Erdkruste von einer Amplitude von einem Millimeter spüren! Die Weibchen vieler Insekten sondern Sexuallockstoffe in die Luft ab, Pheromone, um Männchen anzulocken – was bei Menschen übrigens auch geschieht. Die wirksame Konzentration der Duftstoffe ist unvorstellbar gering: Sie liegt bei 10^{-9} pro Kubikmeter Luft! Und unser menschliches Auge ist so empfindlich, dass es im Millisekundenbereich nur wenige Photonen wahrnehmen kann.[268]

Sind alle diese und unzählige andere Feinsinnigkeiten, evolutionär gesehen, wirklich notwendig? Es gibt auch eine Reihe von Tieren mit schlecht entwickelten Sinnesorganen, die trotzdem überleben. Manche Meerestiere saugen so z. B. einfach Plankton auf, das herumschwimmt, ohne dieses irgendwie mit Sinnen aufzuspüren.

Nun wenn die neodarwinistischen Evolutionsbiologen sagen, die Lebewesen oder die Natur haben diese Sinne »entwickelt«, dann müssen sie auch einbeziehen, dass eine »Entwicklung« auch einen Eingriff in die genetische Struktur oder einen Umbau in der DNA der Zelle notwendig macht. Dieser kann jedoch nicht automatisch vor sich gehen – wie kann das DNA-Molekül im Zellkern aus eigenem Antrieb wachsen und sich selbst umstrukturieren? Um einen elektrischen Sinn, Infrarotsinn, Augen oder Hörorgane zu konstruieren, sind Tausende von genetischen Befehlen notwendig, die mit anderen Befehlen zusammenarbeiten, also ein hochkomplexer systemischer Vorgang. Und die Sinne in Verbindung mit den Neuronennetzwerken im Gehirn müssen in der Lage sein, in jeder Sekunde Millionen von Impulsen aufzunehmen, die vom Gehirn schließlich auf das Wesentliche selektiert werden.

MIT EIGENEN AUGEN SEHEN

> »Der kälteste Sinn ist das Sehen, Erkenntnis ist sein Gefühl.«
> Johann Wolfgang von Goethe

Für das Sehen sind lichtempfindliche Zellen notwendig. Also wanderten einige urzeitliche lichtempfindliche ziliare Zellen aus dem Wurmgehirn aus dem Kopf heraus und bildeten auf diese Weise einfache Augen aus – so zumindest die Forscher. Sie vermuten, dass es die ersten Augen waren. Bei den Wirbeltieren entwickelten sich später dann Hochleistungssehgeräte.

»Im Verlauf der Evolution haben sich die lichtempfindlichen Gehirnzellen als Auge ausgestülpt und sind so zu den Sehzellen des menschlichen Auges geworden.«[269]

Die meisten Sinnesorgane entstehen irgendwo an der Oberfläche des Menschen, wie z. B. die Schleimhäute im Mund, die den Geschmackssinn informieren. Das Auge scheint jedoch anders als andere Sinne entstanden zu sein. Nicht eine Oberfläche wird empfindlich gemacht, sondern ein Teil des Gehirns beginnt hervorzuquellen, um das Auge zu bilden. Man könnte sagen, das Gehirn wird »neugierig« auf die Welt.[270] Könnte es nicht tatsächlich so sein, dass sich das Licht ein Hilfsorgan geschaffen hat, »das seinesgleichen werde«, wie Goethe sagt?

Interessant sind auch die Augenlider. Sie dienen nicht nur dazu, die Hornhaut zu schützen und Fremdkörper wegzuwischen und sie immer wieder neu zu befeuchten.

»Die Verschaltung des Reflexbogens für den Lidschlag erfolgt über das Stammhirn, der vielsynaptische Anteil des Reflexes steht dabei in engem Kontakt mit der *Formatio reticularis*, einem neuronalen Netzwerk, das für die Wachheit und Aufmerksamkeit bei der Wahrnehmung eine Rolle spielt. (…) Diese Lidschlagfolgen führen nun aber zu einer Intensivierung und Aktivierung der visuellen Wahrnehmung. Der Wechsel von Licht und Dunkel beim Lidschlag ist ein starker Reiz für das Nervensystem und führt zu einem erhöhten Energiefluss«, schreibt der Neurophysiologe Detlef B. Linke.[271] Doch nun kommt noch ein sehr interessanter Aspekt hinzu: »Darüber hinaus gleicht der Lidschlag einem ›Tafelauswischen‹. Er lässt den Gegenstand immer wieder aufs Neue erblicken. Auch wenn sich die Welt nicht ändert, so liefert der Lidschlag dennoch ständig einen neuen Zugang zu ihr. Ohne Lidschlag würde das Nervensystem dem Gegenstand gleichmäßig ausgesetzt und am Ende würde er möglicherweise gar nicht mehr wahrgenommen.«

Nichtwahrnehmung ist die Voraussetzung für Wahrnehmung. Wir haben es beim Sehen also tatsächlich mit zwei ergänzenden Elementen zu tun, ein Aspekt, der auch für die Farbwahrnehmung gilt, auf die ich noch kommen werde. Mit dem Lidschlag haben wir die Möglichkeit, »Informationen von anderen und von der Außenwelt zu blocken, um auf diese Weise nicht immer wieder mit anderen Realitätsmodellen, die dem eigenen Glückskonzept möglicherweise entgegenlaufen, konfrontiert zu werden«, schreibt Linke. »Insofern ist der Thalamus als Umschaltstelle des Gehirns für Sinnesinformationen eine Art transzendental-philosophisches Diskussionsforum, auf dem immer wieder die Wirklichkeit und Wertigkeit der Außenwelt debattiert werden kann. Etwa 50 Prozent der Gehirnaktivität müssen durch hemmende Hirnmechanismen, also inhibitorische Transmittersysteme, charakterisiert sein, sonst kommt es zur Erregungsüberflutung.«[272]

Für die Evolutionsbiologen stellt sich allerdings nicht die Frage, wie denn nun die Gene – und die spielen dafür zweifellos eine bedeutende Rolle – eine solche Struktur wie das Auge hervorbringen können. »Als wir die außergewöhnliche (!) Ähnlichkeit der Molekülstruktur in den Sehzellen unserer Augen und im Gehirn des Wurms entdeckten, war klar, dass sie eine gemeinsame Abstammung haben müssen.«[273]

Bereits Einzeller verfügen über Sehfarbstoffe, die ihnen eine Hell-Dunkel-Unterscheidung möglich machen. Das sich von einfachen lichtempfindlichen Zellen langsam entwickelnde Hochleistungsauge muss sich auch noch dem Wellenbereich des Sonnenlichts anpassen. Es müssen Sinnesbahnen zum Gehirn gelegt werden. Das Gehirn muss die Impulse verarbeiten und dergleichen mehr. Eine ganze Menge von Anpassungen und ein hochkomplexes Zusammenspiel vieler Zellen sind notwendig. Und diese Abstimmungen müssen erst einmal in den Genen eines Urzeitwurms vorgenommen werden, dass er schließlich und plötzlich eines Tages sehen kann. Als der Wurm das Sehen interessant fand, wollte er mehr. Einige Jahrmillionen später beschloss dann eine Versammlung der Würmer, sich weiterzuentwickeln. Genaues weiß man nicht, aber es könnten durchaus die Schnecken mit besseren Augen geworden sein.[274]

Nun kommt noch die sexuelle Fortpflanzung dazu, denn die nun ausgereiften Gene müssen weitergegeben werden, damit noch mehr Schnecken entstehen. Manchen von denen wurde es langweilig, weil sie nur braun waren – und das konnten sie ja nun sehen. So wurden wieder neue Umstrukturierungen vorgenommen, sodass gelbe, rote und blaue Schnecken entstanden, insgesamt 35 000 bis 43 000 verschiedene Arten.

Während eine Population sich zu bestimmten Zeiten auszuruhen schien und, von anderen unsichtbar, an den notwendigen Genen arbeitete, änderte sich ihr Phänotyp also nicht, die Würmer oder andere Vorläuferwesen blieben Jahrmillionen unverändert. Auf diese Weise häuften sich die rezessiven Gene erst einmal an, die erst später gebraucht wurden, zusammen mit den vielen anderen, die auch notwendig waren. Möglicherweise unterstützte ein rückgekoppeltes Informationsnetzwerk die parallele Entwicklung dieser Anordnungen. Als dann alles vorbereitet war – schwups! –, krochen irgendwann die Schnecken herum und vermehrten sich.

Wie können die Gene – wohlgemerkt, Molekülketten – sich so untereinander abstimmen, dass sie Umstrukturierungen vornehmen, zuerst an rezessiven Merkmalen arbeiten, die dann schließlich aktiviert und dominant werden? Und an was haben sie sich angepasst?

Die Welt wird bunt

> *»Die Farben sind die Taten des Lichts, Taten und Leiden.*
> *In diesem Sinne können wir von denselben*
> *Aufschlüsse über das Licht erwarten.«*
>
> Johann Wolfgang von Goethe

Ich komme nun zu einem meiner Lieblingsthemen, der Farbwahrnehmung. Die ersten sehenden Würmer haben sich sicherlich mächtig gewundert, was sie gesehen haben. Und die sehenden Schnecken erst recht, denn die hatten schon bessere Augen. Was macht man, wenn man plötzlich sehen kann? Man weiß von blinden Menschen, denen durch eine Operation die Sehfähigkeit wiederhergestellt wurde, dass sie sich weiterhin zunächst einmal mit den anderen Sinnen orientieren und mit ihren sehfähigen Augen nur schwarz-weiße Konturen wahrnehmen.

Manche Mythenforscher wundern sich, dass in 3000 Jahre alten Mythen die blaue Farbe nie erwähnt wird. Haben die Leute damals kein Blau gesehen? Die Inuit sehen unterschiedliche Farben im Schnee, wir sehen nur Weiß. Die Frage stellt sich also, wie lernt man Formen und Farben wahrzunehmen?

Das Gehirn muss bewusst trainiert werden. Die Nervenzellen des Gehirns organisieren sich, wenn sie durch wiederholten Kontakt mit einem bestimmten Reiz ausreichend trainiert werden. Es bilden sich neue Neuronennetzwerke. Die Neuronen sind allerdings recht konservativ. Einmal eingestellt, erwarten sie immer wieder denselben Impuls. Werden unbekannte Reize wahrgenommen, nehmen die Neuronen den Input zuerst als störend wahr. Aber irgendetwas müssen sie mit dem neuen Reiz anfangen, und so führt diese Störung dazu, dass sie sich neu organisieren.

Vermutlich haben die ersten Lebewesen mit Augen lange Zeit trainiert, um mit der Umwelt klarzukommen. Vielleicht war das auch ein Grund dafür, dass die ersten Tiere sich von harten

Schalen umgeben haben. So konnten sie sichergehen, bei ihren Sehversuchen nicht gleich von anderen Tieren gefressen zu werden.

Wie ist das Sehen möglich? Die physiologischen Erklärungen sind »einfach«: Sehen basiert auf dem Farben- und dem Lichtsehen, aus dem eine Räumlichkeit interpoliert wird. Beim Menschen haben die 120 Millionen »farblosen« Stäbchen im Auge ihr Empfindlichkeitsmaximum im blaugrünen Licht, das ist eine Frequenz von 500 Nanometern. Für das Farbensehen sind die Zapfen zuständig. Davon gibt es drei Arten: für die blauen Farben, die einen Frequenzbereich von 440 Nanometern aufnehmen, die für die grünen Farben liegen bei 530 Nanometer und die für die gelben Farben bei 565 Nanometer. Die unterschiedlich intensive Reizung führt durch die Farbmischung – so wie beim Malen – zum feinen Wahrnehmen der Farben.[275] Mit den sechs Millionen Zapfen, die ein Mensch hat, wird die Welt bunt. Der Lichtempfang ist jedoch 20-mal stärker als die Farbwahrnehmung.

Ein ähnliches Prinzip von Stäbchen und Zapfen hat man mit der Anordnung der Pixel im Computerbildschirm technisch umgesetzt. Im Prinzip funktioniert das Auge wie eine Kameralinse: Klappe auf, fotografieren und digital durch elektrische Impulse ans Gehirn weiterleiten. Wir nehmen nur das »normale« Licht wahr. Klapperschlangen und Pythons können Infrarotlicht wahrnehmen, Vögel sehen UV-Licht.

Doch jede Wahrnehmung mit den verschiedenen Sinnen funktioniert nicht automatisch, Wahrnehmung ist zugleich auch Erkenntnis, wie Hugo Kükelhaus sagt. Und so muss das Sehen gelernt werden – und kann auch verändert werden. Das Bewusstsein ist aktiv am Sehvermögen beteiligt! »Das sehende Auge braucht mehr als nur den Einfall des natürlichen Lichts. Es ist auch auf das innere, okulare Licht des Verstandes angewiesen.«[276] Goethe sagt deshalb auch: »Jeder neue Gegenstand, wohl beschaut, schließt ein neues Organ in uns auf.«[277] Humberto Maturana ging diesem Phänomen wissenschaftlich nach und fand heraus, dass »Farben wirklich im Auge entstehen, wie schon Goethe wusste«.[278]

So hat sich auch das Farbensehen der »modernen« Menschen wesentlich verändert. Feinabstufungen werden von vielen kaum noch wahrgenommen. Für die Neuronennetzwerke im Gehirn herrscht das Prinzip »Was nicht benutzt wird, geht verloren«. Die Wirkung der Farbwahrnehmung kann vielfältig sein, bis hin zu bestimmten Gefühlen, die eine Farbe auslösen kann. Es ist allerdings nicht so, dass ein Lichtstrahl auf das Auge trifft und wir die entsprechende Farbe sehen! Das Gehirn muss sie erst noch »berechnen« und darüber hinaus auch noch interpretieren. Denn Sinneswahrnehmungen erzeugen nur elektrische Impulse.

»Eine der großen Illusionen des menschlichen Sehvermögens führt zu der Annahme, dass es Unbewegtheit gibt, doch was unserem Auge reglos erscheint, ist in Wirklichkeit alles andere als das. Die ganze physikalische Welt befindet sich in einem Zustand permanenter Schwingung und Veränderung. Jedes Objekt ist ununterbrochen in Bewegung. Die physikalische Welt stellt ein elektromagnetisches Feld dar. Jedes Ding fließt geschmeidig im Spiel der Energie ... Die Wellen fließen in verschiedenen Frequenzen. Unser Auge nimmt nur einen kleinen Bruchteil dieser vibrierenden Wellen-Welt wahr ... Der unsichtbare Bereich des Spektrums bildet den wichtigsten Bereich des Lichts. Um uns herum existiert eine reale Welt unsichtbaren Lichts, aber wir können sie nicht sehen.«[279]

Die heutige Standardtheorie der Farbe, die auf Newton zurückgeht, besagt, dass sich weißes Licht aus verschiedenfarbigen Lichtstrahlen zusammensetzt, die im Prisma sichtbar werden, weil sie sich dort mit unterschiedlichen Winkeln brechen. Tatsächlich aber schrieb Newton in seinem Werk *Opticks* den wenig bekannten Satz: »Um genau zu sprechen, sind die Strahlen nicht farbig. In ihnen ist lediglich eine bestimmte Kraft und Disposition enthalten, eine Empfindung dieser oder jener Farbe hervorzurufen.«[280] Das heißt, wir sehen die Farben nicht, weil sie im Licht enthalten sind, sondern sie werden vom Licht hervorgerufen!

Die Physiologie der Stäbchen und Zapfen im Auge funktioniert vermutlich ähnlich wie ein Prisma und bringt durch ihre räumliche Anordnung die elektrischen Impulse hervor, die dann im Gehirn zu Farben werden – wenn unser Bewusstsein sie dort als Farbe berechnet hat. Bei der Absorption von weißem Licht an einem Farbpigment werden bestimmte Wellenanteile des Lichts absorbiert, während die übrigen Wellenanteile von der rauen Oberfläche des Pigments reflektiert werden. Als Farbeindruck bei einem Pigment sehen wir den reflektierten Anteil des Lichts als Komplementärfarbe zum absorbierten Teil des Lichts. »Die Phänomene der ›Farbadaption‹, wie man sie heute nennt, führen uns die wichtige Tatsache vor Augen, dass das Sehvermögen aktiv ist und seinen eigenen Gesetzen folgt.«[281] Licht ist nämlich farblos, egal was die Schulbücher und Enzyklopädien sagen. In allen Fällen begegnen sich Licht und Dunkelheit in einem trüben Medium und erzeugen Farbe. Das trübe Medium kann die Luft sein oder ein Prisma.

Johann Wolfgang von Goethe kannte Newtons Experimente mit dem Prisma und wollte es mit eigenen Augen sehen. Die Informationen, die er darüber hatte, besagten jedoch bereits, dass Licht aus Farben zusammengesetzt sei. Er hatte auch keinen Anlass, daran zu zweifeln. Umso verwunderter war er, als er in Eile – weil er das geliehene Prisma zurückgeben musste – einen kurzen Blick durch das Prisma warf. Später schrieb er darüber: »Eben befand ich mich in einem völlig geweißten Zimmer; ich erwartete, als ich das Prisma vor die Augen nahm, eingedenk der newtonschen Theorie, die ganze weiße Wand nach verschiedenen Stufen gefärbt, das von da ins Auge zurückkehrende Licht in so viel farbige Lichter zersplittert zu sehen. Aber wie verwundert war ich, als die durchs Prisma angeschaute weiße Wand nach wie vor weiß blieb, dass nur da, wo ein Dunkles daran stieß, sich eine mehr oder weniger entschiedene Farbe zeigte, dass zuletzt die Fensterstäbe am allerlebhaftesten farbig erschienen, indessen am lichtgrauen Himmel draußen keine Spur von Färbung zu sehen war. Es bedurfte keiner langen Überlegung, so erkannte ich, dass eine Grenze notwendig sei, um Farben hervorzubringen ...«[282]

Den Prisma-Effekt können Sie leicht auf der Rückseite einer CD sehen, wenn Sie diese ins Licht halten. Sie können sehen, dass das Licht unterschiedlich gebrochen wird, je nachdem, wie Sie die CD ins Licht halten. Je nach Einfallswinkel sehen Sie auf einer Seite der CD eher Blau- und Grüntöne und auf der anderen Seite eher Gelb- und Rottöne, jedenfalls sieht man kein Regenbogenspektrum. Auf der vorwiegend blauen Seite sind die Rottöne am Rand, und bei der vorwiegend roten Seite sind die blauen Töne am Rand. Dies Phänomen können Sie auch am Himmel beobachten. Wenn die Sonne untergeht, muss ihr Licht auf dem Weg zum Auge immer »dickere« Atmosphärenschichten durchdringen. Es wird gelb, orange, rot. Blau und Grün verschwinden. Je größer die Dunkelheit wird, desto röter die Farbe.

Goethes spätere Prüfung der Theorie von Newton zeigte ihm, dass der Interpretationsfehler von Newtons Experiment – das eine »künstliche« Versuchsanordnung war – darin besteht, dass »ein kompliziertes Phänomen zum Grunde gelegt und das Einfachere aus dem Zusammengesetzten erklärt werden sollte«.[283] Nachdem sich Goethe weiter mit dem Phänomen beschäftigte, kam er zu der Erkenntnis, dass Farben ihre Ursache ebenso im Licht wie in dessen Gegensatz, der Finsternis, haben. Er ging dann von der Frage »Was ist Farbe?« zu der Frage über: »Wie wird Farbe?«

Der Mythos, dass Newton durch Experiment bewies, dass farbloses Licht verschiedene Farben enthält, die durch ein

Prisma getrennt werden, hält sich bis heute aufrecht. Denn wir glauben daran, dass die Wissenschaft alles beweisen kann – und das meiste davon können wir nicht selbst nachprüfen. Doch zum Glück gibt es Experimente wie dieses mit dem Prisma, für die man keine teuren Geräte benötigt. Es gibt kein Experiment, mit dem die Farbtrennung des Lichts in ein ganzes Spektrum sinnlich direkt wahrnehmbar ist! Besorgen Sie sich ein Prisma und versuchen Sie es selbst! Newton ging nämlich nicht vom Experiment, sondern von der Theorie aus und versuchte eine mathematische Beweisführung – so wie es die quantitative Wissenschaft als seine Erbschaft immer noch macht.

Wenn Newton zeigte, dass verschiedene Farben in verschiedenen Winkeln gebrochen wurden, war es ihm möglich, die Farben durch numerische Messungen zu ersetzen. Auf diese Weise konnte er Farbe aus der wissenschaftlichen Beschreibung herausnehmen und sie auf den Brechungswinkel beziehen. Außerdem versuchte Newton, sich ein mechanisches Modell für das Licht vorzustellen, womit die Streuung der Farben durch ein Prisma durch Lichtkorpuskeln erklärt werden konnte, die sich alle mit derselben Geschwindigkeit in einem Vakuum, aber mit verschiedenen Geschwindigkeiten in einem Glas bewegten. Das führte dazu, dass die vorgestellten Lichtpartikel als die objektive Basis unserer Farbwahrnehmung gelten.[284]

Welche Wahrnehmung ist nun »wahrer«: die quantitative, mathematische oder die qualitative, sinnliche? Erst beide zusammen führen zu einer ganzheitlichen Wahrnehmung.

Goethe drückte das so aus: »Wir sagten: Die ganze Natur offenbare sich durch die Farbe dem Sinne des Auges. Nunmehr behaupten wir, wenn es auch einigermaßen sonderbar klingen mag, dass das Auge keine Form sehe, indem Hell, Dunkel und Farbe zusammen allein dasjenige ausmachen, was den Gegenstand vom Gegenstand, die Teile des Gegenstandes voneinander fürs Auge unterscheidet … Das Auge hat sein Dasein dem Licht zu danken. Aus gleichgültigen Hilfsorganen ruft sich das

Licht ein Organ hervor, das seinesgleichen werde; so bildet sich das Auge am Lichte fürs Licht, damit das innere Licht dem äußeren entgegentrete.«[285] Diese Erkenntnis wird von heutigen wissenschaftlichen Untersuchungen gestützt.

Maturana und Varela schreiben in *Der Baum der Erkenntnis*: »Für gewöhnlich denken wir uns die optische Wahrnehmung als eine bestimmte Operation mit dem Bild auf der Netzhaut, dessen Abbildung im Inneren des Nervensystems transformiert wird. Dieser Erklärungsansatz für das optische Phänomen zerfällt jedoch, sobald wir feststellen, dass für jedes Netzhautneuron, das über den seitlichen Kniehöcker des Thalamus auf unsere visuelle Hirnrinde projiziert wird, Hunderte von Neuronen, die aus anderen Teilen des Nervensystems (einschließlich der Hirnrinde) stammen, auf den seitlichen Kniehöcker projizieren. Dieser ist also nicht einfach eine Schaltstelle für Projektionen der Netzhaut auf die Hirnrinde. Zu diesem Kern konvergieren nämlich viele andere Nervenfasern mit vielfältigen Effekten, welche das überlagern, was zur Hirnrinde weitergegeben wird … Das heißt: Beide Strukturen sind durch reziproke Einflüsse miteinander verwoben und nicht nur in einer linearen Abfolge verbunden.«[286] Dasselbe hat Herr Goethe durch genaue Beobachtung schon 180 Jahre früher erkannt.

Das Sehen selbst ist sogar noch komplizierter, was neuere physiologische Entdeckungen nahelegen. Die Verarbeitung der Impulse erfolgt entlang mehrerer unabhängiger, paralleler Leitungsbahnen. Ein System verarbeitet Informationen zur Form, ein anderes zur Farbe, zur Bewegung, zur Lokalisierung oder zur räumlichen Organisation. »Es mag bizarr erscheinen, sich den Sehvorgang als funktionell aufgesplittet vorzustellen. Aber wie sonst kann ein Mensch mit optimaler Sehschärfe und normaler Wahrnehmung beweglicher Objekte farbenblind sein? Manche ›Blinde‹, die Farben oder Objekte nicht sehen können, sind trotzdem in der Lage, Bewegungen wahrzunehmen. Die in viele Windungen gelegte Hirnrinde befähigt uns, visuelle Botschaften mit anderen sensorischen Botschaften und früheren Erfahrungen zu kombinieren, um bestimmten visuellen Situationen eine einzigartige Bedeutung beizumessen.«[287]

RITUALE DER WAHRNEHMUNG

> *»Denn für das Überleben sind nicht die richtigen Abbilder,*
> *sondern die richtigen entsprechenden Reaktionen wichtig.«*
> Erhard Oeser und Franz Seitelberger

Die ersten Schnecken gingen auf Nummer sicher: Außer ihren Augen haben sie auch Fühler beibehalten. Das war ziemlich schlau, wenn man bedenkt, dass man das Farben- und Formensehen erst einmal lernen muss. Viele Wirbellose haben Becheraugen, die ein Richtungssehen erlauben. Eine wesentliche Veränderung trat mit dem Lochkamera-Auge bei primitiven Kopffüßern wie dem 450 Millionen Jahre alten Nautilus auf. Hier verengt sich die Grubenöffnung zu einem Sehloch, welches ein kleines, umgekehrtes, lichtschwaches Bild auf der Netzhaut entstehen lässt. Seine Leistungssteigerung findet dieses Prinzip im Blasenauge der Weinbergschnecke. Wo es mehr auf Lichtausbeute als auf die Bildqualität ankommt, haben sich Spiegelaugen durchgesetzt. Eine Sonderentwicklung ist das Komplex- oder Facettenauge der Insekten und Krebstiere. Es zerlegt einen Gegenstand mosaikartig in lauter kleine Bildpunkte.

Beim Menschen passiert das Licht Hornhaut, Augenlinse und Glaskörper und fällt schließlich auf die Netzhaut, die Retina, wo es ein auf dem Kopf stehendes, umgekehrtes Abbild der Umwelt sieht. Dann dreht das Gehirn die Bilder um. Die Sinneszellen in der Netzhaut wandeln die elektromagnetischen Wellen des Lichts in Nervenimpulse um.[288] Die Ergebnisse experimenteller Forschungen unterstützen die Annahme, dass die Wahrnehmung von Farbe, Bewegung und dynamische Form getrennte, aber vielfach auch rückläufig miteinander verschaltete Signalstraßen zwischen dem primären Sehfeld und den sekundären Sehrindengebieten im Gehirn bilden.[289] Soweit die kausale Erklärung der Biologen. Doch das sagt uns noch nichts über die Qualität der Wahrnehmung und die damit verbundene Erfahrung.

Aus der Wahrnehmungspsychologie wissen wir von der Wirkung der Farben in der Werbung. Offenbar weiß das auch der Oktopus, wenn er beim Werben ein prächtiges Farbenkleid anzieht. Nicht jede Farbschattierung hat eine Wirkung. Vor den indonesischen Küsten soll es eine besondere Art geben: den »magischen« Oktopus. Dieser ist der einfallsreichste aller Überlebenskünstler. Nur wenige Taucher haben ihn bislang gesehen. Sie berichteten, dass er wie ein Phantom ständig sein Aussehen und sein Verhalten wechselt. Er ahmt gefährliche Tiere nach, um Feinde abzuschrecken, ein andermal ist er eine Flunder, die über den Seeboden huscht. Dann verwandelt er sich in eine Seeschlange, die sich durchs freie Wasser schlängelt, und schließlich mimt er den hochgiftigen Feuerfisch, der ruhig und gelassen seine Kreise zieht.[290] Diese achtarmigen Tiere sind hochintelligent. Wie sonst könnten sie verschiedene andere Tiere nachahmen? Das bedeutet aber auch, dass sie die Informationen, die sie mit den Augen wahrnehmen, in ihrem Gehirn auf eine Weise verarbeiten, die auch Menschen eigen ist. Sie können sich in andere hineinversetzen! Sich authentisch in eine Seeschlange zu verwandeln geht ja nicht nur durch bloßen Gestaltwechsel. Die schauspielerische Fähigkeit ist ebenso gefragt. Wir sehen an diesem Beispiel, dass Sinne, Wahrnehmung, Erfahrung und Umsetzung der Erfahrung ein wesentliches Merkmal von Intelligenz ist.

Wie wichtig die Interpretation der visuellen Wahrnehmung ist, zeigt der Fall einer jungen Frau, die der Psychiater John

J. Raley schildert:[291] Rickie, so nennt er sie, hatte bereits als Kind Sehstörungen, die aber niemand sehr ernst nahm. Ihr Problem, das nach langen Jahren psychiatrischer Behandlung erst richtig diagnostiziert wurde, war, dass sie Gegenstände nur eine Minute lang »festhalten« konnte, ohne dass alles andere um sie herum verschwand. Das lag aber nicht an den Augen, sondern am Gehirn. Da sie mit der Umwelt auf diese Weise nicht zurechtkam, entwickelte sie psychische Störungen bis hin zu Depression und Suizidabsicht. In der Schule konnte sie die Bücher nicht lesen, weil die Buchstaben verschwammen. Durch eine Spezialbrille konnte sie schließlich das Gehirn trainieren und lernen, das Gehirn für die Formen und Bewegungen so zu gewöhnen, dass sie schließlich auch ohne Spezialbrille auskam.

Raley resümiert: »Rickies Odyssee zeigt, dass Wahrnehmung sehr viel mehr ist als nur die Aufnahme von Reizen aus der Außenwelt. Die Wahrnehmung spielt für die Persönlichkeitsentwicklung eine enorme Rolle. Schon eine minimale Wahrnehmungsstörung kann das gesamte Erfahrungsgefüge eines Menschen erschüttern. Wenn die Wahrnehmung unser Bild von der Welt verzerrt, kann alles davon Abhängige eine Fehlfunktion im Gehirn auslösen ... Das Gehirn wird durch das geformt, was es wahrnimmt.«[292]

Mit der Evolution der Sinnesorgane musste also auch die Interpretation der Informationen von außen gelernt werden. Von diesem Moment an mussten Schnecken oder Krebse nicht nur einfache Reaktionsmuster bewältigen, sondern sich – ihrer Umwelt und ihren körperlichen Bedingungen entsprechend – ein Bild ihrer Umwelt machen. Evolutionstheoretisch gesehen, macht man es sich zu leicht, wenn man sagt, dass Fledermäuse den Sinn für Ultraschall entwickeln mussten, weil sie die Insekten nachts jagen, oder manche Fische einen elektrischen Sinn, weil sie nicht gut sehen können.

Ich möchte kurz bei diesem Sinn bleiben, weil er weniger bekannt ist. Für uns Menschen sind elektromagnetische Kraftlinien eine abstrakte Vorstellung, wir können sie weder sehen noch riechen. Beim Nilhecht ist das anders. Für ihn sind elektrische Felder das Hauptinformationsmedium. »Dabei arbeitet der Fisch gar nicht mit Hochspannung wie Physiklehrer, ja nicht einmal mit 500 bis 800 Volt wie der Zitteraal ... Er erzeugt in seinen ›lebenden Batterien‹, je nach Körpergröße, lediglich drei bis zehn Volt zerhackte Gleichspannung. Der Pluspol befindet sich am Kopf, der Minuspol in der Schwanzspitze. Die Salvengeschwindigkeit ist jedoch eine ungeheure. Das elektrische Organ sendet in jeder Sekunde konstant 300 Stromstöße, und das zeitlebens beim Schlafen und im Wachzustand ... Jeder Stromstoß erzeugt sphärisch rings um den Fisch herum ein elektrisches Kraftfeld. Jeder Gegenstand im Wasser aber verbiegt diese Normalform der Kraftlinien ... Diese Kraftliniendichte aber vermag der Fisch wahrzunehmen und aus ihr die richtigen Schlüsse zu ziehen.«[293]

Man muss sich fragen, was es bedeutet, die Welt über elektromagnetische Wellen wahrzunehmen. Tatsächlich sind Menschen auch in der Lage dazu, im Normalbewusstsein achten wir nur nicht darauf. Wir strahlen ebenfalls solche Wellen aus und empfangen sie aus der Umwelt, wie Dr. Robert O. Becker nachgewiesen hat.[294]

Diese Wahrnehmung kann sogar verstärkt werden. Ich weiß aus dem Bericht eines jungen Mannes, der unter LSD-Einfluss durch eine Stadt mit elektrischen Oberleitungen von Straßenbahnen ging. Er berichtete, dass er nicht nur die elektromagnetischen Wellen der Oberleitung sehen, sondern auch spüren konnte. Das ging so weit, dass er das Gefühl hatte, er sei an diesem Strom angeschlossen. Für eine gewisse Zeit fand er diese Wahrnehmung spannend, aber dann schaltete sich der Verstand ein, und er bekam Angst. Elektrosmog ist also durchaus ernst zu nehmen!

Pflanzen haben die Fähigkeit, Licht zu bemerken und sich danach auszurichten. Sie reagieren also nicht passiv auf ihre

Umwelt, sondern aktiv. Es gibt sogar Bäume im Regenwald, die regelrecht zu den Lichtquellen wandern, indem sie ihre Wurzeln versetzen.[295]

Man kann sagen, alle Lebewesen interpretieren ihre jeweiligen Wahrnehmungen. Durch Übung entwickeln sie zwar einen Instinkt, z. B. für Gefahren oder dafür, wo es Nahrung geben könnte, doch immer müssen sie die Sinneswahrnehmungen interpretieren und auswerten. Es gibt also einen wesentlichen Unterschied zwischen den Instruktionen für den Aufbau des Organismus, die in den Plänen der DNA enthalten sind, und dem Lernprozess, den Organismus zu gebrauchen. Wenn wir besser verstehen, wie wir sehen, hören, spüren, riechen, schmecken, erfahren wir mehr darüber, wie die Welt funktioniert. Am besten ist natürlich, selbst verschiedene Sinneserfahrungen zu machen, Sinne und Wahrnehmung zu vertiefen, zu sensibilisieren und zu nutzen.

Die Sinne und ihr Verarbeitungsorgan, das Gehirn, haben sich mit den Erfahrungen der Tiere und Menschen weiterentwickelt. »Das Gehirn ist kein Computer, der nur genetisch vorgegebene Programme abspult. Es ist auch keine passive graue Masse, die schutzlos den Umwelteinflüssen unterworfen ist. Gene und Umwelt interagieren vielmehr und verändern das Gehirn unablässig, vom Augenblick unserer Zeugung bis zum Augenblick unseres Todes. Wir, die Besitzer, können – soweit es uns die Gene erlauben – an der Entwicklung unseres Gehirns lebenslang aktiv mitwirken.«[296]

Es muss noch hinzugefügt werden, dass zwischen den Ereignissen der Außenwelt und den neuronalen Zuständen keine stabilen Übereinstimmungen hergestellt werden, »dagegen aber stabile Korrelationen zwischen solchen Zuständen innerhalb des Nervensystems selbst nachgewiesen werden können. Die erkenntnistheoretisch bedeutsame Folgerung daraus war, dass das Nervensystem ein ›operational geschlossenes System‹ ist, das nur mit seinen eigenen Zuständen interagiert.«[297]

FARBEN HÖREN

»Bei manchen Farbhörern malt das Gehirn keine
abstrakten, sondern gegenständliche Bilder.«[298]

Gehirn, Nervensystem und Sinne haben sich zusammen entwickelt, da diese synchron miteinander verknüpft sind. Das menschliche Gehirn ist im Verhältnis zu Fischen, Salamandern, Katzen und Affen enorm groß. Unter neodarwinistischen Gesichtspunkten hat man aber bisher keinen »Selektionsdruck« ausmachen können, der zu dieser Größe »gezwungen« hätte.

Bei vielen Hohltieren, wie der Hydra, ist das Nervensystem gleichmäßig im ganzen Organismus verteilt. Im Laufe der Evolution haben sich die Nervenstränge in den verschiedenen Gehirnen der Tiere vereinigt und konzentriert. Im menschlichen Gehirn befinden sich einhundert Milliarden Neuronen – die Nervenzellen. Außerdem gibt es rund zehnmal so viele weitere Zellen, die andere Aufgaben erfüllen oder mit den Neuronen zusammenarbeiten. Die Hälfte des Gehirns besteht aus Gliazellen. Diese wurden früher nur als Versorgungseinheiten der Neuronen angesehen. Die Gliazellen umgeben die Neuronen, schützen sie und versorgen sie mit Nährstoffen. Inzwischen haben deutsche und amerikanische Forscher nachgewiesen, dass 80 Prozent der Gliazellen, die wegen ihres sternförmigen Aussehens Astrozyten genannt werden, auch in die Impulsverarbeitung eingreifen und bei der Reizverstärkung, der Kommunikation und des Gedächtnisses im Gehirn und Nervensystem beteiligt sind.[299]

Alle Neuronen und Astrozyten sind durch Verästelungen, die Axonen und Dendriten, miteinander verbunden. Die meisten von ihnen enden in Synapsen, den Schaltstellen, die wiederum für den elektrischen und biochemischen Informationsaustausch zuständig sind. Über die Synapsen gibt es Billionen von Verknüpfungsmöglichkeiten unter den Neuronen. Man nimmt an, dass Neuronen winzige elektromagnetische Felder enthalten. Bei einer Krankheit können sie gestört und somit falsch ausgerichtet oder sogar gesperrt werden.[300]

Dieses äußerst komplexe Organ sorgt dafür, alle Sinneswahrnehmungen in Millisekundenschnelle zu koordinieren und zu interpretieren. Vom Gesichtspunkt einer Wissenschaft aus, die von den Teilen auf das Ganze schließen möchte, werden also ständig Sinneswahrnehmungen, Reize und sonstige Impulse verarbeitet und zu einer Ganzheit zusammengesetzt. Die klassische Theorie ist, dass Sinneswahrnehmungen aus unterschiedlichen Sinnesorganen im Gehirn miteinander verrechnet werden – z. B. Sprache und visuelle Information beim Anblick eines Bauchredners. Mithilfe von funktioneller Magnetresonanz konnten Forscher am Max-Planck-Institut für biologische Kybernetik in Tübingen zeigen, dass das Verrechnen von Informationen aus den Ohren und dem Tastsinn schon im Hörzentrum des Gehirns (dem auditorischen Kortex) stattfindet, also früher als klassisch angenommen.[301]

Im Alltag greift das Gehirn auf Informationen aus verschiedenen Sinnesorganen gleichzeitig zurück, um sich ein »Bild« seiner Umgebung zu machen. Wie weiß das Gehirn, auf welche Sinnesorgane es zugreifen soll, und wie koordiniert es die Informationen zu einem ganzen Bild? Denn die Informationen aus verschiedenen Sinnesorganen werden miteinander »verschmolzen«, ein Vorgang, der *multisensorische Integration* genannt wird. Dieser spielt eine wichtige Rolle für die Wahrnehmung, weil viele Tätigkeiten sich nur schwer erledigen lassen, wenn das Gehirn nicht Informationen aus verschiedenen Quellen gleichzeitig bekommt.

Bei Babys und Kleinkindern sind die Sinnesorgane noch miteinander eng verknüpft. Später entwickelt sich eine gewisse Trennung der Verarbeitung der Sinneswahrnehmung, doch es gibt Menschen, bei denen die enge Verknüpfung bleibt und deren Sinne von Natur aus »vertauscht« sind. Der Künstler

Wassily Kandinsky konnte Töne sehen und Farben hören. Es gibt auch Menschen, die geometrische Figuren schmecken in der Art »Das Huhn schmeckt kugelförmig, es hat zu wenig Spitzen«. Andere sehen Zahlen in Farbe, wie z. B. 2 x 2 = blau. Für manche der Synästheten führt diese Art der Sinneskombination zu einer verstärkten Gedächtnisfähigkeit, da die Kombination von Zahlen mit Farben oder Bildern für die Gedächtnisleistung einen wesentlichen Vorteil bringt, denn das Gehirn arbeitet lieber mit ganzen Bildern, mit Ganzheiten. Man könnte diese als »Wahrnehmungsquanten« bezeichnen. Eine Synästhetikerin fällt sogar durch das Raster der hauptsächlich vorkommenden Sinnesüberschreitungen. Sie ist in der Lage, seitenlange Texte spiegelverkehrt zu schreiben, ohne nachzudenken. In ihrer Welt hat jedes Wort eine Farbe, Tauben sind blau, Wein ist ocker.[302]

Inzwischen weiß man, dass die Synästhesie bei möglicherweise drei Promille der Menschen vorkommt. Die Gehirnforschung hat das Phänomen inzwischen verstärkt erforscht. Synästhetische Eindrücke entstehen, wenn sich verschiedene Bereiche im Gehirn miteinander vernetzen. Fotos aus dem Kernspintomografen zeigen, dass im Hirn eines Farbenhörers zwei Sinnesfelder gleichzeitig aktiviert sind. Auch bei den anderen Menschen laufen zwei Prozesse gleichzeitig ab, allerdings sind die Nervenbahnen nicht so miteinander geschaltet, dass sie Musik in Farbtönen wahrnehmen. Das Phänomen kommt bei Frauen häufiger vor als bei Männern.

Eine wichtige Frage der Hirnforschung ist, wo im Gehirn die multisensorische Integration stattfindet. Die bisherige Standardtheorie besagt, dass sie nicht in den sensorischen Arealen stattfindet, in denen die Informationen aus den Sinnesorganen ankommen, sondern in einem nachgeschalteten, »höheren« Hirnareal, dem sogenannten Assoziationskortex. Die Information aus den Sinnesorganen, so die Annahme, werde zunächst im Gehirn in spezifischen sensorischen Arealen vorbearbeitet –

die gehörten Informationen aus der Hörschnecke z. B. im auditorischen Kortex – und erst danach mit den ähnlich vorbearbeiteten Informationen aus den visuellen und taktilen Eindrücken verrechnet.

Neuere Ergebnisse, darunter die Forschung der Max-Planck-Forscher, zeigen allerdings, dass dies nicht ganz zutreffen kann: Die multimodale Integration findet wohl schon auf den tieferen Ebenen statt. Mithilfe von funktioneller Magnetresonanz maßen die Tübinger Wissenschaftler die Aktivität der Hirnzellen im auditorischen Kortex von Rhesusaffen. Bei diesen Affen ist die anatomische Untergliederung des auditorischen Kortex in den primären und sekundären Kortex genau bekannt. Außerdem kann man ihre Gehirne mit höherer räumlicher Auflösung als bei Menschen abbilden; dies ist wichtig, weil die untersuchten Areale kleiner als zwei bis drei Millimeter sind. Die Ergebnisse zeigen eindeutig, dass die Aktivität im auditorischen Kortex aufgrund eines auditorischen Reizes verstärkt wird, wenn der Reiz mit einer taktilen Stimulation der Hand kombiniert wird. Außerdem fanden die Forscher innerhalb des auditorischen Kortex Gebiete, die auf gleichzeitige Reizung stärker reagierten als auf alle einzelnen Stimuli zusammen – ein klassisches Kriterium zur Identifizierung multimodaler Integration. Zudem konnten die Forscher zeigen, dass diese Integration im sekundären auditorischen Kortex auftritt.[303]

»Die Erforschung von Synästhesien«, schreibt der Psychiater Jeffrey Grey von der Londoner Universität, »offenbart vor allem, dass die Bewusstseinszustände wahrscheinlich eine eigenständige Existenz führen und ihrer eigenen evolutiven Dynamik unterliegen, zwar mit der Evolution biologischer Funktionen verknüpft sind, aber nicht in notwendiger oder unveränderlicher Weise.«[304]

ERSCHÜTTERUNG DER LUFT

> *»Wahrnehmung ist, was das Wort*
> *durch seine Doppelbedeutung aussagt:*
> *Erkenntnis und zugleich Wahrnehmung:*
> *Wahrnahme und Einsicht in eins.«*
> Hugo Kükelhaus

Während sich das Sehorgan, das Auge, aus dem Gehirn nach außen gestülpt hat, hat sich das Hörorgan nach innen gestülpt. Beim Embryo entsteht das Hörorgan an der Oberfläche des Kopfes. Zuerst entsteht eine kleine Kerbe in der Haut, im sogenannten Kiemenspaltenbereich, aus dem auch der Atem- und Essmechanismus entsteht. Die Augen sitzen anfangs seitlich am Kopf und schieben sich schließlich nach vorne, während sich die Gehörteile nach hinten und nach innen bewegen. Das Gehör hängt über die inneren Öffnungen auch mit der Nase und so auch dem Mund zusammen. Hier sieht man wieder, wie die Natur auf multisensorische Verbindungen gesetzt hat, um die Sinnesimpulse ganzheitlich wahrzunehmen.

Die mechanistische Darstellung ist, dass das Gehirn im Wahrnehmungsprozess die sensorischen Informationen in kleinste Grundeinheiten zerlegt, die scheinbar nicht in Beziehung miteinander stehen. Dann fügt das Gehirn alles wieder zusammen. Das mag zwar von außen durch bildgebende Geräte so aussehen, weil die Bilder uns zeigen, dass bei einem Wahrnehmungsprozess verschiedene Gehirnbereiche beteiligt sind. In Wirklichkeit jedoch verarbeitet das Gehirn alle Millionen Inputs einer Sinneswahrnehmung als multisensorische Ganzheit! Das ist der Unterschied zwischen analytischer und ganzheitlicher Wissenschaft.

Gerade beim Gehirn können wir nicht von den Teilen aufs Ganze schließen. Selbstverständlich werden Klangvibrationen über das Trommelfell in eine bestimmte Energie umgewandelt, welche die drei kleinen Knöchelchen im Mittelohr in Schwingung versetzt, die wiederum die Hörschnecke mit ihren 15 000 feinen Härchen stimuliert. Irgendwie müssen die Klänge ja in das Gehirn gelangen. Aber auch hier ist es wie mit dem Auge: Weil wir bereits das ganze Klangspektrum in uns haben, da wir letztlich aus Schwingungen bestehen, können wir etwas mit den Klängen anfangen, die uns von außen erreichen. So, wie wir innere Bilder und bildhafte Vorstellungen haben, können wir auch innere Klänge wahrnehmen. Wenn Sie in eine tiefe Meditation gehen oder mit der Wirkung einer psychoaktiven Pflanze die Aufmerksamkeit nach innen richten, können Sie die inneren Klänge hören.

Was sind Klänge? »Besteht die durchlaufende Kontinuität, die uns die Linie der Sinuskurve nahelegt, wirklich so im Phänomen des Klangs, oder stellt sie lediglich das Kontinuum des tonübertragenden Mediums Luft mit seinen durch den Ton bewirkten Druckschwankungen dar?«[305] Goethe sah den Klang als »Erschütterung der Luft«. Der Dirigent Ernst Ansermet bemerkte zum Medium Luft: »Diese Welle ist nicht der Ton, sondern der Zustand der Luft, wenn sie einen Ton überträgt. Die Luftwellen sind also eine Metamorphose oder eine besondere Formung der kinetischen Energie, die den Luftmolekülen durch die Klangschwingungen gegeben wird.«[306]

Wenn wir das Phänomen des akustischen Schwingungsvorgangs untersuchen, können wir erkennen, dass dieser durch einen stetigen Wechsel zweier polarer Phasen, der Verdichtung und Verdünnung der Luft, gekennzeichnet ist. Der Klang bewegt sich vorwärts und rückwärts zugleich. »Im sich ausbreitenden Klang könnte nicht nur die Dimension des Vorauslaufens von Bedeutung sein, sondern auch die des stetigen Zurücklaufens in seine Quelle, eine ständige Rückbeziehung zum Ursprung. Sollte vielleicht entsprechend Goethes Auffassung des Phänomens Farbe als eines dialogischen Geschehens zwischen Licht und Finsternis sich das Phänomen Klang als ein dialogischer Prozess zwischen Zukunft und Vergangenheit erweisen oder gar zwischen Etwas und Nichts?«[307]

Hören gibt Orientierung in der Welt, mehr noch als das Sehen. Wir hören siebenmal schneller, als wir sehen. Blinde Menschen entwickeln zusammen mit den sensorischen Nerven des Tastsinns, die eng mit dem Gehör und Gleichgewichtssinn im Gehör vernetzt sind, eine sehr gute räumliche Orientierung und sogar ein inneres räumliches Sehen. Es lohnt sich sehr, einmal das Buch der blinden Helen Keller über ihre Erfahrungen zu lesen[308], um eine Vorstellung davon zu bekommen, wie blinde Menschen die Welt erleben. »Könnte Musik gesehen werden«, schreibt Helen Keller, »so könnte ich anzeigen, wohin die Orgelklänge gehen, wie sie steigen und fallen, wie sie höher und höher klimmen, wanken und schwanken, jetzt laut und tief, jetzt hoch und stürmisch, dann wieder sanft und feierlich …«[309]

Hören gibt nicht nur räumliche, sondern über Töne und Klänge auch zeitliche Orientierung. Die »Klangfarbe« eines Tons wird gebildet vom Grundton und seinen Ober- und Untertönen. Das Räumliche und das Zeitliche der Töne verhalten sich in Gegengröße, also reziprok zueinander. Die Teilung einer Saitenlänge in 1/2, 1/3, 1/4 usw. im Raum entspricht 2/1, 3/1, 4/1 in der Zeit – der Schwingungszahl. Allein durch den Klang können wir uns bestimmte mathematische Verhältnisse »zu Gehör« bringen und gleichzeitig geometrische Verhältnisse als Proportionen und Strecken wahrnehmen. Mit den Tonverhältnissen, den Akkorden, die wir als harmonisch empfinden, gehen auch als harmonisch empfundene Proportionen für das Auge einher.[310]

»Im Gehör klingt wirklich die Stimme der Dinge, dort offenbart sich das tiefste Innere: Silber klingt so, und ein anderes Metall klingt so. Kristall klingt hell, und gewöhnliches Glas klingt wieder anders. Mit dem Gehör dringen wir tief ins Innere der Materie hinein. Und doch geschieht nirgendwo im Menschen etwas, das so mechanisch ist wie eine Schallschwingung. Nirgends wird die Außenwelt so tief in uns zugelassen. Nirgends dröhnt in uns etwas so wie die Gehörknöchelchen. Aber wir hören kein Dröhnen. Wir hören die Schwingung nicht. Wir hören einen Klang! Das ist doch ein gewaltiges Rätsel. Alles am Klang können wir messen, wir können es in exakter Weise in Zahlen festlegen. Es ist so irdisch, wie es nur sein kann. Nirgendwo dringt das Irdische so in uns hinein wie hier, aber wir hören etwas völlig Unirdisches.«[311]

Noch mehr als der Sehsinn verbindet uns der Gehörsinn mit der Schwingung der Wellenteilchen und so mit dem Schwingungsfeld des Kosmos, obwohl Klang keine elektromagnetische Schwingung ist. Alles hat ein charakteristisches Schwingungsmuster, sei es nun eine Farbe, ein Klang, ein Teilchen, das Licht. Mit der Fähigkeit zu hören hat die intelligente Evolution ein notwendiges Feedbacksystem geschaffen, um den Menschen in die kosmische Schwingung einzubetten.

Die Evolution hat bei Tieren und Menschen derart komplexe Sinnesorgane hervorgebracht, die nicht nur zum Überleben und der Arterhaltung dienen, sondern auch zur Wahrnehmung der Welt und zu Erfahrungen, die über bloßes Existieren hinausgehen. Beim Menschen hat es sogar dazu geführt, nicht nur Erkenntnisse über sich selbst und die biologischen Grundlagen des Lebens zu finden, sondern sogar das Leben und den Planeten zu verändern. Welcher mechanistisch gesinnte Evolutionstheoretiker kann mir dieses Phänomen erklären?

Offenbar ist in der Evolution etwas angelegt, was mit Zielstrebigkeit und Absicht die Prozesse steuert, auch wenn der Ausgang ungewiss ist und die ursprüngliche Absicht verfehlt wird. Ich kann mir mit all den Fakten, die wir bisher haben, jedenfalls keinen dawkinschen »blinden Uhrmacher« vorstellen, der nicht weiß, wie die Rädchen zusammenpassen müssen, damit die Uhr funktioniert!

Für mich wird bei der Beschäftigung mit den Sinnesorganen immer deutlicher, dass sich mit dem Entstehen des Lebens durch erste Zellen die bewusste Intelligenz in der Materie vorangetastet, dazugelernt und im Laufe der Zeit – es dauerte ja ziemlich lange – Strukturen entwickelt hat, die über bloße vielzellige Kolonien hinausgewachsen sind. Lebende Organismen scheinen ihre Zellverbände dadurch zu integrieren, dass sie ihre Gene austauschen.

Man dachte lange, Gene könnten nur an die direkten Nachkommen weitergegeben werden. Jetzt erkennen die Wissenschaftler, dass sie nicht an Mitgliedern der gleichen Art, sondern auch mit Mitgliedern anderer Arten gehen. Der Austausch von genetischen Informationen durch Gentransfer beschleunigt die Evolution, da die Organismen auf diese Weise »erlernte« Erfahrungen von anderen übernehmen können.

Warum hat die Evolution dann hoch spezialisierte Sinnesorgane und Gehirne hervorgebracht? Ich sehe das ganz einfach: Die schöpferische Intelligenz wollte mit eigenen Augen sehen, mit unseren Augen, wie sich ihre Evolution entwickelt hat!

DURCH DIE SINNE ZUM SINN

>»Keine Biologie der Kognition kann daher das Gehirn des Menschen,
seinen besonderen Bau und seine mit anderen Nervensystemen
letzten Endes unvergleichbaren ›höheren‹ Leistungen überspringen.
Denn diese Leistungen sind es, was es den alten Philosophen erlaubte,
vom Bewusstsein als dem ›Spiegel des Universums‹ zu reden.«*
Erhard Oeser und Franz Seitelberger

So nach und nach hat sich aus dem eingefalteten Quanten-vakuum die Welt entfaltet.[312] Von unserer Sicht aus spielt der Zeitfaktor eine Rolle, von der Sicht des Bewusstseins der Quantenwelt aus ist diese Entfaltung ein zeitloses Geschehen. Aus

Sternen wurden Planeten, und als auf einigen, darunter der Erde, das Leben entstand, erkannte dieses Bewusstsein, dass es aus dem materiellen Schwingungsprozess heraus in völlig neue, ungeahnte Formen evolvieren konnte, um sich nicht nur von innen, sondern auch von außen zu erkennen – und nutzte die Chance!

Man kann sich kaum vorstellen, dass eine schöpferische Intelligenz über so lange Zeiträume planen kann. Ich denke, kreative Intelligenz funktioniert spontan. Wenn sich eine Gelegenheit ergibt, findet ein kreativer Prozess statt: »Mal sehen, wohin uns das führt.« Vermutlich haben wir Menschen diese Haltung auch geerbt. Man entdeckt etwas Neues und entwickelt es weiter, ohne erst einmal an die Konsequenzen zu denken. Warum sollte die kreative Intelligenz anders vorgehen wie wir, wenn wir in ihrem Laboratorium entwickelt wurden?

Die Entwicklung der Sinne macht Sinn, wenn wir es unter diesem Aspekt betrachten. Die Sinne vermitteln die Wirklichkeit. Die Orientierung des Bewusstseins geschieht über das Sehen, das den Raum erschafft. Das Hören bringt uns mit den Rhythmen des Wandels, den zeitlichen Schwingungen in Kontakt. Je größer die Variationsbreite der Klänge und Schwingungen, umso reicher kann sich das Leben entfalten. Mit dem Tastsinn, insbesondere dem damit verbundenen Körpergewahrsein, kann ich Ruhe und Bewegung in Raum und Zeit erfahren. Tasten wäre unmöglich, wenn es nicht gleich dem inneren Auge und dem inneren Ohr ein inneres »Getast« gäbe.[313]

Der Tastsinn ermöglicht die eigene Körperbewusstheit. Er hat zwei Aspekte: Die propriozeptiven Nerven lassen das Körperinnere erfahren, die Tastnerven auf der Haut die Umwelt des eigenen Körpers und die »Hülle« eines anderen Körpers. Mithilfe des Tastsinns können wir alles Materielle spüren. Der Tastsinn besteht aus sogenannten Tastkörperchen, es sind kleine ausgestreckte Nervenstränge. Besonders mit den Händen können wir unterschiedliche Oberflächen spüren und unterscheiden. Wir erleben eine eigene und eine fremde Grenze. Mit dem Tastsinn erfahren wir die Welt unmittelbar, nicht vermittels von Schwingungen. Mit dem Tastsinn sind wir aber auch in der Lage, nach innen zu spüren, den eigenen Körper zu empfinden. Mit Übung können wir diesen »Empfindungskörper« sogar stärken. Die innere Körperempfindung hängt nicht allein von den fein verteilten Nervensträngen ab. Sie liegt mehr direkt unter der Haut, wo auch die sogenannten Meridiane der chinesischen Medizin verlaufen. Inzwischen kann man mit einer Infrarotkamera diese Meridiane fotografieren, wenn sie aktiviert werden.[314] Wahrscheinlich geschieht die Körperwahrnehmung nicht über das elektromagnetische Feld, sondern über das sensitive Feld, das manche auch als Aura wahrnehmen können.

Im weitesten Sinne übermittelt der Tastsinn alle Berührungen, alle spürbaren Informationen auf drei sensorischen Ebenen, die Hautstimulation – Wärme, Kälte, Schmerz –, die Position der verschiedenen Körperteile im Verhältnis zueinander und die Lage des Körpers im Raum und in der Bewegung.

Außerdem vermittelt er uns von innen den Status der Abläufe wie Herzschlag und Blutdruck, Druck auf der Blase und Empfindungen in den Genitalien. Berührung und Körperkontakt sind außerordentlich wichtig für Menschen, nicht nur weil bestimmte Hormone entstehen, die Glücksgefühle hervorrufen, sondern weil wir mit dem Tastsinn unmittelbar die Verbindung mit anderen Menschen spüren. Darüber hinaus vermittelt uns der Tastsinn den Wunsch, wieder mit allem anderen zu verschmelzen.

»Berührung ist Trennung und Verbindung zugleich«, schrieb Novalis. Und der Arzt und Sinnesforscher Albert Soesmann sagt: »Unsere ganze Evolution ist durchzogen von dieser Ablösung vom Ganzen, aber zugleich bleibt im Menschen das Gefühl, doch damit verbunden zu sein.«[315] Und Helen Keller sagt: »Wahrnehmungen des Tastsinns sind beständig und endgültig ... Streckt eure Hände aus, die wonnigwohlige Berührung der Sonnenstrahlen zu fühlen! Drückt die weichen Blumen an eure Wangen, betastet ihre anmutigen Formen, die zarte Unveränderlichkeit ihrer Gestalten, ihre Schmiegsamkeit, ihre Frische.«[316]

Warum hat die schöpferische Intelligenz alles Existierende mit Grenzen, mit einer äußeren Haut, versehen? Jedes Element, sei es der Wasserstoff, der Sauerstoff, das Natrium usw., hat eine eigene Grenze, auch wenn es aus Schwingungszuständen besteht. Wenn sich die Elemente zu Molekülen zusammenfinden, bilden sie ebenfalls eigene Membrane. Die Zelle hat eine Membran, sogar die darinnen liegende DNA hat eine eigene Membran. Die Membran der Pflanzen, Tiere und Menschen bildet ebenfalls eine äußere Grenze. Offenbar muss die sichtbare und spürbare Manifestation der Urquanten aus dem Quantenschaum – ach ja, die Schaumblasen haben auch eine Haut – die materiellen Dinge mit einer eigenen Identität versehen.

Selbst unter LSD-Einfluss ist es nicht möglich, durch Wände zu gehen, auch wenn die Person diese und sich selbst nur noch in Form von Schwingungen sieht. Selbst die Photonen des Lichts, die ohne Probleme sich durch die anderen Photonen hindurchschwingen, sind offenbar als Wirkungsquanten mit einer Identität, einer Haut versehen. Aus einem Photon kann man keine zwei Photonen machen, auch wenn es mit sich selbst interferiert. Ich kann keine letztgültige Antwort auf dieses Phänomen geben, ich denke, es lohnt sich aber, darüber noch mehr nachzudenken. Der Tastsinn hat uns so in ein weiteres Geheimnis der Welt geführt.

DER KOSMISCHE STOFFWECHSEL

> *»Durch den Gesamtprozess der Energieumwandlung wird*
> *die gegenseitige Erhaltung alles Existierenden ermöglicht.«*
>
> Nach G. I. Gurdjieff[317]

»Sehen und Hören stimmen den Menschen ein in Raum und Zeit, sind Fernsinne. Tasten zeigt die Resonanz zu anderen Körpern, erfasst diese in ihrem Sosein und die möglichen Beziehungen zu anderen. In der geschlechtlichen Vereinigung werden Mann und Frau zu einer Tasteinheit, und das sich in beiden Händen spiegelnde Verhältnis der Sinne zueinander ist die Grundlage der erfahrbaren Kultur. Aber im Schmecken ist der Mensch Teil des kosmischen Stoffwechsels, des Werdens und Vergehens.«[318]

Die 2000 bis 5000 Geschmacksknospen sind im Mund im Gaumenraum und auf der Zunge verteilt. Tatsächlich durchlaufen auch die Rezeptorzellen einen ständigen Kreislauf des Stirb und Werde. Beim Geschmackssinn beträgt die Lebensdauer einer Rezeptorzelle durchschnittlich zehn Tage. »Dieser Regenerationszyklus ist durchaus sinnvoll, denn die chemischen Rezeptoren sind ständig der Außenwelt ausgesetzt, sie müssen sehr heiße und kalte Flüssigkeiten, scharfe Gewürze und das ständige Kratzen der Zähne über sich ergehen lassen. Sie werden auch mit Bakterien und Schmutz bombardiert und laufen Gefahr, auszutrocknen. Dank der Neurogenese regeneriert sich die Geschmacksempfindung immer wieder.«[319]

Durch den Geschmackssinn ernähren sich Tiere und Menschen vom Tod anderer Lebewesen, von Pflanzen und Tieren. Über diesen Sinn nehmen wir Energie auf, die zu Aufmerksamkeit für das Leben wird. Jeder weiß: Wenn man hungrig ist, lässt die Aufmerksamkeit nach. »Wäre die heute übliche Theorie der Ernährung wahr, dann würde die Vitalisierung durch das Essen erst in der Verdauung beginnen, also einige Stunden nach Beendigung des Mahls. Tatsächlich aber ist die Freude und Lust des Essens in ihrer seelisch-gemeinschaftlichen Wirkung während des Vorgangs des Kauens im Mund.«[320]

Das ist richtig, denn 75 Prozent dessen, was wir als Geschmack wahrnehmen, das besondere Aroma der Speisen, ist in Wirklichkeit dem Geruchssinn, der ja eng mit dem Mund verbunden ist, zuzuschreiben. Der besondere Geschmack ergibt sich aus den vier grundlegenden Geschmacksrichtungen. Die Geschmacksnerven der Zunge nehmen vorne süß wahr, in der Mitte sauer und salzig und hinten bitter. Bitter steht mit den Basen in Beziehung, den Stoffen, die Wasserstoff-Ionen aufnehmen können. Der saure Geschmack ist mit der Säure verbunden. Allerdings wird heute eher von einem »Geschmackskontinuum« ausgegangen. Dabei stützen sich die Befürworter auf die Erkenntnis, dass die bisher gefundenen Rezeptorzellen stets für mehr als nur eine Geschmacksrichtung zuständig sind.

Allerdings geht die Natur offenbar sehr sparsam mit ihren Rezeptoren um: Ein einziger Eiweißstoff ist für den sauren Geschmack auf der Zunge zuständig.[321] Die Süße hat mit den Kohlehydraten und damit dem Zucker zu tun und das Salzige in Form von Natrium mit der elektrischen Austauschenergie. Gibt man die wässrigen Lösungen einer Säure und Base zusammen, erfolgt eine Neutralisationsreaktion. Es entsteht Wasser und ein Salz. Letztlich werden beim Verdauungsvorgang im Wesentlichen die Grundstoffe aus der Nahrung herausgefiltert und den Zellen in wässrigen Lösungen zugeführt. »So ist die Nahrungsaufnahme eine Rückbindung an die Fähigkeit des Genoms, Proteine zu synthetisieren und damit dem Wachstumsprozess zu dienen.«[322]

Ein erstaunlicher Vorgang. Der ganze Stoffwechsel ist auf die Fähigkeit eingestellt, den Tod zu akzeptieren – den Tod des anderen, der nichts mit Aggression zu tun hat. Ein Löwe ist nicht böse auf die Gazelle, die er tötet, genauso wenig wie ein Mensch Zorn auf das Schwein hat, von dem er sein Schnitzel isst. Somit hat es die Natur in Absprache mit der Erde eingerichtet, dass sich alles Leben gegenseitig erhält. Die Natur hätte es einfacher machen und Nährlösungen bereitstellen oder bei den fotosynthetischen Bakterien bleiben können, die nur Licht brauchen! Lichtnahrung ist wahrscheinlich die einzige Ernährungsform, die von keinem anderen Lebewesen abhängt. Da Menschen keine Chloroplasten in sich eingebaut haben, wird diese Ernährungsform wohl nicht für die Menschheit funktionieren, auch wenn manche so etwas propagieren oder sogar eine Zeit lang versucht haben.[323]

Wenn es keine gentechnische Veränderung der menschlichen Zellen durch Einbau von Chloroplasten gibt, müssen wir weiterhin das Licht über Pflanzennahrung aufnehmen. Aber wer verschmäht schon eine würzige chinesische Gemüsepfanne? Für Chinesen ist die Schärfe übrigens die fünfte Geschmackskategorie. Sie dient zur Steigerung der Lebensintensität und der Wachheit. Für die Japaner ist die fünfte Geschmacksart *umami*, das Wohlschmeckende oder Herzhafte. Dafür gibt es tatsächlich einen Rezeptor, wie Forscher herausgefunden haben.

Über die gesamtökologische und ethische Problematik von Steaks und Haifischschnitzel brauche ich hier wohl nicht zu sprechen, wobei gezielte ökologische Tierhaltung noch eine andere, nachhaltigere Art der Ernährungsgrundlage darstellen kann als das Abfischen und Vernichten ganzer Fischbestände!

Welchen ökologischen oder ethischen Standpunkt man auch einnimmt, Tatsache ist, dass der Tod ein grundlegender Bestandteil des Lebendigen ist und mit der Entwicklung des Geschmackssinns zusammenhängt. Man kann es drehen und wenden, wie man will: Der Eintrittspreis ins Leben ist Essen und Gegessenwerden, alles inklusive.

Doch dabei geht es scheinbar streng hierarchisch zu: Die größeren Lebewesen fressen die kleineren. Das ist aber nur im Leben so, im Tod werden die Großen wieder von den Kleinen verzehrt, die Natur ist offenbar gerechter, als man denken würde. Das Recyclingprogramm geht auch hier weiter.

Pflanzen stehen jedoch insgesamt weit häufiger auf dem Speiseplan als das Fleisch von Tieren. Da sie an eine feste Stelle gefesselt sind, können sie nicht abhauen. Aber viele Pflanzen können sich immerhin auch wehren und scheiden Giftstoffe gegen Angreifer oder Parasiten aus oder haben Dornen und ähnliche Abwehrwaffen. Denn im Reich der Räuber und Gejagten wehren die Gejagten sich mit allen Mitteln, und die Räuber müssen alle möglichen Tricks anwenden, um ihre Nahrung zu ergattern. Die meisten Beutetiere können sich ganz gut verteidigen, vermutlich wird daher die Pflanzennahrung bevorzugt. Nahrung zu erbeuten ist recht schwer, außer für Wale, Haie und andere Fische, die winzige Tiere und Plankton fressen. Sie müssen einfach nur ihr großes Maul aufreißen.

Die Fleischfresser unter den Vögeln jagen in der Luft eine Menge Insekten oder buddeln Mikroben und Würmer aus dem Boden. Sind sie Aasfresser, wie die Raben, finden sie ihre Nahrung durch die Hinterlassenschaft von Raubtieren oder auf andere Weise gestorbene Tiere – und dienen zugleich der Ökologie. Tatsächlich gibt es nur 270 Raubtierarten zu Wasser und an Land. Ihren Fleischbedarf decken sie durch Jagd oder Fressen von Aas. Aasfresser sind somit eine bedeutende Entsorgungsfraktion unter den Tieren.

Die meisten Raubtiere sind eigentlich Allesfresser, die je nach Art und Jahreszeit in unterschiedlichem Ausmaß pflanzliche und tierische Nahrung zu sich nehmen. Bei vielen Bärenarten machen Früchte und andere Pflanzenteile einen Großteil der Ernährung aus, ergänzt wird sie durch Insekten und deren Larven und kleine Wirbeltiere wie Fische oder Nagetiere. In unterschiedlichem Ausmaß erbeuten sie auch größere Wirbeltiere bis Hirschgröße. Nur der Eisbär ist reiner Fleischfresser. In den meisten Fällen sind fleischfressende Tiere keine Kannibalen, fressen also nicht ihre eigene Art. Schimpansen, die unsere menschlichen Vorläufer sein sollen, machen allerdings auch Jagd auf andere ihrer Art, wenngleich sie sich großteils von Pflanzen und kleinen Tieren ernähren. Gorillas, eine andere Menschenaffenart, lebten vollkommen vegetarisch, wenn man von gelegentlichem Verzehr von Insekten absieht, die sie mit den Blättern zu sich nehmen.

Wenn man die große Zahl der Tierarten und Säugetiere betrachtet, kann man sagen, dass alle überwiegend Pflanzenfresser sind. Interessant auch das Verhältnis von Jäger und Beute: Je kleiner die Lebewesen, desto mehr gibt es davon. Die nächstgrößere Spezies ist immer in der Minderzahl. Der Nahrungsbestand würde sonst in kurzer Zeit ausgehen.

Im Gegensatz dazu haben die Menschen immer mehr Tierbestände kultiviert, um ihren Nahrungsbedarf zu decken. Oder sie machen Jagd auf alle möglichen Fische. Gedankenlos werden dadurch riesige Bestände ausgerottet. Genau genommen ist der Mensch inzwischen zum größten Raubtier geworden. Das System der gegenseitigen Erhaltung gerät so immer mehr ins Ungleichgewicht. Eigentlich müssten wir es besser wissen! Pflanzen fressen sich nicht gegenseitig auf – sie holen sich ihre Nährstoffe vom Licht und aus dem Boden. Dafür sind sie Nahrung für die meisten anderen Lebewesen.

Sind wir Menschen von der Nahrungskette ausgenommen? Für wen werden Menschen als Nahrung gebraucht?

Man könnte meinen, dass das Auftauchen des Menschen in der Evolutionsgeschichte mehr Unordnung verursacht hat als die verschiedenen Veränderungen und Einschnitte während der ganzen Entwicklung zuvor. Oder hatte die kreative Intelligenz etwas anderes im Sinn?

SINNLICHE GESPRÄCHE

»Das blinde Kind muss, auch wenn es ihm selber unbewusst bleibt,
von dem Licht, der Farbe, der Melodie beeinflusst werden,
die ihm durch die Sprache, die es lernt, übermittelt werden, denn
die Kammern des Geistes sind bereit, die Sprache aufzunehmen.«

Helen Keller

Warum reden wir so viel? Wir Menschen verbrauchen reichlich viel Zeit mit Reden. Außer bei den »mundfaulen« Menschen reden die meisten sicherlich einige Stunden am Tag. Alle reden im Büro, am Telefon, zu Hause mit der Familie und den Kindern (falls vorhanden) oder in Gesellschaft in Kneipen und sonst wo. Der Zeit- und Energieaufwand für das Sprechen ist enorm. Sprache und Intelligenz sind offenbar nicht voneinander zu trennen. Insofern könnte man daraus schließen, dass Tiere nicht intelligent wären, doch das Gegenteil ist der Fall. Alle Tiere kommunizieren in verschiedenen Formen und Weisen miteinander. Sie sind vermutlich genauso geschwätzig wie wir. Die Sprache der Tiere ist ihrer artspezifischen physiologischen Beschaffenheit und den Gegebenheiten ihres Lebensraums angepasst.

»Tier-Sprachen – sie manifestieren sich in Lauten und Gesängen, Körperausdrücken (Mimik), Tänzen, Tast- und elektrischen Signalen, in Duftstoffen (Pheromen) und Farbspielen und so weiter – sind aufgrund zahlloser Kombinationsmöglichkeiten häufig komplexer noch als menschliche Ausdrucksformen. Hinzu kommt, dass sich zwischen den einzelnen Arten soziale Umgangsformen herausgebildet haben, die den jeweiligen Zeichen eine allgemein verstandene Bedeutung zuweisen, was schließlich zur Entwicklung ausgesprochen abstrakter ›Sprache‹ führte.«[324] .

Neue Forschungen belegen, dass hinter dem Vogelgesang nichts anderes steckt als bei Gesang und Sprache des Menschen auch. Man weiß inzwischen, dass das Zwitschern und Tirilieren auch bei Vögeln im Kehlkopf gebildet wird, wie bei den Menschen. Vögel verständigen sich auch durch Rufe.

Es gibt Lockrufe, Warnrufe und Flugrufe zum Zusammenhalt eines Schwarms und Kontaktrufe zwischen Eltern und ihren Jungen. Die meisten höheren Tiere bedienen sich einer Sprache, denken wir nur an die intelligente Kommunikation der Delfine. Die Sprache der Insekten wie der Bienen und Ameisen geht über andere Kommunikationsformen, aber auch sie sind intelligent und gezielt.

Beim Menschen dominiert das Reden. Reden kostet deutlich mehr Energie als Denken. »Beim Reden, beim Hören und beim Verstehen des Gesagten sind nicht nur notwendigerweise mehrere Gehirnregionen aktiv, sondern auch die Lautproduktion selbst ist teuer ... Dieser phänomenale Energiebedarf stellt ein Rätsel dar. Lebewesen müssen für all die Energie, die sie verbrauchen, hart arbeiten, und eine effiziente Energienutzung ist ein kritischer Faktor fürs Überleben.«[325]

Hören, Sprechen, Kehlkopf und der Mund als Atemraum sind eng miteinander verbunden. Man könnte, so gesehen, den Mund zusammen mit den Geschmacksknospen der Zunge, dem Riechen mit der Nase und dem Kehlkopf als ein »Sprachorgan« bezeichnen, also als ein eigenständiges Sinnesorgan. Sogar das Denken wirkt auf den Kehlkopf.

Damit zusammenhängend gibt es auch einen »Sprachinstinkt«, wie Steven Pinker es nennt.[326] Die Sprachfähigkeit ist zum größten Teil angeboren, sie muss nur geübt werden. Die Muttersprache wird nicht nur imitiert, sondern regelrecht vom Kind »aufgesaugt«. Ebenso werden die grundlegende Grammatik und Syntax aufgenommen, nur die Feinheiten und Besonderheiten der jeweiligen Grammatik einer Sprache müssen erlernt werden. Alle menschlichen Gesellschaften, Jäger- und Sammlerkulturen im Dschungel genauso wie wir in der technologischen Kultur, haben eine Sprache mit komplexer Grammatik.

Entwickelte sich die Sprache, um die Affen auf den anderen Bäumen zu verhöhnen, wie Terry Pratchett es scherzhaft ausdrückte? Wie sind wir zu dieser einzigartigen Fähigkeit gekommen? Vom Gesichtspunkt der Evolution aus war es ein relativer schneller Sprung, keine langsame Entwicklung.

Ich habe die Grundzüge schon dargestellt: Das Gehirn vergrößerte sich um rund 40 Prozent, und der Kehlkopf senkte sich in seine Lage. »Das Gehirn ist nicht der einzige Teil des Körpers, der für das Sprechen modifiziert wurde. Sprechen erfordert eine Feinkontrolle der Atmung, und das bedeutete eine Feinkontrolle der Muskulatur des Zwerchfells und des Brustkorbs. Wir müssen in der Lage sein, automatisch zu atmen, wie es alle Landsäuger tun, diesen Mechanismus dann überkommen, wenn wir sprechen, was eine kortikale Kontrolle der Muskulatur erfordert. Der Kehlkopf liegt beim Menschen überdies viel tiefer als bei verwandten Primaten, was eine größere Lautvariabilität ermöglicht, und auch die Schädelbasis ist anders geformt.«[327]

Für die neodarwinistischen Evolutionstheoretiker sind die Sprachentwicklung und die damit einhergehende anatomische Veränderung ein großes Rätsel, das bei der Diskussion über die langsame und schrittweise Entwicklung oder Anpassung deshalb auch gerne unerwähnt bleibt. Wir sehen immer nur die Bilder, wie der Mensch sich vom *Homo habilis* über den *Homo erectus* zum *Homo sapiens* und so weiter rein äußerlich in seiner Gestalt veränderte. Dann die Stimme aus dem Off: »Und dann haben unsere Vorfahren sprechen gelernt.«

Manche Autoren, wie die Psychologin Susan Blackmore, äußern immerhin ihre Zweifel: »Nach modernem darwinistischem Denken haben sich all diese Dinge allmählich entwickelt, weil Individuen, die die entsprechenden Gene trugen, die sie produzierten, eher überlebten und sich erfolgreicher fortpflanzten. Wenn die menschliche Sprachfähigkeit ein biologisches System ist wie das Wirbeltierauge oder das Fledermaussonar,

dann müssen wir klären können, welche Funktion es hatte. (...)
Sprache kann nicht zum Nulltarif erworben worden sein, im
Gegenteil. Mehrere Regionen im Gehirn haben sich auf Sprach-
produktion und Sprachverständnis spezialisiert und unser ge-
samter Sprechapparat musste erst entwickelt werden. (...) Diese
Frage bringt uns in eine schwierige Situation.«[328] »Mit uns«
meint sie natürlich die Neodarwinisten.

Der Sprachsinn geht über die Sprech- und Hörfähigkeit hinaus. Sprache ist nicht nur Schwingung wie Musik oder Klang,
auch wenn jede Sprache der Welt eine eigene Frequenz hat.
Deshalb fällt es manchen Menschen auch schwerer, eine Fremd-
sprache zu lernen, wenn sie die Feinheiten ihres Klangs nicht
heraushören können. Dabei spielen auch die einzelnen Sprach-
elemente eine Rolle, die Vokale und Konsonanten der Wörter,
die verschiedene Klangfrequenzen besitzen.

Sprechen kann sinnlich und betörend sein, hart und befeh-
lend, jammernd und Mitleid erregend und vieles mehr – Sprechen drückt das ganze Spektrum unserer Gefühlswelt aus. Der
Sprachsinn und das »Gefühlszentrum« hängen so eng zusammen. Deshalb wird das Gefühlszentrum in vielen Kulturen
nicht im Kopf, sondern im ganzen Atemraum angesiedelt.
Über das Zwerchfell, das ja ebenfalls am Sprechen beteiligt ist,
können wir es auch mit dem »Bauchgehirn« in Verbindung
bringen. Gefühl und Intuition werden nach Erkenntnissen
mehrerer Forscherteams von einem Nervengeflecht im Bauch
mitgesteuert. Das »Bauchhirn« besitzt mit rund 100 Millionen
Nervenzellen, die den Verdauungstrakt umhüllen, mehr dieser
Zellen, als im Rückenmark stecken.[329]

Auf jeden Fall spielen die emotionalen Schaltkreise des Gehirns, die zumindest teilweise im limbischen System liegen,
eine bedeutende Rolle für die Sprachäußerung. Wenn wir
weinen, lachen oder schreien, ist in unserem Gehirn der *Gyrus
cinguli* im limbischen System aktiviert, an derselben Stelle wie
beim Affen. Der emotionale und gefühlsbetonte Aspekt um-

fasst Sprachmelodie, Betonung, Stimmqualität, Zeitabstim-
mung sowie Signale, die Anfang und Ende von Satzgliedern
anzeigen. Die Emotionsaspekte können auch gestört sein,
ohne dass zugleich das Verständnis wörtlicher Bedeutung be-
einträchtigt ist.[330]

Aber warum und wozu hat sich Sprache eigentlich entwickelt?
Es ist völlig ungeklärt, welchen Selektionsvorteil die Sprachentwicklung beim Menschen eigentlich hatte. Heutzutage sind
Sprache und andere Symbolsysteme von höchster Bedeutung
für die menschliche und technologische Entwicklung, doch als
sie entstanden, gab es keine natürliche Notwendigkeit dafür.

Die Psychologin Susan Blackmore spekuliert, dass die Funktion der Sprache darin besteht, Meme zu verbreiten.[331] »Die
menschliche Sprachfähigkeit stellte primär für die Meme einen
Selektionsvorteil dar, nicht für die Gene. Die Meme veränderten dann die Umwelt, in der die Gene selektiert wurden, und
zwangen sie so, immer bessere memverbreitende Apparate zu
bauen. Mit anderen Worten besteht die Funktion der Sprache
darin, Meme zu verbreiten.«[332]

Blackmores Hypothese einer Koevolution zwischen Genen
und Memen kommt meiner Hypothese des »sensitiven Felds«,
des Erdsensoriums, sehr nahe. Der wesentliche Unterschied
liegt darin, dass ich nicht die materiellen Gehirne als Träger der
Meme im weitesten Sinne, also auch der Erfahrungen, Gefühle
und Kultur postuliere, sondern das Schwingungsfeld des Erdsensoriums. Die Sprachfähigkeit und alles damit Verbundene
musste ebenso vorbereitet werden wie andere evolutionären
Entwicklungen und entwickelt sich ebenfalls durch Rückkoppelung mit dem sensitiven Feld weiter: Wenn sich Meme nur über
Gehirne verbreiten, lassen sich nicht gleichzeitige und unabhängige Erfindungen, Verhaltensweisen und Neuerungen an
verschiedenen Stellen der Erde erklären. Weil die Menschen die
Fähigkeit verloren haben, sich bewusst auf das Schwingungs-

feld des Erdsensoriums einzustellen, musste möglicherweise nach dem Buchdruck das elektronische Gehirn des weltumspannenden Internets als Memverbreiter erfunden werden.

Die Evolution experimentiert mit Parfüm

> »Das Gefühl scheint dem berührten Gegenstand anzuhaften,
> weil eine Berührung von Oberflächen erfolgt.
> Beim Geruch habe ich keine Empfindung von einem
> Hervortreten des Gegenstandes. Der Geruch scheint nicht
> dem mit dem Geruchsorgan wahrgenommenen
> Gegenstande zu eigen zu sein, sondern diesem Organ.«
>
> Helen Keller

Die behandelten Sinne sind schon interessant genug und würden für Menschen eigentlich schon ausreichen. Warum gibt es dann noch den Geruchssinn? Die elektrische Energie des Atems wird beim Riechen durch die beiden Nasenflügel wahrgenommen, deren Nervenverbindungen in unmittelbarer Beziehung zum Gedächtnis stehen. Daher kann uns ein Geruch ein Erlebnis aus der Vergangenheit schneller vergegenwärtigen als Erfahrungen mit den anderen Sinnen. Manche können sich besser an Gelerntes erinnern, wenn sie beim Lernen Rosen- oder Zitronenduft (und je nach Vorliebe andere Düfte) im Zimmer verbreiten.

Gerüche lösen Gefühle aus, angenehme Erinnerungen, Freude und Wohlbehagen. Umgekehrt können üble Gerüche wie Moder und Verfall auch an den Tod erinnern oder Assoziationen damit auslösen. Für die Tiere war deshalb auch die gut ausgeprägte Witterung gefährlicher Gegner überlebensnotwendig. Der Geruchssinn trägt, wie schon gesagt, zu 75 Prozent zum Geschmack einer Speise bei, und Schmecken hat ja auch mit Werden und Vergehen zu tun.

»Man geht davon aus, dass sich das gesamte limbische Sys -
tem – das emotionale Gehirn – einzig aus seiner ursprünglichen Funktion heraus entwickelt hat, Gerüche zu analysieren
und Pheromone auszuschütten – chemische Duftstoffe, die der
sozialen Kommunikation dienen und an andere Individuen
sexuelle Botschaften aussenden. Mit der Entwicklung weiterer
Verknüpfungen im Gehirn wuchs auch unsere Fähigkeit, Sinnesinformationen differenzierter wahrzunehmen.«[333]
Interessant ist auch, dass im Unterschied zu den anderen Sinnesorganen der Informationsfluss von der Nase zum Gehirn
nicht überkreuzt wird, sondern direkt zum limbischen System
gelangt. Ein Mensch ist in der Lage, 10 000 verschiedene Düfte
wahrzunehmen. Da ist es erstaunlich, dass es in der Nasen-
schleimhaut gar nicht genug Rezeptoren dafür gibt. Dennoch
scheint das Geruchssystem ähnlich wie das Immunsystem die
Fähigkeit zu besitzen, bei Bedarf ein unbegrenztes Repertoire
molekularer Signale zu erkennen. Erstaunlich ist überdies, dass
fünf Prozent der Gene für den Geruchssinn verantwortlich
sind![334]
Die chemische Analyse von Gerüchen zeigt, dass die Form der
molekularen Struktur des Duftes seine Wirkung ausmacht. So
haben kampferartige Gerüche sphärische Moleküle, mochusar-
tige Düfte scheibenförmige, Blumendüfte scheibenförmige mit
einer Art Schwanz, Pfefferminzgerüche haben keilförmige und
die meisten alkoholischen Gerüche stangenförmige Moleküle.
Atmen wir einen Duft oder Geruch ein, verursacht die molekulare Schwingung und Form Veränderungen in den Schleim-
häuten. Dabei entsteht eine Resonanz in den feinen Härchen
und den Geruchsnerven und stimuliert so das Geruchsfeld im
limbischen System. Alle Düfte, Parfüme und ätherischen Öle
rufen Stimmungen hervor und können diese sogar verstärken.
Sie bewegen Emotionen und Gefühle.
Viele Pheromone, die Sexualduftstoffe, stimulieren den Sexualinstinkt. Manche Wissenschaftler gehen sogar so weit, zu be-

haupten, unser »siebter« Sinn sei ein Sexualorgan, das sich in der Nase befindet. »Viele Säugetiere haben ein vomeronasales Organ (VNO) zum Aufspüren von Pheromonen, die von potenziellen Sexualpartnern ausgeschüttet werden.«[335]

Bei vielen Säugetieren ist die Riechrinde wesentlich größer als beim Menschen, wo ihr nur noch ein gesondertes Gebiet zugeordnet wird. Das Gebiet, mit dem wir riechen, ist nur fünf Kubikzentimeter groß, während es bei einem Schäferhund 150 Kubikzentimeter groß ist, die Größe einer Untertasse. Der Mensch besitzt fünf Millionen Riechzellen, der Hund 220 Millionen, er sollte so eigentlich nur 44-mal besser riechen können, doch er kann eine Million Mal besser riechen. Deshalb finden Hunde auch in Plastik eingeschweißtes, beinahe geruchloses Kokain.

Viele Riechtiere leben praktisch hauptsächlich in der Geruchswelt. Warum sie so gerne an Urin und Kot riechen, liegt wohl am Sexualinstinkt, denn diese Ausscheidungen, die wir als schlecht riechend empfinden, enthalten Informationen über die Artgenossen. Der Geruchssinn ist die Grundlage des Instinkts. Wenn man einem Lachs die Nase zuklebt, findet er nicht mehr an seinen Geburtsort zurück, zu dem sein Instinkt ihn normalerweise wieder hintreibt. Der Lachs ist im Meer gewesen, schwimmt zum Laichen wieder flussaufwärts und weiß genau, wohin er will.

Vieles, was wir als übersinnliche Wahrnehmungen deuten, beruht noch auf dem Urinstinkt, der mit dem Geruch zu tun hat. Beim Menschen hat sich – weil das Riechorgan und die entsprechenden Gehirnzentren wesentlich kleiner geworden sind als bei anderen Tieren – dafür das entwickelt, was wir als Intuition bezeichnen. Auch Intuition hat instinktive Züge, auch wenn sie nicht immer an den Geruch gebunden ist. Allerdings sind viele instinktive Wahrnehmungen immer noch mit dem Geruch verbunden, wir merken es nur nicht. Gerade beim Sexualinstinkt macht sich das bemerkbar. Unwillkürlich wählen wir eine Frau oder einen Mann aus und können nicht sagen, was den Ausschlag gegeben hat. Sie müssen sich auf jeden Fall »gut riechen« können. Ist die Intuition besser geschult, dann können wir weitere Dinge am anderen wahrnehmen, die eventuell sogar die angenehmen Pheromone und andere Düfte in den Hintergrund drängen.

Helen Keller, die blind und taub war, musste sich besonders auf den Geruchssinn verlassen. »Die Ausdünstungen von Männern sind in der Regel stärker, lebhafter, schärfer unterschieden als die von Frauen. Im Geruch junger Männer ist etwas Elementares, etwas von Feuer, Sturm und Salzflut; Schwungkraft und Lebenssehnsucht pulsieren darin.«[336]

Und damit stehen wir an den Pforten zum Bewusstsein des Menschen und der Evolution von »Übersinnen«.

7 DIE GEFIEDERTE REGENBOGENSCHLANGE – DIE BEWUSSTSEINSFRAGE

> *»Man suche nur nichts hinter den*
> *Phänomenen, sie selbst sind die Lehre.«*
>
> Johann Wolfgang von Goethe

Sinnesempfindungen können ganz unbewusst vor sich gehen, doch das Gewahrsein der eigenen Körperlichkeit und des eigenen Selbst kann nur bewusst hergestellt werden. Die intelligente Evolution hat damit eine Schnittstelle von unbewusstem Erleben zum bewussten Sein geschaffen. Die Möglichkeit, sich selbst bewusst zu werden, entstand erst im Verlauf der menschlichen Evolution. Die Sinne leben in ihren Funktionen, in die das Wahrnehmen eingebettet ist. Um das Erleben mit den Sinnen weiterzuentfalten, muss es in die »höhere Ordnung« des Bewusstseins übertragen werden. »Jede Wahrnehmung, auch im Hören oder Sehen, spielt mit Veränderungen des gesamtkörperlichen Spannungsgefüges zusammen. Diese Veränderungen sind die physiologische Entsprechung – im Muskeltonus, im Energiestrom, in Feldern, die heute noch elektrisch oder magnetisch genannt werden – zu dem Empfinden, also zum Erleben.«[337]

STELLEN Sie sich einmal aufrecht hin, mit weich gebeugten Knien. Spüren Sie dabei, wie sich Ihr Rückgrat aufrichtet und der Kopf zum Himmel strebt. Stellen Sie sich dabei vor, wie diese aufrechte Haltung Sie zu einem Menschen macht, der durch seine aufrechte Haltung die Kräfte des Kosmos und der Erde verbindet. Durch das Körpergewahrsein des Menschen werden die elektromagnetischen Energien des Quantenuniversums zum Bewusstsein ihrer selbst transformiert. Spüren Sie den ganzen Körper, die Muskeln, die Arme, Beine und Füße, die Haltung des Kopfes auf dem Rumpf, spüren Sie das Licht und den Atem, der in Sie hineingelangt und verändert wieder in die Atmosphäre und das Universum zurückkehrt, dort wieder gereinigt und verwandelt beim nächsten Atemzug und beim nächsten Lichttanken wieder in den Körper zurückgelangt und ihm neue Energie zuführt.

Versuchen Sie wahrzunehmen, wie Sie als aufrechter Mensch ein Transformator für das ständige Pulsieren der Lebenskraft sind. Im Leben wie im Erleben weisen die richtigen Zusammenhänge und ihre Wechselwirkungen immer auf noch weitere Verbindungen hin, mit denen wir vernetzt sind.

DER AUFRECHTE MENSCH

> *»Nichts ist drinnen, nichts ist draußen,*
> *denn was innen, das ist außen.«*
> *Johann Wolfgang von Goethe*

Wie kommt es eigentlich, dass ich mein Gleichgewicht halten kann? Die Erklärung scheint einfach zu sein: weil es ein Gleichgewichtsorgan im Gehör gibt. Das Gleichgewichtsorgan, das aus drei halbkreisförmigen Bogengängen besteht, die senkrecht aufeinanderstehen, macht so die dreidimensionale räumliche Vorstellungskraft möglich. Eine einfache, aber wirksame Erfindung!

Dieses Gleichgewichtsorgan hängt auch eng mit den motorischen Nerven zusammen, die tatsächlich die Bewegung wahrnehmen, sie aber nicht hervorrufen – bewegen müssen wir uns schon mit willentlicher Absicht! Das Zusammenspiel zwischen dem Sichbewegen und dem Halten des Gleichgewichts ist erstaunlich aufeinander abgestimmt.

Aber auch komplexere Bewegungsabläufe wie schnelle Tanzschritte in Verbindung mit Arm- und Kopfbewegungen, Radfahren, Jonglieren, Akrobatik oder das Gehen auf einem Seil sind möglich, obwohl die meisten komplexeren Bewegungsabläufe ein gewisses Training erfordern.

Inzwischen weiß man, dass auch der Sehsinn für das Funktionieren des Gleichgewichtssinns, also für die Körperkontrolle, äußerst wichtig ist. Das erkennt man schon daran, dass es sehr schwierig ist, eine Rolle vorwärts mit geschlossenen Augen zu machen oder mit geschlossenen Augen Fahrrad zu fahren.

»Mit geöffneten Augen und konstanter Sehumgebung nahmen gesunde Versuchspersonen ihre eigenen Körperbewegungen deutlich besser wahr als bei eingeschränkter Sicht. (…) Mit dem Sehsinn fusioniert der Gleichgewichtssinn im Prinzip ähnlich wie mit dem Gelenksinn: Mithilfe von Koordinatentransformationen vergleichen wir das vom Vestibularorgan erzeugte Raumgefühl mit dem gesehenen Umfeld und stellen so fest, ob dieses sich bewegt. Ist das nicht der Fall, ersetzen wir das vestibuläre Raumbild durch die visuelle Umgebung, da wir auf optische Informationen präziser reagieren können als auf Gleichgewichtssignale.«[338]

Unsere Bewegungen sind darüber hinaus auch nur möglich, weil der menschliche Körper das geeignete Skelett, einen Gelenksinn, dehnungsfähige Muskeln (wofür ganz bestimmte Proteine benötigt werden) und den Gleichgewichtssinn hat. Bereits der Urzeitmensch hat gelernt, zu rennen, zu klettern, zu schwimmen, zu jagen und – zu tanzen. Er hat diese körperlichen Herausforderungen zum Überleben gebraucht, ebenso die körperliche Arbeit. Die Fähigkeit des aufrechten Stehens und Gehens sowie zielgerichtete, willkürliche Bewegungen sind besondere Errungenschaften der intelligenten Evolution, wodurch erst die menschliche Bewusstseinsevolution möglich wurde.

Die Erfindung des bewussten Körpertrainings begann wahrscheinlich bereits mit dem *Homo erectus* vor 400 000 Jahren, als er Jagdwerkzeuge wie Speere schnitzte. Es erfordert Übung und Geschicklichkeit, Speere zu werfen, Steinschleudern zu benutzen, Fische zu fangen – aber auch, geduldig auf Beute zu warten. Im Laufe der Zeit entwickelten die Menschen ihre Fähigkeiten spielerisch weiter, weil sie bemerkten, dass sich körperliche Geschicklichkeit auch trainieren ließ.

Vor rund 3000 Jahren kam es dann zu einem weiteren Schritt beim gezielten Körpertraining als einer kulturellen Errungenschaft, die nicht mehr rein dem Zweck des Überlebens diente. Die Chinesen erfanden das Qigong – übrigens wohl zeitgleich mit den Griechen, bei denen es Gymnastik hieß. Beides zielte darauf hin, nicht nur den Körper geschmeidiger und gesünder zu machen, sondern auch das Körpergewahrsein zu erfahren.

Das Wort Gymnasium leitet sich von Gymnastik ab, denn Lernen wurde damals mit Körperbewegung und Sprache verbunden. Leider hat man diesen Zusammenhang vergessen. Ich vermute, dass es für die soziale und kulturelle Entwicklung notwendig geworden war, dass der Mensch durch Körpertraining seine Individualität entdeckte. Gemeinschaftlicher, choreografierter Tanz war eine weitere Technik, um das Körpergewahrsein zu trainieren.

Der menschliche Körper hat anscheinend ein labiles Gleichgewicht. Der menschliche Schädel ist so gebaut, dass er regelrecht auf dem Rumpf balancieren muss. Beim Schimpansen ist das nicht so. Sein Unterkiefer hängt sozusagen außerhalb des Schädels. Beim Vergleich zwischen jungen und alten Affen sehen wir, dass der Schädel des jungen Affen viel mehr dem menschlichen Schädel gleicht als dem des alten Affen. Beim jungen Äffchen ist der Schädel viel menschlicher, mit einer schönen runden Stirn, die später weitgehend verschwindet. Der erwachsene Affe ist viel weiter von der Gestalt des Menschen entfernt.[339] Wenn man dies unter dem Gesichtspunkt der Evolution betrachtet, könnte man meinen, dass der Affe vom Menschen abstammt und nicht umgekehrt! Diese Idee ist gar nicht so unwahrscheinlich, wenn wir die neuesten Erkenntnisse der Paläontologen berücksichtigen.[340]

Das Körpergewahrsein macht bewusst, dass wir als Individuen in einem Körper »wohnen«, einen Körper besitzen. Wir haben ein klares Körperbild im Gehirn, das interessanterweise nicht den tatsächlichen Proportionen entspricht. Die Hände und das Gesicht sind z. B. wesentlich größer als die Beine.[341] Das neurologische Bewusstsein der einzelnen Körperteile ist davon abhängig, wie wir diese Körperteile benutzen. Wir können lernen und somit das plastische Gehirn trainieren, die Körperwahrnehmung zu erweitern und zu verfeinern. Das Körpergewahrsein macht den »kinästhetischen Körpersinn« bewusst und ist mit der muskulären Vorstellungskraft verbunden. Jeder von uns registriert unmittelbar ein inneres Bild von sich selbst im Gehirn.

Der Körpersinn, der mit dem Nerven- und Muskelsystem verbunden ist, verhilft uns also zur Fähigkeit der Selbstwahrnehmung, der Fähigkeit, den eigenen Raum wahrzunehmen. Der Gleichgewichtssinn vermittelt die Orientierung dieses Eigenraums des Körpers im Außenraum. Die Fähigkeit, sich aufrecht halten *und* das Gleichgewicht im Raum wahren zu können, ist besonders im Menschen ausgeprägt.

Die vom Gleichgewichtsorgan ausgelösten Reaktionen bewahren uns davor, umzufallen, wenn wir z. B. auf schwankendem Boden stehen. »Diese vestibulären Reaktionen haben die Aufgabe, den Körperschwerpunkt zu stabilisieren – also den Rumpf. Da sich jedoch das Gleichgewichtsorgan im Kopf befindet, kann es lediglich für diesen die Lage im Raum bestimmen und keine Aussage über die Stellung des restlichen Körpers machen. Würde es nun die Körperbalance direkt regulieren, könnte jede Kopfbewegung unangebrachte Gleichgewichtskorrekturen auslösen. Das Gehirn muss herausfinden, wo sich der Rumpf im Raum befindet.«[342]

Die aufrechte Haltung ist allerdings nur möglich, weil der Mensch eine besondere Wirbelsäule hat. Reinhard Putz, der Leiter des Anatomischen Instituts an der Universität München hat jahrzehntelang die Biomechanik des menschlichen Skeletts erforscht. Er kam zu der Erkenntnis, »dass die menschliche

Wirbelsäule evolutionsbiologisch geradezu ein Meisterstück darstellt«.[343] Die frühere Annahme, die aufgerichtete Wirbelsäule des Zweibeiners werde in der Längsachse auf Druck beansprucht, hält er für falsch.

»An der Beanspruchung der Wirbelsäule hat sich also vom Vierbeiner zum aufrecht schreitenden Zweibeiner nichts grundsätzlich geändert. Anders als dieser sich hartnäckig haltende Irrtum nahelegt, spart der Körper sogar Energie, weil das mit dem aufrechten Gang einhergehende Kippen des Beckens die Muskelarbeit erleichtert. Was die Wirbelsäule des Menschen aber eigentlich auszeichnet, ist die enorme Beweglichkeit der oberen Extremität, die Wendigkeit in Armen, Schultergürtel und Rumpf. Sie ist umso bemerkenswerter, als es einen Kompromiss zwischen ausreichender Stabilität einerseits und größtmöglicher Mobilität andererseits geben muss. Allerdings ist dieser Kompromiss durch ein ausgeklügeltes Zusammenspiel vieler Module – Wirbelkörper, Bandscheiben, Wirbelgelenke und Bänder – bestmöglich ausbalanciert.«[344]

Der Anatom schließt aus diesen und einigen weiteren Erkenntnissen, dass der Bewegungsapparat, evolutionär gesehen, allerdings nur auf eine optimale Leistung von maximal 40 Jahre angelegt ist. Er macht jedoch auch deutlich, dass ausreichendes Bewegungstraining dieses System im Wesentlichen auch für ein wesentlich längeres Leben gesund erhalten kann.

Bewegung ist die Grundlage der Bewusstheit, sagt der Körpertherapeut Moshe Feldenkrais. Unsere Bewegungen, die Struktur des Muskelbildes, die aufrechte Haltung, der Gesichtsausdruck und die Stimme spiegeln den Zustand des Nervensystems. Sinnesempfindungen, Muskelsystem, Gefühle, Gedanken beruhen letztlich auf Bewegung und werden von dieser in Gang gehalten. »Wir können selbst den Prozess der Erweiterung der Bewusstheit steuern, indem wir lernen, mit den subtilen Mustern des Körpergebrauchs bewusst umzugehen.«[345]

Nichts ist mehr, wie es war

> *»Das Nervensystem dient dazu, die Umgebung*
> *wahrzunehmen und das Verhalten der anderen Zellen*
> *in der riesigen Gemeinschaft zu koordinieren.«*
> Bruce Lipton

Es ist schon erstaunlich: Da hat sich die kreative Intelligenz der »Göttin Evolution« wirklich außerordentlich bemüht, im Laufe von Jahrmilliarden den Menschen mit hochkomplexem Körper, Sinnessystem und Gehirn hervorzubringen, und immer noch gibt es Theoretiker, die diesen Vorgang für eine rein zufällige Laune der Natur halten. Der Sachlage nach hätten sich statt Menschen genauso gut derartige Gehirne in auf der Erde kriechende Monsterkraken entwickeln können oder in überdimensionierte Heuschrecken.[346]

Ob sie jedoch in dieser Art von Körper unsere Gedanken und Gefühle entwickelt hätten? Wie wir gesehen haben, sind bestimmte anatomische Voraussetzungen notwendig, um die Welt auf eine bestimmte Weise zu erfahren. Form und Inhalt wirken immer zusammen. Selbst so »kleine Unterschiede« wie zwischen Frauen und Männern bringen verschiedene Realitäts- und Selbstwahrnehmungen hervor.

»Anatomisch moderne Menschen« bezeichnen die Anthropologen die Menschen, die denselben Körper- und Schädelbau aufweisen wie die Menschen heute.[347] Seit mindestens 100 000 Jahren ist Afrika durchgängig von anatomisch Modernen besiedelt. Die Anthropologen streiten sich noch darüber, ob dieser Mensch auch zeitgleich auf anderen Kontinenten evolutionär entstanden und gelebt hat, weil viele die »Out-of-Africa«-Hypothese für zu einseitig halten. Für unser Thema spielt es aber nur eine Rolle, dass nach allem, was wir wissen, der »anatomisch moderne Mensch« erst vor rund 40 000 Jahren zum kulturell modernen Menschen wurde.[348]

Inzwischen gibt es jedoch einige archäologische Funde von Kulturerzeugnissen, die zehnmal älter sind, wie Jagdwaffen, geschnitzte Speere, Ritualplätze, Wohnplätze nach erkennbaren Anlageprinzipien, Tische und sogar Dolche und Haken aus Hirschgeweih.[349] Schnitzereien von Tieren und Wesen, Schmuck, Höhlen- und Felsmalereien und Musikinstrumente kann man jedoch erst mit dem »kulturell modernen Menschen« nachweisen. Der hat dann sogar Feste gefeiert. »Bei Steinzeit-partys«, so der Tübinger Professor für Ur- und Frühgeschichte Hansjürgen Müller-Beck, »gab es auch Musik. Wahrscheinlich klopften ein paar von ihnen den Takt mit Ästen und Knochen.«[350] Das älteste Instrument der Welt ist eine Flöte aus Schwanenknochen, ca. 35 000 Jahre alt, die in einer Höhle auf der Schwäbischen Alb gefunden wurde.

Musik und Musikmachen haben einen Einfluss auf das Bewusstsein über den Hörsinn. Die modernen Menschen wussten also auch damals bereits etwas über das Bewusstsein und darüber, wie man das Bewusstsein verändert! Es ist auch wahrscheinlich, dass die Menschen mit psychoaktiven Pflanzen wie Fliegenpilzen experimentierten oder diese sogar regelmäßig einnahmen. Man kann das nicht mit Funden belegen, weiß aber von vielen Urvölkern in abgelegenen Dschungelgebieten, dass diese lange schon Kenntnis von solchen Pflanzen haben. Der Gebrauch von Techniken und Pflanzen hat es diesen Menschen ermöglicht, ihre kulturelle Entwicklung voranzubringen.

Unterschätzen wir die Steinzeitmenschen deshalb nicht: Sie haben nicht nur schon vor 35 000 Jahren Musik gemacht und Feste gefeiert, sie haben auch ihr Bewusstsein erforscht. Die Erfindung der Musik mag »zufällig« geschehen sein, der Einsatz von Klang und Rhythmus zur Bewusstseinsveränderung kann nur durch systematische Forschung geschehen sein. Außer der Herstellung von Kunstgegenständen und der Höhlenmalerei begründet die Entwicklung der Musik und des Tanzes vermutlich die ersten bedeutenden Grundlagen für die Entwicklung der besonderen Sensitivität und eines soziokulturellen Bewusstseins des Menschen. Auch das Singen, das zweifellos schon vor der Musik mit Instrumenten praktiziert wurde, trug zu dieser Entwicklung bei. Ich habe ja bereits die Besonderheiten des Stimmapparats und der Sprache erörtert, die sich evolutionär nur zusammen mit dem Gehirn entwickeln konnten. Und das menschliche Gehirn ist ein Wunderwerk für sich.

NEURONALES MULTITASKING

> *»Was die Erforschung des menschlichen Gehirns so*
> *unwiderstehlich macht, ist die Tatsache,*
> *dass die 100 Milliarden Nervenzellen des Gehirns*
> *alle verschieden sind.«*
>
> *Floyd Bloom*

Das Nervensystem des Menschen setzt sich aus drei nebeneinander und miteinander koordinierten Teilen zusammen: dem peripheren Nervensystem (PNS), das die Sinnesorgane, Muskeln und Drüsen mit dem Zentralnervensystem (ZNS) verbindet, und dem autonomen Nervensystem (ANS). Das ZNS besteht aus dem Gehirn, dem Rückenmark und den peripheren Nerven, die ein Netz aus motorischen und sensorischen Nervenfasern bilden. Bewegung und Sinneswahrnehmung und andere Aktivitäten, die wir selbst bestimmen können, werden über das Zentralnervensystem geleitet und verarbeitet. Das ANS besteht ausschließlich aus peripheren Nerven und läuft – obwohl es mit dem ZNS dieselben Bahnen teilt – unabhängig vom ZNS.

Für die Evolution war es wohl bedeutungsvoll, dass sich zwei Wahrnehmungs- und Funktionsformen entwickelten, die unabhängig voneinander funktionieren. Herzschlag und Atmung und alle möglichen internen Verarbeitungen der Organe funktionieren autonom. Manche autonome Funktionen können aber auch bewusst gesteuert werden, sogar der Herzrhythmus. Zwischen der selbsttätigen und willentlichen Beeinflussung der Körperkontrolle gibt es offenbar keine klare Abgrenzung. Dadurch haben wir die Möglichkeit, das Nervensystem für die eigene Bewusstseinsentwicklung einzusetzen, wie schon über die Sinneswahrnehmungen berichtet wurde.[351]

Evolutionär hat sich das fantastische Gehirn des Menschen, funktional gesehen, über mehrere Stufen entwickelt: Zuerst gab es das »Reptiliengehirn« zusammen mit dem Kleinhirn, das mit dem Rückenmark verbunden ist. Dieses scheint für das artspezifische Erbe zuständig zu sein, für Bewegungsabläufe, Dominanz- und Unterwerfungsverhalten, Verteidigung des Territoriums, Herdentrieb, Jagdtrieb und Spielverhalten. Das zweite Gehirn, das sich darüber geschichtet hat, das emotionale Gehirn oder das »limbische System«, bildete sich mit den Säugetieren aus, wahrscheinlich auch in den Vögeln. In diesem Zwischenhirn befinden sich Thalamus und Hypothalamus, Hypophyse und Epiphyse (die bereits erwähnte Zirbeldrüse), die teilweise für die Übertragung von Information von einem Feld der Hirnrinde zur anderen sorgen. Es registriert Hunger, Durst, Schlaf und Affekte wie Schmerz, Wut, Panik, Abscheu, beim Menschen ist es aber auch für Motivation, Ekstase, Liebe und kreative Einfälle zuständig. Der Neokortex, der in seiner jetzigen Größe nur dem Menschen eigen ist, wurde schließlich für das Erlernen neuer Möglichkeiten zum bewussten Denken, zum Verstehen und Bewältigen einer komplexen Welt geschaffen. Obwohl der Kortex nur ein Viertel des Gesamtvolumens des Gehirns ausmacht, befinden sich dort 75 Prozent aller Nervenzellen des Gehirns.

Diese Aufeinanderfolge der Gehirne zeigt wieder einmal deutlich, dass die kreative Intelligenz während der Evolutionsgeschichte bereits vorhandene »Bauteile« wieder verwendet und mit neuen ergänzt hat. Ein vollständig neuer, ganzheitlicher

Entwurf wäre offenbar zu schwierig gewesen. Schon für das jetzige Gehirn musste die genetische Grundausstattung dafür wesentlich erweitert werden. Eine »Zufälligkeit« oder »natürliche Selektion« kann ich darin nicht erkennen, eher eine gezielte Weiterentwicklung. Außerdem mussten die bereits vorhandenen Gehirne mit dem »neuen Gehirn« neu synchronisiert werden, was offenbar bisher nur teilweise gelungen ist und offensichtlich nun dem Menschen selbst überlassen wurde.[352]

Dieses menschliche Gehirn mit der riesigen Zahl von 100 Milliarden Nervenzellen (so genau kann man das nicht »abzählen«) und weiteren 100 Milliarden Astrozyten und Gliazellen, die sich über die synaptischen Schaltstellen mit Botenstoffen und elektrischen Signalen miteinander verständigen und austauschen, ist bereits ein außerordentlicher evolutionärer Wurf. Und es ist immer noch ungeklärt, aus welcher Art von Zellen sich die Gehirnzellen entwickelt haben. Normalerweise werden Körperzellen immer wieder erneuert, doch Gehirnzellen nicht. Darüber hinaus ist das Gehirn so konstruiert, dass es sich selbst aufbauen kann. Je mehr und intensiver es genutzt wird, desto mehr Nervenzellen und Verbindungen werden geschaffen. Nervenzellen und Verbindungen, die nicht gebraucht werden, sterben ab.

Rein kausal gesehen, nimmt das Gehirn über die Sinnesorgane Impulse auf, die dann im Gehirn verarbeitet werden. Neuronen liefern elektrische Impulse an andere Neuronen, sie bauen ein Aktionspotenzial auf. Ein solcher Impuls läuft über das Axon, einen speziellen langen Ausläufer der Nervenzelle, zu den Synapsen, den Schaltstellen am Ende des Axons. Zum Empfang der Informationen dienen der Nervenzelle die Dendriten, das sind kürzere Fortsätze. »Am Axonende wird das Aktionspotenzial in ein chemisches Signal umgesetzt: Das Axon schüttet einen neuronalen Botenstoff (Neurotransmitter) in den schmalen synaptischen Spalt. Der Botenstoff diffundiert zur korrespondierenden Empfangsstelle des anderen Neurons,

wo nun wiederum ein elektrisches Signal für die Empfän-
gerzelle entsteht. Allerdings herrscht um die Neuronen, ihre
Axone und Synapsen herum nicht etwa Leere. Dort drängen
sich vielmehr verschiedene Typen von Gliazellen.«[353]

Inzwischen weiß man, dass die Gliazellen, die man früher
nur als Umhüllungen und Nahrungsversorger der Nervenzellen
angesehen hat, eng zusammenarbeiten. Die Gliazellen, die zu
80 Prozent aus den Astrozyten bestehen – sogenannt wegen
ihrer Sternform –, spielen eine viel wichtigere Rolle: Sie um-
kleiden die Synapsen, umhüllen die langen Axone und bilden
Brücken zwischen Axonen. An diesen Stellen »belauschen«
Gliazellen die Gespräche der Neuronen und versenden dann
eigene Signale. So beeinflussen sie insbesondere die Signal-
stärke an Synapsen. Wahrscheinlich sind die Gliazellen auch
Speicher für Erinnerungen.

Die Informationsverarbeitung im Gehirn erfolgt durch neu-
ronales Multitasking. Für jede innere und äußere Wahrnehmungsverarbeitung sind immer viele Neuronen und Astrozyten
an unterschiedlichsten Stellen im Gehirn beteiligt. Inzwischen
haben die Forscher herausgefunden, dass auch die Astrozyten
auf Neurotransmitter reagieren, und sie haben auch Synapsen
mit Rezeptoren für die Kommunikation.

»Die Sache war einigermaßen verwirrend. Warum verhalten
sich Gliazellen trotz allem nicht so wie Neuronen? Bei ihrer
Aktivierung stützen sich doch beide Zellsorten auf Kalzium-
fluten. Nur – bei den Nervenzellen lösen elektrische Impulse
die Flut aus. Glia verzichtet nun einmal auf Aktionspotenziale.
Auch von fremder Seite erhält sie keine elektrischen Signale.«[354]

Es stellte sich heraus, dass Adenosintriphosphat oder ATP
eine entscheidende Funktion als Signalmolekül hat. »Wir wussten jetzt: Glia erkennt Nervenimpulse sowohl an Synapsen als
auch entlang dem feuernden Axon anhand von ATP, welches
die Nervenzelle beiderorts freisetzt. Mittels Kalzium-Ionen
werden dann Prozesse im Zellinneren eingeleitet.

Infolgedessen sorgen Enzyme dafür, dass eine stimulierte Gliazelle ihrerseits ATP freigibt beziehungsweise bestimmte Gene aktiviert.«[355] Astrozyten haben noch mehr Funktionen: Sie nehmen Einfluss auf Lern- und Gedächtnisvorgänge und koordinieren sogar Neuronenpopulationen, also eine größere Anzahl von zusammengeschalteten Neuronenverbänden.

Würde man Nervenzellen mit Festnetztelefonen vergleichen, dann wären die Gliazellen Handys, sagt der Forscher R. Douglas Fields. »Erstere verschicken Nachrichten über Kabel und deren Kontaktpunkte. Letztere senden sie einfach in den Raum. Um die Nachricht aber zu empfangen, braucht es dennoch das dafür eingerichtete Gerät. Im Falle der Gehirnzellen sind das die passenden Rezeptoren für Moleküle. So ähnlich können Signale in Astrozytenschaltkreisen weite Strecken überwinden.«[356] Man hat auch herausgefunden, dass, je höher in der Evolution Tiere stehen, umso mehr Gliazellen im Verhältnis zu Neuronen ihr Gehirn enthält. Zwischen den Säugetieren und dem Menschen ist der Anstieg enorm.

Wenn Gliazellen ihre Informationen nicht elektrisch austauschen, sondern durch weiträumige Signale wie beim Funkverkehr – wie werden diese Signale dann transportiert? Oder können wir daraus schließen, dass es beim Menschen ein Informationsübertragungssystem für bewusste Aktivitäten wie Lernen und Informationsspeicherung gibt, das eine direkte Kommunikation zwischen den Zellen ermöglicht? Eine quantenphysikalische Erklärung wäre hier eine Lösung.

Auf der Quantenebene breiten sich Informationen über die Verschränkung der Teilchen aus. Es könnte also sein, dass die Schwingungsfelder der Atome, die ja auch den Neuronen und Gliazellen zugrunde liegen, am schnellen und weiträumigen Informationsaustausch im Gehirn beteiligt sind. Die »normalen« Signalübertragungen elektrischer oder biochemischer Art sind wohl für viele Fälle der Informationsverarbeitung ausreichend. Für die Arbeit des Bewusstseins ist eine andere, innere Kommunikation notwendig. Möglicherweise ist hier die Schaltstelle zwischen Gehirn und Bewusstsein.

Das würde auch die Forschungen des Neurobiologen Benjamin Libet erklären, der gemessen hat, dass im Gehirn Neuronen bereits bis zu 500 Millisekunden früher »feuern«, bevor die Handlung – z. B. das absichtliche Heben eines Arms – tatsächlich stattfindet. In den bewusstheitsrelevanten Gehirnregionen werden modulatorisch wirkende Stoffe ausgeschüttet, die für eine schnelle Veränderung in den Synapsen verantwortlich sind. Doch diese Übertragung geschieht eher im Sekundentakt, während die schnelle Übertragung durch Botenstoffe wie Glutamat oder GABA zwischen Nervenzellen im Bereich von Millisekunden abläuft.[357]

Daraus schließt man, dass die Bewusstheit im Sekundentakt abläuft, ein Zeitintervall, in dem sich Wahrnehmungen, Vorstellungen, Gedanken und Erinnerungen ablösen. »Nach neuesten Erkenntnissen ist unser Gehirn immer in Bereitschaft, es ist immer darauf eingestellt, einen nicht abreißenden Strom von Wahrnehmungen zu empfangen. Dann tritt ein Ereignis ein, das unser Gehirn veranlasst, bewusst auf einen Reiz zu achten, ihn in den Brennpunkt zu rücken. Aufmerksamkeit und Bewusstsein sind untrennbar miteinander verwoben.«[358]

Leider sind die Definitionen der Gehirnforscher hinsichtlich des Bewusstseins unscharf. Ich habe deshalb bereits den Begriff »Bewusstheit« eingeführt, auch wenn in allen wissenschaftlichen Artikeln über das Gehirn der Begriff »Bewusstsein« verwendet wird. Diese Unterscheidung meint vermutlich etwas Ähnliches wie die Unterscheidung in »kognitives Bewusstsein« und »phänomenales Bewusstsein«, wie es in der Gehirnforschung benutzt wird. Allerdings besteht das wirkliche Wachbewusstsein, das ich meine, nicht nur aus den subjektiven Erlebnisinhalten. Deshalb sehe ich aus Erfahrung einen deutlichen Unterschied zwischen aufmerksamer »Bewusstheit« und Wahrnehmung und dem individuellen Bewusstsein als Instanz für die Erkenntnis von Zusammenhängen und als Verbindungsglied zum Bewusstseinsfeld.

Die begriffliche Ungenauigkeit führte nämlich auch zu der großen Diskussion, ob der Mensch einen freien Willen hat, denn die Neurowissenschaftler setzen »bewusste Handlung« und »freien Willen« auf dieselbe Stufe. Dieses Thema werde ich noch ausführlich behandeln.

Der Unterschied zwischen Bewusstheit und Bewusstsein ist jedoch auch für die Überlegung von Bedeutung, wie die Prozesse im Gehirn ablaufen. Denn das kausal-materialistische Reiz-Reaktions-Modell lässt sich nach allen Erkenntnissen kaum auf ein so komplexes Organ wie das Gehirn anwenden. Dafür hätten die »alten« Säugetiergehirne, vielleicht noch mit einem kleinen zusätzlichen Kortex, ausgereicht. Dennoch hat die intelligente Evolution dafür gesorgt, dass ein Gehirnteil entstand, das sich durch seine Anwendung selbst vergrößern und weiterentwickeln kann!

Dieses Gehirn hat die Fähigkeit, alle grundlegenden und lebensnotwendigen Körpersysteme autonom zu überwachen, unsere Bewegungen zu steuern, Informationen über die Umwelt aufzunehmen, sie zu sortieren, neu zu ordnen und lebenslang zu speichern. Es ermöglicht uns, Vorstellungen zu bilden, über Ziele nachzudenken, Technologien zu entwickeln, mit anderen Menschen zu kommunizieren und Denkinhalte auszutauschen, neue Ideen aus dem Nichts zu erschaffen und uns Dinge vorzustellen, die es bisher noch nie gegeben hat. Es kann eine unbegrenzte Abfolge von Handlungen mehr oder weniger gleichzeitig vollziehen.

Darüber hinaus ist es noch fähig, Emotionen und Gefühle und ein Bewusstsein von sich selbst zu haben. Damit es seine Aufgaben bewältigen kann, muss man von einer ganzheitlichen Struktur ausgehen, die zwar nach dem Modell der verwickelten Hierarchien und selbstbezüglichen Schleifen organisiert ist, doch darüber hinaus eine organisierende Instanz hat, die für die Bewusstseinsprozesse verantwortlich ist. Das ist einer der vielen Gründe, warum die Komplexität des menschlichen Gehirns evolutionstheoretisch weder durch Zufall noch durch Notwendigkeit erklärt werden kann.

HAT DER MENSCH EINEN FREIEN WILLEN?

> *»Die Sinne trügen nicht, aber das Urteil trügt.«*
> *Johann Wolfgang von Goethe*

Nehmen wir an, dass in einem Raum verschiedene Möbel und Geräte stehen: ein Bürostuhl, ein Schreibtisch, ein Computer, ein Telefon, Aktenordner usw. Wenn niemand im Raum ist, um sie zu benutzen, dann hat nichts davon eine Funktion. Das bedeutet, dass jeder Gegenstand einen Benutzer braucht – jemand, der die Geräte und Gegenstände benutzt und auch aus seiner Arbeit damit Geld verdient.

Der Benutzer spielt dabei eine ganz andere Rolle als die Gegenstände. Wir sind an eine technologische Welt gewohnt, in der verschiedene Geräte andere Gegenstände benutzen oder sogar herstellen. Aber in Fällen wie des PC oder eines Herstellungsroboters, die durch ein Programm in Gang gesetzt und kontrolliert werden, ist die Software immer noch die Entwicklung eines denkenden Menschen, eines Programmierers. Es besteht immer noch eine Beziehung zwischen Gerät und Benutzer.

Für die Rolle des Benutzers oder Programmierers möchte ich den Begriff »Willen« einführen. Wille braucht noch nicht einmal ein »Jemand« zu sein. Er ist einfach die Kraft, die die Initiative ergreift. Wir können überhaupt nichts über den Willen wissen, weil er kein »Objekt« zum Anfassen ist. Deshalb würde uns der Versuch, den Benutzer des Geräts bis zur Quelle hin zu verfolgen, in eine endlose Rückwärtsbewegung führen, bis wir zusammen mit Aristoteles einen großen »Jemand« außerhalb der Welt postulieren – als »ersten Beweger«.

Wir begehen diesen Fehler nur, wenn wir versuchen, in den Bereich des funktionalen Wissens etwas hineinzupacken, was gar nicht dorthin gehört – wenn wir die Ebenen vermischen: kreativer Wille, Intelligenz, Bewusstsein, Gehirnfunktion – das sind verschiedene Eigenschaften, die auf unterschiedliche Weise und auf unterschiedlichen Ebenen wirken.

Außer dem Benutzer sind noch gewisse Bedingungen nötig, um die Geräte zu benutzen. Stellen Sie sich vor, der Raum sei dunkel, was dann? Es wird jedem klar sein, dass wir Licht benötigen, um zu arbeiten. Ich würde so weit gehen, zu sagen, dass das benötigte »Licht« unser *Bewusstsein ist.* Das bedeutet, dass der Wille des Benutzers meines Beispiels nicht ohne Bewusstsein wirksam werden kann. Wenn Bewusstsein und Wille jedoch minimal sind, ist die Welt der Funktion nur noch auf mechanische Abläufe reduziert.[359]

Wer oder was entscheidet darüber, die Geräte zu benutzen? Wie viele Entscheidungsprozesse waren beteiligt? Haben meine Gehirnneuronen entschieden? Bin ich ein Sklave meiner Gehirnprozesse? Wer oder was löst diese Prozesse aus? Habe ich mich frei und bewusst entschieden? Die wesentlichere Frage ist jedoch, ob »Ich« selbst der Gehirnbenutzer bin und mit der Software im Gehirn arbeite.

Seit Längerem verfolge ich das heiße Diskussionsfeuer zwischen Gehirnwissenschaftlern, Psychologen und Philosophen, ob der Mensch einen freien Willen hat oder ob der Wille nur von den Neuronen des Gehirns bestimmt wird. Diese neuerliche Diskussion wurde angeregt durch die Forschungen des Neurowissenschaftlers Prof. Benjamin Libet. Seine Untersuchungen belegen, dass einfache Handlungen wie die Bewegung einer Hand bereits durch neuronale Vorgänge eingeleitet werden, bevor eine Person sich zur Aktion entscheidet (400 bis 500 *Milli*sekunden vorher, also eine halbe Sekunde). Er nennt diesen Vorgang »Bereitschaftspotenzial«. Wäre demnach mein Wunsch, eine Pause in diesem Büro zu machen und mir eine Tasse Kaffee aufzubrühen, bereits von den Neuronen beschlossen? Und was bedeutet es, wenn ich mir den Kaffee verweigere und stattdessen auf den Rasen vor meinem Büro gehe, um Qigong-Übungen zu machen, um wach zu werden?

Um mir selbst meinen freien Willen zu beweisen, gehe ich dann hinaus und absolviere einige Übungen. Oder hatte sich das Gehirn bereits ohne meine bewusste Beteiligung für die weitaus anstrengendere Übung entschlossen und sich die schnelleren biochemischen Anreize verweigert? Aber wie erklärt sich dann meine freie Entscheidung, die Übungen zu machen? Bleibt das »Bereitschaftspotenzial« für diese Art von Aktivität so lange gespeichert, bis es durch irgendwelche Umstände neu angeregt wird? Benjamin Libet selbst wirft die Frage auf: »Wie können wir unser individuelles Gefühl oder Erleben erklären, dass wir aus freier Willensentscheidung eine Handlung eingeleitet haben? Wenn der Gehirnprozess, der eine freie Willenshandlung einleitet, unbewusst ist, bekommt das Gefühl der bewussten Einleitung des Prozesses einen paradoxen Charakter.«[360]

Dieses Paradox lässt sich dadurch lösen, indem wir sagen: »Der Wille selbst handelt nicht, er entscheidet über die Handlungen, die stattfinden sollen.« *Ich selbst* muss entscheiden, etwas zu tun, die Ausführung ist dann nur noch ein funktionaler Prozess. Nur in diesem Sinne können wir davon sprechen, dass die freie Willenshandlung »unbewusst« ist, weil es unmöglich ist, sie zu beobachten. Die willentliche Entscheidung jedoch geschieht bewusst, weil das »Licht unseres Bewusstseins« daran beteiligt ist.

Das Problem der wissenschaftlichen Untersuchung ist, dass wir den Willen in den äußeren Prozessen der Welt nicht erken-

nen können. Aber viele werden überrascht sein, wenn sie feststellen, dass der Wille auch nicht in unserem Gehirn zu finden
ist. Wir haben zwar Gedanken wie »Das will ich tun!«, aber dies
ist nur eine Funktion, etwas, das abläuft, und meistens wird ein
solcher Gedanke nicht verwirklicht. Anders ausgedrückt: Was
immer wir beobachten können, hat eine Ursache, der Wille
aber ist ohne Ursache, er ist selbst die Ursache. Das bedeutet
auch, dass die Neuronenaktivität bereits vor der eigentlichen
Handlung geschehen kann. Im Falle der Handbewegung bei
Libets Versuchen würde ich allerdings eher die trainierten,
unabsichtlichen Gehirnautomatismen als die Verursacher der
Aktivität verantwortlich machen.[361]

Anders scheint es bei bewussten Entscheidungen zu sein, bei
denen verschiedene Aspekte und Gründe abgewogen werden
müssen. Hier kann gesagt werden, dass die meisten Menschen
mit ihrem Glauben recht haben, dass es in ihnen eine Instanz
gibt, die ihnen – zumindest manchmal – erlaubt, zwischen dem
Tun oder Nichttun zu wählen. Sie würden sagen, dass sie von
ihrem »Willen« Gebrauch machen.

Die Willensfrage ist so verwirrend, dass viele Philosophen
und Psychologen sich hinter der Behauptung versteckt haben,
eine Willenskraft gäbe es überhaupt nicht. Sie sagen, das Gefühl
der Freiheit sei eine Illusion, denn es sei ja nie möglich, mit Gewissheit zu sagen, ob eine Person einen Willensakt vollbracht
hat oder ob ihr Verhalten auf automatischen Reaktionen gründet oder durch Gehirnfunktionen bedingt ist. Schon vor 90 Jahren hat der Bewusstseinsforscher G. I. Gurdjieff (1866–1949)
provokant behauptet, dass Menschen »keinen Willen haben«.

Er meinte damit genau dasselbe, was die Gehirnforscher wie
der Bremer Neurowissenschaftler Gerhard Roth heute aufgrund
von Gehirnuntersuchungen behaupten. Er sagt, der freie Wille
sei nichts als eine praktische Illusion, weil in Wirklichkeit das
unbewusste limbische System, das unsere Emotionen hervorbringt, entscheidet. Emotionen entstehen unbewusst, und

unser Nachdenken darüber – falls wir die Emotionen überhaupt bemerken, bevor wir handeln – hat nur eine Beraterfunktion. Gurdjieff hingegen zeigte eine Alternative auf: Er betonte, dass es möglich sei, durch Training die Gedanken und Emotionen zu beobachten und so herauszufinden, welche Handlungen »automatisch« sind und welche aus freiem Willen stattfinden. Denn wir sind keine Sklaven unserer Neuronen – wir müssen nur lernen, unser Gehirn selbst zu gebrauchen.

Das bestätigt auch Benjamin Libet, indem er seine eigenen Forschungen relativiert: Wir haben die Fähigkeit, eine unbewusst im Gehirn entstandene neuronale Veranlassung zu einer Körperbewegung oder sogar eines Gefühlsausdrucks willentlich zu blockieren. Der Mensch kann ein »Veto« einlegen – vorausgesetzt, die Aktion des Gehirns wird ihm bewusst. Es gibt auch Untersuchungen darüber, dass Menschen durchaus in der Lage sind, durch sexuelle Reize, die für viele eine starke Wirkung ausüben, aktivierte Hirnzonen mit Willensentscheidungen auszuschalten. Jeder weiß, dass das manchmal nicht leicht ist.

»Bewusstsein und die Fähigkeit zu selbstbestimmtem Handeln sind von zentraler Bedeutung für den Begriff der Person«, sagt der Philosophieprofessor Michael Pauen. Möglicherweise sind viele unserer Entscheidungen von Wertvorstellungen abhängig, die sich im Laufe des Lebens im Gehirn herausgebildet haben. Die lebenslangen emotionalen Erfahrungen, unsere ethische Erziehung, viele Gedanken und Vorstellungen fließen immer in jede Handlung ein – auch in die Blockierung einer unerwünschten Handlung. Mentale Vorgänge sind deshalb keine bloßen Begleiterscheinungen der Neuronen im Gehirn.

Hinzu kommt auch die Frage: Wann hat sich in unserem Bewusstsein die willentliche Entscheidung so verdichtet, dass sie erkannt und vom Gehirn interpretiert werden kann? Genau diese physiologische Reizverarbeitung erfordert Zeit, auch wenn es nur Millisekunden sind. Das bedeutet, der Willensakt ist bereits geschehen, bevor das Bereitschaftspotenzial im

Gehirn gemessen wurde! Auch Benjamin Libet argumentiert schließlich in diese Richtung (und offenbar haben viele Neurologen und Philosophen diesen Satz überlesen): »Meiner Ansicht nach ist der entscheidende Punkt, dass wir eine bewusste Kontrolle über den tatsächlichen Vollzug unseres unbewusst eingeleiteten Willensprozesses haben. Also sind wir für unsere bewusst gesteuerten Entscheidungen verantwortlich, aber nicht für unsere unbewusst eingeleiteten Impulse, die unseren bewussten Entscheidungen vorausgehen.«[362]

Bei einer bewussten Handlung verbindet sich ein Akt des freien Willens mit den bewusst gemachten Beweggründen und wirkt auf die neurophysiologischen Funktionen ein, bevor es zu einer Handlung kommt. Der Willensakt ist also immer »unbewusst« – oder, besser gesagt, »überbewusst« –, und erst wenn es zur Ausführung einer Handlung kommen soll, sind wir – falls wir dies trainiert haben – in der Lage, die Handlung so oder so zu machen oder sogar überhaupt nicht auszuführen. Voraussetzung dafür ist, dass wir in einem Akt der Bewusstwerdung erkannt haben, dass diese Handlung aus verschiedenen Gründen nicht richtig oder in einer bestimmten Situation nicht angemessen ist – oder auch genau die richtige ist. Doch was ist »Wille« überhaupt?

»Wann immer wir etwas zu wissen glauben, gibt es etwas, das wir nicht wissen. Hinter dem Erkennen verbirgt sich stets das Unerkannte«, sagte D. T. Suzuki (1870–1966), der weltberühmte Zen-Philosoph einmal. Wille ist ein Akt des Verstehens und absichtsvollen Handelns. Deshalb macht es meiner Meinung nach mehr Sinn, die Menschen in einem vernetzten System von Leben, Bewusstsein und Universum eingebettet zu sehen, in dem es verschiedene Ebenen gibt, die miteinander wechselwirken.

Diesen Gedanken hat die buddhistische Zen-Philosophie bereits vor vielen Jahrhunderten formuliert: »Das Eine ist in allem, alles ist im Einen.«

Es ist demnach gar nicht möglich, genau zu unterscheiden, wie Wille, Bewusstsein, Gehirn und Handlung zusammenwirken. Das Einzige, was die Gehirnforscher beobachten können, ist die funktionale Verarbeitung im Gehirn. Und selbst dort ist alles unbestimmt, wie man jetzt herausgefunden hat. Es sind immer neue Neuronenverbände, die aktiv sind, selbst wenn immer wieder derselbe Reiz gesetzt wird.[363]

In diesem Sinne ist »Wille« vergleichbar mit den Photonen des Lichts, die überall sind und alles durchdringen und mit allem verbunden sind. Auch der »Wille« ist eine immaterielle Kraft, die alles durchdringt. Der »Wille« wirkt wie eine unsichtbare Hand in einem kosmischen Schauspiel, und der Mensch kann sich bewusst damit verbinden und seiner bewussten Erkenntnis gemäß mitspielen und auch selbst bestimmen, wie er diese Kräfte in seinem eigenen Leben einsetzen möchte. Denn der Wille und die damit verbundene Aufmerksamkeit ist die Kraft des wirklichen »Ichs« im Menschen. Doch dieses »Ich« ist keine Gehirnfunktion – es ist der Gehirnbenutzer.

»Bewusster Wille« ist tatsächlich nicht etwas, was irgendwo war oder erzeugt wurde, und nachdem es wirkte, nicht mehr vorhanden ist. Wille ist nicht ein »Etwas«, das neben anderem »existiert«. Es ist eine Kraft, die alles durchdringt und bewegt. Doch für uns Menschen ist der Wille immer mit dem Körper verbunden, und er existiert stets gemeinsam mit dem Körper, also auch mit dem Gehirn. Die Schlussfolgerung der Gehirnforscher, eine Willensentscheidung sei nur neuronal bedingt und völlig kausal, kann dieser Erkenntnis nie gerecht werden, denn es gibt immer mehrere Ebenen für eine Entscheidung.

Deshalb folge ich lieber D. T. Suzukis Aussage: »Der Intellekt mag für den Weg zur Erleuchtung eine wichtige Rolle spielen, entscheidend aber ist der Wille. Erleuchtung ist ein aus dem Willen geborener Akt der Intuition. Der Wille möchte sich selbst erkennen, so wie er in sich selbst ist, frei von allen gedanklichen Bedingungen.«[364]

DYNAMISCHE BEWUSSTSEINSZUSTÄNDE

> *»Ein Bewusstseinszustand ist etwas Dynamisches.*
> *In Einzelheiten verändert er sich ständig, wobei das*
> *übergreifende Muster aber immer erkennbar bleibt ...*
> *Ein Bewusstseinszustand ist dann ein ›veränderter*
> *Bewusstseinszustand‹, wenn er sich deutlich von einem*
> *Normalzustand unterscheidet.«*
> *Charles Tart*

Das »Ich« wirkt über einen höheren Wachbewusstseinszustand mit der Gehirnfunktion zusammen. Auch deshalb ist es so schwer, die Unterschiede festzustellen. Normalerweise leben wir nicht nur in einem Bewusstseinszustand, sondern schwanken zwischen verschiedenen Zuständen hin und her. Der gewöhnliche Wachbewusstseinszustand verbindet uns mit der Außenwelt, im Schlaf und Traum erleben wir eine »Innenwelt«. Es ist aber auch möglich, mit wachem Bewusstsein eine Innenwelt zu erleben, die kein unbewusster Traumzustand ist. Und selbst diese Zustände unterscheiden sich voneinander. Wenn wir also unbewusste und bewusste Zustände auf reine Gehirnaktivitäten reduzieren wie die Neurowissenschaft, gehen wir an den Tatsachen des Erlebens vorbei. Das »phänomenale Bewusstsein« der Gehirnforscher, der Erlebnisinhalt subjektiver Bewusstseinszustände, kann mit keinem EEG oder den bildgebenden Verfahren gemessen oder gesehen werden. Doch niemand wird abstreiten, dass es veränderte Bewusstseinszustände gibt.

Die verschiedenen Messmethoden zeigen, dass sich subjektive Beschreibungen von Erlebnissen mit Gehirnaktivitäten verknüpfen lassen. Im Wachbewusstsein werden vom EEG vorwiegend Betawellen (16 bis 32 Hertz) gemessen; im entspannten Zustand, in einer normalen Meditation oder auch während einer Hypnose lassen sich überwiegend Alphawellen (8 bis 15 Hertz) erkennen. In einem Visionstraum, der keine direkt persönlich zuordenbaren Erlebnisse wie beim gewöhnlichen Traum hat, überwiegen Thetawellen (4 bis 7 Hertz), aber auch bei einer schamanischen oder ekstatischen Trance. In diesem Zustand können »innere Welten« erlebt werden, die sehr intensiv sein können. Raum und Zeit sind darin ebenfalls verändert.

Diese Zustände ergreifen auch das ganze Nervensystem, begleitet von erhöhten Ausschüttungen von Endorphinen, den »Lusthormonen«, und je nach Intensität auch Adrenalin und Noradrenalin. Auch mystische Zustände bewegen sich in diesem Bereich. Bildgebende Verfahren konnten zeigen, dass Meditationserfahrungen, die von den Probanden als »mystisch« bezeichnet wurden, meistens im Gebiet des Thalamus und Hypothalamus erhöhte Aktivität zeigen. Aber auch unter LSD oder Psilocybin wurden dieselben Areale aktiv und die Erlebnisse von den Probanden ebenfalls als mystische Erfahrung bezeichnet.

In ganz tiefer Meditation, die von geübten tibetischen Mönchen oder Yogis nach jahrelanger Übung erreicht wird, überwiegen Deltawellen (1 bis 3 Hertz), die normalerweise auch im Tiefschlaf auftreten. Hier besteht die Frage, ob während dieser Meditation ein »überbewusster« Zustand erfahren wird, weil man ja weder Erlebnisse im Tiefschlaf noch in der tiefen Meditation berichten kann.

Wie ist es möglich, dass eine große Zahl von Neuronen gewissermaßen im Gleichklang schwingen kann? Dass alle Nervenzellen, die an der Wahrnehmung beteiligte Daten verarbeiten, gleichzeitig »feuern« und uns so den bewussten ganzheitlichen Eindruck vermitteln? Es muss offenbar noch eine Kraft geben, die eine so große Zahl von Neuronen verstreut über das ganze Gehirn synchronisiert. Wie können diese Neuronen, die auch noch in vollkommen unterschiedlichen Gehirnregionen liegen, gleichzeitig ohne jede Verzögerung reagieren? Jede der betroffenen Nervenzellen schwingt mit der gleichen Frequenz, und das ohne jede Phasenverschiebung. Für diesen Effekt hat man inzwischen die sogenannten Gammawellen (40 bis 80 Hertz) ausgemacht, die hinter den anderen Frequenzen schwingen. Offenbar koordinieren diese Wellen die konzentrierte neuronale Aktivität. Viele Wissenschaftler schreiben den Gammawellen die Fähigkeit einer »neuronalen Bindung von Raum und Zeit«[365] zu, da durch sie erst unterschiedliche Sinnesdaten in unserem Bewusstsein einem festen Ort und einem bestimmten Zeitpunkt zugeordnet werden können. Wissenschaftler halten es für möglich, dass die Gammawellen Signale für konzentrierte Aufmerksamkeit sind.

Es muss betont werden, dass die geschilderten unterschiedlichen Gehirnzustände keine Bewusstseinszustände sind, sondern nur mit diesen korrelieren. Das könnte bedeuten, dass die Techniken oder Substanzen, die veränderte Bewusstseinszustände bewirken, durch die starke Gleichschwingung in bestimmten Gehirnarealen den Kontakt mit dem Bewusstseinsfeld ermöglichen – gewissermaßen die Öffnung und Aufnahmefähigkeit für außergewöhnliche Erlebnisse. Gerade die beteiligten Gammawellen schwingen in ähnlichen Frequenzen wie elektromagnetische Schwingungen. Es könnte also durchaus sein, dass wir durch die Schwingungszustände der Gammawellen mit dem weiteren Schwingungsfeld auch außerhalb des Gehirns verbunden sind.

Bewusstsein ist als die »intelligente Energie« oder Kraft zu definieren, welche die Dinge »im Innersten« zusammenhält. Ähnlich wie Licht und Luft ist diese intelligente Energie in allem anwesend, doch wir bemerken sie meistens nicht. Man könnte sogar sagen, dass *Bewusst-Sein, wissendes, intelligentes Sein,* in allem ist und mit dem schöpferischen Willen verbunden ist. Wenn sich Bewusstsein mit dieser Kreativität verbindet, ist es intelligent. Wenn sich Bewusstsein mit der sensitiven Energie des Lebens verbindet, können wir mit Aufmerksamkeit absichtlich handeln. Das Problem der fehlenden Willensfreiheit, wenn man Bewusstsein auf gehirnphysiologische Vorgänge reduziert, löst sich damit auf.

Es ist sicher möglich – so ähnlich wie bei den materiellen Energien oder chemischen Elementen –, davon zu sprechen, dass das, was wir als Bewusstsein bezeichnen, unterschiedliche Qualitäten oder Ebenen hat. Ebenso kann man sagen, dass es möglich sein kann, diese unterschiedlichen Qualitäten oder Bewusstseinsvariationen zu erfahren oder einen Einblick zu gewinnen – immer vorausgesetzt, Bewusstsein ist eine eigene Welt der Information, die eigenen Gesetzmäßigkeiten unterliegt. Offenbar haben wir Menschen die Fähigkeit, mit der Welt des Bewusstseins in Kontakt zu treten.

Bewusstsein ist in diesem Sinne ein ganzheitliches Kontinuum, das von der grundlegenden Ebene der Quantenfelder bis in die Ebene des Geistes reicht. Denn für die Bewegung und dauernde Umwandlung von Energie und Materie muss es etwas geben, was diese Umwandlungen steuert, also »in-formiert«, so wie der genetische »Code« die chemischen Bestandteile der Zellen informiert, bestimmte Formen und Zellverbände herauszubilden.

Als Menschen bewegen wir uns mit einem materiellen Körper, der von verschiedenen »Energien« angetrieben wird, in einer materiellen und natürlichen Welt. Ohne diese Körperlichkeit wären wir nicht in der Lage, Erfahrungen in dieser Welt zu machen. Das hört sich selbstverständlich an. Hätten wir nur einen Energiekörper und keinen physischen, fleischlichen Körper, würden völlig andere Gesetzmäßigkeiten gelten, wir würden die materielle Welt nur in Form von Energien wahrnehmen.

Nehmen wir einmal an, es gibt so etwas wie »Engel« und »Geister«. Da diese in der »Welt der Energien« leben würden, könnten sie sich vermutlich gar nicht vorstellen, wie es ist, einen Körper zu haben. Umgekehrt können wir uns als materielle Wesen ebenfalls nicht vorstellen, ohne physischen Körper zu existieren. Ein anschauliches Beispiel ist die Idee, dass die Wirkung einer Kugel für »Flächenländler« (also zweidimensionale Wesen) als unbegreifliches Ereignis angesehen wird.[366]

Das lässt analog den Schluss zu, dass wir, um bewusst in die zweite Welt, die Welt der Energien, einzutauchen und sie direkt zu erfahren, einen »Energiekörper« benötigen würden, der sich in dieser Welt bewegen kann. Wenn man diese Energiewelt als »Welt des Bewusstseins« versteht, würde man einen »Körper« aus Bewusstseinsenergie benötigen, der eine gewisse Konzentration und eine Membran wie eine Zelle aufweist, damit er nicht vollständig mit dieser Welt verschmilzt oder sich darin auflöst und immer noch individuelle Erfahrungen zulässt.

Ohne diesen energetisch substanziellen Körper blieben alle Erfahrungen durch veränderte Bewusstseinszustände flüchtige »Traumbilder«. Wir erlebten zwar andere Dinge in einem veränderten Zustand, doch diese Erfahrungen verschwinden, sobald wir wieder voll im normalen Wachbewusstseinszustand sind.

Dieser »Energiekörper« wird in Religion und Philosophie meistens mit »Seele« gleichgesetzt. In diesem Sinne wäre Seele auch etwas anderes als Psyche im psychologischen oder neurologischen Sinne, denn Psyche ist hauptsächlich gehirnfunktional bedingt und wird von den Neurowissenschaften mit dem »phänomenalen Bewusstsein« gleichgesetzt, den subjektiven Erlebensinhalten, in der Neurobiologie auch als »Qualia« bezeichnet.[367]

Andere sagen, dass psychologische Beschreibungen wie das Phänomen Angst nicht auf physikalische Beschreibungen mentaler Phänomene reduzierbar sei, jedoch letztendlich verschiedene Erkenntnisweisen desselben Phänomens sind. Vielleicht sollten wir deshalb weiter differenzieren und Seele als geistiges Muster des »Selbst« oder »Ichs« verstehen. So können einige Missverständnisse geklärt werden. In diesem Sinne wäre »Seele«

eine geistige Qualität, ein »Informationsmuster«, keine Energie, keine mentale oder materielle Verkörperung. Deshalb kommt man hinsichtlich der Wirklichkeit einer »Seele« nicht mit psychologischen oder physikalischen Beschreibungen zurecht.

Man kann es auch umgekehrt sehen: Die kreative Intelligenz des »Selbst« benötigt beim Menschen einen Energiekörper oder »Körper aus Bewusstseinsquanten«, der ein Bindeglied zum Gehirn und so zur natürlichen Welt darstellt und die Informationen und Wirkungen aus dem kosmischen Bewusstseinsfeld aufnimmt und vermittelt. Das kosmische Bewusstsein des Quantenvakuums kann sich nicht direkt mit »fester« Materie verbinden, sondern benötigt auch dafür eine »Zwischenstation«, die Energie. Physikalisch ausgedrückt, benötigt Information die Energieschwingungen materieller Formen oder Atome, um sich sichtbar und greifbar in Form von Molekülen oder Gegenständen zu manifestieren.

Diese Theorie löst den klassischen Dualismus auf, dass Geist nicht auf Materie wirken kann. Wenn man nämlich analog zur Dreiteilung von Materie, Energie und Information, die wechselseitig vernetzt sind, eine Energiekonzentration als Bindeglied annimmt, ist es durchaus möglich, dass eine geistige Qualität bis zur Materie Wirkungen haben kann.

Von der Seite der Wissenschaft her kommt der Neurowissenschaftler Jean Delacour zu einer ähnlichen Erkenntnis: »Nach derzeitigem Wissensstand ist die neurobiologische Grundlage des Bewusstseins weder holistisch in einer gewissen Gesamtkonstellation eines leistungsfähigen Nervensystems zu suchen noch reduktionistisch in einem besonderen Typ von Neuronen beziehungsweise Organellen oder Molekülen der Zelle. Vielmehr präsentieren sich Teile des Bewusstseins offenbar als spezielle Wechselwirkungen zwischen entweder bekannten oder zumindest identifizierbaren Neuronenensembles, die sich vielfältiger zellulärer und molekularer Mechanismen bedienen.«[368]

Je mehr wir die Abhängigkeit von der äußeren, physischen Welt, aber auch unseren Emotionen und Wünschen erkennen und beobachten, sind wir in der Lage, in die Welt des Bewusstseins »aufzuwachen«. Verschiedene Übungen helfen dabei, den Zustand des erweiterten Wachbewusstseins zu festigen. Deshalb ist es besser, davon zu sprechen, dass das Bewusstsein *uns* hat, als dass *wir Bewusstsein besäßen*. Bewusstsein ist in diesem Sinne nicht personalisiert oder an einen bestimmten Ort gebunden. Es ist überall. Wir sind so beschäftigt mit den äußeren Dingen, dass wir gar nicht wahrnehmen, dass die materielle Welt von Bewusstsein durchdrungen ist. Es ist nur in verschiedenen Dingen unterschiedlich konzentriert und es wirkt unterschiedlich in ihnen.[369]

Viele Übungen und Methoden, die uns von verschiedenen transpersonalen oder spirituellen Richtungen angeboten werden, haben mit dem »Aufwachen« in der »Welt des Bewusstseins« zu tun. Da wir gewöhnlich in einem verengten Wachzustand leben, ist das Aufwachen ins Bewusstsein eine intensive Erfahrung; blockierte Bewusstseinsenergie wird freigesetzt.

»Obwohl Bewusstsein nichts ist, was man kontrollieren könnte oder an- und ausschalten wie eine Lampe, so können wir doch lernen, uns selbst auf die bewusste Erfahrung einzustellen. Es ist das Bewusstsein, das uns wahrnehmen lässt, was wir sind, und uns befähigt zu denken, was wir denken wollen, und zu fühlen, was wir fühlen wollen, und unseren Körper so zu bewegen, wie wir es beabsichtigen.«[370]

Das »wirkliche« Wachbewusstsein ist normalerweise ein intensiver Bewusstseinszustand, der allerdings nur mit Übung der Aufmerksamkeit längere Zeit aufrechterhalten werden kann. Das Erleben, *wirklich bewusst zu sein*, ist eine außerordentliche Erfahrung. *»Wir werden fähig, mit unseren Augen zu sehen«*, schreibt der Bewusstseinsforscher John G. Bennett. Das kommt daher, weil die Bewusstseinswelt aus der *Substanz* des Sehens, Hörens, Fühlens und Denkens gemacht ist. »Wenn wir uns nicht in dieser Welt befinden, geschehen alle diese Dinge ohne uns.«[371]

Auch im gewöhnlichen alltäglichen Wachzustand leben wir in beiden Welten – der natürlichen Welt und der Welt des Bewusstseins –, allerdings besteht keine direkte Verbindung zur Bewusstseinswelt, die ohne Arbeit am Wachzustand nur als Traumzustand erfahren wird. Wenn wir in diese »zweite Welt« aufwachen, wird unser Sehen zum eigentlichen Wahr-Nehmen, das Denken wird wirkungsvoll, es bleibt nicht an der Oberfläche. Darüber hinaus gibt es die veränderten Wachbewusstseinszustände, die gezielt angestrebt werden können, manchmal aber auch zufällig erfahren werden. Es sind Erfahrungen mit der »inneren« Seite des Bewusstseins.

Ich kann hier nicht ausführlicher alle Aspekte des veränderten Bewusstseins schildern[372], doch ein Zitat des Physikers David Bohm zeigt uns, wohin die Evolution in ein intelligentes Bewusstsein führen kann: »Wenn das Paranormale existiert, kann es nur durch Bezugnahme auf die eingefaltete Ordnung verstanden werden, da in jener Ordnung alles mit allem anderen in Kontakt steht und es daher keinen wesentlichen Grund gibt, warum das Paranormale unmöglich sein sollte. (…) Des Weiteren reicht mystische Erfahrung noch tiefer in die eingefaltete Ordnung hinein, in die Ganzheit der Menschheit, sowohl die immanente als auch die transzendente. Könnten die Menschen also die Natur gewöhnlicher Erfahrung besser verstehen, dann würden sie sehen, dass mystische Erfahrung tatsächlich eine Erhöhung, Intensivierung und Vertiefung von etwas ist, an dem sie schon immer teilhaben. Die eingefaltete Ordnung schafft eine Gemeinsamkeit tief innerhalb von Materie, Energie, Leben und Bewusstsein. Die entfaltete Ordnung der sogenannten gewöhnlichen Erfahrungswelt entfaltet das Eingefaltete und macht es sichtbar.«[373]

DAS VERBOTENE GEHIRN

> *»Intelligenz kann Fäden kreativen Potenzials mit*
> *verfügbaren Ressourcen und Umständen verknüpfen.«*
> Anthony Blake

Ist das Bewusstsein nun vom Gehirn abhängig oder das Gehirn vom Bewusstsein? Wir haben es hier mit einer klassischen Paradoxie zu tun. Ein Gehirn, das über sich selbst reflektieren kann, ist ein logisches Problem ähnlich dem Bild von M.C. Escher, in dem zwei Hände sich selbst malen. Für das reale Ich-Bewusstsein ist es kein Problem – es ist nur ein Problem für die Logik.[374] Im normalen Leben ist man daran gewohnt, dass es oft nicht logisch zugeht.

Die Möglichkeit der Selbstbezüglichkeit und der Selbstreflexion innerhalb des Gehirns lässt sich kausal mit unterschiedlichen Ebenen der Informationsverarbeitung erklären, etwa dadurch, dass Erinnerungen, auf die wir bei einem aktuellen Denkprozess zugreifen können, an anderer Stelle abgelegt sind als die momentane Wahrnehmungsverarbeitung. Darüber hinaus gibt es unterschiedliche Schaltkreise für die Abarbeitung unterschiedlicher Aufgaben, die größtenteils unterhalb der Bewusstheitsschwelle vor sich gehen.

Es muss eine Art »Quantensprung« in eine höhere Ebene geben, damit wir eine individuelle Bewusstheit und Selbstwahrnehmung mit einem Bewusstsein verbinden können, das nicht an das Gehirn gebunden ist. Die Selbstbewusstheit im Gehirn ist Schaltstation und Schnittstelle zugleich, vergleichbar mit der eigenartigen Verbindung der Gliazellen und Nervenzellen. Diese Schnittstelle verbindet und verschränkt uns im Bewusstseinsfeld mit allen anderen Konzentrationen oder, im übertragenen Sinne, »Molekülen« von Bewusstseinsquanten.

Auf der tieferen Ebene der verwickelten Hierarchie zeigt das Gebiet der Psychoneuroimmunologie die vielfältigen und beinahe unfassbar komplexen Verbindungen zwischen Gehirn und Immunsystem auf. Nervensystem und Immunsystem kommunizieren eindeutig miteinander. So können körpereigene, schmerzstillende (und Lust erzeugende) Neurotransmitter wie Endorphine die Aktivität der Lymphozyten verändern. Es wird auch angenommen, dass Emotionen das Gehirn veranlassen, entsprechende Botenstoffe auszuschütten, um die Immunabwehr anzuregen. Die chemischen Botenstoffe wandern entweder zu den Zellen, wo sie gebraucht werden, oder es werden die dafür notwendigen Gene direkt angeschaltet, sodass die Neurotransmitter an Ort und Stelle produziert werden. Umgekehrt können die Gene auch abgeschaltet werden, falls sie zu viel von irgendwelchen Stoffen im unpassenden Moment herstellen.[375]

Es wird vermutet, dass Zellen zu Krebszellen entarten, wenn die Informationssteuerung und Selbstreparaturfähigkeit von Zellverbänden versagen. Ebenso sind Allergien »Autoimmunkrankheiten«, weil bestimmte Informationen im Körper zu überschießenden Reaktionen führen. Man weiß inzwischen sehr viel über das Immunsystem, das ebenso wie andere Teile des Körpers offenbar ein eigenes »Bewusstsein« besitzt. Und es funktioniert im Normalfall außerordentlich effizient.

Mit verschiedenen Botenstoffen kann sich das Gehirn sogar selbst in unterschiedliche Bewusstseinszustände bringen. Es produziert schmerzstillende und anregende Botenstoffe, kann Reize verstärken oder blockieren, je nach Bedarf. Außerdem hat es Rezeptoren für eine Vielfalt von endogenen (innen entstehenden) wie exogenen (von außen kommenden) bewusstseinsverändernden Substanzen wie Opiaten, Nikotin, THC, Alkaloiden, Phenethylaminen und Tryptaminen. Das System ist so offen angelegt, dass biochemische Substanzen von außen dieselben Rezeptoren an den Synapsen belegen können, die auch von endogenen Botenstoffen aufgesucht werden.[376] Wenn die Stoffe nach dem Schlüssel-Schloss-Prinzip nicht genau passen, werden indirekte Funktionen eingeschaltet. Erstaunlicherweise hat die Evolution für die meisten psychoaktiven Substanzen entsprechende Rezeptoren geschaffen, es gibt sogar ein eigenes »Cannabinoidsystem«, also eine Menge Rezeptoren für den Wirkstoff von Cannabis. Warum wohl? Wusste die Intelligenz der Evolution schon immer, dass manche Menschen gerne einen Joint rauchen? Für Alkohol gibt es, nebenbei gesagt, auch viele Rezeptoren. Und da das Gehirn ökonomisch effizient arbeitet, hört es auf, bestimmte endogene Substanzen zu produzieren, wenn diese regelmäßig von außen zugeführt werden. Daher sind einige – aber nicht alle – psychoaktiven Substanzen Sucht bildend.

Die körperlich nicht süchtig machenden psychoaktiven Tryptamine wie Psilocybin, DMT und LSD wirken hauptsächlich auf das körpereigene Serotoninsystem des Gehirns ein. Es wird vermutet, dass die Substanzen die Wirkungen des Serotonins »imitieren«, in anderen Fällen auch unterbinden. Es gibt ungefähr 20 verschiedene Typen von Serotoninrezeptoren im Gehirn. Das ist eine Anzahl, die sonst nicht für andere Botenstoffe gebraucht wird. Das hängt damit zusammen, dass diese vielfachen Andockstätten für Serotonin sich in hohen Konzentrationen auf den Nervenzellen der Gehirnregionen befinden, die eine Vielzahl wichtiger psychischer und physischer Prozesse steuern: Herz- und Kreislaufsystem, Hormonsystem, Regelung der Körpertemperatur, Schlaf und Nahrungsaufnahme, Stimmungen, Wahrnehmung und motorische Kontrolle.[377]

Ich erwähne diese besonderen Eigenschaften des Serotoninsystems im Zusammenhang mit psychoaktiven Substanzen deshalb, weil es uns auf die Spur der Schnittstelle zum Bewusstseinsfeld bringen kann.

Ein Beleg dafür ist für mich, dass die Einnahme von psychoaktiven Substanzen, insbesondere der psychedelischen wie LSD, die äußere Konzentrationsfähigkeit wesentlich absenkt, dafür aber die innere Bewusstheit und innere Aufmerksamkeit wesentlich erhöht. Außerdem wird die Wahrnehmungsfähigkeit aller Sinne vertieft und erweitert. Die Forscher weisen auch deutlich darauf hin, dass diese Erfahrungen keine »Halluzinationen« sind. Meistens geht das Erleben mit diesen Substanzen einher mit einem aufregenden Gefühl der Ganzheit, einer Intensivierung der visuellen und akustischen Wahrnehmungen und Veränderungen des Zeitempfindens. Ein geübter Konsument kann ganz genau unterscheiden zwischen »Einbildung« und tatsächlicher Bewusstseinssteigerung oder Intensität des Erlebens. Er ist sogar in der Lage, diese Erfahrung selbst zu beeinflussen. EEG-Messungen des Gehirns während eines LSD-Trips zeigen, dass der Proband kohärente Gehirnwellenmuster erzeugen kann, wenn er die Absicht dazu hat.[378]

Das einzige Problem ist, wenn ein junger, ungefestigter Mensch durch eine solche Substanz mit einer großen Menge von Eindrücken überschwemmt wird und noch nicht ausreichend das eigene Bewusstsein »trainiert« hat, um damit zurechtzukommen. Deshalb spielen »Set« und »Setting« und eine kundige Anleitung eine große Rolle. Auch Bewusstseinsveränderung muss trainiert werden. Schamanen, die pflanzliche Bewusstseinstränke nehmen, müssen zuerst eine längere Ausbildung dafür machen. Aus diesem Grund führt die Illegalität solcher bewusstseinsverändernden Substanzen eher zu Problemen als zu einer vernünftigen Lösung. Für die Evolution des menschlichen Bewusstseins sollten alle nicht süchtig machenden Substanzen legalisiert werden, sodass jeder erwachsene Mensch die Möglichkeit bekommt, die Welten des Bewusstseins intensiver zu erkunden.

Die Chemie der Wirkungen vieler dieser Substanzen ist recht gut erforscht. Die körpereigenen Dopamin- und Serotoninsysteme sind maßgeblich daran beteiligt. Aus politischen Gründen ist jedoch noch sehr wenig darüber erforscht, wie die Veränderungen der Gehirnchemie direkt mit dem subjektiven und inneren Erleben in Verbindung stehen. »Wir *spüren* nicht, dass ein Serotoninrezeptor blockiert wird, sondern verspüren Eks -

tase. Wir *sehen* die Aktivierung des Stirnlappens nicht, sondern nehmen ›Engel oder Dämonen‹ wahr. (…) Psychedelische Substanzen wirken auf alle geistig-seelischen Aktivitäten ein: auf die Wahrnehmung, die Gefühle, das Denken, die Körperwahrnehmung und unser Empfinden von unserem Selbst.«[379]

Ich stelle wieder einmal die »Warum-Frage«: Warum haben wir im Alltagsbewusstsein nicht diese intensiven Wahrnehmungen, wenn das körpereigene System die Möglichkeit dafür vorgesehen hat? Das Gehirn kommt normalerweise ganz gut mit der alltäglichen Reizüberflutung klar, und die Reizüberflutung bei Einnahme der Psychedelika ist in dieser Hinsicht sicherlich auch nicht größer, nur anders und braucht deshalb eine gewisse Zeit der Übung, damit sich das Bewusstsein darauf einstellen kann.

Es gibt eine Reihe Methoden ohne die Einnahme von Substanzen, um veränderte Bewusstseinszustände zu erreichen. Meditation, Trance, Tanz sind die bekanntesten. Bei diesen Aktivitäten wird verstärkt Dopamin hergestellt. »Wer unter Depressionen leidet und sich dennoch zu einem Dauerlauf oder zu einem spontan-wilden Tanz entschließen kann, wird die stimmungshebende Wirkung von Noradrenalin (mobilisiert durch Laufen) und Dopamin (mobilisiert durch Tanzen) angenehm spüren.«[380] Messungen unter Verwendung von bildgebenden Verfahren haben ergeben, dass bei geübten Probanden in tiefer Meditation, die ihre Erfahrung hinterher als »mystisch« eingestuft haben, dieselben Gehirnareale aktiviert werden wie bei der Verabreichung von LSD. Offenbar aktivieren beide Methoden dieselbe Schnittstelle im Gehirn.

Meditationstechniken, die zusammen mit Klängen, Bildern oder Visualisierungsübungen durchgeführt werden, lassen besondere Wellenmuster im Gehirn entstehen, dessen Felder eine Resonanz auslösen. Diese Felder wiederum versetzen vielfache Systeme in eine Schwingung: Der ganze Körper kommt in Resonanz mit der Schwingung, die durch einen veränderten Bewusstseinszustand entsteht. Bei bestimmten Klangfrequenzen oder inneren Schwingungen schwingt auch die Zirbeldrüse mit und setzt ihre Stoffe frei.

Man kann also nicht sagen, dass ein veränderter Bewusstseinszustand von der Substanz *verursacht* wird, sondern dass diese genauso wie eine selbstinduzierte Bewusstseinsveränderung eine Möglichkeit eröffnet, eine Verbindung mit dem Bewusstseinsfeld herzustellen. Diese Schnittstelle ist offenbar die bereits erwähnte Zirbeldrüse.[381]

»Die allgemeine Hypothese lautet, dass die Zirbeldrüse an außergewöhnlichen Zeitpunkten unseres Lebens DMT [ein Tryptamin, chemisch verwandt mit dem LSD und dem Botenstoff Serotonin] in psychedelisch wirksamen Mengen bildet. Die Produktion von DMT in der Zirbeldrüse ist die physische Entsprechung nicht materieller oder energetischer Prozesse. Sie eröffnet uns einen Weg, auf dem wir die Bewegung unserer Lebenskraft in ihren extremsten Manifestationen bewusst erleben. Spezifische Beispiele für dieses Phänomen sind folgende: Wenn unsere individuelle Lebenskraft in unseren embryonalen Körper eintritt, also in dem Augenblick, in dem wir wirklich zu Menschen werden, geht sie durch die Zirbeldrüse hindurch und löst den ersten, uranfänglichen Schwall von DMT aus. Später, bei der Geburt, schüttet die Zirbeldrüse weiteres DMT aus. Einigen von uns vermittelt DMT aus der Zirbeldrüse im Zustand tiefer Meditation, in der Psychose oder bei Nahtoderfahrungen zentrale Erfahrungen. Wenn wir sterben, verlässt die Lebenskraft den Körper durch die Zirbeldrüse und setzt einen weiteren Schwall dieses psychedelischen Bewusstseinsmoleküls frei.«[382]

Die Zirbeldrüse enthält auch die notwendigen Grundbausteine zur Herstellung von DMT, sie hat die höchsten Konzentrationen von Serotonin im ganzen Körper. Sie kann dieses sogar in Tryptamin umwandeln. Die einzigartigen Enzyme, die

Serotonin, Melatonin oder Tryptamin in psychedelische Verbindungen umwandeln, sind ebenfalls in außergewöhnlich
hoher Konzentration in der Zirbeldrüse vorhanden. Sie produziert auch noch andere wichtige Substanzen wie die Beta-Car-
boline, die den Abbau von DMT verhindern, die körpereigenen
MAO (Monoaminoxidasen). Das Pflanzengebräu *Ayahuasca*,
das von Schamanen am Amazonas als bewusstseinserweitern-
des und heilendes Getränk benutzt wird, setzt sich zusammen
aus DMT und MAO, wobei der MAO-Hemmer verhindert,
dass DMT zu schnell abgebaut wird.

Die ekstatischen, euphorischen Gefühle, die bei der Anwendung von Tryptaminen entstehen, beruhen auf Wechselwirkungen mit dem Hypothalamus, der Schaltstelle des limbischen
Systems und der Hormonzentrale des Gehirns.

»Weil dem Hypothalamus bei der Regelung der Gehirnsys-
teme eine so wichtige Rolle zufällt, wird er oft als das Gehirn
des Gehirns bezeichnet ... Der Hypothalamus steuert auch die
Hirnanhangdrüse (Hypophyse), ein lebenswichtiges Organ, das
alle wichtigen Drüsen des Körpers beeinflusst. Diese Systeme
aktivieren wiederum Mandelkern und Hirnstamm, die das
sympathische Nervensystem anregen.«[383]

Die Gehirnforscher betonen, dass der größte Hersteller und
Konsument von psychoaktiv wirkenden Substanzen das
menschliche Gehirn ist. Sollen wir deshalb das Gehirn für ille-
gal erklären? Es gibt mindestens 60 Neuropeptide, die aus den
einfachen Aminosäurenbausteinen in der Zelle hergestellt werden. Die Neuropeptide sind vergleichbar mit den Photonen
und erfüllen ebenfalls eine Doppelfunktion: Im Gehirn wirken sie als Neurotransmitter und im Körper als Hormone. Die
Neuropeptid-Rezeptoren sind im ganzen Körper verteilt und
vorhanden und so möglicherweise die physiologische Basis des
Bewusstseins. »Ich glaube«, sagt Candace Pert, die große Erfor-
scherin der Neuropeptide, »dass wir anfangen müssen, darüber
nachzudenken, wie Geist und Bewusstsein in den verschiede-

nen Regionen des Körpers funktionieren und wie sie dort hinkommen.«[384]

Die Evolution ist schon sehr schlau gewesen. Sie benutzt dieselben aktiven Proteine als Hormone im Körper und als Neurotransmitter im Gehirn. Je nachdem, wo eines dieser Peptide gebraucht wird, wird es von den Genen erzeugt. »Bei der Vernetzung und Komplexität von neuronalen und endokrinen Interaktionen ist es grundsätzlich schwierig, mit linearen Methoden befriedigende Antworten zu erhalten. Sowohl mehrere Einflussfaktoren, z. B. andere Transmitter und Modulatoren oder Situationsvariablen wie Stress, als auch Rückkoppelungseffekte müssen immer gleichzeitig berücksichtigt werden.«[385]

Die verwickelte Vernetzung von Körpersystemen und Gehirnsystemen ist so außerordentlich komplex, dass nicht nur selbstbezügliche Schleifen die Organisation übernehmen können. Deshalb ist meine Hypothese von der zeitlosen Informationsübertragung mithilfe intelligent operierender Bewusstseinsquanten eine mögliche Antwort.

MAGNETE IM GEHIRN

> »Forschung bedeutet, zu sehen, was alle anderen auch sehen,
> und zu denken, was noch niemand gedacht hat.«
> Albert Szent-Gyorgyi[386]

Während die Neuropeptide auf der molekularen Ebene des Gehirns arbeiten, gibt es noch die elektrische Informationsübertragung in Gehirn und Körper. Wenn wir über elektrische Ströme im Körper sprechen, dann müssen wir auch berücksichtigen, dass sie Magnetfelder erzeugen, die sich außerhalb des Körpers fortpflanzen und auch von äußeren Magnetfeldern beeinflusst werden können. Elektromagnetische Felder pflanzen sich in Wellen theoretisch bis zum *Restaurant am Ende des*

Universums[387] im Raum fort, ihre Stärke nimmt aber mit der Entfernung ab, bis sie sich im Wirrwarr der anderen den Raum erfüllenden Magnetfelder verlieren. Alle elektromagnetischen Felder sind mit Energie geladene Kraftfelder, die eine Fernwirkung ausüben können.

Nun mache ich noch eine rückbezügliche Schleife zur Zirbeldrüse. Sie ist ein winziges kiefernzapfenförmiges Gebilde, das ziemlich genau im geometrischen Zentrum des Kopfes sitzt. Der berühmte Descartes, der uns den Dualismus von Geist und Körper eingeflößt hat, betrachtete diese Drüse als »Sitz der Seele«, ohne wirklich etwas darüber zu wissen. Wenn wir seinen Begriff für Seele mit unserem Bewusstseinsbegriff gleichsetzen, macht das Sinn, da die Zirbeldrüse tatsächlich die Schnittstelle zum Bewusstsein ist.

»Externe Felder haben Wirkungen, die sich auf den gesamten Körper erstrecken und durch mindestens zwei hoch spezialisierte, komplizierte innere Organe vermittelt werden: durch das magnetische Organ, das aus winzigen Magnetkristallen besteht und in enger Verbindung mit dem Zentralnervensystem steht, und durch die Zirbeldrüse, die im Gehirn angesiedelt ist. Die Tatsache, dass eines dieser Organe in so verschiedenen Spezies wie Bakterien, Insekten, Fischen, Amphibien und Säugetieren vorkommt, ist ein Hinweis darauf, dass sie für die normalen Lebensfunktionen von ausschlaggebender Bedeutung sind und dass dieser Mechanismus sehr früh in der Evolution entstanden ist. Man kann daraus nur schließen, dass lebende Organismen das geomagnetische Feld der Erde spüren und lebenswichtige Informationen daraus ableiten.«[388]

Bei Tauben hat man herausgefunden, dass die Magnetkristalle auf der Gehirnoberfläche in submikroskopischer Masse lokalisiert werden können. Diese Masse ist voller Nervenzellen, die eine Verbindung zum Gehirn herstellen. Der Taube helfen sie, sich an der genauen Ausrichtung des Magnetfelds der Erde zu orientieren. Der Elektromediziner Dr. Robert O. Becker vermutet, dass der Mensch ebenso eine Ansammlung dieser Magnete in sich trägt, und zwar in der Siebbeinhöhle im oberen Bereich der Rückwand der Nasenluftwege, direkt vor der Hypophyse.[389] Offenbar ist die aufrechte Haltung des Menschen – auch wenn wir sitzen, halten wir ja den Oberkörper aufrecht –, die teilweise durch den Gleichgewichtssinn vermittelt wird, auch bedingt durch die Magnetkristalle, durch die wir uns auf der Erde orientieren.

»Man könnte glauben, die Natur wollte die Bedeutung der Beziehung zwischen dem geomagnetischen Feld und dem lebenden Organismus hervorheben; denn sie hat uns noch mit einem weiteren Organ ausgestattet, das ebenfalls das Feld spürt und noch signifikantere Informationen aus ihm gewinnt.«[390] Damit meint er die Zirbeldrüse.

Dr. Rick Strassman, der lange das DMT erforscht hat, erwähnt: »Auch Magnetfelder können das Bewusstsein beeinflussen, wie es beispielsweise bei den Veränderungen des Bewusstseins der Fall ist, die an besonderen geologischen Orten oder Formationen, den sogenannten Kraftorten, wahrgenommen werden können. In neueren Studien werden auch Einwirkungen von Magnetfeldern auf die Funktion der Zirbeldrüse beschrieben, insbesondere eine Unterdrückung der Melatoninbildung [das die Herstellung von DMT behindert]. Vielleicht lenken diese Einwirkungen die Energie und die Ausgangsstoffe in der Zirbeldrüse so um, dass statt Melatonin DMT hergestellt wird.«[391]

Diese Kristalle haben aber darüber hinaus die Wirkung, dass sie uns direkt mit den elektromagnetischen Feldern des Lichts verbinden – das durch die Lichtempfindlichkeit der Zirbeldrüse direkt mit den Biophotonen der Zellen interagiert.

ES WERDE LICHT, NEIN – ES WERDE BEWUSSTSEIN!

> »Das Höchste wäre: zu begreifen, dass alles Faktische
> schon Theorie ist. Die Bläue des Himmels offenbart uns
> das Grundgesetz der Chromatik. Man suche nur nichts
> hinter den Phänomenen; sie selbst sind die Lehre.«
>
> Johann Wolfgang von Goethe

Das Phänomen Licht, das uns zur Quantentheorie geführt hat, ist auch die erste Nahrung für das Leben, das sich auf der Erde gebildet hat. Plötzlich gab es Bakterien, die Chloroplasten – das Chlorophyllmolekül – in sich trugen und Licht in Zucker umwandelten. Bis heute machen dies die meisten Pflanzen, die dieses Molekül von ihnen übernommen haben. Für manche war Licht immer mehr als eine materielle Substanz, die man in Wellenlängen messen konnte. Licht hat keine Masse und erschafft doch die Form. Selbst der große Einstein geriet ins Grübeln: »Fünfzig Jahre intensiven Nachdenkens haben mich der Antwort auf die Frage: ›Was sind Lichtquanten?‹ nicht nähergebracht.«[392] Wenn wir davon ausgehen, dass Licht eine Welle ist und es verschiedene Lichtfrequenzen gibt, stellt sich immer noch die Frage: »Was schwingt da als Welle?« Im Falle von Wasserwellen, Schallwellen, vibrierenden Saiten ist immer *etwas* in Schwingung. Was transportiert also die fließende Figur, die wir Licht nennen?[393]

Das Universum ist ein Lichtraum, ein Wechselspiel der Photonen mit elektrischen Feldern, das einen Raum aus leuchtenden Kraftlinien erschafft. »Subatomare Partikel sitzen nicht einfach so herum und sind halt subatomare Partikel. Sie sind Bienenschwärme von Aktivität. Zum Beispiel emittiert und absorbiert ein Elektron ständig Photonen. Diese Photonen sind jedoch keine ausgewachsenen Photonen. Sie sind variantenreiche Phänomene vom Typ ›Jetzt sind sie da, jetzt sind sie weg‹. Sie verhalten sich genauso wie richtige Photonen, nur fliegen sie nicht von selbst davon. Sie werden fast sofort nach ihrer Emission wieder vom Elektron absorbiert. Daher nennt man sie ›virtuelle Photonen‹ … Mit anderen Worten: Zuerst existiert nur ein Elektron, dann sind plötzlich ein Elektron und ein Photon vorhanden, dann wieder nur ein Elektron.«[394] Und so weiter. Die Entdeckung, dass Elektronen nur Photonen mit ganz bestimmten Energiemengen abgeben, ließ die Quantentheorie entstehen, deren Anfang das Phänomen des Lichts ist. Außerdem sollten wir bedenken, dass Elektronen eigentlich genauso wenig existent sind wie Photonen. Licht wird also während zufälliger Quantensprünge abgegeben.

Licht nehmen wir nur anhand von Wirkungen wahr. Wir sehen Gegenstände nur, weil sie eine gewisse materielle Dichte haben, von denen das Licht reflektiert wird und in unser Auge gelangt. Dabei sehen wir den Frequenzbereich des Lichts, der nicht von dem Gegenstand beziehungsweise einer Farbe »absorbiert« wird. Licht kann nicht gesehen werden, es ist das Sehen selbst, deshalb sehen wir nicht Licht, sondern nur Formen und Farben.

Doch was ist Licht? Besteht es tatsächlich aus Photonenpäckchen, den Quanten? Was sind Lichtquanten überhaupt? Die Physik konnte es noch nicht beantworten. Die Wissenschaftler gingen immer davon aus, dass Licht letztlich wie Atome teilbar sei. Durch aufwendige Experimente hat man schließlich herausgefunden, dass ein einzelnes Photon – und das ist schon schwierig genug zu erzeugen – tatsächlich mit sich selbst interferiert. Man muss sich dabei vorstellen, dass das einzelne Photon durch eine Lochblende mit zwei Löchern geschickt wird. Eigentlich sollte man erwarten, dass es eines der beiden Löcher auswählt. Das Erstaunliche bei diesem Versuch ist jedoch, dass es dennoch ein komplexes Interferenzmuster auf der sensitiven Zielplatte erzeugt. Eine Erklärung dafür ist, dass das Photon sich irgendwie aufspaltet und hinterher wieder verbindet. Eine andere Erklärung, die der Physiker David Deutsch gibt, ist, dass ein unsichtbares Phantomphoton aus einem parallelen Universum dazukommt und das sichtbare Photon entsprechend beeinflusst.

»Goethe hatte recht: Wir können noch so große Anstrengungen unternehmen, das Licht in seine fundamentalen Teilchen zu zerlegen, am Ende bleibt es doch eines. Damit ist auch unsere Vorstellung von der Bedeutung des Elementaren infrage gestellt. Bislang hatten wir das Kleinste mit dem Fundamentalen gleichgesetzt. Zumindest beim Licht lässt sich die grundlegendste Eigenschaft offenbar nicht im Kleinsten, sondern nur in der Ganzheit entdecken.«[395] Das Photon behauptet sich »hartnäckig«, eines und vieles, Teilchen und Welle, zu sein. Das einzelne Photon »entscheidet« sich aber am Strahlungsteiler weder für ein Dasein als Teilchen noch für eine Wellenexistenz. Es ist keines oder beides.

Die unsichtbaren und unzählbaren Photonenpäckchen, die ständig unsere Welt bombardieren, tragen Informationen mit sich herum. Wäre dem nicht so, würden diese Päckchen sinnlos durchs unermesslich große Weltall schwirren und sonst nichts tun. Irgendwie kommunizieren diese Quanten miteinander und manchmal verschränken sie sich, tauschen Informationen aus, die sie nie wieder vergessen, egal wo sie sich gerade aufhalten.

Information hat keine Masse und keine Energie. Sie ist keine Materie. Oder können wir einen Gedanken im Gehirn festhalten? Um Gedanken zu erzeugen und zu verarbeiten, wird zwar Energie in Form von Glukose benötigt, aber die Gedanken selbst haben weder Energie noch Masse.

Wir haben es also letztlich mit drei grundlegenden Faktoren zu tun, die allen physikalischen, chemischen und biologischen Erscheinungen zugrunde liegen: *Energie, Materie und Information.* Das eine kann ohne das andere nicht existieren. Aus dem Nichts des Quantenvakuums, erfüllt mit virtueller Energie, entstehen die Schwingungsfelder der Materie, die wiederum von Information ihre jeweilige Identität erhalten. Wenn die Atome sich wieder in Energie zurückverwandeln, entsteht Licht, es entstehen elektromagnetische Schwingungen. Diese sind weiterhin die Informationsträger, weil Information allgegenwärtig bleibt und nirgendwohin verschwindet.

Information allein würde auch nichts nützen, weil es nichts gäbe, was die Information benötigen würde. Der österreichische Physiker Anton Zeilinger betont: Wirklichkeit ist Information. In unserem Zusammenhang können wir sagen: Licht, das an allen Transformationsprozessen beteiligt ist, ist so der Informationsträger des Bewusstseins. Wir sind nicht nur von Licht eingehüllt, sondern empfangen auch ständig die Information des Felds durch die Wechselwirkung mit den Feldern im Gehirn. Diese Wirkung ermöglicht uns, nicht nur über uns selbst, sondern auch über die Wirklichkeit nachzudenken, und allein das bewusste Nachdenken über die Wirklichkeit auf allen Ebenen beeinflusst und verändert die Wirklichkeit. Wirklichkeit ist nicht statisch, sie ist immer in Bewegung. Für die menschliche Wirklichkeit, das menschliche Leben und Zusammenleben verändert jedes Weltbild, das wir mithilfe von Nachdenken, Forschen und Manipulieren gewinnen, umgekehrt auch wieder das menschliche Leben. Denn eine bedeutende Erkenntnis aus der Informationstheorie ist auch, dass alle Information miteinander vernetzt ist und, darüber hinaus, dass unser Denken und Handeln wiederum die Wirklichkeit insgesamt beeinflusst und verändert, sei sie nun ein- oder ausgefaltet.

Doch Information allein ist nutzlos ohne die »Metainformation«, die wir als »Intelligenz« oder »Bedeutung« bezeichnen können. Ein Computerprogramm benötigt trotz der Einfachheit der Informationsabfolge, die letztlich als Bits in Form von 0 und 1 abgearbeitet wird und die Schalter in den Chips an- und ausschaltet, eine Menge von intelligenten Überlegungen, damit die immer komplexeren Anwendungsprogramme auch funktionieren und ohne Fehler ablaufen. Das reine Wissen über irgendetwas ist sinnlos, von Bedeutung ist die Absicht, die wir damit verbinden. Erst wenn wir etwas mit diesem Wissen anfangen, vorausgesetzt, wir verstehen die Botschaft, die das Wissen enthält, können wir entsprechend handeln. Ohne intelligenten Umgang mit der Information passiert nichts, wir wären nur wandelnde Lexika. Es geht darum, dass Wissen über etwas in »Können« umzuwandeln – und dafür ist wiederum eine körperliche Aktivität notwendig.

Allerdings ist unser Zugang zur Information durch die »normale« Bewusstheit begrenzt. »Es werden uns auch nur schmale Ausschnitte aus der Gesamtwirklichkeit der materiellen Welt als Information zugänglich, indem nur bestimmte physikalisch-chemische Merkmale, z. B. elektromagnetische Wellen eines begrenzten Frequenzbereichs, von den Sinnesorganen als Nachricht aufgenommen, in den Rezeptoren zu nervösen *Signalen* bzw. Signalmustern umgewandelt und erst in dieser Form verarbeitet werden. Das heißt, das Nervensystem hat grundsätzlich nur mit Entsprechungen und Abstraktionen von Wirklichkeit und keineswegs mit dem Weltwirklichen selbst zu tun«, sagen die Neurobiologen Erhard Oeser und Franz Seitelberger.[396]

Die Informationsverarbeitung im Gehirn ist höchst komplex – und ebenso ungewiss wie in der Quantenwelt. »Die vielen kleinen Veränderungen der Zustandsbedingungen im multisynaptischen System der Nervenzelle rufen auf diese Weise [gemeint sind die parallelen analogen und digitalen Verarbeitungen] keine ›Alles oder Nichts‹-Antworten hervor, sondern modifizieren die Wahrscheinlichkeit der Nervenzellentladungen in kontinuierlicher Weise.«[397]

Tatsächlich geht der Großteil des Inputs von 10^9 bit/s, d. h. Elementarentscheidungen pro Sekunde in nicht bewusste Steuervorgänge ein, und nur der Bruchteil von 10^2 bit/s gelangt zum Bewusstsein. Es sieht danach aus, dass die große Menge an Information, die wir ständig aufnehmen oder der wir ausgesetzt sind, auf dem Weg zum Bewusstsein extrem »verdichtet« wird. »Das Gehirnsystem handelt sich quasi für Vollständigkeit der Information ... mehr Sicherheit ein.«[398]

Die Information, die im Gehirn verarbeitet wird, hat keine organische und materielle Bindung, sie besteht nur in den Mustern der im Gehirn ablaufenden verschlüsselten dynamischen Erregungsprozesse. Das bedeutet, alles, was in unserem Gehirn abläuft, sind räumlich-zeitliche Signalkonfigurationen, sozusagen die Programme, welche die Information verarbeiten. »Grundsätzlich sind die Programme hinsichtlich ihrer Form und ihres Inhalts vom benutzten Gerät unabhängig, da sie allein durch die Verknüpfungsregeln der Signale, ihre Anordnung und ihre Abfolge bestimmt werden.«[399]

Wenn wir diese Situation über die technische Beschreibung der Neurowissenschaftler weiterdenken, müssen wir zu dem Schluss kommen, dass das organisierende Prinzip im Gehirn das Bewusstsein ist, das nicht mit dem Gehirn »verdrahtet« ist, genauso wenig wie ein Computerprogramm mit der Hardware »verdrahtet« ist.

Auch bei dieser Analogie kommt noch ein dritter Faktor hinzu: der Computerbenutzer. Er kann zwar die Software nicht direkt verändern, aber damit neue Information hervorbringen. Das Buch der Wirklichkeit ist weder in der Hardware noch in der Software enthalten, es wird immer wieder neu erschaffen, vernetzt mit dem elektromagnetischen Feld des Lichts, dem Träger des Bewusstseinsfelds.

KOSMISCHES BEWUSSTSEIN

> *»Ich lobsinge mit elektrischer Stimme, denn ich*
> *sehe nicht eine Unvollkommenheit im Weltall,*
> *und ich sehe nicht eine Ursache oder Wirkung*
> *im Weltall, die zu beklagen wäre ...«*
>
> Walt Whitman

1894 hielt der Arzt Richard Maurice Bucke vor der American Medico-Psychological Association einen Vortrag über das »kosmische Bewusstsein«, der für die damalige wissenschaftliche Diskussion revolutionär war. Er argumentierte, dass es vier Bewusstseinsstufen gäbe:

1. die aus Sinneseindrücken gespeiste perzeptive Wahrnehmung der »niederen« Tierwelt;

2. das Denken der Tiere höherer Ordnungen, aus dem das einfache Wachbewusstsein hervorgeht;

3. das auf der menschlichen Vorstellungsgabe hervorgehende Ich-Bewusstsein;

4. das kosmische Bewusstsein.

Das kosmische Bewusstsein befähigt den Menschen, den Kosmos als Ganzheit zu begreifen. »Das kosmische Bewusstsein ist das Ergebnis einer Erfahrung, die man als das plötzliche Erwachen eines neuen, nämlich des kosmischen Sinnes bezeichnen kann. In diesem Erwachen erfährt der Mensch eine Intensivierung aller seiner Verstandeskräfte, die in sich schon genügt, ihn auf eine seinem gewöhnlichen Ich-Bewusstsein überlegene Bewusstseinsstufe zu heben. Darüber hinaus erlebt er in einer oft als unbeschreiblich beschriebenen Freude und Seligkeit eine allgemeine geistige Erleuchtung, die dem inneren Auge völlig neue

Dimensionen öffnet. Das wichtigste Merkmal des kosmischen Bewusstseins aber ist ... das Erkennen der ewigen kosmischen Gesetze wie auch das Wissen, dass der Mensch unsterblich, nicht war oder sein wird, sondern ist.«[400]

Dieses Erleben ist auch aus der Erfahrung mit psychoaktiven Pflanzen oder Substanzen bekannt. Die bekannte Schriftstellerin Anaïs Nin erzählt von einem LSD-Trip: »Jeder Gegenstand im Zimmer wurde zu einer lebendigen, beweglichen, atmenden Welt. Ich ging in den Flur, von dem aus man mehrere kleinere Zimmer erreichte. Auf dem Weg war eine Tür, die in den Garten führte ... Die Strahlen der Sonne blendeten mich, jeder der goldenen Sonnenflecke vervielfachte und vergrößerte sich. Bäume, Wolken, Rasen hoben und senkten sich; die Wolken flogen mit unglaublicher Geschwindigkeit vorbei. Ich wendete meinen Blick vom Garten ab und der glatten Tür zu, auf der delikate persische Muster, Blumen, Mandalas, Ornamente in perfekter Symmetrie erschienen ... Es bestand eine vollkommene Beziehung zwischen meinem Körper und allem, was passierte ... Meine Sinne wurden vervielfältigt, als habe ich hundert Augen, hundert Ohren, hundert Fingerspitzen ... Die Musik vibrierte durch meinen Körper, als sei ich eines der Instrumente, und ich fühlte, dass ich zu einem ganzen Schlagzeugorchester wurde. Die Tonwellen rannen durch meine Haare wie eine Liebkosung. Die Musik glitt den Rücken hinunter und kam aus meinen Fingerspitzen.«[401] Anaïs Nin erlebt noch »unendlich« mehr. Ohne Mathematikerin zu sein, sagte sie, »habe ich das Unendliche verstanden«.

Die Einnahme psychoaktiver Pflanzen oder Substanzen reinigen oder öffnen offenbar »die Tore der Wahrnehmung«. In einigen indigenen Gemeinschaften, die noch echte Schamanen als geistige Führer und Heiler haben, werden von diesen ebenfalls psychoaktive Pflanzen benutzt, *um zu sehen*, insbesondere um die beschädigten »seelischen Netze« wieder zu flicken, d. h. im schamanischen Kontext eine Heilung herbeizuführen. Dafür nehmen die angehenden Schamanen eine lange und schwierige Ausbildungszeit in Kauf.

Der Blick in die Welt des Bewusstseins kann eine außerordentlich intensive Erfahrung sein. Wenn darüber hinaus das Verstehen reift, dass die Entwicklung des Seins parallel dazu geschehen muss, können veränderte Bewusstseinszustände helfen, den geistigen Weg mit verstärkter Motivation zu gehen. Sich selbst zu kennen reicht nicht, betonen die meisten Lehrer verschiedener spiritueller Richtungen, wir müssen zusätzlich alle unsere Anlagen entfalten und können somit tatsächlich unser eigenes Leben erschaffen (mehr dazu im nächsten Kapitel). Eine der wichtigsten Voraussetzungen für die Arbeit ist jedoch die Fähigkeit zu lernen, die Dinge immer wieder neu zu sehen, in die Spontaneität zu kommen.

Der Lebenslehrer und mystische Philosoph G. I. Gurdjieff bezeichnet das »kosmische Bewusstsein« auch als »objektives Bewusstsein«: »Auf dieser Stufe kann ein Mensch die Dinge sehen, wie sie wirklich sind … In den Religionen aller Nationen gibt es Hinweise auf die Möglichkeit eines Bewusstseinszustands dieser Art, der mit ›Erleuchtung‹ oder verschiedenen anderen Worten beschrieben werden kann. Der einzig richtige Weg zu objektivem Bewusstsein führt über die Entwicklung des Bewusstseins seiner selbst … Der vierte Bewusstseinszustand im Menschen ist ein ganz anderer Seinszustand; er ist das Ergebnis inneren Wachstums und langer und schwieriger Arbeit an sich selbst.«[402]

Wer »ins Bewusstsein erwacht«, kann die direkte Wahrnehmung der »wirklichen Welt« trainieren. Diese Welt existiert gleichzeitig mit der »normalen« Welt, der Welt der Sinneseindrücke. Die meisten Menschen werden der »Welt des Bewusstseins« unter normalen Lebensumständen selten oder überhaupt nicht gewahr. Wer in die Welt des Bewusstseins aufwacht, erlebt auch eine andere Zeitdimension, einen ausgedehnten »Augenblick«, der alles enthält, die Dimension der »Ewigkeit«,

die auch von Physikern heute für möglich gehalten wird. Diese
»Vision« ist eine außergewöhnliche Erfahrung, weil sie eine direkte Wahrnehmung der Welt ermöglicht, so, wie sie wirklich
ist. Diese Menschen sind dann in der Lage, alles Notwendige
zu wissen, über sich selbst wie auch über die Welt. Die bewusste
Energie, mit der sie sich dann selbst »sehen« können, steht
unter der Kontrolle der kreativen Energie. Diese »kreative Energie« ermöglicht den Zugang zum kosmischen Prozess der Entfaltung der Welt. Die kreative Energie ist die Energie, die jedem
Menschen die Freiheit zur individuellen Entscheidung gibt
und es ermöglicht, sich »selbst zu erschaffen«. Die Evolution
des Bewusstseins ist daher nur möglich, wenn die kreative Energie mit der sensitiven Energie des Lebens zusammenwirkt und
diese zum Bewusstsein transformiert.[403]

Einige Quantenphysiker unterscheiden im Gegensatz zu David
Bohm nicht zwischen eingefalteten und entfalteten Welten, sie
sind der Auffassung, dass wir in einem »holografischen Universum« leben. In diesem tragen alle Teilchen, die den Körper
und das Bewusstsein bilden, bereits die Gesamtheit aller Informationen der geistigen Welt in sich. Das bedeutet auch, dass
die genetische Information in jeder Zelle mit diesem Informationsfeld in Resonanz und im Austausch steht. Jedes einzelne
der physikalischen Schwingungsfelder, aus denen die Gene bestehen, sind Träger der Gesamtinformation des betreffenden
Individuums. Die Individualität – die Einzigartigkeit oder Einheit – eines Menschen konzentriert sich daher im »wirklichen
Ich«, dem Zentrum des Seins, das zugleich alles umfasst und
mit allem verbunden ist. Daraus ergibt sich, dass mit dem körperlichen Tod keineswegs das Ende des individuellen Bewusstseins eingeläutet ist. Dieses »wirkliche Ich« ist Alles und Nichts
zugleich und daher unsterblich. Mehr dazu in Kapitel 9.
  Für den Psychiater Stanislav Grof, der Jahrzehnte mit psychoaktiven Substanzen geforscht hat, können Menschen im

Zustand des kosmischen Bewusstseins erleben, dass alle Grenzen verschwinden und sie die Einheit mit dem schöpferischen
Ursprung erfahren. Dieser Ursprung erscheint dann entweder
als »Absolutes Bewusstsein oder als Kosmische Leere«. »Damit
entdecken wir, dass unsere wirkliche Identität nicht das Einzel-
selbst, sondern das All-Selbst ist.«[404]

In diesen außergewöhnlichen Bewusstseinszuständen kann
das »Sein als ein fantastisches Selbsterfahrungsabenteuer des
Absoluten Bewusstseins beschrieben werden«.[405] Diese Erfahrungen bestätigen auch die These in diesem Buch, dass das
schöpferische Prinzip des Universums »mit der Begeisterung
eines Forschers, Wissenschaftlers und Künstlers experimentiert«, wie Grof es ausdrückt.

SCHRITTE IN DIE FREIHEIT

> *»Die blinde, zufällige Auswahl ist eine Antithese*
> *zur inneren Freiheit, die wir zu erfahren glauben.*
> *Die Zufallswahl ist das Gegenteil der Freiheit.*
> *Deshalb sprechen die Argumente für das Bewusstsein*
> *gegen eine Theorie der verborgenen Variablen.«*
>
> Nick Herbert

Die Evolution von Nervensystemen und besonders von Gehirnen hat schließlich eine organische Struktur mit höchster Lernfähigkeit hervorgebracht. Mit der Entwicklung des Menschen
hat die intelligente Evolution »feste« instinktive Lebenserhal-
tungsprogramme zugunsten von Offenheit, Flexibilität und ver-
mehrter Anpassungsfähigkeit an die wechselnden Anforderungen des Lebens aufgegeben. »In dieser Hinsicht repräsentiert
Lernen den evolutionären Trend zur *Entspezialisierung* in funktionaler Hinsicht.«[406] Lernen bezieht sich in diesem Zusammenhang nicht auf den reinen Wissenserwerb, sondern auf Er-

kenntniserwerb und Verstehen von Zusammenhängen, sodass der Mensch jederzeit unabhängig von bestimmten Programmen flexibel und kreativ an neue Probleme herangehen kann.

Im Laufe der Menschheitsentwicklung hat die intelligente Evolution eine Hochleistung vollbracht. Sie hat nämlich bereits vorhandene Teile beibehalten und neue hinzugefügt. Deshalb ist das Gehirn auch schichtweise aufgebaut. Dabei ist das Hinterhirn als Fortsetzung des Rückenmarks das älteste Gehirn. Es besorgt die Steuerungsfunktionen für Bewegung, Reaktion, Atmung und Blutkreislauf. Das darauf aufgeschichtete Kleinhirn koordiniert den Bewegungsablauf in raumzeitlicher Hinsicht. Das Mittelhirn steuert den Schlaf-Wach-Rhythmus und enthält Schalt- bzw. Bearbeitungsstellen für das Sehen und Hören. Hinterhirn und Mittelhirn, eventuell auch Zwischenhirn werden zusammen als Hirnstamm bezeichnet, manchmal auch »Reptiliengehirn« genannt. Das Zwischenhirn, das über das innere Milieu des Organismus und die Zeitrhythmen der Lebenstätigkeit wacht, wurde noch obendrauf gepackt. Es enthält alle wichtigen Teile des limbischen Systems.[407] Hinzu kam schließlich ein »neues Gehirn«: die Hemisphären des Großhirns, die umfassendste Integrationseinrichtung für bewusste Gehirnleistungen.

Das zentrale Nervensystem zusammen mit dem Gehirn entspricht also nicht der »Computer-Metapher«, sondern ist im Gegensatz dazu neuroplastisch: Es kann lernen und wieder vergessen. Auch hier zeigt sich, dass kein »zielgerichteter« vorheriger Plan der »Intelligenzoperation Mensch« vorhanden war, sondern mit der Entwicklung des Menschen nach und nach neue Strukturen geschaffen wurden – und das in wenigen hunderttausend Jahren! Wie kann das so schnell geschafft werden, wenn die vorherige Evolution bis zum Entstehen des Menschen 3,5 Milliarden Jahre gedauert hat? »So wurde in einem einzigartigen Weg in der Evolution der Hominiden der Fortschritt zur optimalen Anpassung nicht durch generelle Hochspezialisierung, sondern durch Hereinnahme bestimmter *Ent-spezialisierungen* als Voraussetzung einer generellen adaptiven Spezialisierungsfähigkeit erstellt, quasi in einer Spezialisierung für das Mögliche, das Neue und Nichtvorhersehbare, wie sie in der vorwiegenden Benutzung der Lernfähigkeit der nervösen Systeme, besonders des Gehirns, gegeben ist.«[408]

In dieser Hinsicht könnte man sagen, der Mensch ist eine »Manifestation« der kreativen Intelligenz, weil diese genau nach diesen Gestaltungsprinzipien dazugelernt und sich verbessert hat. Das Erstaunliche dabei ist, dass diese Entwicklung zu umfangreicher Freiheit des Menschen geführt hat, der heute sogar in der Lage ist, sein eigenes Erbmaterial zu manipulieren. Der Mensch ist dadurch jedoch nicht »aus der Schöpfung herausgefallen«, sondern wurde jetzt ein bedeutender Mitgestalter des Prozesses.

Leben ist kein linearer Prozess, alles ist auf vielfältige Weise eingebunden in Wechselspiele von miteinander vernetzten intelligenten Systemen, auch der Mensch. Mit unserer Fähigkeit zur bewussten Erkenntnis liegt es jetzt an uns, die Flexibilität des Gehirns zu nutzen und unsere eigene Bewusstseinsentwicklung weiterzuführen.

Da Bewusstsein die Wirklichkeit bestimmt, kann ein erweitertes Bewusstsein die menschliche Gesellschaft nur zum Besseren verändern. Wir sind mit all diesen wunderbaren Werkzeugen wie Gehirn und Sinnessystem ausgestattet – und auch die Tier- und Pflanzenwelt. Mit vernünftigem Denken müssten wir eigentlich erkennen, dass der Schutz und die Erhaltung des Lebens und auch seine Weiterentwicklung die wichtigste Priorität haben sollten. Der ständige Kampf ums Überleben nicht nur in Entwicklungsländern, sondern auch in unseren Gesellschaften – nur auf etwas höherem Niveau – muss nicht sein, wenn wir die Dinge vielmehr vernetzt sehen. Kriege sind sowieso absurd, weil sie nur Leid, Tod und Zerstörung bringen und niemandem nützen. Wenn wir Leben als eine bewusste und intelligente Operation ansehen, dann sollten wir doch danach streben, auf dieser Basis weiterzumachen, statt uns in Ignoranz und Dummheit zu verwickeln.

Ich bin überzeugt davon, dass die Vorstellung einer intelligenten Evolution Glaubenssysteme und Ideologien überwinden und der Einsicht und Vernunft den Vortritt geben kann. Die natürliche Ethik, die sich daraus ergibt, dass wir alle eingewoben sind in ein umfassenderes Bewusstsein, eine intelligent wirkende Kraft in allem, bringt eine neue Haltung zum Leben und einen angemessen sensiblen Umgang mit anderen Lebewesen. Wir brauchen keinen Gott oder irgendwelche Götter anzubeten, nicht ihren Geboten zu folgen oder fiktive Kämpfe zum Schutz eines Gottes oder eines Glaubens auszufechten.

Die kreative Intelligenz ist auch in uns, und jeder von uns wirkt am Prozess der Gestaltung des Lebens mit. Alles ist ein Lern- und Verstehensprozess zur weiteren Entwicklung des Bewusstseins. Dabei sind Toleranz, Mitgefühl, Kooperation, gegenseitiges Verstehen und gegenseitige Hilfe und vieles mehr Teil der Entwicklung. Jedes Glaubenssystem führt immer wieder zu Ausgrenzung und Gegnerschaft, aber nicht dazu, dass sich Menschen offen und flexibel mit Vernunft und Gefühlen weiterentwickeln.

Wir sollten endlich wegkommen vom Streit über Ideologien hin zur Zusammenarbeit an der Entdeckung, was Leben ist und warum es Sinn macht, zu leben. Vor allem wenn man die Perspektive hat, dass Leben ein außerordentliches Ereignis ist, das aus biologischen Gründen zum Tode führt. Wenn wir jedoch die Möglichkeiten weiterdenken, welche die Evolution geschaffen hat, kann man auch erkennen, dass wir bereits während unserer Lebenszeit über das Leben hinausgelangen können.

Damit meine ich, dass der materielle Körper sich in einen Bewusstseinskörper verwandelt, eine Metamorphose, wie das beim Schmetterling geschieht. Es ergibt sonst keinen Sinn, dass die intelligent gesteuerte natürliche Evolution schließlich zum Entstehen von Bewusstsein im Menschen geführt hat und mit dem körperlichen Tod dann alles aus sein sollte.

Mit dem Konzept einer intelligenten Evolution entfällt die Vorstellung eines Überlebenskampfes und bloßen Anhaftens am mechanischen Lebensprozess mit allen seinen Schwierigkeiten. Wenn Leben einen Sinn haben sollte, dann kann das nur eine weitere Stufe einer Entwicklung sein, die wir noch nicht voll begreifen können. Was wir aber bereits jetzt verstehen können, ist, dass es Anlagen im Menschen gibt, die über das körperliche Leben hinausreichen und die weiterentfaltet werden können. Das hat nichts mit Strafe oder Belohnung wie in den Religionen zu tun, sondern mit eigenständiger Initiative, neue Dimensionen des Bewusstseins zu erkunden. Wir haben die Freiheit dazu – wenn wir diese aus ideologischen Gründen nicht selbst beschränken – und wir haben Zugang zur Kreativität, die völlig neue Türen aufstoßen kann.

> »*Stellen Sie sich einmal vor, irgendein Geist*
> *aus Raum und Zeit würde Sie plötzlich*
> *tausend Jahre zurückversetzen in den*
> *Körper und Geist eines Ihrer Vorfahren.*
> *Es wäre ein überwältigender Realitätsschock.*«
>
> Jean Houston

Unsere Reise durch die Evolutionsgeschichte ging weit über das hinaus, was die übliche Evolutionsbiologie erforscht und erörtert. Dabei zeigt sich, dass die biologischen und zellbiologischen Erkenntnisse allein zu eng gefasst sind, um wirklich zu einem ganzheitlichen Verstehen der Evolution zu gelangen. Jede weitere einzelne Fachdisziplin liefert uns nur Bruchstücke der möglichen Erkenntnis. Ich gehe davon aus, mit den bisherigen Ausführungen einen umfassenderen Überblick ermöglicht zu haben. Wenn wir alle Vernetzungen und Feinabstimmungen innerhalb der Natur und insbesondere menschlicher Wesen betrachten, können eindimensionale Erklärungen der einzelnen Wissenschaftsbereiche keine vernünftige Darstellung der Evolution vermitteln. Meiner Meinung nach sind die materialistischen Argumente eine Sackgasse. Sie führen das menschliche Bewusstsein nicht in die Freiheit, sondern grenzen diese vielmehr ein.

Evolution ist eine Tatsache, doch sie ist völlig anders als üblicherweise dargestellt. Hinzu kommt, dass es in der gewöhnlichen Darstellung noch zu viele ungeklärte Aspekte gibt, für die keine oder sogar irreführenden Erklärungen gegeben werden. Selbst wenn ich mit meinen Ausführungen die Wirkungsweisen einer intelligenten und kreativen Evolution nicht funktional belegen kann, sind die Indizien für eine nicht funktionale Wirkungsweise einer nicht greifbaren Kraft zu groß, um sie auszuschließen. Im Gegenteil: Alle aufgeführten Faktoren zusammen genommen ergeben ein beweiskräftiges Szenario einer anderen Evolutionsgeschichte.

Viel wichtiger jedoch ist der Bezug der Evolution zum Menschen – ein Thema, das von besonderer Bedeutung für jeden von uns ist. Mit dem *Homo sapiens*, der nach einer sehr langen natürlichen Evolution erst vor höchstens 200 000 Jahren in das Leben dieses Planeten Erde getreten ist, hat die »abstrakte« Evolution »konkrete« Sinnesorgane und einen konkreten Sinn bekommen. Wir Menschen können selbstständig darüber nachdenken, können eigene Erkenntnisse gewinnen und nicht nur unser persönliches Leben bewusst gestalten, sondern auch zu einem gewissen Grade in die Biosphäre der Erde eingreifen. Wir können uns entscheiden, ob wir an der weiteren Entwicklung der Erde im positiven Sinne mitwirken wollen oder ob wir weiterhin »unbewusst« alles tun, damit die Lebensverhältnisse auf der Erde in naher Zukunft menschliches Leben erschwert, wenn nicht sogar vernichtet.

Um bewusste Mitwirkende zu werden, ist es notwendig, den Weg der individuellen Evolution und der Erweiterung und Evolution des Bewusstseins zu gehen. Der Mensch hat sein in ihm angelegtes Potenzial noch längst nicht ausgeschöpft. Wir sind »mögliche« Menschen, die verwirklichte Menschen werden können.

ES IST AN DER ZEIT, MODERN ZU WERDEN

> *»Jenseits und innerhalb der Reiche des persönlichen Gedächtnisses*
> *ist das archaische Evolutionsgedächtnis eingeschlossen, das uns*
> *mit jahrtausendealter Weisheit in die rufende Zukunft leitet.«*
>
> Jean Houston

Warum fallen wir nach jahrelanger Erziehung, nach der Entwicklung von Kultur und Zivilisation und mit allen unseren technologischen Errungenschaften immer noch in übertriebener Weise in atavistische Verhaltensweisen zurück? Wie kommt es, dass die meisten Menschen sich verletzt fühlen, wenn ihr persönlicher Glaube angegriffen oder lächerlich gemacht wird? Warum bekriegen sich Menschen in einer nicht aufzuhaltenden globalisierten Welt wegen Kleinigkeiten, wegen ihres Territoriums, wegen politischer Differenzen, wegen Macht? Man kann dieses Verhalten nur verstehen, wenn wir die Evolutionsgeschichte betrachten.

Das menschliche Gehirn, Nerven- und Drüsensystem und alle Zentren, die unsere Gefühle steuern, repräsentieren immer noch eine Entwicklung aus einer Zeit, als die Lebensbedingungen härter waren als jetzt. Flucht oder Kampf, das Reagieren auf gefährliche Tiere und schwierige Umweltbedingungen, war vor Tausenden von Jahren noch notwendig. Obwohl sich die Bedingungen verändert haben, bleiben die alten Notfallmechanismen der Adrenalinausschüttung immer noch bestehen. Wo reagiert die Vernunft, mit der wir auch begabt sind, wenn aus Rache oder sogar Selbstverteidigung viele Leben zerstört, ganze Dörfer, Städte und Infrastrukturen zerbombt werden?

Ein wesentlicher Grund dafür liegt vor allem darin, dass sich zwar unser Denkhirn, das »neue Gehirn«, vor einer Million Jahren vergrößert hat, aber die »alten« Gehirne aus der Zeit der Säugetiere und Reptilien beibehalten und nicht transformiert wurden, sodass sie besser aufeinander abgestimmt sind.

»Wir tragen die tragikomische Bürde, dass wir Wesen mit drei Gehirnen sind, und diese Dreiheit ist absolut keine Einheit, sondern eine unsichere und leicht zu verletzende Waffenruhe. (...) Man könnte es als eine Art evolutionäre Polyphrenie[409] bezeichnen, abgeleitet aus der Tatsache, dass wir die Realität durch die Rezeptoren von drei ganz verschiedenen Mentalitäten unterschiedlichen Alters und unterschiedlicher Funktionen sehen, wobei den zwei älteren Gehirnen die Möglichkeit fehlt, sich verbal mitzuteilen. Die konkurrierende Sorge des Reptils um das Territorium, die Pflege und die Hinwendung zur Familie des frühen Säugetiers und die symbolischen und sprachlichen Anlagen des Neokortex, das alles kann unsere Verdammnis vergrößern oder unsere Erlösung bedeuten.«[410]

Die Aufgabe der Gestaltung der menschlichen und ökologischen Zukunft wird es sein, die drei Gehirne besser zu synchronisieren und das ganze menschliche Potenzial, also auch »höherer« Fähigkeiten wie Verstehen, Intelligenz und Kreativität, zu entfalten. Wir müssen lernen, über eine begrenzte und eindimensionale Auffassung der »normalen« Entwicklung hinauszugelangen, um uns aus den Zwängen der frühen Bedingungen der menschlichen Evolution zu befreien. Die älteren Gehirne sind in manchen Lebensumständen noch nützlich, doch dürfen sie in Zukunft nicht mehr dominant sein, wenn die Menschheit insgesamt friedlich und kooperativ zusammenleben will.

Es gab natürlich schon lange Zeit eine Entwicklung in diese Richtung, doch es waren bisher immer nur wenige »erleuchtete« Menschen, die dieses Problem erkannt haben. Ihr Vorbild und ihre Lehren konnten zu einem gewissen Grad bereits Einfluss auf die allgemeine Bewusstseinsentwicklung nehmen. Doch es reicht nicht mehr aus, sich auf einzelne Menschen oder auch Gruppen zu stützen, die sich »weiterentwickelt« und auf vielfältige Weise die Kultur im Laufe der letzten Jahrtausende mit geprägt haben.[411] Globalisierung und Beschleunigung der gesellschaftlichen Entwicklungen bedürfen vieler Menschen, die fähig sind, in ihrem Umfeld auf die Notwendigkeit sozialer Gerechtigkeit und gegenseitiger Hilfe einzuwirken, damit die alten Strukturen im Gehirn und Zusammenleben der Menschen überwunden werden. Es ist sogar vorstellbar, dass in späteren Generationen die Gehirne bereits genetisch besser synchronisiert sind, wenn die sensitiven und bewussten Felder sich entsprechend entwickeln.

Ich habe mich ausgiebig mit der Kulturentwicklung des Menschen beschäftigt und danach geforscht, wie sich im Laufe der letzten Jahrtausende die Entwicklung des menschlichen Bewusstseins und die Ideale vom Menschsein verändert haben. Denn nachdem die intelligente Evolution den Menschen in die Freiheit der eigenen Entscheidungsfähigkeit entlassen hat, kann die kreative Intelligenz den Evolutionsprozess nicht mehr allein weitergestalten. Alle körperlichen, sinnlichen, emotionalen und geistigen Voraussetzungen sind nun erschaffen worden. Die intelligente Evolution könnte sich nun »zurücklehnen« und darauf warten, was geschieht. Doch gerade jetzt sind die Voraussetzungen vorhanden, eine neue Phase der Evolution anzustoßen.

Tatsächlich gibt es weiterhin evolutionäre Veränderungen. So haben Forscher der University of Chicago herausgefunden, dass in 700 Regionen des menschlichen Genoms sich viele Gene in den letzten 5000 bis 15 000 Jahren verändert haben. Darunter Gene, die für den Geruchs- und Geschmackssinn, die Verdauung, Knochenstruktur, Hautfarbe und Gehirnfunktion verantwortlich sind. Viele Afrikaner haben beispielsweise nun ein Gen, das sie teilweise vor Malaria schützt.[412] Es ist auch bekannt, dass sich bestimmte Neuronennetze im Gehirn junger Menschen verändert haben. Inzwischen hat man auch die sogenannten Spiegelneuronen entdeckt, die Einfühlungsvermögen in andere Menschen ermöglichen.[413]

Eine Menschheit mit der Möglichkeit zur Selbstbestimmung kann auch die Fähigkeit entwickeln, gemeinsam mit der kreativen Intelligenz an der weiteren Evolution mitzuwirken. »Das intelligente Experiment Evolution« hat mit der individuellen Entwicklung von intelligenten Wesen noch kein endgültiges Ziel erreicht. Wir sehen deutlich, dass die ökologischen, sozialen und politischen Verhältnisse auf der Erde längst nicht so zufriedenstellend funktionieren, wie man sich das vorstellen könnte. Daraus schließe ich, dass das Evolutionsprogramm zuerst einmal auf dieser Ebene weitergehen muss.

Es sieht so aus, dass es jetzt und in nächster Zukunft im Wesentlichen auf uns ankommt, wie es weitergeht. Denken wir nur an die zu befürchtende Klimaänderung auf dem Globus, die gegenwärtigen ungelösten kriegerischen Auseinandersetzungen in vielen Weltregionen und die sozialen Konflikte auf allen Kontinenten, die aus Armut und Hunger resultieren.

Auch wenn die Menschheit als Ganzes nicht so schnell evolvieren wird, können doch viele individuelle Menschen ihren Beitrag zur »Anhebung« der Bewusstseinsqualität leisten. Die Energien und Informationen, die sich so im Erdsensorium und im Bewusstseinsfeld des Sonnensystems weiter vermehren und verdichten, haben Rückwirkung auf das Bewusstsein des einzelnen Menschen.

Eine der Voraussetzungen für die weitere Evolution ist die allgemeine Einsicht, dass eine kreative Intelligenz im Bewusstseinsfeld wirkt, die weder religiöse Institutionen benötigt noch Gläubige, die vermeintlich glauben, sie müssten irgendwelche Gottheiten verehren und diese verteidigen oder andere dazu überzeugen. Die weitere Einsicht sollte sein, dass die Menschen es selbst in die Hand nehmen können, ihre Gehirne so zu trainieren und aufeinander abzustimmen, dass sie ganzheitlich funktionieren. Dabei ist es entscheidend, die Vernetzung der »unteren« Gehirnebenen mit dem Neokortex zu fördern, um so die Handlungsmöglichkeiten zu erweitern und die atavistischen dualistischen Denkraster zu überwinden.

Die nächste Stufe der Evolution hat deshalb mit der Entfaltung der Bewusstseinsfähigkeit einschließlich der Fähigkeit, veränderte Bewusstseinszustände zu erleben, und der Entwicklung einer sozialen kreativen Intelligenz beim Menschen zu tun. Ethische Gefühle, Toleranz und vernunftgemäße Erkenntnis, die Fähigkeit der direkten Wahrnehmung, »Gewissen« und Einfühlungsvermögen sind dabei eine wichtige Grundlage. Der »mögliche Mensch« muss angesichts der ökologischen Probleme und sozialen Katastrophen ein »globales Bewusstsein« entwickeln, das Territorialkämpfe und religiöse Gräben überwindet.

Jede Diskussion über den »Sinn des Lebens« bleibt im »luftleeren Raum« hängen, wenn wir diese Verwobenheit mit der evolutionären Entwicklung nicht erkennen. Wenn uns nicht klar ist, dass der Mensch und die Menschheit im Allgemeinen nicht nur das Sinnensystem der lebendigen Erde bilden, sondern darüber hinaus eingebettet sind in eine umfassendere Entwicklung des kosmischen Bewusstseins, sind alle Sinnfragen sinnlos. Selbst die Gottesvorstellungen machen keinen Sinn mehr, denn damit wären wir bloße Spielzeuge mächtiger Götter und hätten letztlich keine Aufgabe.

Warum sollten wir ein religiöses und moralisches Leben führen, wenn eine Perspektive fehlt, wohin das alles führt? Und ein moralisches Leben entweder nur zu führen, um den menschlichen Gesetzen zu folgen, damit wir keine Probleme mit dem Staat bekommen, oder es nur zu führen, um im Jenseits nach dem körperlichen Tode nicht in ein vorgestelltes »Fegefeuer« geworfen oder mit »schlechtem Karma« wiedergeboren zu werden, finde ich ziemlich egozentriert.

Wenn wir lernen, in Einklang oder in Resonanz mit der kreativen Intelligenz in allem zu leben, bekommt das Leben nicht nur insgesamt, sondern auch individuell einen Sinn. Wir sind nun mal Kinder dieser Evolution, die ja offenbar das menschliche Bewusstsein auch dafür geschaffen hat, damit wir Erkenntnisse über ihre Wirkungsweise und Ziele gewinnen. Wir müssen den Sozialdarwinismus hinter uns lassen und zum Bewusstsein der gegenseitigen Hilfe auf allen Ebenen gelangen, um die Probleme der Welt zu bewältigen und auch unseren persönlichen Sinn im Rahmen einer intelligenten Evolution zu finden.

Die Bewusstseinsforscherin Jean Houston gibt uns einen ersten Gedanken zur Reise in die Zukunft: »Wie wir gesehen haben, neigten frühere Kulturen dazu, einige Bereiche der Entwicklung zu negieren und andere anzuerkennen und zu fördern. Bei der gegenwärtigen Annäherung der Erkenntnisse aus Anthropologie, vergleichender Kulturwissenschaft, Psychologie und Gehirnforschung eröffnet sich uns allmählich ein Blick auf die menschlichen Möglichkeiten, der ebenso unergründlich wie reizvoll ist. Mit diesem Ausblick gelingt es uns, unserem Menschsein näherzukommen und die erstaunliche Komplexität und Vielfalt in der Welt des möglichen Menschen zu erforschen und zu erfahren. Es handelt sich in der Tat um einen neuen Leitfaden für die menschliche Rasse. Vielleicht verschließen sich einige anfangs dem Ausmaß der Möglichkeiten, die diese Perspektive bietet. Unsere Realitätsauffassung ist derart abhängig von Kultur und Lebensumständen, dass wir dazu neigen, nur vertraute und begrenzte Gedanken darüber zuzulassen, was richtig und möglich ist ... Aber wie öffnen wir die Augen, um sowohl der Vision als auch der Inspiration Einlass zu gewähren? Wir brauchen nämlich beides, um auf die Reise zum möglichen Menschen zu gehen. Ohne Inspiration werden wir weder den Mut noch die Kraft haben, die ungeheuer schwierige Aufgabe anzugehen, auf den gegenwärtigen Rhythmus des Erwachens anzusprechen, eine Aufgabe, bei der wir buchstäblich durch die Verwandlung unseres Selbst zum Partner der Evolution werden.«[414]

Immer wieder werden wir daran erinnert, zu den Möglichkeiten der Bewusstseinsentwicklung des Menschen aufzuwachen. In früheren Kulturen wurden diese Alternativen meistens nur von kleinen esoterischen Zirkeln in Erwägung gezogen und gelebt. Dadurch war es eine Besonderheit, die meistens noch einherging mit bestimmten religiösen Riten. Die Ausläufer dieser Esoterik sind heute in unserer »profanen« und pluralistischen Gesellschaft angekommen und kulturell angepasst worden.

Die Menschen, die von ihren eigenen Religionen keine Antworten bekommen, folgen mystischen Lehren wie dem Buddhismus, Zen oder verschiedenen hinduistischen Schulen, sie praktizieren Yoga oder Qigong. Das Spektrum des Angebots ist vielfarbig und multikulturell.[415]

Im Supermarkt der Spiritualität gibt es inzwischen alles zu kaufen und zu erleben. Es stellt sich jedoch die Frage, ob diese Angebote für die Aufgabe der menschlichen Evolution insgesamt ausreichend sind. Wir sollten uns klarmachen, dass alle spirituellen Glaubensvorstellungen und Methoden aus der Vergangenheit zu uns gelangt sind und meistens nur das individuelle oder kollektive »Heil« oder eine individuelle »Erlösung« vom mühsamen Erdenleben versprachen. Diese Ziele werden der globalisierten, vernetzten Welt nicht mehr gerecht.

Darüber hinaus wurden diese Lehren, so nützlich sie einmal gewesen sein mögen und auch teilweise heute noch sind, vielfältigen kulturellen Anpassungen und Veränderungen unterzogen, sind entweder in ein religiöses Glaubenssystem eingebettet oder haben sich getrennt und manchmal sogar im Gegensatz zu den verbreiteten Religionen entwickelt. Doch in den meisten Fällen sind sie letzte Ausläufer der Vergangenheit ohne echte Zukunftsperspektive, weil sie noch nicht zu der Erkenntnis gefunden haben, dass es eine völlig neue Sichtweise benötigt, um die Zukunft eines möglichen Menschen in einer hoch technisierten Welt zu gestalten, in der die Technik die Menschen immer mehr von der natürlichen Wirklichkeit abtrennt.

Es gibt wenige Menschen, die mit einem »nicht materialistischen« und dennoch wissenschaftlichen Ansatz danach geforscht haben, wie zukünftige Methoden für die menschliche

Evolution ohne Fixierung auf religiöse oder sogar spirituelle Traditionen und Überzeugungen aussehen könnten.[416]

Selbstverständlich bauen wir immer auf vergangenen Erkenntnissen auf, doch die meisten Menschen finden es leichter, bereits bestehende Formen und Methoden zu praktizieren, die in unhinterfragte Systeme eingebunden sind. Da wir heute in einer Kultur leben, die von Technologie, Forschung und Wissenschaft durchdrungen ist, sollten wir erkennen, dass zukünftige Menschwerdung genauso oder sogar besser mit forschendem Verstand und wissenschaftlichen Methoden angegangen werden kann. Ich meine damit jedoch nicht die eingeschränkte, funktionale Wissenschaft, sondern vielmehr eine neue Wissenschaft der Zukunft, die ganzheitlich alle möglichen Aspekte der Erkenntnis einbezieht.

Jean Houston ist eine solche Pionierin. Sie berichtet: »Bei unseren anfänglichen Versuchen ging es darum, Möglichkeiten zu finden, die Augen zu öffnen und den Geist unserer Versuchspersonen von seinen Fesseln zu befreien. Bei unseren Besuchen in unterschiedlichen Gesellschaften überall auf der Welt, bei der Erforschung von Zeit und Geschichte, bei eingehender Untersuchung von orthodoxen und esoterischen Traditionen sowie von Methoden, mit den menschlichen Möglichkeiten anderer Kulturen zu arbeiten, stießen wir auf viele Verhaltensmuster, die Jahrtausende hindurch von Menschen benutzt worden waren, um die Aufmerksamkeit auf das Spektrum des Bewusstseins zu lenken. Durch diese wurde es möglich, die Sensibilität zu steigern, Lösungen zu finden, Reisen ins Innere zu unternehmen, nach Einsichten zu suchen und Visionen zu verwirklichen. Durch Mittel wie Tanzen, Trommeln, Singen, Fasten oder durch die Teilnahme an der Vielzahl der psychophysischen und psychospirituellen Übungen haben die Menschen gelernt, bis zu ihren Grenzen vorzudringen, dort die bekannten Gefilde zu verlassen und Neues aus den unbekannten Bereichen zurückzubringen. Und so verbanden wir Prozesse aus alter Zeit mit modernen Forschungsmethoden ... Um eine breitere Basis für unsere Nachforschungen zu schaffen, untersuchten wir auch die Möglichkeiten zur Erweiterung und Verfeinerung der Sinnes- und Wahrnehmungsfähigkeit und zur Selbstmodulation von Freude und Schmerz. Dies führte uns immer tiefer in den Bereich, der zum Schwerpunkt unserer Forschung werden sollte, nämlich die Untersuchung des Körper-Geist-Kontinuums. Wir entdeckten ..., dass es unmöglich ist, die geistigen, psychologischen und spirituellen Fähigkeiten erfolgreich und dauerhaft auszubauen, wenn nicht gleichzeitig auch auf eine Erweiterung der physiologischen Fähigkeiten hingearbeitet wird.«[417]

Ich kann hier nicht umfassend im Detail darstellen, was sie alles erforscht hat, doch einige wichtige Erkenntnisse möchte ich doch hier erwähnen: verschiedene Bewegungsmethoden zur Verbesserung des Körpergewahrseins und der Wahrnehmung, Vorstellungsübungen, um die Kraft des Bewusstseins zu erweitern, Hervorbringung veränderter Bewusstseinszustände, Kreativitätsentfaltung, Steigerung des Erinnerungsvermögens, Gehirntraining. Ein Schwerpunkt ihrer Arbeit sind Methoden und Techniken, um über physiologische Bewusstheit die Möglichkeiten von Intelligenz und Bewusstsein neu zu erschließen. Sie nennt ihre neu entwickelten Techniken tatsächlich auch »Evolutionsübungen«.

Ich würde noch die Erweiterung der Sensitivität für nicht materielle Schwingungen oder Informationsmuster hinzufügen, alle »paranormalen« Wahrnehmungsfähigkeiten, die in uns schlummern, weil diese zu einer veränderten Kommunikation der Menschen untereinander beitragen können.

Die Aufzählung ist nur ein kleiner Ausschnitt aus einem vielfältigen Programm. Ich finde diesen forschenden Ansatz von größter Bedeutung für weitere Erkenntnisse, die unabhängig von irgendwelchen Ideologien erworben werden. Es geht einzig und allein darum, das menschliche Potenzial zu wecken und weiterzuentwickeln, und das auf eine ganzheitliche Weise, also auch unter Einbeziehung der globalen ökologischen und sozialen Notwendigkeiten.

Ich selbst habe viele Jahre mit unterschiedlichen Methoden und Techniken gearbeitet und viele neue Methoden erforscht und kam ebenfalls zu der Erkenntnis, dass Körper und Sinne die Grundlage aller »Evolutionsübungen« sind.

Der berühmte britische Mathematiker und Philosoph Alfred North Whitehead (1861–1947) drückte es so aus: »Die Einheit des Wahrnehmungsfelds muss eine Einheit der körperlichen Erfahrung sein. Wahrnehmung findet dort statt, wo man sich aufhält, und ist ganz und gar von der Funktionsweise des Körpers abhängig.«[418] In seiner »Prozess-Philosophie« entwirft er die leitende Idee, dass die natürliche Existenz am besten *als Prozess* und nicht *als Sache* verstanden werden kann. Es geht darum, die Veränderungsprozesse zu studieren und nicht die festen unveränderlichen Bedingungen. Jede Veränderung, sei es physischer, organischer, psychologischer Art, ist die alles durchdringende und überwiegende Eigenschaft der Wirklichkeit.

DAS ERWECKEN DES KÖRPERS

> »Wenn wir lernen, mit unserem Körper umzugehen,
> leben wir in einem Zustand von beinahe
> fortwährender Offenbarung.«
>
> Jean Houston

Der erste Schritt zur Evolution des Menschen war der aufrechte Gang. Das menschliche Skelett wurde von der intelligenten Evolution optimal entwickelt. Die bewegliche Wirbelsäule, die Koordination von Kopf, Armen und Beinen, Füßen und Händen, alle sind perfekt aufeinander abgestimmt. »Hat es je ein

Paradies für den Körper gegeben, eine Zeit, in der die Verbindung von Körper und Geist bekannt war und zelebriert wurde?«, fragt Jean Houston und beantwortet ihre Frage selbst: »Gewiss, bei den fließenden und ausgelassenen Bewegungen des Kindes denken wir an einen Garten Eden der Freude am Körper. Der junge Körper, der noch nicht an Schulbank und Stuhl gefesselt und somit ungestresst ist, lebt in einem Zustand, in dem die Musik von Muskel und Gelenk und die sinnliche Pracht glasklarer Wahrnehmungen am blühenden Paradies teilhaben.«[419]

Dasselbe gilt für viele Tiere, die oft schon gleich nach der Geburt oder nach wenigen Wochen fast alle Fähigkeiten der Bewegung erworben haben.

Warum ist es beim Menschen anders? Warum dauert es bei Kindern einige Jahre, bis sie alle Körper- und Sinnesfertigkeiten ausreichend trainiert haben? Und warum werden die körperlichen Fertigkeiten bei der Entwicklung zum Erwachsensein zum Teil wieder verlernt, vor allem wenn sie nicht geübt werden? Offenbar hat uns die intelligente Evolution auch diese Entscheidung selbst überlassen.

Dabei ist bekannt, dass Bewegung und Denken sich gegenseitig bedingen. Viele junge und ältere Erwachsene müssen sich heute diese Körperfreude immer wieder von Neuem erarbeiten. Millionen Menschen widmen sich den verschiedenen Sportarten, Fußball, Kampfsport und allen möglichen Variationen von Wellness- und Fitness-Trainingsmethoden, Bergsteigen, Schwimmen, Yoga, verschiedenen Tanzmethoden und Trance-Tanz, Tai-Chi und Qigong und vielem anderen mehr. Doch bewusstes Körpertraining geht über diese Methoden hinaus.

Alle diese Methoden sind gesund, wenn sie vernünftig betrieben werden, und stärken und entwickeln auch das Körpergewahrsein und die körperliche Bewusstheit. Unter dem Gesichtspunkt der Evolution des Menschen sind zusätzliche Methoden wichtig, mit denen der Körper zu einem erweiterten

Bewusstsein und zu einem von Grund auf verbesserten Gebrauch trainiert werden kann.

»Der Schlüssel zu dieser Arbeit liegt darin, Bewusstsein zu erlangen für die Muster des falschen Muskelgebrauchs, diese negativen Reflexe dann auszuschalten und sie durch die angemessenen zu ersetzen. Sobald eine Bewusstheit erreicht ist, kann eine bewusste Steuerung erfolgen.«[420]

Moshe Feldenkrais (1904–1984), ein Pionier neuartiger Körperarbeit, betonte immer wieder, dass das von ihm gemeinte Lernen organisch und direkt sei – im Gegensatz zum konventionell schulischen und akademischen Lernen. Moshe Feldenkrais, der an der Pariser Sorbonne-Universität einen Doktortitel in Physik erwarb, entwickelte eine eigene Methode, um das natürliche Lernen zu aktivieren. Dabei erwarb er eine enorme Geschicklichkeit im Umgang mit seinem Körper, hohe Kompetenz und praktisches Wissen, die ihn zu einem großen Judomeister werden ließen. Er betonte immer wieder, dass die vier Elemente des Handelns – Denken, Bewegung, Emotion und Sinnesempfindung – immer gleichzeitig an jeglicher Handlung beteiligt sind, da sie »niemals getrennt voneinander auftreten, nicht einmal für einen einzigen Augenblick«.[421]

So lernen seine Schüler in »Bewusstheit durch Bewegung« vorwiegend über den kinästhetischen Sinn, also die sensitive Selbstwahrnehmung, herauszufinden, dass Körper und Geist eins sind und als untrennbares Ganzes auch optimal funktionieren können. In dieselbe Richtung forschte auch der Lebensphilosoph und »Tanzlehrer« G. I. Gurdjieff. Er entwickelte komplexe Tanzchoreografien, die nicht nur die körperliche Koordination trainieren, sondern darüber hinaus Körperwahrnehmung, Raumwahrnehmung und Aufmerksamkeit für mehrere Aktivitäten gleichzeitig.[422]

Genau genommen wird das kinästhetische System aus mehreren Sinnen gebildet: Tastsinn, Gleichgewichtsorgan, Eigenwahrnehmung und Gelenkstellung im Raum (Propriozeption),

Geruchs-, Hör- und Sehsinn. Deshalb ist es wichtig, dass die Menschen Methoden trainieren, um diese Sinne besser zu vernetzen und zu differenzieren, um so auch dem Gehirn zu mehr Wahl- und Handlungsmöglichkeiten zu verhelfen.

Im Programm von Moshe Feldenkrais schulen klug strukturierte, angenehme und spielerische Bewegungen die Aufmerksamkeit in der Selbstwahrnehmung für das sich laufend ändernde Verhältnis des eigenen Skeletts zur Schwerkraft. Die Übungen trainieren außerdem die Wahrnehmung, dass harmonische, unangestrengte Bewegungen auch alle anderen Bereiche des Körpers und Geistes berühren. Es ist sogar möglich, dass Bewegung nur durch die Vorstellung oft zu erstaunlicheren Ergebnissen führt als durch die körperliche Bewegung selbst.

Körperarbeit ist also mehr als die Erlangung der Körperbewusstheit.[423] Die Differenzierung der Selbstwahrnehmung lässt den Übenden auch erkennen, dass sich zwischen Absicht und Handeln oft Gräben auftun. Deshalb ist es notwendig zu lernen, sich auf die Körperintelligenz zu verlassen. Über gezieltes Training der Körperempfindung können notwendige sensitive Energien nicht nur für die eigene, verbesserte Wahrnehmung, sondern auch für das Erdsensorium zum Wohle vieler anderer Wesen erzeugt werden – die eigene Evolutionsarbeit erschafft ein Resonanzfeld, von dem auch viele andere Menschen profitieren können.

Das Ziel derartiger Übungen ist klar: Sie sollen dazu dienen, eine wirkliche, bewusste Wachheit in allen Bereichen zu erzielen. Dieses Wachbewusstsein besteht nicht alleine aus dem Körpergewahrsein, sondern muss verknüpft werden mit der Wahrnehmung für Emotionen und tieferen Gefühlen und auch dem bewussten Denken. Reine Körperarbeit, die nicht zugleich die Rückkoppelungsschleifen mit diesen anderen grundlegenden Zentren aktiviert, bleibt auf der bloßen paradiesischen Lust am Körper stehen, dem »hedonistischen« neuronalen Schaltkreis, den wir durchaus genießen dürfen, nur dass wir dabei nicht

vergessen sollten, dass es noch »höhere Schaltkreise« zu erwe-
cken gilt.

Aber bereits die Arbeit am Körperbild zeigt auf, dass die meisten Menschen, auch wenn sie verschiedene Körpertrainings-
arten nutzen, sich nicht wirklich bewusst sind, was im Körper
und Gehirn abläuft. Das Körpergewahrsein wird durch den
»kinästhetischen« Körpersinn hervorgerufen, der eng mit dem
Tastsinn und der muskulären Vorstellung verbunden ist. Ein
Muskel zieht sich durch eine Folge von vielen aufeinander abgestimmten Impulsen des Nervensystems zusammen oder
dehnt sich aus. Dafür wird eine Reihe von Proteinen in der
Zelle hergestellt. Es ist außerordentlich, was das Muskelsystem
vermag, denken wir nur an die Akrobaten unter der Zirkus-
kuppel. Daraus folgt auch, dass die Struktur des Muskelbildes,
der aufrechte Haltung, der Gesichtsausdruck und die Stimme
den Zustand des Nervenssystems spiegeln.

Grundsätzlich bedeutet eine Verbesserung körperlicher Bewegungsabläufe auch ein Training des Gehirns, denn die Sinnesempfindungen und das Denken beruhen auf dem Zusammenspiel mit dem Bewegungszentrum. Man kann sagen, dass
Sinneswahrnehmung, Gefühl, Denken und mobilisiertes Muskelsystem miteinander eng verwoben sind.

Auch Sprachen lassen sich schneller lernen, wenn Kinder und
Erwachsene sich dabei bewegen, statt steif auf Stühlen zu sitzen.
Die Strukturen im Gehirn, in denen Denken und Gefühle vor
sich gehen, liegen eng bei den motorischen Arealen. Und da im
Gehirn die Erregungen der Neuronen dazu neigen, sich wie
Schwingungen auszubreiten und auf benachbarte Gebiete über-
zugreifen, wird eine Verbesserung in der motorischen Region
auch Auswirkungen auf Denken und Fühlen haben.

Jeder von uns registriert unmittelbar ein Bild seines Körpers
im Gehirn. Der Neurochirurg Wilder Penfield hat dieses Bild
grafisch dargestellt und konnte so veranschaulichen, dass das
neurologische Bewusstsein der einzelnen Körperteile nicht ihrer

tatsächlichen Größe entspricht. Es ist davon abhängig, wie wir diese Körperteile gebrauchen. Neuere Erkenntnisse von Gehirnforschern modifizieren inzwischen Penfields Annahmen, insbesondere dahin, dass unser Denkorgan in seiner Struktur generell den Raum um unseren Körper repräsentiert.

Deshalb wäre es am besten, alle Körperteile gleichermaßen in das Training einzubeziehen. Bestimmte Tanzarten, aber auch jedes Training, das Kopf, Rumpf, Arme, Hände, Beine und Füße einbezieht, führt im Laufe der Zeit zu einer ganzheitlicheren Körperwahrnehmung. Wenn mehrere Körperteile bewusst gleichzeitig genutzt werden, dann ist dies auch eine Herausforderung an die Aufmerksamkeit, die eng mit der Willensausübung verbunden ist. Die Ausdehnung der Aufmerksamkeit für mehrere Bewegungsabläufe, die koordiniert werden müssen, erfordert auch willentliche Anstrengung geistiger Natur, da der Körper eben kein Automat ist.

Der Mathematiker und Bewusstseinsforscher John G. Bennett, der jahrzehntelang die Möglichkeiten des Körperbewusstseins erforscht hat, schreibt: »Es ist nicht unmittelbar einsichtig, welche Form die Körper- und Bewegungsintelligenz annehmen kann. Unsere Schwierigkeit, uns die Intelligenz des Körpergehirns vorzustellen, rührt daher, dass wir annehmen, sie müsse der Intelligenz des Denkgehirns irgendwie ähneln. Sie gleichen sich aber ganz und gar nicht. Das motorische Gehirn ist im Rückenmark mit Teilen des Nervensystems verbunden und auch in einzelnen Arealen des Kortex, die aber nicht auf die gleiche Weise arbeiten wie jene Teile, die bei den geistigen Verknüpfungen eine Rolle spielen. Die Denkintelligenz ist vor allem damit beschäftigt, Vergangenheit und Zukunft zu verknüpfen. Die Körperintelligenz ist fast völlig mit der unmittelbaren Gegenwart beschäftigt. Sie macht keine Pläne und sucht nach keinen Vernunftgründen. Sie ist nicht daran interessiert, in der Zukunft etwas zu erreichen oder vergangenes Geschehen zu korrigieren.«[424]

Das motorische Gehirn funktioniert »schneller« als der Kortex. Das ist ein Grund dafür, warum der bereits erwähnte Benjamin Libet feststellen konnte, dass eine Finger- oder Handbewegung bereits bis zu 500 Millisekunden vor der Bewegung ein Bereitschaftspotenzial der Neuronen im Gehirn aufbaut.[425]

Wir wissen es aus eigener Erfahrung: Wenn wir zu sehr in Gedanken vertieft sind, können wir nicht schnell genug mit dem Körper reagieren. Wenn wir z.B. eine rhythmische Fußbewegung mit einer ungewöhnlichen Armbewegung koordinieren möchten und, weil wir diese Abläufe noch nicht gelernt haben, mit dem Kopf darüber nachdenken, gelingt diese Koordination nicht so schnell wie nötig. Ist der Bewegungsablauf einmal ins Körpergedächtnis übergegangen, dann können wir auf den Takt genau beide Bewegungen koordiniert ausführen.

Doch auch bei alltäglichen Handlungen ist die Schnelligkeit des Körpers zu beobachten. Wenn etwas vom Tisch zu fallen droht, hat eine Hand schon längst zugegriffen, bevor es uns gewahr wurde. Auch beim Autofahren reagiert der Körper schneller als alles andere. Ein plötzliches Hindernis oder plötzliches Bremsen des Autos vor uns lässt uns unmittelbar mitbremsen, beinahe ohne Zeitverzögerung. Der Auffahrunfall geschieht nur, wenn gedankliche Vorgänge die Körperreaktion blockieren. Das schnelle Reagieren würde nicht funktionieren, wenn das Bereitschaftspotenzial im Gehirn nicht die gelernten Bewegungen schneller aktivieren würde, als sie zur Ausführung gelangen. Dies ist, nebenbei gesagt, auch ein Hinweis darauf, dass die Messungen Libets etwas mit einer Aktivierung der motorischen Intelligenz zu tun haben und nichts mit einer Willensentscheidung.

»Müssten wir uns zum Ausführen von Handlungen auf das Denkgehirn verlassen, dann wären wir nicht in der Lage, wie menschliche Wesen zu leben«, schreibt Bennett. »Unser Bewusstsein sagt: ›Ich will an diesen oder jenen Ort gehen‹, aber es ist die Intelligenz des Körpers, die uns dort hinbringt, die das

Auto fährt, auf die Straßenverhältnisse reagiert, sich der Umgebung und der Maschine anpasst, die uns transportiert. Die Absurdität liegt darin, dass die meisten Menschen das Bewegungszentrum, nur weil es eben nicht tagträumt, für unbewusst halten!«[426]

Das eigentliche Steuerungsinstrument für die Handlungen und Körperbewegung ist allerdings die Aufmerksamkeit, eine Funktion des Willens. Wir können die Aufmerksamkeit konzentrieren und auf eine Sache beziehen, wir können sie auch erweitern, um gleichzeitig mehrere Dinge wahrzunehmen. Nur mithilfe der Aufmerksamkeit können wir absichtsvoll handeln. Außerdem sind wir ohne sie nicht in der Lage, differenzierte Bewegungsabläufe durchzuführen.

Der Körper verfügt also über ein enormes Potenzial, das in der heutigen Erziehung und selbst in Körpertrainingsmethoden kaum genutzt wird. Mit der Fähigkeit zur bewussten Bewegung erschließen wir auch den Wahrnehmungsraum.

»Indem wir uns aufrichten, zeichnen wir mit unserem Leib die vertikale Achse nach, die objektiv als Richtung der Schwerkraft gegeben ist. In der Bewegung des Aufrichtens werden wir Mensch zwischen Wolke und Wurzel, nicht im Boden eingekrallt wie die Pflanzen, nicht fähig zu fliegen wie die Vögel. Nicht zufällig beschreiben wir die Schwankungen unseres Gefühlslebens mit Raumbezeichnungen der Vertikalität: Wir sprechen von Aufschwüngen und gehobener Stimmung, von Niedergeschlagenheit und Stimmungstief, und auch hier ist das häufigste der Wechsel, das Hin und Her und Dazwischen.«[427]

Das bewusste Raumerleben ist am besten durch choreografierte Tänze zu erlernen und zu erfahren. Denn hierbei müssen die eigene Körperwahrnehmung und das eigene Raumempfinden abgestimmt werden mit den anderen Tänzern. Wenn es gilt, bestimmte Abstände während eines Bewegungsablaufs, einer Drehung oder einer Vor- oder Rückwärtsbewegung einzuhalten, ist ein hohes Maß an Raumgefühl notwendig, das

dem motorischen Gehirn nur nach längerem Training beige-
bracht werden kann.

Körpererleben, Bewegung und Raumerleben sind eng mit
unseren mentalen Vorstellungen verbunden. In den gewöhnlichen Wachzuständen sind wir selten in Kontakt mit dem komplexen Körperwissen. Die Arbeit mit Vorstellungsbildern kann
eine Möglichkeit sein, die Intelligenz des Körpers zu wecken.
Vorstellungskräfte können sehr hilfreich sein, um einen direkten Einfluss auf innerkörperliche Prozesse auszuüben. So können Gehirnwellen genauso verändert werden wie Herzschlag
oder Blutdruck, sogar der größte Teil der Körperphysiologie,
wie Messungen mit Biofeedback gezeigt haben.

»Hierzu ein Beispiel: Angenommen, Sie hätten eine steife
Hand und wollten jetzt diese Muskeln entspannen. Stellen Sie
sich so deutlich wie möglich vor, wie sich diese Hand frei bewegt. Spüren Sie ganz deutlich, wie die Hand sich in Ihrer Ima-
gination und in Ihrem kinästhetischen Körper anfühlt, fühlen
Sie das leichte, schwingende Leben der sich bewegenden Hand.
Mithilfe der Visualisierung werden Sie langsam, aber sicher ein
Programm des Gehirns (die steife Hand) durch ein anderes (die
sich frei bewegende Hand) ersetzen ...

Das gleiche Prinzip gilt auch für schlimmere Leiden. In einem
Zustand der Entspannung und der Aufnahmefähigkeit stellt
man sich ein Organ oder einen Körperteil in seiner optimalen
Funktionsweise vor.«[428]

Auch viele Sportler arbeiten inzwischen mit mentalen Vorstellungsbildern. Dabei gehen sie ihre Bewegungsabläufe intern
durch und programmieren so den ganzen Ablauf ihrer Aktion.
Es ist sogar möglich, eine einmal gefahrene Route, etwa eine
Skiabfahrt, vor dem eigentlichen Wettkampf so zu visualisieren,
dass jedes Detail der Abfahrt vom Körperwissen vorausgeahnt
wird. Dasselbe gilt für andere komplexe Bewegungsabläufe wie
die erwähnte Tanzchoreografie.

Die Verbesserung der Körperintelligenz ist eine bedeutsame Grundlage der menschlichen Evolution. Man kann drei Schritte des Trainings der eigenen Körperintelligenz unterscheiden:

1. Wir können beobachten und erkennen, wie viele sinnlose Angewohnheiten und routinehafte Körperhaltungen wir haben.

2. Dann sollten wir darangehen, die ganzen Potenziale des Körpers zu erforschen, und herausfinden, wie alles funktioniert und aufeinander abgestimmt ist.

3. Die Entwicklung kann vorangebracht werden, wenn wir ständig daran arbeiten, neue Körperbewegungen zu lernen. Dafür ist es auch notwendig, die innere Sensitivität des Körpers zu erforschen und zu konzentrieren.

Es gibt einige Übungen dafür, wie z. B. die bewusste Aufmerksamkeit auf den Fluss der Energie in den Körpermeridianen[429] zu richten und diesem innerlich nachzugehen. So kann zum einen dieser Energiefluss aktiviert werden, dass er ungehindert fließt, und zum anderen können die damit verbundenen sensitiven Energien konzentriert werden, sodass das Körpergewahrsein nach längerer Übung auch ohne aufmerksame Konzentration auf dieses Gewahrsein »wach« bleibt. Wenn die innere Energiekonzentration im motorischen Gehirn einmal geschaffen ist, wird uns der Körper beispielsweise daran erinnern, gerade zu gehen oder zu sitzen, sich zu entspannen oder sich zu bewegen. Das Denkgehirn ist daran wenig interessiert. Allein ein solches Training fördert die allgemeine Wachheit und damit die Lebensqualität.

Um das individuelle Bewusstsein über das Körpergewahrsein hinaus zu erweitern, müssen natürlich auch alle anderen uns zugänglichen Gehirne und ihre Areale mit bewussten Evolutionsübungen aktiviert und miteinander synchronisiert werden. Deshalb wird in der aktuellen Debatte über das Bewusstsein von den Fachleuten zwischen dem kognitiven und dem phänomenalen Bewusstsein unterschieden. Das kognitive Bewusstsein bezieht sich immer auf irgendetwas, das einen wirklichen oder imaginären Inhalt hat, während das phänomenale Bewusstsein alle subjektiven und qualitativen Aspekte der bewussten Erfahrung einbezieht – und diese Erfahrungen sind das, was uns Menschen ausmacht.

DAS ERWECKEN DER SINNE

»Unsere Wahrnehmung vermittelt uns Konstanz und
Kontinuität der Außenwelt ... Und das muss so sein,
denn eine Welt, die sich in jedem Augenblick anders darstellte,
müsste uns chaotisch erscheinen und könnte uns das Bewusstsein
unserer individuellen Existenz gar nicht ermöglichen.«

Jörg Albertz[430]

Tatsächlich unterliegen unsere Sinnesorgane ständigen Reizen und Veränderungen. Das Gehirn muss andauernd neue Berechnungen anstellen, wenn wir Kopf und Augen bewegen, den Körper bewegen, Empfindungen haben usw. »Wir schauen dahin und dorthin, lassen den Blick schweifen, wir gehen umher – aber wir haben immer das Gefühl einer stabilen räumlichen Umwelt um uns herum.«[431]

Das setzt voraus, dass neue Eindrücke erst einmal vom Bewusstsein selektiert und angepasst werden. Dabei bleibt eine ganze Reihe von grundlegenden Variablen unverändert. Beim Sehen sind dies z. B. Konturen, Linien und Muster aller Art. Die visuellen Reize sind bereits strukturiert, wenn sie ins Gehirn gelangen. So kann ein einfaches »Strichmännchen« eine Person suggerieren. Kinder zeichnen zuerst nur Umrisse, die ausreichen, um das Gesehene zu veranschaulichen. Details können erst später mit viel Übung in die Zeichnung kommen. Perspektivisches Sehen und Malen sind menschliche Errungenschaften, die erst vor ein paar hundert Jahren gelernt wurden.

Da die visuelle Wahrnehmung bestens untersucht ist, möchte ich hier noch ein Beispiel dafür bringen, welche Bewusstseinsleistungen in unserem Gehirn vorgehen. Vom Fotografieren sind wir gewohnt, anzunehmen, unser Gehirn arbeite ebenso, alles würde hundertprozentig genau abgebildet. Doch das Gegenteil ist der Fall.

»Aber was passiert auf unserer Augennetzhaut? Dort ist alles anders. Auf der gekrümmten Fläche wird eine Gerade, die wir vor uns sehen, zwangsläufig als krumme Linie abgebildet. Im Raum parallele Gerade konvergieren zwar, aber in unregel - mäßiger Weise. Da gibt es auch keine rechten Winkel mehr … kurzum – auf unserer Augennetzhaut erscheint die Welt merkwürdig schief und krumm. Es ist nun eine der phänomenalen Leistungen unseres Wahrnehmungssystems, dass wir offenbar in der Lage sind, diese verzerrten, deformierten Bilder auf unserer Augennetzhaut so in einen Wahrnehmungsraum zu transformieren, dass uns dieser unverzerrt erscheint. Welch ein Paradox: Die Außenwelt, die wir wahrnehmen, erscheint uns geometrisch ›in Ordnung‹, die Netzhautbilder, von denen wir diese Informationen ableiten, sind in einer höchst komplexen Weise deformiert. Unser Gesichtssinn kompensiert Verzerrungen!«[432]

Die Verarbeitung der Sinneswahrnehmungen ist genauso wie der genetische Code konservativ angelegt. Es dürfen nicht zu viele abweichende Eindrücke geschehen, weil diese uns sonst aus der Bahn werfen. »So zeigte sich bei Übungen mit Studenten, dass erschreckend viele von ihnen ihren aufrechten Gang vorherrschend durch optische Kontrollen statt durch Gleichgewichts- und Balanceorientierungen garantieren: Wenn sie versuchen, mit geschlossenen Augen in einem ihnen bekannten, ungefährlichen Raum umherzugehen, befallen die meisten von ihnen Ängste, die bei einigen sogar zu Schwindelanfällen führen.«[433]

Die Anpassung an eine neue Situation kann nur spielerisch trainiert werden, und das sollte schon im Kindesalter beginnen. Erst wenn die Neuigkeit in einer Wahrnehmung nicht mehr zu den bestehenden Mustern passt, werden diese ergänzt und erweitert. Solange diese Muster noch nicht festgelegt sind, können die Kinder auch im Erwachsenenalter flexibler mit ihren Lebensumständen umgehen. Es ist natürlich auch für Erwachsene möglich, die Wahrnehmung zu erweitern. Das ist vor allem möglich, wenn emotionale Sperren und Ängste überwunden werden. Oft ist es eine andere Lebenssituation, wie ein Urlaub, der plötzlich diese Hemmungen überwinden und völlig andersartige Abenteuer ermöglichen lässt. Doch das ersetzt natürlich kein bewusstes Training der Sinneserfahrungen.

Hugo Kükelhaus (1900–1984) war ein Pionier des Wahrnehmungstrainings. Er entwickelte dafür eine Reihe von Geräten und Räumen, um Kinder wie Erwachsene die Sinne erfahren und erweitern zu lassen. Er nannte diese Geräte zuerst »Naturkundliches Spielwerk«, später wurde es in »Erfahrungsfeld zur Entfaltung der Sinne« umgetauft. Es ist heute auf dem Gelände von Schloss Freudenberg in Wiesbaden realisiert und öffentlich zugänglich.[434] Das »Erfahrungsfeld« veranschaulicht konkret, wie eine Schulung der Sinne aussehen kann – vor allem dient es natürlich der Selbsterfahrung. Ich kann mir gut vorstellen, dass einige der Anregungen von Kükelhaus in allen Schulen eingesetzt werden könnten, um die jungen Menschen aus der Einseitigkeit des Kopflernens herauszuführen. Kükelhaus selbst hat auf der Grundlage seiner Ideen Schulgebäude konzipiert, wo Schüler z. B. barfuß auf unterschiedlich strukturierten und auch gewellten Böden gehen. Auch die ganze Schulanlage bietet vielfältige weitere Sinneserfahrungen.

Das »Erfahrungsfeld zur Entfaltung der Sinne« wie in Wiesbaden ist in verschiedenen »Stationen« gegliedert, die auf unterschiedliche Weise die jeweiligen Sinnesorgane anregen.

Die ersten Stationen sind natürlicherweise dem AUFRECHTEN GANG gewidmet. »Im aufrechten Gang sind entwicklungsgeschichtlich die besonderen Bedingungen entstanden, die zu den spezifischen Vermögen des Menschen geführt haben. Der Gang auf zwei Beinen machte die Hände und Arme zum Tasten und Greifen frei. Die erhobene Kopfhaltung gab der Entwicklung des Gehirns Raum, die sich gleichzeitig mit der greifenden Hand vollzog. Sie gab die Möglichkeit zu weitem Überblick und begründete damit die inzwischen alle anderen Sinne überragende Rolle der Augen für Orientierung und Bestimmung.«[435] Im Folgenden gebe ich einige wenige Beispiele aus dem »Erfahrungsfeld zur Entfaltung der Sinne«.[436]

Die meisten Menschen haben heute kaum noch Bodenkontakt. Strümpfe und Schuhe verhindern unmittelbare Berührungen mit unterschiedlichen Bodenbelägen. Dabei sind die Fußsohlen äußerst sensibel, die meisten von uns sind dort »kitzelig«. Obwohl die Nervenbahnen von den Füßen zum Kopf am längsten sind, spüren wir sofort den kleinsten Stein im Schuh. Außerdem tragen die Füße die ganze Last des Körpers. Wenn wir aufrecht stehen, fühlen wir unsere Erdgebundenheit. 90 Prozent der Informationen für die Körperaufrichtung gelangen über die Füße ins Gehirn. Deshalb sagt man ja auch: »Dieser Mensch steht mit beiden Beinen im Leben.« Wer den Boden unter seinen Füßen verliert, gerät ins Taumeln, verliert sein Gleichgewicht. Wer »abhebt«, entfernt sich von der Wirklichkeit.

Körpertraining in Verbindung mit Sinnestraining sollte bei den Füßen anfangen. Man sollte sich immer wieder fragen: »Welche Beziehung habe ich zu meinen Füßen?« Das bewusste Barfußgehen ist für viele eine völlig neue Erfahrung.

NEHMEN Sie sich einfach einmal vor, zu einer bestimmten Zeit an einem Tag oder in der Woche auf unterschiedlichem Boden zu gehen. Spüren Sie die verschiedenen Bodenbeläge in Ihrer Wohnung und im Garten. Man kann Bodenerkundungsgänge unternehmen, selbst unterschiedliche Böden erforschen, etwa bei einem Waldspaziergang ohne Schuhe. Die Konzentration auf die Füße wird erhöht, wenn die Augen verbunden sind.

Kükelhaus verweist auf die Erfahrungen im aufrechten menschlichen Gang: Rhythmus, Schwingung (Pendeln) und Polarität (Fallen und Auffangen des Falls) werden zugleich erfahrbar und sichtbar. Berühmt ist die große Balancierscheibe, eine Fläche, die sich nach allen Seiten senken kann. Jede Bewegung einer Gruppe von Menschen, die auf dieser beweglichen Scheibe versucht, das Gleichgewicht zu halten, hat Auswirkung auf alle anderen Beteiligten.

Eine weitere Station des Erfahrungsfelds ist das Erleben des HÖRSINNS nach dem Motto von Hugo Kükelhaus »Nicht das Ohr hört, der Mensch hört«.
Im Erfahrungsfeld erwarten den Besucher mehrere Klangkörper wie Schallreflektoren, Gongs, ein Summstein, Holzklang. In einem schallgedämpften und lichtarmen Raum kann man Resonanzlosigkeit erfahren, ein ganz ungewöhnliches Erlebnis: Genaues Hinhören erfordert die akustische Selektion momentan irrelevanter Schallquellen. Viele lärmende Schallquellen erschweren die Orientierung, machen unruhig, unkonzentriert. Kükelhaus schreibt: »Ein längerer Aufenthalt in einer gänzlich ›schalltoten‹ Kabine führt zu Gleichgewichtsstörungen, zu Übelkeit, Beklemmung und dem Gefühl des Isoliertseins.« Warum bietet er den Besuchern seiner Stationen eine Erfahrung in ei - nem schallgedämpften und lichtarmen Raum?
Das Erlebnis in diesem Raum oder in dieser Kabine ist eine extrem einseitige und gleichzeitig negative Erfahrung. »Man

fühlt sich nicht nur von außen verlassen, sondern von sich selbst. Diese Selbstverlassenheit lässt verstummen.« Ohne Resonanz, ohne Widerhall, könnte kein Mensch existieren. Der lebensnotwendige Gegenpol ist, wie Kükelhaus sagt, das Echo oder die Antwort, die Resonanz in all ihren Facetten. Übrigens erwähnt Kükelhaus das Echohören als Therapie bei Kindern, die spastische Leiden haben, sowie bei solchen, die stottern. Um hören oder bewusst wieder hören zu lernen, kann die Erfahrung der Resonanzlosigkeit heilsam sein. Wenn man Kindern die Aufgabe gibt, alles daranzusetzen, einmal gar nichts zu hören, werden sie sich sicher sofort die Ohren zuhalten. Aber hört man wirklich *nichts*, wenn man sich die Ohren zuhält?

Ein anderer Aspekt des Hörtrainings, der nicht durch künstliche Einrichtungen gelernt werden kann, ist das bewusste Zuhören. Es gibt Menschen, die auffallend gut zuhören können. Zuhören heißt, ganz Ohr zu sein, ganz beim anderen zu sein, ohne schon eigene Antworten zu präparieren, ohne ständig vom anderen auf sich zu schließen. Zuhören heißt auch, zu verstehen, *wie* mein Gegenüber meint, was er sagt. Wer nur auf die nackte Nachricht hört, verpasst wesentliche Botschaften.

»Sehen heißt urteilen«, sagt Kükelhaus. Im Erfahrungsfeld erhält der Besucher Einblicke in vier Guckkästen mit drei weißen Kugeln und einem Steinkopf. Die Kästen sind unterschiedlich ausgeleuchtet. »Der Versuch lehrt: Licht ist nicht einfach Helligkeit, sondern Licht ist ein räumlich ausgetragenes Ringen zwischen Licht und Nichtlicht.«

Unsere natürliche Lichtquelle ist die Sonne. Sie leuchtet auch dann, wenn wir Dunkelheit wahrnehmen. Sie knipst nachts nicht etwa ihr Licht aus, sie scheint unentwegt. Licht- und Dunkelwahrnehmungen gehören zu unseren polaren Seinserfahrungen. Unsere Wirklichkeit wäre ohne erfahrbare Gegensätze unvorstellbar. Wir könnten uns nicht orientieren. Natürliche Gegensätze stehen sich nicht feindlich gegenüber, sondern ergänzen sich. Aus diesen Überlegungen ergibt sich die Frage, wo wir in unseren privaten und beruflichen Bereichen *Gegensätze* bewusst wahrnehmen – und uns diese klarmachen. Da, wo Licht gebrochen wird, entsteht Schatten. Schatten wiederum lassen ein und dasselbe Objekt in jeweils anderem Lichte erscheinen. Unser Wahrnehmungs*empfinden* verändert sich, die visuelle Wahrnehmung wird differenzierter. Es geht aber auch darum, die Fähigkeit zu erwerben, neue Dinge wahrzunehmen. Nur so können wir aus den gewohnten Strukturen ausbrechen.

Eine andere hochinteressante Station ist der Dunkelraum, denn im Dunkeln werden Defizite sichtbar. Ursula Hollerbach und Anne Schwindling haben diese Idee aufgenommen und bieten Managementtraining im lichtlosen Raum an.[437] Die beiden Trainerinnen waren zu Beginn der 1990er-Jahre als Projektleiterinnen für die Frankfurter Stiftung Blindenanstalt tätig. Sie organisierten die Ausstellung »Dialog im Dunkeln«. Dabei werden Besucher von blinden Begleitern durch verschiedene lichtlose Räume geführt. Der Besuch eines Klangraums oder einer Bar mit Essen und Trinken gehört auch dazu.

Ihr Managementtraining beinhaltet verschiedene Übungen, mit denen an Teambildung, Kommunikation, Handeln in Veränderungssituationen oder Prozesssteuerung gearbeitet werden kann. Die Kommunikationsübungen im Dunkelraum sind besonders tiefgreifend für die Teilnehmerinnen und Teilnehmer. Alle Mitglieder der Gruppe berichten, dass die Lichtlosigkeit die Kommunikationsschwächen gnadenlos aufdeckt. So erkennen sie, wie präzise sie die Stimme, Tonlage und Wortwahl einsetzen müssen, um sich den anderen verständlich zu machen.

Eine Dunkel-Bar, geleitet von Blinden, gibt es auch im erwähnten Schloss Freudenberg.

Im Erfahrungsfeld erwartet den Besucher außerdem ein »Riech-
baum« mit verschiedenen Duftgefäßen. Diese kann man öffnen
und den jeweiligen Duft erraten. Welchen Stellenwert bekäme
das RIECHEN in einer Hierarchie der Sinne? Für Kükelhaus ist
der Riechsinn unter allen Sinnesorganen der ursprünglichste.
»Das Denkhirn ging hervor aus dem Riechhirn«, sagt er. »Unterschiedliche Duftwahrnehmungen verändern die Empfin-
dungslage des Wahrnehmenden.«

Und in der Tat: Duftwirkungen erfahren wir meist als extrem
angenehm oder als abstoßend. Düfte werden von uns kaum
genau bezeichnet, wie kampferartig, moschusartig, blumig,
minzig, ätherisch, stechend oder faulig (so nennt Kükelhaus die
Primärgerüche), sondern wir *bewerten* uns auffällige Gerüche.
Dabei verknüpfen wir aktuelle Erlebnisse mit früheren Erfahrungen. Diese ins Bewusstsein zu heben wäre die vielleicht reiz-
volle Aufgabe einer Duftbiografie.

Man riecht sich nicht selbst, erklärt Kükelhaus; ebenso verhält es sich mit unserer Stimme, die wir nicht so hören, wie ein
anderer sie hört. »Beide, Stimme und Duft, sind auf ›den Anderen‹ bezogen.« Das Riechen bzw. das Schnüffeln bezieht sich
auf andere Menschen oder auf Situationen und zieht folgen-
schwere Bewertungen nach sich. Sympathie und Antipathie,
Verbleib und Flucht, Anziehung und Abstoßung resultieren
wesentlich aus Geruchserfahrungen. Am Duftbaum werden so
polare Erfahrungen gewonnen, aber auch in einem Kräutergar-
ten, der das Universum der Gerüche im vergleichenden Nebeneinander zugänglich macht.

»Wir sehen in Begriffen«, schreibt Hugo Kükelhaus. Deshalb
erwarten den Besucher des Erfahrungsfelds 20 Paare offener
Behälter, die jeweils zu einem Viertel mit unterschiedlichen
Materialien gefüllt sind. Mit den Händen greift man – ohne
Hinsehen – in die Behälter, um die Beschaffenheiten zu ER-
FÜHLEN.

Die Doppelbedeutung des Wortes *Begreifen* hat mich immer fasziniert. Wie hängt das taktile beziehungsweise haptische »Begreifen« mit dem Begreifen komplexer und abstrakter Sachverhalte zusammen? Wie wird aus dem Begreifen der Begriff – das Denken? Die Materialien in den Behältern bilden wiederum Gegensätze wie rau – glatt, hart – weich, trocken – feucht, spitz – rund. Kükelhaus rät, beim Ertasten auf die Art und Weise, wie sich die Finger bewegen, zu achten. Die Substanzen werden mit Daumen und Zeigefinger genommen und leicht gerieben. Es ist die gleiche Bewegung, die die Zunge ausführt, wenn sie kostet!

»Leben ist SCHWINGUNG.« Im Erfahrungsfeld gibt es eine Partnerschaukel, wobei im Wechsel jeweils ein Partner aktiv ist, während sich der andere so lange in einer Ruhestellung befindet, bis der andere ausgeschaukelt hat. Dann gerät Ersterer wie von selbst wieder in Schwung. Schaukeln ist eine einzigartige ganzkörperliche Pendelerfahrung. In ihr wird das unweigerliche, unaufhaltsame Hin und Her, das Auf und Ab sowie das Steigen und Fallen erfahren. »Der Wechselrhythmus wird in vollen Zügen genossen.« Bei der Partnerschaukel erreichen diejenigen den gewünschten Effekt, die sich aufeinander einstimmen oder, besser, *einschwingen*, indem sie den Wechsel des einmal Aktiveren und einmal Passiveren akzeptieren und beachten und ihre Schwingkraft den Möglichkeiten des Geräts angleichen. Gleichzeitig kann eine universale Gesetzlichkeit gefühlt werden: Gegensätze wirken zueinander, bedingen sich und befinden sich in einem permanenten Wechselspiel. Kein Pol könnte ohne seine gegensätzliche Entsprechung *sein*.

Nicht alle Sinneserfahrungen gewinnen an Bedeutung und Aufmerksamkeit durch das »Spielen mit der Negation«, also die (weitestgehende) Ausblendung eines bestimmten Sinnes. Hugo Kükelhaus ging es nicht bloß um die Funktionsbedeutung einzelner Sinne und auch nicht um isolierte Sinnesübungen. Entscheidend ist immer der Kontext, sind die Beziehungen der Sinneswahrnehmungen mit kosmischen, natürlichen und physikalischen Gesetzmäßigkeiten.

Jean Houston betont: »Das Verstehen in seinen subtilsten Formen hat die verfeinerte Wahrnehmung zur Grundlage. Wir haben bei unseren Untersuchungen herausgefunden, dass es eine genaue Übereinstimmung gibt zwischen der Fähigkeit, auf komplexe Denkvorgänge einzugehen und diese aufrechtzuerhalten, und der Reichhaltigkeit sensorischer und kinästhetischer Wahrnehmung. In den vielen von uns untersuchten Fällen von hoher verwirklichter Intelligenz, von Menschen, die ihre Intelligenz für schöpferische Tätigkeiten nutzen, fanden wir ein stets wiederkehrendes Muster der Freude an der sinnlichen Erfahrung.«[438]

Nach allem, was wir über die Entwicklung von Intelligenz wissen, geht dieses Wissen kaum in die Schulen und den Unterricht ein. Die sinnliche Erfahrung sollte doch besonders in den ersten Schuljahren einen wichtigen Teil des Lernangebots ausmachen. Sinnesübungen sind in meinen Augen die wichtigste Voraussetzung für eine harmonische Entwicklung der Kinder. Auch Lesen, Schreiben und Rechnen könnten wesentlich leichter gelernt werden, wenn dies in Verbindung mit Körperübungen gemacht würde. Einige gute Konzepte dafür gibt es ja.[439] Warum wird es noch so wenig genutzt?

Die Antwort ist einfach: Weder vielen Lehrern noch dem Großteil der Eltern ist klar, dass die Entwicklung der sinnlichen Erfahrung eine wesentliche Basis des Lernens ist. Es wird lieber über messbare Leistungssteigerung und abfragbares Wissen diskutiert als über die körperlichen, sinnlichen und »gehirnlichen« Voraussetzungen dafür. Außerdem würde es eine Menge Geld kosten, die Schulen entsprechend auszubauen. Es wird immer nur über die Schwächen der Schüler geklagt, statt ihre Fähigkeiten von Anfang an optimal ganzheitlich zu fördern.

DAS ERWECKEN DER EMOTIONALEN INTELLIGENZ[440]

>*»Emotionale Intelligenz ist die Fähigkeit,*
unsere eigenen Gefühle und die anderer zu erkennen,
uns selbst zu motivieren und gut mit Emotionen
in uns selbst und in unseren Beziehungen umzugehen.«
>
> Daniel Goleman

Jeder Mensch ist einzigartig und unterscheidet sich trotz vieler Ähnlichkeiten mit anderen in seinen Wahrnehmungen, seiner Art zu denken, seiner Art, Schlüsse zu ziehen, und vor allem in seiner Gefühlswelt. Ein Teil der Verschiedenheit ist der Sozialisation zuzuschreiben, dem Elternhaus, der Erziehung, der sozialen Umwelt. Ein Teil der Verschiedenheit hat mit den Genen zu tun, ein anderer Teil womöglich mit seelisch-geistigen Aspekten. »Die Emotionen treten auf der Bühne des Körpers auf, die Gefühle auf der Bühne des Geistes«, schreibt der Gehirnforscher Antonio R. Damasio. »Emotionen und Gefühle sind im Zuge eines kontinuierlichen Prozesses so eng miteinander verknüpft, dass wir verständlicherweise dazu neigen, sie als ein einziges Phänomen wahrzunehmen.«[441]

Damasio macht deutlich, dass es im Laufe der Evolutionsgeschichte zuerst die einfachen emotionalen Reaktionen gab, die durch einfache Mechanismen für das Überleben eines Organismus sorgen konnten. Diese Mechanismen sind dazu bestimmt, die Grundprobleme des Lebens automatisch, ohne Denkprozesse zu lösen.

»Zu diesen Problemen gehören: die Suche nach Energiequellen, die Aufnahme und Verwertung von Energie, die Aufrecht - erhaltung eines inneren chemischen Gleichgewichts, das mit dem Lebensprozess vereinbar ist, die Erhaltung des Körperbaus durch die Reparatur von Abnutzungserscheinungen und die Abwehr äußerer Verursacher von Krankheit und körperlichen Verletzungen ... Kurzum, wen die Götter erretten wollten, den machten sie schlau ... Es hat den Anschein, als sei die Natur, lange bevor die Lebewesen so etwas wie eine *kreative Intelligenz*[442] besaßen, sogar noch bevor sie ein Gehirn besaßen, zu der Auffassung gelangt, dass das Leben kostbar und gefährdet sei.«[443] Ich interpretiere diesen Satz natürlich so, dass die »kreative Intelligenz« in der Evolution daran gearbeitet hat, auch diese Fähigkeit in Lebewesen hervorzubringen.

Denn nach und nach wurden die Reaktionsmechanismen differenzierter. Bei Säugetieren entstanden Verhaltensweisen, die unter anderem mit dem Konzept von Lust und Belohnung oder Schmerz und Bestrafung verknüpft sind. Das sind relativ einfache Reaktionsmechanismen im zweiten Gehirn, dem limbischen System, die über die Überlebensinstinkte hinausgehen. Annäherungs- und Vermeidungsverhalten sind deshalb bis heute auch beim Menschen stark ausgeprägt. Eine weitere Stufe der Entwicklung hat dann zu einer Anzahl von Trieben und Motivationen geführt. Dazu zählen Hunger, Durst, Neugier, Forschungsdrang, Spiel und Sexualität.

Die Emotionen, die Damasio als die »eigentlichen Emotionen« bezeichnet, wie Freude und Traurigkeit, Furcht und Stolz und auch »soziale Emotionen« wie Eifersucht, Neid, Dankbarkeit, Scham, Mitgefühl, Bewunderung, Entrüstung und Verachtung, liegen in einer tieferen Schicht des emotionalen Zentrums. Diese Emotionen lassen sich an vielen Tieren und an Menschen aller Kulturen beobachten. Deswegen hat sich die Neurobiologie darauf konzentriert und auch den größten Teil des Wissens über Emotionen aus Untersuchungen dieser »primären« Emotionen gewonnen. Sie hat dabei diese Emotionen in einem komplexen Ablauf chemischer und neuronaler Reaktionen, die ein unverwechselbares Muster bilden, beobachtet.[444]

Tatsächlich sind jedoch nur einige dieser Emotionen evolutionär bedingt, andere sind sozial über die jeweilige Bedeutungszuweisung erworben.

»Um einen emotionalen Zustand zu erzeugen, muss die Aktivität in den auslösenden Regionen mittels neuronaler Verbindungen in die Ausführungsregionen übertragen werden. Zu den bislang identifizierten Regionen, die Emotionen ausführen, gehören der Hypothalamus, das basale Vorderhirn und einige Kerne im Tegmentum des Hirnstamms. Der Hypothalamus ist der große Drahtzieher vieler chemischer Reaktionen, die zu den Emotionen gehören. Direkt oder mittels der Hypophyse gibt er chemische Stoffe in die Blutbahn ab, die das innere Milieu, die Funktion der inneren Organe und die Funktion des Zentralnervensystems selbst verändern.«[445]

Sind wir nun »Sklaven« dieser chemischen Ausschüttungen? Da Emotionen gewissermaßen »stärker« sind als Denken und Vernunft, ist es notwendig, daran zu arbeiten, sie als solche zu beobachten und zu erkennen und zugleich auch mit dem Denkzentrum zu synchronisieren, sodass wir nicht von ihnen allein kontrolliert werden. Ein anderer Teil der Übung besteht darin, die ausgelösten Energien mit dem Körperbewusstsein zu verbinden.

Nach Damasio sind Gefühle *Wahrnehmungen*, und die erforderliche Grundlage dieser Wahrnehmungen wird in der Körperwahrnehmung im Gehirn geschaffen. »Diese Karten bilden Teile des Körpers und seine Zustände ab. Spielarten von Lust oder Schmerz sind ein ständiger Teil der Wahrnehmung, die wir Gefühl nennen. Neben der Wahrnehmung des Körpers gibt es noch die Wahrnehmung von Gedanken, die mit der entsprechenden Emotion in Einklang stehen.«[446]

Die Wahrnehmung eines Körperzustands ist also der Kern der Gefühle – so die Erkenntnisse der Neurobiologie. Emotionen, Gedanken und Verhalten werden so zu einem gewissen Grad mit dem Körper vernetzt. Alle Querverbindungen sind verschachtelt und wirken aufeinander ein.

Emotionale Fähigkeiten werden aber auch sozial bestimmt und definiert. Daher ist es notwendig geworden, dass die Denkintelligenz durch die »emotionale Intelligenz« ergänzt wird. Manche Gehirnforscher sagen, dass emotionale Intelligenz nur ein anderes Wort für Charakterbildung ist. Jedenfalls wird immer deutlicher, dass es außer intellektuellen Fertigkeiten noch mehr oder gleichermaßen auf emotionale Intelligenz ankommt. Darunter versteht man die Fähigkeit, seine eigenen Gefühle und die seiner Mitmenschen wahrzunehmen und intelligent mit ihnen umzugehen. Ein Mensch mit emotionaler Intelligenz hat Zugang zu seinen eigenen Gefühlen und kann auch die Gefühle anderer wahrnehmen.

Wie stark die Einfühlung bei einem »psychisch gesunden« Menschen sein kann, zeigt der »mitgefühlte Schmerz«. Die Gehirnforscher haben festgestellt, dass bei Menschen, die einen Schmerz eines anderen Menschen miterleben, etwa einen Schnitt in den Finger, dieselben Gehirnregionen aktiv sind wie bei dem tatsächlich Verletzten.

Auch Tiere zeigen soziales und ethisches Verhalten. Sie können Mitgefühl ausdrücken, haben soziale Bindungen, sind verlegen oder stolz und setzen sich auch selbstlos für das Überleben ihrer Gruppe ein. Viele Tierarten verhalten sich oft kooperativer als Menschen! Bei einem Experiment verzichteten Affen darauf, an einer Kette zu ziehen, die ihnen Nahrung verschaffte, wenn sie damit zugleich bewirkten, dass ein anderer Affe der Gruppe einen elektrischen Schlag erhielt. Sie fasteten sogar tagelang, damit das nicht geschah.[447] So viel zu Darwins »Kampf ums Dasein«. Da beim Menschen das rationale Denken »guten« Emotionen in die Quere kommen kann, ist es notwendig, dass positives soziales Verhalten trainiert wird und Denken, Körperempfindung und Gefühle zusammenwirken.

Zur emotionalen Intelligenz gehören mehrere Kategorien, die ich hier kurz aufzählen möchte, um die Vielfältigkeit dieser Fähigkeit zu verdeutlichen:

1. INNERPSYCHISCHE FAKTOREN

Emotionale Selbsterkenntnis – die eigenen Gefühle erkennen, verstehen, unterscheiden, Gründe sehen.

Selbstbehauptung – sich auf nicht destruktive Weise ausdrücken und nach außen vertreten können.

Selbstverwirklichung – seine Fähigkeiten verwirklichen können.

Unabhängigkeit – in der Lage sein, andere zu fragen, aber selbst zu entscheiden, sich selbst eine Richtung geben können.

2. ZWISCHENMENSCHLICHE FAKTOREN

Einfühlungsvermögen – sich in andere hineinversetzen können.

Soziale Verantwortung – sich kooperativ und konstruktiv in einer Gruppe oder einem sozialen System verhalten können.

Beziehungsfähigkeit – befriedigende Beziehungen aufnehmen und aufrechterhalten können.

3. ANPASSUNGSFÄHIGKEIT

Problemlösungsfähigkeit – Probleme erkennen, definieren, Lösungen bedenken und effektive Lösungen finden.

Realitätsbezug – subjektive Erfahrung und objektive Realität unterscheiden können.

Flexibilität – sich wechselnden Situationen und Bedingungen in Gefühl, Gedanken und Verhalten anpassen können.

4. STRESSBEWÄLTIGUNG

Stresstoleranz – Stress aushalten können.

Impulskontrolle – einem impulsiven Drang widerstehen können.

5. GRUNDGEFÜHL

Zufriedenheit – mit seinem Leben zufrieden sein, Freude haben an sich und zusammen mit anderen Menschen.

Optimismus – die helle Seite des Lebens sehen und daran glauben.

Es gibt also noch einiges zu tun. Tatsächlich sollten diese Kompetenzen bereits in Schulen bewusst trainiert und gleichbedeutend mit Naturwissenschaften, Sprachen und Ethik gelehrt werden. Denn diese positiven Fähigkeiten werden häufig durch fehlgeleitete oder negative Emotionen überschattet oder sind nicht trainiert worden. Oftmals werden wir von unseren Emotionen förmlich überschwemmt. Gerade bei Jugendlichen ist das oft sehr deutlich zu sehen, wie wir alle wissen. Dies kann sich in einem Wutausbruch, einer Angstattacke oder auch in Niedergeschlagenheit und Depression ausdrücken.

Eine andere Form der Reaktion ist emotionale Kälte. Wir mauern uns ein, schneiden uns selbst jegliche Gefühlsregungen ab, reagieren kalt, rational und verletzend. Alle Menschen sind auf die eine oder andere Art im Netz der Emotionen verstrickt. Ohne unser Wissen wird so jede Entscheidung, jede Handlung unterschwellig von unseren Emotionen geprägt und beeinflusst.

Die Entwicklung emotionaler Intelligenz ist ein wichtiger Teil des Evolutionstrainings des »möglichen Menschen«. Ergebnisse dieses Trainings sind erhöhte Achtsamkeit, Selbstwahrnehmung, Körperbewusstsein und Entspannung. Mit ihr können wir leichter führen, koordinieren, sind teamfähig und sozial kompetent. Stressvolle Situationen lassen sich einfacher meis - tern, und Beziehungen zu Partnern und Familie werden kreativ und befriedigend.

Emotionale Intelligenz zu entwickeln bedeutet, mit seinen Gefühlen in Kontakt zu kommen, auf verantwortungsvolle Weise mit ihnen umgehen zu lernen und ihnen zu erlauben, unser Leben zu bereichern. Wir müssen lernen, uns bewusst auf andere Menschen einzustimmen, uns in einen anderen Menschen zu versetzen, sodass wir spüren, fühlen, denken wie dieser andere Mensch – ohne damit dessen Gefühle und Ge- danken zu übernehmen.

Einfühlungsvermögen ist auch von emotionaler Selbster- kenntnis abhängig. Das ist ein wunder Punkt, an den man nicht so gerne herangeht. Wer will schon wissen, welche Emotionen und Reaktionen außer den offensichtlichen, bekannten in einem verborgen sind!

Es passiert sehr leicht, dass die Persönlichkeit (der erlernte, soziale Teil von uns) versucht ist zu denken: »Ich kontrolliere meinen Zustand. Ich drücke meinen Ärger oder meine Ableh- nung nicht aus.« Die »äußere« Persönlichkeit glaubt dann, die Trennung zwischen dem »eigenen Wesen« und sich als Person hergestellt zu haben. Doch die Persönlichkeit hat die mächtige Fähigkeit, einen anderen Zustand zu simulieren. Das geht sogar so weit, dass manche Menschen sehr intensiv »an sich selbst« gearbeitet und viele Versuche unternommen haben, gegen eine Schwäche zu arbeiten, um das »richtige« Verhalten an den Tag zu legen. Doch wenn der Wunsch zur Veränderung nicht aus dem inneren Wesen kommt, dem Teil von uns, der wir wirklich sind, wird diese Arbeit von der Persönlichkeit gesteuert.

Das hat übrigens nichts mit »Charakter« zu tun. Auch der Charakter hat einen maßgeblichen Anteil an der Persönlich- keit. Deshalb ist es immer wieder notwendig, zu einem ruhigen Punkt in sich selbst zurückzukommen, ohne Gedanken an jedes

Ergebnis. Das Evolutionstraining des Gefühlszentrums sollte einen Punkt erreichen, in dem »der Himmel immer der Himmel ist. Wenn auch Wolken und Blitze kommen, der Himmel ist nicht verwirrt«, wie das der Zen-Meister Shunryu Suzuki ausdrückt.

Ein weiterer wichtiger Faktor der emotionalen Intelligenz ist die Fähigkeit, mit emotionalem Stress umzugehen. Diese Fähigkeit ist eine bedeutende Herausforderung für intelligentes Handeln. Eine hilfreiche Übungssituation sind Umstände, in denen leicht Ärger entstehen kann.

Wenn emotionale Reaktionen regieren, leben wir weder glücklich noch ausgeglichen, weil wir ständig allen möglichen Schwankungen der körperlichen und gefühlsmäßigen Wünsche und Bedürfnisse ausgeliefert sind. Für den Menschen, der nur reagiert, sind seine Vorlieben und Abneigungen die »Wahrheit«: Das, was ich mag, muss gut sein, und das, was ich nicht mag, schlecht, und jeder andere sollte es ebenfalls vermeiden.

Nur wenn die äußere, soziale »Persönlichkeit« dem eigenen »wirklichen« Wesen, der Erlebensqualität des »phänomenalen Bewusstseins«, untergeordnet wird, sind wir in der Lage, intelligente Entscheidungen zu treffen. Das Leben wird plötzlich »lebendig« und gewinnt an völlig neuer Bedeutung. Solange wir Sklaven unserer Neigungen und Abneigungen sind, können wir uns keine eigene, selbst gewählte Wirklichkeit schaffen. Wir sollten uns bewusst machen, dass alle menschlichen Funktionszentren – Körper, Denken, Fühlen – von Natur aus auf Dualität programmiert sind. Insbesondere ist dieser Dualismus als Reaktionsmechanismus des limbischen Systems (des emotionalen Gehirns) tief einprogrammiert. Es ist das Überlebensprogramm der evolutionären Entwicklung des Menschen: Verteidigen oder Weglaufen.

Die Herausforderung liegt nicht in dem, was wir kontrollieren können. Zum Glück lassen sich emotionale Reaktionen nicht »abstellen« oder »überwinden«, aber wir können lernen, nicht auf alles sofort zu reagieren. Dadurch erhalten wir eine Möglichkeit, uns selbst besser kennenzulernen und unsere Gefühle zu ordnen und zu stabilisieren.

Es ist schwierig, Emotionen nachzugehen, herauszufinden, wie, wo und warum sie entstehen. Eine Geschichte veranschaulicht dies: Ein Zen-Schüler kam zu Bankei[448] und klagte: »Meister, ich habe eine unbeherrschte Laune. Wie kann ich sie heilen?« »Du hast etwas sehr Seltsames«, erwiderte der Meister. »Zeige mir die unbeherrschte Laune.« »Ich kann sie Ihnen im Moment nicht zeigen, sie ist gerade nicht da«, sagte der andere. »Wann kannst du mir sie zeigen?« »Sie kommt ganz plötzlich und unerwartet.« »Dann«, folgerte Bankei, »kann sie nicht deine eigene wahre Natur sein. Wäre es so, dann könntest du sie mir jederzeit zeigen.«[449]

Man kann sagen, dass hinter den geäußerten Emotionen vielleicht noch andere lauern. Emotionen können sich unbemerkt aufschaukeln und verstärken. Wenn die »unbeherrschte Laune« verschwunden ist, scheint es, dass sie nie da war. Doch sie hat vielleicht Übles angerichtet.

Psychologisch gesehen, mag es viele Erklärungen für schlechte Laune, Wut, Zorn, Aggression, Aufregung usw. geben. Und in unseren Gesellschaften haben viele Menschen gelernt, unter normalen Umständen ihre Emotionen zu kontrollieren. Es gibt jedoch immer wieder Situationen, in denen ein Mensch »durchknallt« und es hinterher bereut – es kann sogar schlimmer kommen. Im Strafrecht wird deshalb auch zwischen Mord – also einer überlegten und geplanten Tat – und Totschlag – einer Tat im Affekt – unterschieden.

Es gibt natürlich auch »positive« Emotionen wie Verliebtheit, sich an etwas erfreuen, Spaß haben, sich wohl und geborgen fühlen, sich mitreißen lassen. Machen Sie sich einmal eine Liste dieser zwei Emotionsarten.

Darüber hinaus gibt es noch eine dritte Kategorie der Emotionen: Hinter den Emotionen, die nach außen treten, liegen die »wahren« Gefühle. Diese Unterscheidung ist wichtig, denn ich glaube kaum, dass Wut, schlechte Laune oder Spaß als »echte Gefühle« bezeichnet werden können. Emotionen treten unbewusst und unkontrolliert auf, während Gefühle Zustände sind. Wenn ich ein bleibendes Gefühl der Liebe für einen anderen Menschen in mir trage, hält diese Liebe auch an, wenn dieser Mensch nicht da ist oder mich sogar verlassen hat. Das wirkliche Liebesgefühl kann nicht in Hass umschlagen, nur die Emotion der Verliebtheit kann vergehen. Vorübergehend traurig zu sein ist etwas anderes, als Trauer zu empfinden, die einen Menschen sein ganzes Leben begleiten kann. Sich rundum wohl fühlen kann umschlagen in Unwohlsein, Lust in Unlust. Das »wahre« Gefühl des Wohlseins, wenn ich mich mit mir selbst »eins« fühle, ist ein anderer Zustand.

Es gibt eine Theorie, der auch manche zeitgenössische Gehirnforscher nachhängen. Sie lässt sich auf bildhafte Weise zusammenfassen: Wir weinen nicht, weil wir traurig sind, sondern wir sind traurig, weil wir weinen. Dahinter steht die Behauptung, dass Gefühle Zustände des Körpers sind. Andere Forscher behaupten das Gegenteil: Ohne Gefühle wüssten wir nicht, wie wir andere Personen oder Dinge bewerten sollen. In Gefühlen wie Liebe und Trauer werden uns erst die Eigenschaften einer anderen Person zugänglich. Ich meine, dass diese unterschiedlichen Erkenntnisse genau die zwei verschiedenen Ebenen wiedergeben, die ich angesprochen habe.

Solange wir unsere wirklichen Gefühle nicht kennen und das »Gefühlszentrum« wie ein Zweig im Wind hin und her weht, erleben wir die Welt nur an der Oberfläche. Frustration, Kummer, Spaß, Abneigung, Anziehung, Lust und Unlust – alle diese Emotionen wechseln sich ständig ab, je nach der augenblicklichen Lebenssituation. Damit wir überhaupt bemerken, wie diese Gefühle »assoziativ« und »unbewusst« entstehen und vergehen – und dabei das ganze Leben beeinflussen –, ist es von grundlegender Bedeutung, sich dieser Reaktionen bewusst zu werden. Wir sollten so oft wie möglich daran arbeiten, das Grundgefühl der Zufriedenheit mit sich und anderen in uns zu wecken. Wir werden einfach zufriedener sein!

Gefühle sind nicht privat und dienen nicht nur körperlichen Zwecken. Gefühle sind wirksam und berühren in jeder Hinsicht andere Menschen. Wenn ein Partner, eine Freundin, ein Freund nicht spüren würde, dass es eine Gefühlsverbindung gibt, wären sie nicht zusammen. Gefühle haben weitreichende Wirkungen auf die ganze Gemeinschaft der Menschen.

Haben Sie schon einmal beobachtet, dass Gefühle schlafen und träge sind? Beim Körper ist es offensichtlich: Er wird müde und gibt entsprechende Signale. Gibt es auch Trägheitssignale der Gefühle oder, weiter gefasst, »eine seelische Trägheit«? Im Gegensatz zu Emotionen, für die nur bestimmte Umstände oder Anlässe nötig sind, um sie zu wecken, entstehen tiefere Gefühle selten von allein. Emotionen entladen sich leicht durch ganz kleine Anlässe, meistens in Form einer Reaktion, eines Ärgers, durch Stress oder andere Belastungen. Die tieferen Gefühle »schlafen« bei den meisten Menschen.

Ich halte es für möglich, dass es im Körper zwei unterschiedliche Zentren für Emotionen und Gefühle gibt. Emotionen, die Kampf- und Flucht-Reaktionen, Lust und Aggression, Angst und Hilflosigkeit sind hauptsächlich im Zwischenhirn verankert, dem limbischen System. Aber wo kommen tiefere Gefühle her? Wenn wir zeigen sollen, wo ein Gefühl ist oder entsteht, zeigen wir nicht auf den Kopf, sondern zeigen meist auf die Brust, den Bereich des Herzens. Sie sind dort nach Erfahrung vieler Menschen tatsächlich wahrzunehmen und zu wecken.

Natürlich sind diese besonderen Gefühle nicht im Körper anzutreffen, sondern in einem tieferen, nicht sichtbaren »Energiekörper«. Die Konzentration positiver Gefühle und die Energie der Körperempfindung bringen demnach eine Art »Bewusstseinskörper« hervor, den wir nur indirekt erkennen können. Wie sonst könnten wir die *subjektiven Empfindungen* haben, das phänomenale Bewusstsein, von dem die Gehirnforscher sprechen? Trotz aller bildgebenden Verfahren war es bisher nicht möglich, dieses subjektive Bewusstsein im Gehirn nachzuweisen – aber jeder weiß, dass es dieses gibt. Der körperliche Ort ist nur eine Orientierungshilfe, um mit dem tieferen Gefühl in Kontakt zu kommen. Körper und Seele sind nicht getrennt.

»Die wirkliche Macht des Gefühls liegt in der Fähigkeit, direkt wahrzunehmen. Dies geschieht nicht durch Sehen, Hören oder Wissen, sondern dadurch, dass man in die Dinge eindringt: durch Partizipation … Die wirkliche Natur des Gefühls ist nicht in Raum und Zeit begründet, sondern in der ›Ewigkeit‹. Ewigkeit ist eine Erfahrung, in der die Dinge nicht prozesshaft ablaufen, sondern sind, was sie sind.«[450]

Es ist schwierig zu erfassen, was der Mensch wirklich ist. Erst wenn die »tieferen« Gefühle geöffnet oder aktiviert werden, wird es möglich sein, zu fühlen, warum wir als Menschen auf diesem Planeten verweilen und welche Aufgabe damit verbunden ist. Vor allem ist die Fähigkeit zu fühlen von größter Bedeutung für das Zusammenleben der Menschen. Wenn wir z. B. mit anderen Menschen schweigend beisammen sein und uns mit ihnen verbunden fühlen können, entsteht eine Verbindung, die nicht auf Kopfwissen, sondern auf direkter Teilnahme basiert. Diese Art der Wahrnehmung geht über die Sinne hinaus und führt zur Fähigkeit, Mitgefühl und Liebe für andere Menschen zu empfinden und so auf eine wirklich menschliche Weise mit ihnen umzugehen. Die Entwicklung »wirklicher Gefühle« wird ein wichtiger Aspekt des Evolutionsprogramms für die Zukunft des vernünftigen Zusammenlebens der Menschheit sein.

DAS ERWECKEN DES GEISTES

> *»Mit Wörtern zu denken kann kein kreatives Denken sein,*
> *weil uns Wörter nur mit dem in Berührung bringen,*
> *was bereits in unserem Kopf vorhanden ist.«*
>
> J. G. Bennett

Die Bilder, Vorstellungen und Gefühle, die im Kopf entstehen, sind reine Gehirnaktivität. Wir hören die Vögel singen und riechen duftende Blumen. Doch wir sehen und spüren nur, was diese Gehirnzustände hervorbringen. Die Gehirnaktivität selbst bleibt unsichtbar. »Wir sprechen, formulieren Sätze, geradezu mühelos, aber wie machen wir das? Unsere Ideen und Gedanken – woher kommen sie? Haben Sie schon mal versucht, Ihre Einfälle zurückzuverfolgen? Sie scheinen aus dem Nichts zu kommen. Das Gehirn arbeitet ununterbrochen, aber es arbeitet geheim«, erklärt der Wissenschaftsjournalist Bas Kast.[451] Gedanken tauchen auf und verschwinden wieder. Wo bleiben sie? Wir bemerken nicht, dass unser Gehirn ständig eine Welt erschafft, die auf elektrischen Impulsen durch die Sinne basiert. Das war lange vor der Gehirnforschung bereits die große Erkenntnis der alten Weisen.

Wenn die Gehirnaktivität, zumindest das assoziative, von selbst ablaufende Denken, angehalten werden kann, erfahren wir eine innere »Leere«. Wir fallen ins Nichts. Denn normalerweise erfahren wir die Welt durch unsere Gedanken und Bilder, doch wenn diese verschwinden, finden wir keinen Halt in der äußeren Wirklichkeit mehr.

Das menschliche Denken ist beinahe unfähig, aus der natürlichen Wahrnehmung der Sinne und den biologischen Bedingungen des Körpers herauszutreten. Unsere ganze Sprache baut auf dem auf, was wir durch unsere Sinne erfahren. Deshalb ist es von großer Bedeutung, einen »Sinn« für Wahrnehmungen zu wecken, die das Unsichtbare sichtbar machen können. Wie können wir einer anderen Welt, die nicht direkt mit den Sinnen erfahrbar ist, gewahr werden?

Auch wenn die Gehirnforschung inzwischen vieles über die Funktionsweise des Gehirns herausgefunden hat, versteht sie seine wirkliche Macht nicht. Der Grund ist, dass es die Möglichkeit hat, auf verschiedenen Ebenen zu funktionieren. Im »Normalzustand« arbeiten die Neuronen assoziativ. Sie stellen verschiedene Verbindungen her und lassen nur die Gedanken zu, die bereits »fest einprogrammiert« sind. Nur durch die Herausforderung, z. B. eine Lösung für ein ungewöhnliches Problem zu finden, werden andere Energien mobilisiert – wir erhalten einen Kontakt mit dem intelligenten Bewusstsein, das mit dem Bewusstseinsfeld verbunden ist. Deshalb ist es wichtig zu unterscheiden, ob das Gehirn selbsttätig seine üblichen Programme ablaufen lässt, derer wir nicht bewusst sind, oder ob wir in einen Wachbewusstseinszustand gelangen, der uns mit Intelligenz und Vernunft in Berührung bringt.

»Selbst auf der gewöhnlichen Ebene unterscheidet das Kopfgehirn den Menschen bereits vom Tier. Der Mensch hat eine andere Beziehung zu Zeit und Raum: Er kann in die Vergangenheit und in die Zukunft schauen und seine Aufmerksamkeit auf Dinge verschiedenen Maßstabs richten. Er besitzt eine Vorstellungskraft, die unabhängig von körperlichen Reizen arbeiten kann, was ihn in die Lage versetzt, Wissen zu erwerben, das die Tiere nicht erwerben können. Wir sind fähig, Erfahrungen zu speichern und zu vergleichen, Regelmäßigkeiten und Wiederholungen zu erkennen. Daraus können wir Vorhersagen über die Zukunft treffen. Wir sind auch in der Lage, uns durch die Kraft der Abstraktion ein Bild davon zu machen, wie die Welt funktioniert. Mithilfe dieses Wissens können wir unsere Macht erweitern, auf die Welt einzuwirken.«[452]

Es gibt eine Reihe von Techniken, in einen anderen Bewusstseinszustand zu gelangen. Am bekanntesten ist die Meditation, die, ganz einfach gesagt, dazu führen kann, eine innere Stille zu schaffen, indem alle Gedanken aufhören. Dadurch kann eine Empfänglichkeit für die spirituelle Welt geöffnet werden.

Andere Methoden der Bewusstseinsarbeit führen nicht in Versenkung und Stille, sondern wecken vielmehr eine geistige Wachheit, eine innere Gegenwärtigkeit, um die Möglichkeiten einer unfassbaren, unsichtbaren Welt in diese greifbare, sichtbare Welt »herüberzubringen«. Jede Evolutionstechnik ist jedoch immer auf eine Ausnahmesituation eingestellt. Ein Rückzug aus der »normalen« Welt ist die Voraussetzung, um in einen anderen Bewusstseinszustand zu gelangen, der nicht den Bedingungen der natürlichen Operationen des Gehirns unterliegt.

Wie können wir auch im »normalen« Leben offen für Wahrnehmungen werden, die aus dem Bewusstseinsfeld kommen oder dort gespeichert sind? Üblicherweise machen wir Unterscheidungen zwischen innen und außen: Ich sehe, und dort ist das Gesehene. Eine Möglichkeit, diese Wahrnehmung zu überschreiten, ist, die innere Einstellung zu entwickeln, dass »ich nicht getrennt« von den Dingen bin.

Kleine Kinder haben manchmal noch die Wahrnehmung, dass sie nicht getrennt von den Dingen sind. Wenn sie mit anderen spielen und ein anderes Kind ein Spielzeug nimmt, mit dem sie gerade nicht spielen, können die Kinder ganz wild werden und dem anderen Kind das Spielzeug wegreißen. Sie sagen: »Das gehört mir.« Kleine Kinder haben jedoch noch nicht die Besitzansprüche oder Besitzvorstellungen wie Erwachsene. In Wirklichkeit fühlen sich diese Kinder noch mit dem Spielzeug verbunden, das sie vorher einfach stehen ließen!

Viele Frauen haben ebenfalls diese Fähigkeit der Verknüpfung von innen und außen. Insbesondere im Gespräch mit anderen Frauen sind sie in der Lage, die ausgetauschten Bilder und Gedanken emotional von innen zu verknüpfen und weiterzuspinnen. Sie fühlen sich dabei mit dem Ereignis verbunden, selbst wenn nicht sie davon erzählen, sondern eine Gesprächspartnerin. Einen ähnlichen Hintergrund finden wir bei Jagdritualen indigener Völker. Sie stellen eine innere Verbindung mit dem Wild her, das sie jagen möchten. Und sie danken der Natur abschließend, dass sie sich zur Verfügung gestellt hat.

Diese Haltung wird oft als »magisches Denken« abgetan, weil wir verlernt haben, die innere Verbundenheit mit der Natur wahrzunehmen. Wenn uns diese Verbundenheit und Interaktion bewusst wäre, würden wir vermutlich viele Dinge anders angehen, denken Sie nur an den Umgang mit Tieren und Lebensmitteln.

Neue Erkenntnisse kann ich nur gewinnen, wenn ich versuche, neu sehen zu lernen. Das ist keine einfache Sache, da bereits unser »normales« Sehen der Routine unterliegt. In unserer technisch orientierten Gesellschaft haben wir uns darauf spezialisiert, die Welt auf eine lineare und analytische Weise zu betrachten. Diese analytische Betrachtungsweise beruht darauf, dass wir gewohnt sind, feste Körper – Fahrräder, Autos, Häuser, Pflanzen, Menschen und dergleichen – als getrennte Objekte zu erfassen und damit umzugehen.

Wenn wir einen Text lesen, lesen wir diesen Text linear, von Satzanfang bis Satzende. Auch die grammatikalische Schreibweise von Subjekt, Prädikat, Objekt führt dazu, die Dinge getrennt zu sehen. »Ich sehe einen Baum.« »Ich bin hier, der Baum ist dort.« Und schon haben wir die Trennung vollzogen. Deshalb meinen wir, dass alles außerhalb von uns selbst ist. Analytisches Denken bedeutet schrittweises Vorgehen mit der zugrunde liegenden Wahrnehmung von Ursache und Wirkung.

Würden wir diesen Satz Wort für Wort lesen und die Trennung der Wörter vollständig aufrechterhalten, könnten wir die Bedeutung dieser Aussage jedoch überhaupt nicht verstehen. Im Gegenteil, wenn wir lesen, lesen wir ganze Sätze, damit wir wissen, was wir lesen. Doch dieser innere Vorgang ist uns selten bewusst.

Der grammatikalische Aufbau unserer Sprache beschreibt die Welt auf analytische Weise. Daher nehmen wir an, dass die

Welt ebenso aus vielen Einzelteilen besteht, die wir zusammenfügen müssen, damit wir ein Ganzes bekommen.

Da wir es nicht gewohnt sind, die Dinge ganzheitlich und im
Zusammenhang zu sehen, zerlegt der intellektuelle, meist
linkshirnige Teil unseres Gehirns das Gesehene in seine Einzelteile und gaukelt uns vor, dass

a) wir getrennt von den Objekten sind,
b) wir Objekte außerhalb von uns sehen und
c) wir diese Objekte nur einzeln verstehen können.

Für technische Vorgehensweisen ist das analytische Denken erfolgreich. Die Roboter setzen Einzelteile zusammen, sodass am
Schluss ein Fahrzeug, ein Computer oder sonst ein Gerät herauskommt. Der Ingenieur jedoch muss die Bedeutung der einzelnen Komponenten und ihren Platz im Zusammenhang
sehen. Er kann nicht von den Rädern ausgehen und darauf ein
Chassis montieren, er muss zuerst das ganze Bild haben.

Im normalen Wachbewusstseinszustand arbeitet das Denken
völlig im Einklang mit dem Zustand unseres Nervensystems
und den biochemischen Neurotransmittern. Solange keine äußeren Anforderungen an uns gestellt werden, verbringen wir die
meiste Zeit in einem Traumzustand, in dem sich automatisch
geistige Bilder formen. Dieser Vorgang wird maßgeblich durch
unsere Körperempfindungen beeinflusst: durch das, was wir
sehen, hören, berühren, aber auch durch den Zustand unseres
Organismus, sodass wir im gesunden, aktiven Zustand andere
Gedanken haben, als wenn wir krank sind.

Manchmal nehmen die Träume in uns auch die Gestalt von
Bildern an, für gewöhnlich treten sie aber als Worte, innere Mo-
nologe und Dialoge in Erscheinung. Wenn wir lernen, dieses
hochkomplexe Gehirn, mit dem wir aktiv denken können, zu
nutzen, kann etwas Produktives dabei herauskommen. Denn
der gleiche assoziative Mechanismus, der uns in Träumen ge-

fangen hält, kann uns auch bei der evolutionären Arbeit helfen: Wir können ihn dazu bringen, eine Idee von uns aufrechtzuerhalten, ein Bild dessen, was wir sein könnten. Dieses Bild kann uns helfen, unserer Sklaverei und unserer Blindheit gewahr zu werden.

Entscheidend ist jedoch der darauf folgende Schritt: Wann immer in uns ein Gedanke hochsteigt, der uns die Idee vergegenwärtigt, nun einen vernünftigen Gedanken in die Tat umzusetzen, sodass er keine bloße Denkmöglichkeit bleibt, sollten wir eine entsprechende Anstrengung dafür unternehmen. Wenn wir z. B. den Gedanken haben, uns unserer selbst bewusst zu werden, dann können wir diesen Gedanken in unseren Körper hineinbringen und uns so unserer physischen Gegenwart bewusst werden. Auf diese Weise ist es uns möglich, Gedanken und Körperempfindungen zu verbinden, um so in die Lage zu kommen, uns dem tieferen Gefühl anzunähern, dem Wunsch, die Wirklichkeit direkt zu erfahren. Sobald uns dies zur zweiten Natur geworden ist, kann sich in unserem Denken etwas ändern, und es ist nicht länger so schwach und passiv, wie das üblicherweise der Fall ist.

»Wenn höhere Energien in uns wirken, bleibt das Denkinstrument das gleiche, und es formt auf die gleiche Weise Bilder, jedoch die Quelle ist eine andere. Dann beginnt sich in uns der fundamentale Drang des Denkzentrums zu äußern, der *Drang zu sehen.* Dieser Drang erweckt in uns das Verlangen danach, dass die Dinge einen Sinn ergeben.«[453]

Diesen »Drang« sollten wir nicht mit der Unzufriedenheit verwechseln, die in uns aufsteigt, wenn die Dinge keinen Zusammenhang ergeben und wir nicht in der Lage sind, zu erkennen, wie sie zusammenpassen. Der Drang zu sehen steigt von innen heraus auf und ist in sich kreativ. Wir sind nicht länger zufrieden damit, einer bestimmten Wissensrichtung zu folgen, nur weil wir uns daran gewöhnt haben. Wir versuchen, das, was wir wissen, in einen immer größeren Kontext einzufügen. Vom

Moment unserer Geburt an greifen wir hinaus, um zu verstehen, warum die Welt so ist, wie sie ist, und in der stufenweisen Organisation dieses Hinausgreifens liegt unsere intellektuelle Kraft. Automatisches Denken stellt eine Sackgasse dar, die nirgendwohin führt.

Wenn wir nur verbal und logisch denken könnten, würden wir nicht in der Lage sein, irgendetwas überhaupt zu verstehen. Gleichzeitig zum logischen und analytischen Vorgehen versucht unser Bewusstsein, »Bedeutungen« zu erkennen. Die nicht lineare, gleichzeitige, intuitive Sichtweise ergänzt unsere analytische Sichtweise, wir sehen Zusammenhänge – oder besser gesagt, wir erkennen, was zusammengehört. Doch diese Wahrnehmung kann nicht mit analytischen Mitteln erklärt werden!

Was geschieht bei einem Waldspaziergang? Wir atmen frische Luft, fühlen uns wohl, sehen Sträucher, Pflanzen und Bäume. Wenn Sie einmal darauf achten, stellen Sie fest, dass Sie ein ganzheitliches Gefühl vom Wald haben, bevor Sie einzelne Bäume wahrnehmen. Wenn Sie Pilze oder Blaubeeren suchen, gerät der Wald aus dem Blickfeld, das Laub und die Tannennadeln am Boden werden zu einem undurchdringbaren Dickicht, bis Sie anfangen, den Blick schärfer zu fokussieren, und schließlich tatsächlich die Pilze oder Blaubeeren sehen. Wieder auf dem Nachhauseweg, ist die Wahrnehmung wieder von den Pilzen abgezogen, und Sie gehen erneut »in Gedanken« durch den Wald – nur noch gelegentlich fällt dann noch ein Pilz auf.

Was erkennen wir, wenn wir einen Stuhl, einen Schreibtisch, einen Computer, ein Telefon und einen Menschen zusammen sehen? Wir »wissen« sofort: Hier sitzt einer in seinem Büro. Würden wir nicht in der Lage sein, diesen Zusammenhang sofort als Ganzes wahrzunehmen, könnten wir uns keinen Reim auf diese Anordnung machen. Ein Mensch, der ohne all diese Technik auf einer entlegenen Insel gelebt hat und uns im Büro besucht, würde zuerst einmal nur den Menschen wahrnehmen.

Alles andere würde ihn nicht interessieren. Wenn wir den Büromenschen besuchen, der in einem leeren Zimmer sitzt, schließen wir sofort, dass er gerade neu einzieht und die Möbel noch nicht geliefert wurden. Das heißt, wir sehen durchaus im Kontext, doch wir sind uns dessen nicht bewusst – und zudem interpretieren wir auf der Basis unseres bekannten Wissens und der kulturellen Werte, die wir kennen.

Wenn wir diesen Menschen privat in seinem Haus besuchen, sehen wir ihn wahrscheinlich zuerst in einem häuslichen Zusammenhang, nicht in einem beruflichen, auch wenn dieser vielleicht im Hintergrund mitschwingt. Wenn nun eine Frau Kaffee und Kuchen serviert, erkennen wir wahrscheinlich sofort, ob das seine Partnerin ist oder eine Haushaltshilfe. Dann machen wir uns innerlich ein Bild von beiden als Paar und vielleicht blicken wir uns um, um zu sehen, ob irgendwo Aktivitäten von Kindern zu sehen sind.

Selbstverständlich sind wir gewohnt, diese Beziehungen automatisch herzustellen, wir schließen analytisch auf diese Zusammenhänge. Ganzheitliches Sehen würde bedeuten, gleichzeitig alle Zusammenhänge zu erfahren und vor allem ihre Bedeutung zu erkennen. Wir sind eingetreten in einen lebendigen familiären Zusammenhang, mit oder ohne Kinder. Das Verhalten der beiden Menschen, die Lebensumstände, die Gespräche, die wir in diesem Haus führen, sind dynamisch aufeinander bezogen – und durch unseren Besuch sind wir Teil dieser Dynamik geworden. Das Paar bezieht uns in sein Leben ein, egal wie oberflächlich die Begegnung sein mag.

Was geschieht, wenn wir die Situation ganzheitlich wahrnehmen? Wir sehen nicht nur einen Mann, eine Frau und uns selbst miteinander sprechen, das wäre die analytische Trennungssichtweise, sondern wir sehen die Bedeutung der Handlung an sich. Wir haben diese Menschen nicht nur besucht, um miteinander zu sprechen, sondern wir sind in eine bestimmte Beziehung zu diesen Menschen getreten, wenn auch nur für eine kurze Zeit.

Doch diese Beziehung, die sich aus dem Besuch ergab, hat für die weiteren Kontakte eine neue Bedeutung hervorgebracht. Wenn wir vollkommen distanziert bleiben und nur den vorgeblichen Zweck des Besuches in den Vordergrund stellen, bleiben wir auf der automatischen Ebene des Gesprächs, und die Handlung hat keinerlei Bedeutung. Wir müssen die anderen nicht gleich »mögen«, doch wir können sie nicht kennenlernen, wenn wir uns nicht auf die Möglichkeit einlassen, eine Beziehung mit ihnen zu finden.

Wenn wir uns darauf einlassen, in eine Beziehung mit den anderen Menschen zu treten, erweitert sich unsere Wahrnehmung zu einer Ganzheit, die eine Bedeutung hat. Die Wahrnehmungserweiterung ist grundlegend für den weiteren Umgang mit diesen Menschen. Es ist wichtig zu erkennen, dass es nicht um eine Veränderung im Inhalt des Bewusstseins geht, so als ob wir plötzlich ein Element sehen würden, das wir vorher übersehen hatten, sondern es geht um eine Veränderung in der Art und Weise des bewussten Sehens.

Wir können unter dem Einfluss des »Drangs zu erkennen« die Welt und uns selbst erforschen. »Der Drang zu sehen« stellt den klarsten Ausdruck des Willens in uns dar. »Wenn wir imstande sind, geistige Bilder unabhängig von der Umgebung und unserem eigenen Zustand zu formen, gelangen wir zu einer außerordentlich kreativen Kraft. Das Denkzentrum gelangt dann zu sich selbst. Es wird zu dem, was es sein sollte: zu einem direkten Instrument unseres Willens. Wir können dann denken, was wir denken wollen, und haben die ›Kraft zu tun‹. Bevor wir jedoch nicht die Arbeit aller Gehirne ausgeglichen haben, ist es unserem Denken ganz unmöglich, ›Willen zu haben‹.«[454]

Wenn die kreative Energie in das Kopfgehirn eintritt, wird dieses zum Sitz dessen, was als *objektive Vernunft* bezeichnet werden kann, deren Wirken ganz jenseits des Wirkens des normalen Verstandes liegt. »Objektivität« bedeutet in diesem Zusammenhang, dass das »Geistige« kein individueller, »subjektiver« gedanklicher Vorgang ist. Erst wenn die kreative Intelligenz gewirkt hat und sich mit der individuellen Intelligenz des Kopfhirns verbunden hat, wird sie »subjektiv« interpretiert.

In diesem Sinne können auch die »Wissenschaften« niemals »objektive Fakten« liefern, sondern nur »wahrscheinliche« Annäherungen – und diese gelten nur auf der Ebene einer Messung, etwa bei einem DNA-Vergleich. Wenn bestimmte gleiche Gene lichtempfindliche Rezeptoren bei einer Fliege oder einem Menschen erzeugen, sind die Ergebnisse dennoch verschieden: Ein Fliegenauge unterscheidet sich von einem Menschenauge. Die kreative Intelligenz kann also mit demselben Genmaterial unterschiedliche Gestaltungen hervorbringen. Das ist das Wesen der Kreativität: Sie kann die grundlegenden »Daten« je nach Bedarf auf andere Weise ausformen, so wie wir mit 26 Buchstaben Hunderttausende verschiedener Wörter bilden können.

Es gibt in diesem Sinne viele Abstufungen von »objektiver Vernunft« für den Menschen, aber alle schließen die Fähigkeit direkter Wahrnehmung der Welt mit ein, dessen, was wirklich geschieht und wie es geschieht. Dies ist eine andere Art des Sehens oder der »Vision«, und diese hat eine andere Beziehung zurzeit als das gewöhnliche Denken. Wir nehmen blitzartig wahr, ohne die Notwendigkeit irgendeines Prozesses.

Das Aufsteigen der objektiven Vernunft hängt von der Konzentration des Bewusstseins ab. Man könnte auch sagen, es ist eine Art »Energiekörper«, der aus Bewusstseinsquanten gebildet wird. Dieser Körper entsteht durch die Transformation körperlicher Energien, die durch Nahrung aufgenommen werden, in »höhere Energien«, die erst durch eine bestimmte »Arbeit an sich selbst« gebildet werden. Außer dem physischen Körper, der der Träger der menschlichen Funktionen ist, kann es in der Welt des Seins eine Materialisierung geben, eine »Energiekonzentration«, die empfänglich für den wirklichen Willen wird. Durch diesen »Energiekörper« kann ein Mensch den kreativen

»Willen«, der immer und ständig wirkt, als seinen eigenen Willen aufnehmen und auf diese Weise wird er zum »Mitarbeiter« der intelligenten Evolution. Der Effekt einer solchen Transformation fließt manchmal in Form von Visionen oder Offenbarungen in das Denken ein, aber die tiefsten Erhellungen treten ganz ohne die Teilnahme der gewöhnlichen Funktionen auf. Der letzte Akt der Wahl, die sich dem Menschen eröffnen kann, in der er sein letztendliches Schicksal wählt, stellt ihn vor die Entscheidung, ob er er selbst bleiben oder sich mit diesem intelligenten Bewusstsein vereinigen will.

Es gibt eine chinesische Anekdote über einen Zen-Meister, der mit einem älteren Freund einen Fluss durchwatet. Der Meister fragt seinen Freund bei dieser Gelegenheit: »Wie sollte man einen Fluss durchwaten?« »Ohne sich die Füße nass zu machen«, antwortet dieser.

Fragen Sie sich auch, ob Ihr Leben eine Spur im Wasser hinterlässt! Es gibt ein Wort, das mehr bedeutet als »Wissen« oder »Information« in gewöhnlichem Sinne. Es hat mit Durchdringen, der Einswerdung mit der Welt zu tun: Verstehen. Verstehen ist in diesem Sinne ein »Nichtwissen«. Wissen ist die Summe von Fakten, Verstehen die direkte Erkenntnis. Das Verstehen macht es möglich, für sich selbst und für andere Entscheidungen zu treffen. Was wir verstehen, ist ein integraler Bestandteil unseres Seins, von dem, was wir sind. Es ist unser eigenes, es hat sich durch Erfahrung gebildet, die sich mit Wissen verbunden hat. Wissen kann weitergegeben werden, aber nicht Verstehen, das wir selbst erarbeitet haben.

Der Unterschied zwischen Wissen und Verstehen liegt in der Bezogenheit. Erst wenn wir mit der Sache, die wir verstehen wollen, eins sind, können wir diese in einem größeren Zusammenhang auf unmittelbare Weise erkennen. Der Gebrauch des Bewusstseins soll uns befähigen, in der Tiefe zu verstehen. Es geht darum, einen Fluss zu durchwaten, ohne mit dem Fluss verhaftet zu sein.

Verstehen ist auch eine Willensentscheidung. Wenn ich nicht die Absicht habe, etwas wirklich verstehen zu wollen, geschieht es nicht. Es gelingt einzig und allein unter der gleichzeitigen Beteiligung sämtlicher Körperzentren – Motorik (Stammhirn), Sinnesorgane und Nervensystem, Bauchgehirn, Gefühlszentrum (limbisches System) und Denkgehirn (Neokortex) –, nur dann gewinnen wir eine Einsicht, die unser ganzes Sein erfüllt. Verstehen ist ein kreativer Akt, kein intellektueller Vorgang – oder wie der Intelligenzforscher Anthony Blake es ausdrückt: »Intelligenz ist das Verschmelzen von Kreativität und Bewusstsein.«

VAKUUM IM KOPF – KREATIVITÄT

> *»Kreativität ist das Ermöglichen neuer Wirkungseinheiten.«*
>
> *Gerd Binnig*

Nichts kann verstanden werden, wenn es nicht »existiert«. Das Quantenvakuum können wir nicht verstehen, aber wir können verstehen, dass es virtuelle Teilchen enthält, die sich als schwingende Materie manifestieren können.

»Innerhalb der Evolutionspyramide der Materie steckt die Evolutionspyramide des Lebens«, beschreibt der Physik-Nobelpreisträger Gerd Binnig sein Erklärungsmodell, »und innerhalb dieser wiederum wächst eine kleinere Unterpyramide – die Evolutionspyramide des Geistes und der Intelligenz. Diese geistige Evolution war und ist ja nur möglich, weil die übrige Evolution stattgefunden hat. Wenn es keine Atome gäbe, dann hätten sich nie Lebewesen entwickeln und damit auch die geistige Evolution in ihren Köpfen nicht stattfinden können.«[455]

Die Wirkung der Kreativität können wir nur in ihren Manifestationen sehen, die Kreativität selbst können wir jedoch nicht »verstehen«, denn sie existiert nicht als ein »Objekt«. Deshalb ist der Zugang zur Kreativität ein Mysterium. Zweifellos existieren aber kreative Einfälle und kreative Entwicklungen, die von der Natur und dem Menschen ermöglicht wurden. Den Erkenntnissen der Bionik können wir deutlich Beispiele entnehmen, dass in der ganzen Natur immer wieder neue kreative Lösungen für komplexe Anforderungen gefunden wurden.

»Es ist verblüffend, wie viele technische Aspekte in den biologischen Systemen zu entdecken sind. So begegnen uns technische Konstruktionen mannigfaltiger Art in den Festigungs- und Stützgerüsten tierischer und pflanzlicher Körper. Spirale und Schraube, Kuppel und Gewölbe, die sich durch besonders hohe Belastbarkeit auszeichnen, gibt es sowohl bei den Gehäusen von Schnecken und Muscheln wie auch bei vielen Pflanzenarten. Sie erscheinen oft in unglaublich perfekter Weise optimiert und durchgestylt ... Natur ist eine hochkreative Ideenschmiede, ein Innovationspool der Extraklasse. Manche Erfindung der Schöpfung, die ›real existiert‹, könnte ebenso gut aus der Welt eines Zukunftsromans stammen. Zahlreiche biologische Systeme stellen alles in den Schatten, was in den technischen Disziplinen bislang als machbar galt. Das gilt bereits für die Fliege, die Sie vielleicht gerade eben mit der flachen Hand erschlagen haben. Sie war ein Hightechprodukt! Allein das Auge – der Superlativ einer Miniaturkamera mit schier unvorstellbaren Eigenschaften. Mechanische, optische und elektronische Komponenten sind dreidimensional auf allerkleinstem Raum integriert.«[456]

Diese wenigen Bewunderungsbeispiele ziehen sich über 400 große Buchseiten. Wie viel Kreativität können wir Menschen da noch manifestieren? Deshalb schaut die Technik heute die großartigen Konstruktionsprinzipien von der Natur ab, sie können kaum noch neu erfunden werden.

So ist zu fragen, für welche Aufgabe sollen wir in Zukunft die menschliche Kreativität einsetzen – vorausgesetzt, es gelingt uns, sie mit unserem Bewusstsein zu »empfangen«? Die Verbindung zum Wirken der kreativen Intelligenz im Bewusstseinsfeld des Lebens kann uns dem Verstehen ihrer Funktionsweise näherbringen. Da kreative Intelligenz immer mit veränderlichen und unsicheren Umständen zu tun hat, kann sie sich nicht auf bestehende Formeln, gelernte Techniken, erworbenes Wissen oder ihre eigene Geschicklichkeit verlassen. Jeder Augenblick erfordert neue Entscheidungen und Erkenntnisse. Deshalb ist die Entwicklung der Fähigkeit zur Kreativität ein wichtiger Teil des »Evolutionstrainings«.

Wirklich kreativ können wir nur werden, wenn wir alle vorhandenen Potenziale – Körper, Sinne, Fühlen und Denken – harmonisch entfalten und miteinander vernetzen. Die kreative Kraft ist so intensiv, dass wir darauf vorbereitet sein müssen. Wenn Menschen kreativ sind, dann stehen sie auch in Resonanz mit dem Wirken der kreativen Intelligenz.

Natürlicherweise wirkt Kreativität nicht nur dann, wenn wir harmonisch entwickelt sind. Es wäre eine gute Voraussetzung, ist aber keine Bedingung. Allerdings gibt es dennoch wichtige Bedingungen, damit eine kreative Erkenntnis oder ein »Einfall« auf fruchtbaren Boden fällt. Denn die Saat kann nicht aufgehen, wenn wir mit einer Sache, die uns einfällt, sonst nichts zu tun haben. Eine wichtige Voraussetzung für kreative Einfälle ist, sich bereits in einem *Feld* zu bewegen, das eine kreative Lösung sucht. Wenn wir nicht an einer bestimmten Sache arbeiten und bereits tief im Denkprozess stecken, haben wir keine Einfälle. Niemand ist kreativ im Allgemeinen, sondern vor allem in seinem Feld. Der nach einer Lösung suchende Mensch muss regelmäßig an neuen Lösungen arbeiten, weil sonst der Zugang zum kreativen Feld verdorrt.

Ein typisches Beispiel für den kreativen Einfall ist Lawrence Braggs (1890–1971)[457] Bericht darüber, wie er die Kristallstruktur entdeckt hat. Obwohl viele daran arbeiteten, Ergebnisse verifizierten, neue Versuchsanordnungen planten, irgendetwas passte nicht. Als Bragg schließlich durch die Nebenstraßen von

418 Der mögliche Mensch

Cambridge nach Hause ging, durchfuhr es ihn wie ein Blitz, und er sah die richtige Struktur. Natürlich mussten die mathematischen Parameter noch herausgefunden werden, doch das war nicht mehr das Problem.

Manchmal geschehen auch spontane Einfälle aus der Situation. Max Planck, der die Quantenphysik begründete, musste einen Vortrag vor Kollegen halten. Es ging dabei um »Die Theorie des Gesetzes der Energieverteilung im Normalspektrum«. Dieser Vortrag gilt heute als die Geburtsstunde der Quantenphysik. Scharfes Nachdenken und mathematisches Ausprobieren hatten den Physiker zu einer Formel geführt, die alles umfasste, was er ausdrücken wollte – außer dass sie »nicht aufging«. Als er sie nun in seinem Vortrag präsentieren sollte, setzte er in seiner Verzweiflung über diesen »Schönheitsfehler« und die zu erwartende Blamage einfach willkürlich eine Konstante ein, die er schlicht mit »h« bezeichnete. Die Formel funktionierte, der Grundstein einer neuen Physik war gelegt, und keiner hatte es erst einmal richtig bemerkt.

Das »Aha-Erlebnis«, die spontane Einsicht in das Problem, unterliegt genauso wenig unserer Kontrolle wie die »Erleuchtung« eines Zen-Schülers. Dennoch muss Kreativität einen Nährboden haben. Kreative Menschen berichten von mehreren Bedingungen, die überhaupt erst kreative Einsichten möglich machen. Diese Bedingungen sind selbstverständlich in verschiedenen rückgekoppelten und selbstbezüglichen Schleifen miteinander verwoben. Deshalb ist es kaum möglich, wirkliche Kreativität schrittweise zu erwerben. Auch daran können wir das Wirken der intelligenten, kreativen Evolution besser verstehen.

Die »intelligente Natur« hat deutlich im jeweiligen Feld der Aufgabenstellung versucht, neue Lösungen zu entwickeln. Sie hat natürlich viel mehr Zeit dafür gehabt, unterschiedliche Lösungswege auszuprobieren. »Kreativität ist die Fähigkeit, vorhandene Informationen gewinnbringend umzustrukturieren und sie zu vermehren. Andere Formen des Umgangs mit Wissen sind Bestandteil der Kreativität«, schreibt Gerd Binnig, der das Raster-Tunnel-Mikroskop mitentwickelte.

Ein wichtiger Ansatz für kreative Gedanken ist nicht nur die Informationsfilterung und Forschung auf einem Gebiet, man muss darüber hinaus auch *die richtigen Fragen stellen* – und einen klaren Wunsch haben, die richtige Antwort zu finden! Richtige Fragen zu stellen ist nicht einfach, denn damit sind wir der Lösung des Problems schon ein Stück näher. Man kann das die Inkubationszeit der neuen Idee nennen, das Ausbrüten des »gelegten Eies«. Dabei ist es von Bedeutung, ob wir das Problem überhaupt richtig erkannt haben.

Diese Vorgehensweise wird sehr anschaulich durch viele »Zen-Geschichten« illustriert. Der Meister stellt eine Frage in den Raum, die nicht auf rationale Weise beantwortet werden kann. Ein klassisches Beispiel ist die Zen-Geschichte vom »Ton einer Hand«: Der Meister sagte zum Schüler: »Du kannst den Ton zweier Hände hören, wenn sie zusammenklatschen – nun zeige mir den Ton einer Hand.« Der Schüler zog sich zurück, meditierte und meditierte. Jeden Tag sucht er den Meister mit einer Antwort auf, die dieser immer wieder als falsch ablehnte. Schließlich kam der Schüler in eine so tiefe Meditation, dass er zum Ursprung der Töne gelangte: *dem tonlosen Ton.*

Um eine kreative Lösung zu finden, muss zuerst das Problem erkannt werden. Wenn die Frage »richtig« formuliert ist, sind wir der Problemlösung schon ein Stück näher. Das ist wahrscheinlich die schwierigste Aufgabe. Wir müssen wirklich nach einem Einfall oder einer Lösung suchen und dabei das Problem einkreisen, sonst kann es vorkommen, dass man eine Lösung findet, aber das falsche Problem bearbeitet hat.

Wahres Denken ist spontan und bildhaft. Gedächtniskünstler merken sich so z. B. Zahlenfolgen, indem sie diesen Bilder zuordnen. Doch im Grunde sind solche Übungen »Verschwendung« der kreativen Energie, weil sie nirgendwo hinführen –

außer das Gedächtnistraining wird auch für andere kreative Zwecke eingesetzt. Das Training der Vorstellungskraft ist eine wichtige Voraussetzung für Kreativität. Wenn wir grübeln und in »Wörtern« denken, drehen wir uns meistens im Kreis. Die Worte können uns nur mit dem in Verbindung bringen, was bereits in unserem Kopf vorhanden ist. Wenn etwas ganz Neues in uns entstehen soll, muss das jenseits der Worte, mentaler Bilder und fester Symbole sein: der tonlose Ton.

Kreativität erfordert zuerst harte Arbeit. Informationssammlung, Daten richtig organisieren, sie auf ungewohnte Weisen betrachten, den Frust über misslungene Versuche verkraften sowie Durchhaltevermögen. Der kreative Mensch muss in seinem Arbeitsfeld tief verankert sein. Wenn er an einer neuen Sache arbeitet, muss er in der Lage sein, selektiv vorzugehen, alles auszuschließen, was nicht mit seinem Projekt zu tun hat. Ein wichtiger Teil der Arbeit geschieht im »Kopf«. Auch wenn viel relevantes Material, die Zusammenstellung der Information, schriftlich auf Papier oder Karten und so weiter festgehalten werden kann, ist es notwendig, sich alle Fakten innerlich vorzustellen. Auswahl, Ausschließen unbedeutender Informationen und neue Ordnung sollten innerlich, d. h. mithilfe der Vorstellungskraft, durchgeführt werden. Die innere Gestaltung und Zusammenstellung der Fakten sind deshalb notwendig, damit das Denken im Fluss bleibt. An diesem Punkt suche ich noch nicht nach der Lösung. Zuerst einmal muss ich zulassen, dass alle möglichen Ideen und Muster sich vor meiner Aufmerksamkeit präsentieren.

Der nächste Faktor, der grundlegend für kreatives Denken ist, ist die *technische Fertigkeit, Erfahrung und Kompetenz*. Nehmen wir als Beispiel dafür einen Künstler oder eine Künstlerin: Er oder sie kann begabt sein, viele Visionen haben, die richtigen Umstände mögen vorhanden sein. Doch wenn sie die Technik, das Handwerkszeug, nicht beherrscht, wird es dieser Person nicht gelingen, ihre Ideen so umzusetzen, dass das innere Bild, die Vision, auf der Leinwand genau dem entspricht, was sie zeigen möchte (und selbst sieht). Das Gleiche gilt für Manager, Wissenschaftler oder Schriftsteller. Sie müssen in der Lage sein, ihre Vision auch verständlich auszudrücken, damit andere etwas damit anfangen können.

Außerdem muss der oder die Betreffende in der Lage sein, die Dinge, die er oder sie ausdrücken will, sich nicht nur vorzustellen, sondern sie auch umzusetzen. Eine Idee muss formuliert, ein Bild muss so gemalt werden können, dass es stimmt, die Melodie in Noten umgesetzt werden oder das technische Produkt geeignete Möglichkeiten der Verwirklichung finden können. Es muss die Entschlossenheit vorhanden sein, den Einfall, die Vision, in eine brauchbare Form zu bringen.

Wir müssen eine Leidenschaft für die Herausforderung haben, sie darf kein Stress sein, sondern muss ein Vergnügen für uns sein. Wir können nur kreativ sein, wenn wir die vor uns liegende Arbeit gerne tun.

Diese emotionale Komponente hat auch die andere Seite: die Angst, etwas könne schiefgehen. Doch diese Angst ist immer ein Bestandteil kreativer Arbeit, weil sie die Herausforderung stimuliert, den festen Willen, das Problem zu lösen.

Ein weiterer Aspekt dieser Bedingung ist, dass wir immer wieder versuchen, die Welt mit anderen Augen zu sehen, einfach einmal den Blickwinkel zu verändern, sich auf etwas Neues einzulassen. Wir müssen in uns ein Gefühl für die Sache wecken und das Problem wirklich verstehen wollen.

Für dieses Gebiet gibt es bekannte hilfreiche Techniken. Sie werden uns nicht die notwendige Spontaneität abnehmen, denn keine Denktechnik kann das. Aber eine bestimmte Denkmethode kann helfen, die Zusammenhänge und Bedingungen zu sehen, um die ersten zwei Schritte oder Bedingungen in eine sichtbare Form zu bringen, vor allem um die Bedeutung unserer Ideen und Einfälle zu erkennen und richtig zu organisieren.

Eine Idee ist nur dann wirksam, wenn sie zur rechten Zeit kommt, das ist eine weitere grundlegende Bedingung. Die Hubschrauber-Entwürfe von Leonardo da Vinci konnten zu seiner Zeit technisch nicht umgesetzt werden. Auch der äußerst Energie sparende Stirling-Motor konnte im 19. Jahrhundert nicht verwirklicht werden, weil die notwendigen Materialien und Techniken nicht vorhanden waren. Inzwischen ist diese zweitälteste »Dampfmaschine« weiterentwickelt und wird etwa bei der Kraft-Wärme-Kopplung eingesetzt. Das zeigt auch, dass eine Idee nützlich sein muss, ungewöhnlich, sinnvoll, andere müssen sie ernst nehmen.

Eine gute Idee drängt zur Verwirklichung – sie ist etwas Neues für die Welt. Manchmal müssen wir auch beharrlich sein, uns nicht zu schnell von einem Gedanken abbringen lassen. Es bedarf der Motivation und Überzeugungskraft – gerade dann, wenn ich meine neue Idee vorzubringen versuche, geschieht es leicht, dass ich sie nicht genau formulieren kann. Dann muss ich weiter daran arbeiten und sie noch einmal besser vorbringen.

Neue Dinge haben noch keinen Namen! Die Kreativforscher raten: loslassen. Wir haben alles versucht, alles ausprobiert, alle Möglichkeiten ausgeschöpft, um zu einer Lösung unseres Problems zu kommen. Jetzt müssen wir die Arbeit ruhen lassen. Um die Möglichkeit zu schaffen, dass Kreativität in uns wirken kann, müssen wir in der Lage sein, uns leer zu machen. Solange die Tasse voll ist, kann kein Tee nachgefüllt werden.

Man kann diesen Geisteszustand als »Vakuum« bezeichnen. Meistens entsteht dieses Vakuum oder eine Leere dann, wenn wir an einem Problem arbeiten und nicht mehr weiterkommen. Müdigkeit, Unlust, Nervosität kommen auf. Viele Menschen greifen dann zur Zigarette oder einer Tasse Kaffee. Manche gehen spazieren. Viele Unternehmen haben erkannt, dass sie ihren Kreativen viel Freiraum geben müssen. Sie finanzieren das scheinbare »Nichtstun«. Die sogenannten »Thinktanks«

sind ein gutes Beispiel für diese Strategie. Brainstorming ist ein anderes Beispiel, doch gerade hier wird Kreativität nicht selten wegdiskutiert.

Der tatsächliche kreative Schritt kommt in den meisten Fällen beinahe »zufällig«, unerwartet, spontan. Wichtig ist im Prozess der Kreativität, dass wir uns nicht mit zweitrangigen Ergebnissen oder Ideen zufriedengeben. Wenn wir zu früh mit unserer Anstrengung nachlassen, kann der ganze Prozess zunichtegemacht werden.

Alle Kreativitätsbedingungen beziehen sich aufeinander. Wir gehen nicht Schritt für Schritt vor. Manchmal kommt eine neue Idee, weil wir bereits mit einer Sache beschäftigt sind, ohne vielleicht die genaue Frage zu kennen. Es kann auch sein, dass die Frage in einem Teammeeting plötzlich deutlich wird. Oder wir haben das Gefühl, dass die Zeit und der Markt reif für ein bestimmtes Produkt sind, das schon einmal im Gespräch war, aber wieder verworfen wurde.

Kreatives Denken folgt keinen bestimmten Phasen, auch wenn das immer wieder behauptet wird. Deutlich ist jedoch, dass alle genannten Bedingungen für Kreativität zusammenwirken.

9 DIE KREATIVE EVOLUTION GEHT WEITER

> *»Die Natur gelangt zur Vollkommenheit, nie jedoch der Mensch.*
> *Es gibt eine vollkommene Ameise, eine vollkommene Biene,*
> *der Mensch aber ist immer unfertig …*
> *In seinem Bemühen, sich selbst zu vollenden,*
> *wird der Mensch zu einem Schöpfer.«*
>
> Eric Hoffer

»Wozu Kreativität?«, fragt der erfolgreiche Naturwissenschaftler Gerd Binnig und beantwortet seine Frage gleich: »Ohne Kreativität gäbe es uns überhaupt nicht, denn Kreativität ist die Fähigkeit zur Evolution, und ohne Evolution gäbe es kein Leben und keine Menschheit. Wer Kreativität ablehnt, der verleugnet sich selbst … Was die Menschheit braucht, ist doch eine ihr nützliche und nicht schädliche Evolution. Es muss eine Evolution sein, in der die Menschlichkeit im Vordergrund steht und in der wir über die nächsten Wochen unseres Lebens hinausdenken. Natürlich laufen sehr viele Dinge im Moment vollkommen falsch und müssen kritisch betrachtet und korrigiert werden. Keine Evolution kommt ohne ›Fehler‹ und Rückschritte aus. Dennoch muss ich noch einmal wiederholen: Ohne Kreativität gäbe es eine ganze Menge Probleme nicht, aber ohne Kreativität gäbe es die Welt nicht.«[458]

Mit den genannten Bedingungen für Kreativität können wir auch ein gewisses Verständnis für das Wirken der kreativen Intelligenz im Bewusstseinsfeld der Evolution gewinnen. Plötzlich gab es Bedingungen auf der Erde, die Leben in Form von Bakterienzellen möglich machten. Wie die kreative Intelligenz im Quantenschaum des Bewusstseins darauf kam, Lebewesen hervorzubringen, wird immer ein Rätsel bleiben. Wir stellten fest, dass schon das Wassermolekül eine besondere Komplexität besitzt (siehe auch Anhang), aber die Bakterien sind noch ausgefeilter. Im Laufe der Zeit differenzierten und spezialisierten sich die Bakterien außerdem noch, sodass arbeitsteilig verschiedene Aufgaben durchgeführt werden konnten.

Zu ihren ersten Aufgaben gehörte die Reinigung der Erde von unerwünschten Substanzen oder ihre Verringerung, die andere war die Herstellung einer Atmosphäre, damit weiteres, komplexeres Leben entstehen konnte. Dieser Prozess hat eine lange Zeit – zumindest im Verhältnis zu unserem kurzen Leben – gedauert.

Nachdem die kreative Intelligenz ausreichend Erfahrungen mit Bakterien gesammelt hatte, hatte sie die »Vision«, neuartige Zellen zu komponieren, die Eukaryoten – Zellen mit ganz neuen Fähigkeiten. Da diese sich nur durch Verschmelzung und Teilung fortpflanzen konnten, mussten neue Bedingungen geschaffen werden, die ihr Überleben garantierten. Mit diesen Zellen war auch die Möglichkeit vorhanden, dass sich mehrere Zellen zusammenschließen und neue Formen bildeten.

Auch diese neuen Formen mussten erst einmal getestet werden. Wozu sind Vielzeller fähig? Was können sie leisten? Deshalb nahm auch dieser Prozess längere Zeit in Anspruch. Dann begann der kreative Versuch mit verschiedenartigen mehrzelligen Lebewesen, wie den Edicara und den Metazoen. Nach allem, was wir wissen, liegen hier schon bereits gewisse Baupläne für Gliedertiere vor. Vermutlich hat dies die kreative Intelligenz der Evolution auch erkannt und langsam die genetische Ausstattung für neue Wesen geschaffen, die dann mit der kambrischen Explosion zum Ausbruch kamen. Nun war der Grundstein für weitere Lebewesen gesetzt. Die kreative Intelligenz musste nun auch außer Seetang, Algen und Zooplankton im Meer pflanzliche Lebensmittel erfinden, die von Landtieren gefressen werden konnten. Der Aufbau der ökologischen Umwelt, einer ausgeklügelten Biosphäre als Existenzgrundlage der Tiere und der Vermehrung von Pflanzen und Pilzen war vermutlich ein größeres Problem, als kreative Lösungen für einzelne Tiere zu finden.

Nachdem diese Lösung gefunden worden war, gab es bald auch die ersten Säugetiere. Der Zeitraum von der Entwicklung der Wirbeltiere, angefangen bei Meerestieren wie Fischen über Amphibien, Reptilienarten und Vögeln bis hin zu Säugetieren, die im Wasser und zu Lande leben konnten, war relativ kurz, vermutlich nur 200 Millionen Jahre. Die Baupläne der Wirbeltiere sind alle sehr ähnlich. Dennoch wird bei genauer Betrachtung deutlich, dass alle diese Tierarten sich nicht auf direkte Art und Weise auseinanderentwickelt haben.

Kreative Neuentwicklungen geschehen nicht kausal, wie ich aufgezeigt habe. Die verschiedenen Wirbeltierarten weisen unterschiedliche Fähigkeiten auf und brauchen dafür entsprechende Lebensräume. Alle sind für die ökologische Gesamtheit von Bedeutung. Selbst wenn wir noch die fehlenden Bindeglieder der Auseinanderentwicklung von Arten in Fossilien finden sollten, bedeutet dies nicht, dass dabei keine kreative Intelligenz im Spiel war. Im Gegenteil: Die Komplexität, Vielfalt und das schnelle Entstehen verschiedener Tierarten ist ein Beweis für das kreative Schaffen der Evolution. Die unterschiedlichen »Entwicklungslinien« der Säuger und Vögel z. B. zeigen deutlich, dass hier mit künstlerischer Hand »gemalt« wurde. Innerhalb von 20 Millionen Jahren entstanden die meisten Säugetier- und Vogelarten in großer Vielfalt.

Technik wurde bereits schon im natürlichen Verlauf der intelligenten Evolution von ihr hervorgebracht. Ameisen züchten Pilze, Bienen bauen Waben, Vögel bauen Nester. Tiere haben verschiedene technische Hilfsmittel entwickelt, die ihnen das Überleben sicherten. In dieser Hinsicht ist Technik nichts Künstliches, sondern ein Teil der evolutionären Entwicklung.

Alfred Russel Wallace hatte bestimmt recht mit seiner Annahme, dass mit der Entstehung des Menschen etwas wesentlich Neues und Anderes in die Evolution gekommen ist. Das bedeutet auch, dass menschliche Wesen in gewisser Weise unabhängig von der Natur schöpferisch wurden. Diese Stufe ist die Technologie. Durch die Vermehrung der Menschen musste die Landwirtschaft erfunden werden, die Züchtung von Gräsern und anderen essbaren Pflanzen und auch die Tierhaltung, da Jagen und Sammeln nicht mehr ausreichend Nahrung für eine immer größere Menschheit bieten konnten. War es voraussehbar, dass sich Milliarden von Menschen auf der Erde ausbreiteten?

Da der Mensch sich zum einen immer schneller vermehrt hat und zum anderen immer intelligenter und kreativer wurde, hatte die kreative Intelligenz die Möglichkeit, ihre Anstöße für die evolutionäre Weiterentwicklung direkt ins menschliche Bewusstsein zu geben. Kreative Ideen entstehen nicht in den Neuronen des Gehirns. Das Gehirn bildet nur die notwendige materielle Plattform, dass Ideen empfangen werden können.

Deshalb geht die Entwicklung auch nur so schnell voran, wie ein Teil der Menschheit in der Lage ist, mit neuen Techniken und Ideen umzugehen – und Verantwortung für ihre Schöpfungen und Handlungen zu übernehmen.

KULTURTECHNIKEN IM DIENST DER EVOLUTION

>»Es geht nicht um die Eroberung einer Zukunft …
>Wohl aber handelt es sich um das Zukünftige in uns,
>das in demselben Maße Gegenwart ist,
>wie alles Vergangene in uns Gegenwart ist.«
>
>Jean Gebser[459]

Einhergehend mit einem – im Vergleich zu vorherigen Entwicklungen von Lebewesen – sehr schnellen genetischen Umbau und einer sehr schnellen anatomischen Weiterentwicklung entwickelten sich beim Menschen nach und nach verschiedene Bewusstseinsstrukturen, die es so nicht bei Tieren und auch nicht den Primaten im Allgemeinen gab. Nach allem, was wir von ethnologischen Erkenntnissen über alte Stammeskulturen schließen können, hatte der Urmensch eine Bewusstseinsstruktur, die noch in der unbewussten Ganzheit und Verbundenheit mit der Natur verankert war. Auch wenn Menschen Tiere jagten oder Pflanzen nutzten, dann immer mit dem Gefühl der Verbundenheit. Tiere waren Teil des Lebensnetzes, und man bedankt sich in manchen schamanischen Kulturen noch heute dafür, dass sich die Natur freigiebig zur Verfügung stellt, damit die Menschen leben können.

Aus dieser Bewusstseinsstruktur entwickelte sich die *magische Bewusstseinsstruktur*, in der zwar noch die ursprüngliche Einheit, das Sich-eins-Fühlen mit der Natur besteht, aber in der bereits eine Trennung von Eigenem und Fremdem geschieht. Der Mensch lebt dabei noch wesentlich innerhalb seiner vitalen Bedürfnisse, Instinkte und Emotionen. Seine spirituellen Ausdrucksformen sind Rituale, die ihn mit der Welt der Geister verbinden, mit denen er einen Austausch pflegt. Diese urschamanische Bewusstseinsstruktur ist wahrscheinlich vor 60 000 Jahren entstanden. Der Gebrauch von Feuer und Ritualgegenständen weist darauf hin, dass damit ein erster bedeutender kultureller Schritt der Menschheit vollzogen wurde.

Aufgrund von vielen Funden künstlerisch hergestellter Objekte wie die Statuen und Kunstgegenstände, die man in Höhlen der Schwäbischen Alb fand, und frühen Siedlungsbauten, Bestattungsplätzen und anderem mehr schließt man, dass um 35 bis 40 000 Jahre vor unserer Zeit sich das Bewusstsein der Menschen änderte und der »kulturell moderne Mensch« entstand. Inwieweit dieser sich vom magischen Denken ablöste, ist schwer zu sagen. Bis nach der letzten Eiszeit vor 12 000 Jahren gibt es wenig aussagekräftige Funde über die Bewusstseinsstruktur dieser Menschen, auch wenn fein geschnitzte Figuren von Frauen und Tieren und auch von Musikinstrumenten wie Knochenflöten darauf hindeuten, dass ein wesentlicher kultureller Schritt gemacht wurde.

Die sogenannte *mythische Bewusstseinsstruktur* entsteht mit dem Aufkommen von Landwirtschaft und Städtebau. In Anatolien hat man Gebäudeanlagen, große Steinreliefs, Skulpturen und reich dekorierte Steingefäße gefunden, die auf 10 000 Jahre v. u. Z. datiert werden.[460] Offenbar wurde nun eine Trennung von der Geisterwelt vollzogen, sodass Götter – meist noch in Tiergestalt –, Ahnen und Kulte das Bewusstsein bestimmen. Durch den »Abstieg« des ganzheitlichen Bewusstseins in die physische Verkörperung kam auch die Vorstellung einer Individualität auf. Es geschieht eine Trennung vom Einheitsbewusstsein, und es kommt schließlich zu der Bildung von Religionen. Die mythische Struktur der Religionen ist deutlich daran zu sehen, dass das Leben der Religionsstifter immer in einen heldenhaften Mythos gekleidet wird.

Der Schritt zu einer gewissen Autonomie des Menschen war durch die Entdeckung der landwirtschaftlichen Lebensmittelproduktion für die Versorgung der größeren Städte möglich geworden. Die früheren Jäger- und Sammlergemeinschaften und die Gartenbaukultur wurden so nach und nach verdrängt. Die neu gebildeten hierarchischen Gesellschaftsformen nutzten die hierarchischen Religionsformen, die eine Abhängigkeit von Göttern verkündeten, nun auch zu einem Machtinstrument. Das Bewusstsein der Menschen entwickelte so die Vorstellung einer individuellen Person und den Eigentumsbegriff.

Die bewusstseinsmäßige Trennung von der ursprünglichen Verbundenheit machte aber auch die Entwicklung der *mentalen* Bewusstseinsstruktur möglich, die sich bis heute noch neben den mythischen Religionsformen weiterentfaltet. Jean Gebser[461] wählte dafür den Begriff »mental«, weil dieser mehr beinhaltet als nur rationales Denken. Es schwingt auch der Begriff »Mentalität« mit, Gesinnung, Einstellung, außerdem ist *mens* die Wurzel von Mensch, auch im Wort Hu*man*ität deutlich. Gerichtetes Denken ist nun in Erscheinung getreten.

Heute stehen wir an einem entscheidenden Punkt der evolutionären Entwicklung: der Beschleunigung durch die Technik. Die Evolution des Homo sapiens und seines Bewusstseins ist nicht von der Entwicklung von Kultur und Technik zu trennen. Die menschliche Intelligenz hat sich höchstwahrscheinlich mit der Herausforderung durch die Lebensumstände entwickelt. Der Mensch hat Werkzeuge geschaffen und verschiedene Kulturtechniken entwickelt.

»Kultur« hat einen deutlichen landwirtschaftlichen Hintergrund. Man kann Kultur wie John Tyler Bonner als »die Weitergabe von Informationen durch Verhalten, insbesonders durch den Vorgang von Lehren und Lernen« definieren.[462]

Durch die Kultur- und Bewusstseinsentwicklung haben die Menschen bereits ein umfangreiches »Evolutionstraining« durchgemacht, dessen Ergebnisse von Generation zu Generation weitergegeben werden. Und auch wenn Kinder vieles immer noch Schritt für Schritt lernen müssen, geht ihre Entwicklung dennoch wesentlich schneller voran, weil viele Empfindungen, Gefühle, Wissenserrungenschaften bereits von den früheren Generationen im Erdsensorium und im Bewusstseinsfeld gespeichert sind.

Immer geht es bei dieser Kulturentwicklung um einen materiellen Ausdruck des Geistes oder Bewusstseins in Kulturschöpfungen, angefangen bei Kunstwerken über Wissensspeicherung, Wissenschaft, Gesellschaftsformen und technischen Errungenschaften. »Allgemein gesprochen wäre also ›Kultur‹ der Name für die spezifische Art und Weise, in der Gesellschaft Materie formt. Das umfasst in einem weiteren Sinne jegliche Art von Artefakten, in einem engeren Sinne spezifisch die Zeichentechnik. Und diese ist es dann auch, die wir als ›Kulturtechnik‹ zu bezeichnen pflegen. Darunter verstehen wir den Inbegriff genau jener Kunstfertigkeiten, die zum sozialen und kulturellen Überleben einer Kultur, diese charakterisierend, unverzichtbar sind.«[463]

Die erste menschliche Kulturtechnik ist die sprachliche Kommunikation, die Fähigkeit, sprechen zu können. Wie schon gesagt wurde, ist die Entwicklung der Sprache zusammen mit Gehirn und Kehlkopf eine außerordentliche evolutionäre Errungenschaft, die nicht auf mechanisch-zufällige Weise erklärt werden kann. Vielleicht war sie zum Überleben des neuen Menschen vor einer Million Jahre nötig, doch alle Tiere haben nicht sprachliche Kommunikationsmittel und überleben damit. Also hat die intelligente Evolution etwas völlig Neues geschaffen, das erst vor wenigen Jahrtausenden die Bedeutung erlangt hat, die wir ihr heute zumessen.

Die zweite Kulturtechnik ist die Fähigkeit, rechnen zu können. Damit ist nicht nur die Mathematik im Allgemeinen gemeint, sondern vielmehr die Bedeutung des Rechnens für die Organisation des Gemeinwesens. Wahrscheinlich begann diese Fähigkeit, als man durch genaue Berechnungen von Jahreszeiten und die Einführung der Zeitmessung für die Organisation der Gesellschaft auch die Verbindung mit dem Kosmos herstellte. Frühe astronomische Anlagen in allen Kulturen vor einigen tausend Jahren weisen auf die Erweiterung dieses Bewusstseins hin. Auch wenn die Bewusstseinsstruktur noch mythisch war, kann hier bereits der Beginn des rationalen Denkens gesehen werden, weil Berechnungen auf Verhältnissen basieren.

»Der Übergang zur *dritten Kulturtechnik* nun ist von besonderem Interesse, da sich an ihm zeigen lässt, dass die Entstehung neuer Kulturtechniken die alten nicht obsolet macht, sondern auf ein neues Niveau hebt. Voraussetzung für eine Optimierung des buchhalterisch-ökonomischen Kalkulierens ebenso wie der Kulturerzeugnisse im engeren Sinne ist nämlich, dass Kommunikation und Überlieferung nicht allein mündlich geschehen. Es ist die Schrift (genauer: das Schreiben- und Lesenkönnen), was hier den entscheidenden neuen Schritt möglich macht.«[464]

Der uns heute bekannten Schrift gehen Felszeichnungen, z. B. in der Höhle von Lascaux, vor ca. 20 000 Jahren voraus. Auch dort wurden bereits abstrakte Zeichen verwendet, die wohl magischen und symbolischen Charakter hatten. Seit Zehntausenden von Jahren benutzen Menschen diese Zeichen und Bilder, um Botschaften zu hinterlassen. Von Schrift kann allerdings erst gesprochen werden, wenn ein festgelegtes Zeichensystem zum Ausdruck für verschiedene Informationen zur Verfügung steht. Bereits in der Jungsteinzeit wurden Steine mit geometrischen Linien hergestellt, von denen die Forschung mit einiger Gewissheit sagen kann, dass sie zum Zählen dienten, der wahrscheinlich wichtigsten Grundlage einer echten Schriftentwicklung.[465]

Durch die Schrift können nun die Leistungsfähigkeiten der anderen beiden Kulturtechniken weiter ausgeschöpft werden. Dadurch hat der Homo sapiens die Möglichkeit und Fähigkeit, die Leistungen seines überdurchschnittlichen Gehirns und Bewusstseins zu veräußerlichen und damit auch zu objektivieren. Hinzu kommt der Synergieeffekt, der zeitgleich oder nacheinander alle Menschen zusammenführt. »Durch ihn wird Gleichzeitigkeit des Ungleichzeitigen und lokales Zusammentreffen von weit Entferntem ermöglicht.«[466]

Der technische Fortschritt, der durch Werkzeuge, Geräte und Maschinen in den letzten Jahrhunderten bewirkt wurde, ist maßgeblich durch diese Kulturtechniken ermöglicht worden. Es scheint, als hätte die evolutionäre Entwicklung des Menschen diese Techniken notwendig gemacht. Offenbar ging die Bewusstseinsentwicklung der Menschen einher mit den Techniken zur künstlerischen Gestaltung, die immer in Verbindung mit handwerklicher Technik verfeinert wurde. Erst in den letzten Jahrhunderten wurde technischer Fortschritt vom kreativen künstlerischen Drang abgetrennt und nur noch hinsichtlich des Designs technischer Geräte genutzt. Mit der Bionik kommt nun jedoch wieder das Bewusstsein von der Verwobenheit von Form und Funktion ins Spiel, die besondere kreative Verbindung, wie sie die Natur schon immer eingesetzt hat.

Durch die neueste *vierte Kulturtechnik*, die Arbeit mit dem Computer und dem Internet, wurde eine globale Vernetzung aller Menschen möglich – so wie es Pierre Teilhard de Chardin visionär vorausgesehen hat. Es bilden sich soziale Netzwerke, das Weltwissen wird jedem zugänglich, die Kommunikation geht in Sekundenschnelle weltweit vor sich. Doch diese internationale Vernetzung geht nur in die Breite, aber nicht in die Tiefe. Wie wird es möglich sein, die Kluft zwischen der quantitativen Vermehrung des Wissens und der qualitativen tieferen Erkenntnis, die mit einem Verstehen von Zusammenhängen einhergeht, zu überbrücken? Es bleibt zu hoffen, dass viele Menschen über den *Gebrauch* von Technik hinaus auch an ihrer Bewusstseinsentwicklung arbeiten – und wie ich noch ausführen werde, können diese technischen Vorteile auch dafür genutzt werden.

Der Schritt vom Leben im Einklang mit der Biosphäre bis zum Eigenleben der »Technosphäre« hat gerade 100 000 Jahre gedauert. Nun beeinflussen wir die Biosphäre durch die Technik und können sie aber auch durch Technik möglicherweise wieder regulieren. Hat die Technosphäre auch ein eigenes Bewusstsein wie die Biosphäre? Ich denke, sie ist die physische Grundlage des sich entwickelnden Bewusstseinsfelds, der Noosphäre.

Manche Zukunftsvisionen sehen allerdings eine Verselbstständigung der Technosphäre, was sich daran zeigt, wie abhängig das menschliche Leben heute schon davon ist. Die globale Zivilisation läuft nicht mehr ohne die Elektronen in den Stromleitungen und Computern. Es ist durchaus möglich, dass wir eine Art neue Sklaverei, eine Abhängigkeit von Computern erleben, wie sie der SF-Film *Matrix* deutlich gemacht hat. Insbesondere jüngere Menschen verbringen immer mehr Zeit mit dem Computer, mit Chats und Computerspielen zu Hause und über das Internet. Es könnte also möglich sein, dass in Zu-

kunft ein Teil der Menschheit sich nicht mehr mit seiner weiteren Evolution beschäftigt, sondern vollkommen von der virtuellen Welt aufgesaugt und versklavt wird. Wir können uns die
Folgen kaum ausmalen.

Ein wichtiger Trend moderner Technologie ist demgegenüber
die Adaption organischer und evolutionärer Entwürfe, denken
wir nur an die Nutzung der Sonnen- und Windenergie oder
Gebäude aus organischen Materialien. Eine andere Form der
Entwicklung beruht auf der Bionik, die Techniken von der
Natur abschaut, dazu gehören nicht zuletzt organische Bauweisen, umweltfreundliche Geräte und biologische Landwirtschaft.

»In Begriffen der existierenden und vorherrschenden Mega-
maschine ist das Entstehen von *Biospherics*, einer Technik, die
auf Strategien der Biosphäre beruht und mit dieser kooperiert,
sowohl unerwartet als auch unvermeidlich.«[467]

Die menschliche Evolution muss, um die Probleme der technologischen Evolution auszugleichen oder wie durch die Forschung der Bionik natürliche, ökologische Technologien hervorzubringen, nun auch den Schritt in die »Noosphäre« machen.
Die Menschheit ist eben nicht nur vom organischen Leben in
einer gesunden Biosphäre abhängig, sondern auch vom kreativen, intelligenten Bewusstsein, das unsere Lebensumstände, unsere Kultur, unsere Technologie mit beeinflusst und uns geistig
nährt.

»In dieser Hinsicht kann das Entstehen bewusster Individuen
auf der Erde den wichtigen Unterschied zwischen Erfolg und
Misserfolg in Begriffen der Evolution machen. Ein ›bewusstes‹ Individuum ist eines, das fähig ist, mit Ebenen jenseits des
Lebens zu kommunizieren, in höhere Welt zu sehen und an
höherer Intelligenz oder ›Weisheit‹ teilzuhaben. Die Zukunft
des Lebens auf der Erde hängt von der Errungenschaft höherer
Wahrnehmung ab.«[468]

DIE ZUKÜNFTIGE EVOLUTION DES MENSCHEN

> *»Wir wissen zwar nicht, was die kreative Intelligenz will,*
> *aber wir können sicher sein, dass die Menschheit existiert,*
> *um einem Zweck zu dienen, und wir nicht sehr weit*
> *kommen können, wenn wir unseren Platz*
> *in der Ordnung der Dinge außer Acht lassen.«*
>
> John G. Bennett[469]

Hat das Leben einen Sinn? Das schimmernde Kleid der Wirklichkeitsforelle lässt keine allgemein gültige Antwort zu. Der zitierte britische Mathematiker, Philosoph und Bewusstseinsforscher John G. Bennett sagte einmal etwas, das ein Credo für die Menschheit sein könnte: »Wenn eine Reihe von völlig verschiedenen Ansichten und Weltanschauungen ganz ernsthaft für wahr gehalten werden, wäre es ein Fehler, zu denken, dass einige Ansichten falsch und andere richtig seien. Es bedeutet gewöhnlich nur, dass niemand fähig ist, weit genug zu sehen, und deshalb hält jeder eine teilweise Wahrheit für die ganze Wahrheit.«

Mit dem menschlichen Nervensystem und Gehirn erreicht die Komplexität der Materie ihren vorläufigen Höhepunkt. Sie ermöglicht ein Bewusstsein, das sich selbst reflektieren, aber auch mit anderen Bewusstseinsformen kommunizieren kann. Wenn das Experiment der Evolution des Lebens einen Sinn machen sollte und darüber hinaus noch einen individuellen Sinn, weil wir Menschen mit einem individuellen Selbstbewusstsein ausgestattet sind, müssen wir die Antwort auf eine neue Weise suchen.

Es ist offensichtlich und einsichtig, dass die Evolution mit dem *wissenden Menschen* noch nicht abgeschlossen ist – der wissende muss zum *verstehenden Menschen* werden. Die Evolution geht zukünftig auf einer nicht physischen Ebene weiter: mit der Entwicklung neuer psychischer und geistiger Qualitäten, die

auch eine Rückwirkung auf die soziale und kulturelle Ebene
des Zusammenlebens haben. Ein intelligentes Lebensziel würde
daher für jeden Einzelnen mehrere Aufgaben verbinden:

1. DIE EVOLUTION WEITERZUFÜHREN, d. h., an der eigenen Evolution, unserer ganzheitlichen Weiterentwicklung zu arbeiten. Dazu gehören die Entfaltung und das Training des Sin-
   nensystems und der Bewusstseinserweiterung des Menschen,
   wie in Kapitel 8 ausgeführt wurde. Da der Einzelne das nicht
   allein schaffen kann und es gemeinsam mit anderen Menschen auch leichter fällt und die Arbeit sogar intensiviert,
   sollten diejenigen, die von dieser Idee angezogen sind, sich
   mit anderen zu diesem Zweck verbünden. Sie bilden tempo-
   räre Gemeinschaften, d. h., sie treffen sich einmalig oder
   mehrfach bei Seminaren oder anderen »Events«, in denen sie
   sich gegenseitig bei der Arbeit am inneren Wachstum unterstützen. Daraus entstehen auch die vielen Netzwerke von
   Menschen, die ähnliche Ideen haben und sich miteinander
   austauschen. In einer globalisierten Welt bekommen diese
   neuen sozialen Netzwerke immer größere Bedeutung.
   Die gemeinsame Arbeit an der Bewusst-Seins-Entfaltung
   bezieht wissenschaftliche Erforschung der Möglichkeiten der
   Bewusstseinserweiterung ebenso mit ein wie philosophische
   Reflexion und die Arbeit an der Öffnung und Schulung
   weitergehender sinnlicher und »übersinnlicher«[470] Wahrnehmungsfähigkeiten.
   Diese Arbeit an der individuellen Entwicklung wird ergänzt durch die Bildung lokaler, fester Gemeinschaften. Diese sind in den meisten Fällen ein Kreis von Menschen, die
   sich kennen und annehmen und die sich in ihrem Wachstum
   gegenseitig unterstützen – Menschen, die sich vertrauen und
   ihre Energie und Arbeit einem größeren Ganzen widmen.[471]
   Damit verwoben ist, dass die Menschen in diesen Gemeinschaften durch ihre Selbstverpflichtung an der Entfaltung des

Bewusstseins auch die ethische Verantwortung eingehen, anderen Menschen zu helfen, ihre eigene Evolution fortzuführen, auch älteren oder behinderten Menschen.

2. GLOBALE VERBUNDENHEIT. Die Menschheit ist über die gemeinsame Biosphäre, das Klima, die ganzen geschilderten Kreisläufe der Natur miteinander verbunden und so auch lokal von allem, was auf der Erde geschieht, von diversen Auswirkungen und Einflüssen betroffen. Jeder Baum, der in den Regenwäldern gefällt wird, beeinflusst das Weltklima. Jeder Mensch, der an Hunger oder kriegerischen Ursachen stirbt, ist ein wesentlicher Verlust für den Organismus Menschheit. Die horizontalen globalen Vernetzungen durch das Internet, über politische Aktionen, über private und soziale Hilfsorganisationen sind wichtig und bedeutungsvoll. Doch ihre Arbeit braucht zusätzlich eine Stärkung durch die vertikale Vernetzung über die unsichtbaren sensitiven und bewussten Felder.

Nicht nur die Öffentlichkeit durch Nichtregierungsorganisationen, die auf vielfältige Weise zur Besserung sozialer und politischer Zustände in allen Weltregionen beitragen, sondern auch die Stärkung dieser Felder durch das Bewusstsein der Mitverantwortung stärken dieses Netz auf allen Ebenen und *haben* eine unmerkliche Wirkung auf das Handeln vieler.

Viele nachdenkliche Menschen wissen, dass sie mitverantwortlich für das Schicksal der Menschen sind, die zuerst einmal nur an ihr Überleben denken können. Dabei kann die Qualität der Verbundenheit mit diesen Menschen über das Bewusstseinsnetz jegliche soziale Initiative auf unsichtbare Weise stärken.

Die Welt ist unvollkommen, weil wir nur in Freiheit durch unsere eigene Intelligenz die Dinge ändern können und so unseren Beitrag zur weiteren intelligenten Evolution leisten. Die Freiheit des Menschen und der freie Wille sind meiner

Ansicht nach ein echter »Beweis« dafür, dass wir es nicht mit einem Evolutionsmechanismus, sondern mit einer kreativen Intelligenz zu tun haben.

Und mit dem Bewusstsein, eine »spezialisierte Zelle« im Menschheitskörper zu sein, kann bei immer mehr Menschen der »Sinn fürs Ganze« wachsen, und das fördert auch das Bedürfnis, diesem Ganzen zu dienen und Mitverantwortung zu übernehmen.

3. ÖKOLOGISCHE UND ÖKONOMISCHE MITVERANTWORTUNG. Die Entwicklung des Bewusstseins sollte nicht nur als persönliche oder spirituelle Sache angesehen werden. Die Erkenntnis, dass wir, global gesehen, sowohl horizontal als auch vertikal vernetzt sind, bezieht auch den Zustand der Erde und ihrer Bewohner mit ein. Wir verfügen heute über das Wissen und die Technologien, den Mangel dauerhaft und für alle Menschen zu beseitigen. Sonne, Wind und Wasser liefern ausreichend Energie, um alle Menschen mit ökologisch verträglichen Techniken zu versorgen. Darüber hinaus schenkt uns die Erde ausreichend Material, Nahrung und Wasser zum Leben – wenn wir dafür sorgen, dass sie nicht verschwendet werden.

Es wird auch immer klarer, dass die Lebensmittelproduktion für tierische Nahrung ineffizient ist. Hier muss eine wesentliche Bewusstseins- und Verhaltensänderung einsetzen. Trotz Überfülle an Möglichkeiten leidet die Hälfte der Weltbevölkerung an Mangel. Es mangelt nicht an den Gütern, die uns die Erde bereitstellt, es mangelt an dem Bewusstsein, dass diese Güter zum Wohle aller zur Verfügung stehen müssen, nicht zum Wohle weniger.

Es wird immer deutlicher, dass ökologische, ökonomische und soziale Ziele zusammengehören und eine neue Einheit bilden müssen.

4. KOOPERATION MIT DER GEISTSPHÄRE. Ein weiterer Aspekt ist der, dass wir auch dem größeren »Zweck« dienen, wenn wir uns selbst mit allen unseren Fähigkeiten entwickeln und unsere Einsichten anderen Menschen und den nachfolgenden Generationen über das Bewusstseinsfeld der Erde weitergeben. Das bedeutet auch, dass die intelligente Evolution dieses Ziel der Entwicklung des globalen Bewusstseinsnetzes verfolgt und unser menschlicher Lebenssinn darin liegt, mit ihr zu kooperieren, indem wir unsere eigene Evolution und die der anderen voranbringen. Mit der Entwicklung und Erweiterung des menschlichen Bewusstseins können wir auch auf eine neue Art mit dem Geist der Biosphäre kooperieren.

5. KREATIVE ZUKUNFTSGESTALTUNG. Diese neue *Geistsphäre* oder *Noosphäre*, wie Pierre Teilhard de Chardin sie genannt hat, kann in heutigen Begriffen als ein Bewusstseinsfeld rund um die Erde verstanden werden. Dieses Feld bildet sich nur langsam, hat aber unmittelbare Rückwirkungen auf das menschliche Denken und Leben.

Das globale Bewusstseinsfeld verdichtet sich mit allen bewussten Bemühungen vieler Menschen, sodass immer mehr Menschen einsichtiger werden und größere Zusammenhänge erkennen. So wird ihnen – auch dank der Erkenntnisse der modernen Wissenschaft und Technik – allmählich bewusst, dass im Universum alles mit allem zusammenhängt und dass eine andere, kreative Zukunft möglich ist, die nicht nur eine lineare Fortsetzung der Vergangenheit darstellt. Wir haben es selbst in der Hand, die Zukunft kreativ neu zu gestalten.

6. BEFRIEDIGENDES UND GLÜCKLICHES LEBEN. Diese Bewusstseinsarbeit für die Entfaltung des inneren, geistigen Lebens erschafft auch für jeden Einzelnen auf allen Ebenen eine intensivere Lebensqualität. Dabei wird deutlich, dass »Glück« im Sinne von »innerem Reichtum« und persönlicher Erfül-

lung auch zum Glück jedes anderen Menschen beiträgt. Wie heute im kleinen Königreich Bhutan schon angedacht wird, kann es in Zukunft nicht mehr nur um die ständige Erhöhung des ökonomischen Bruttosozialprodukts gehen. Einhergehend mit der Entwicklung umweltfreundlicher Technologien müssen die Menschen gleichzeitig alle Möglichkeiten haben, ihre seelisch-geistigen Qualitäten zu entfalten. Das Sozialprodukt muss zugleich ein »Glückssozialprodukt« werden, d. h., nur wenn Menschen alle ihre Potenziale entwickeln und leben können, ohne wirtschaftliche Sorgen zu haben, ist eine Gesellschaft gesund und glücklich. Der *nicht materielle* Beitrag für die Gemeinschaft ist genauso wertvoll wie der materielle. Die Entfaltung unserer geistigen Potenziale wird auf diese Weise ganz andere Gesellschaftsformen und wirtschaftliche Unternehmensformen entstehen lassen.

7. EVOLUTION UND TOD. Auch wenn die individuellen, sozialen und spirituellen Aspekte für die Entwicklung des Organismus Menschheit auf der Erde von wesentlicher Bedeutung sind, kommen wir nicht um die Tatsache herum, dass Leben untrennbar mit dem körperlichen Tod verbunden ist. Offensichtlich ist Leben so konzipiert, dass jedes Lebewesen nur eine begrenzte verkörperte Lebenszeit hat und Entstehen, Werden und Vergehen im Allgemeinen die Grundlage des ganzen Universums sind, nicht nur des Lebens. Wie könnte es anders sein? Das Universum, wie wir es kennen, ist eben nicht statisch, sondern ununterbrochen in Bewegung und Schwingung.

Man könnte sich daher mit einer materialistischen Lebenshaltung abfinden und einfach nach einem persönlich glücklichen kurzen Leben streben – relativ zu den großen Zeiträumen der Evolution gesehen –, bis es dann mit dem körperlichen Tod vorbei ist. Doch die Erfahrung im und mit dem körperlichen Leben und einem individuellen Bewusstsein trägt auch zum Wunsch bei, nach dem Tod gerne in irgendeiner Form weiterzuleben. So nehmen viele Menschen mit einem religiösen Hintergrund an – oder möchten gerne daran glauben –, dass ihre Seele auch nach dem Tod in einem wie auch immer vorgestellten jenseitigen Paradies weiterlebt.

Diese Vorstellung hat sicherlich eine Grundlage im kollektiven Unterbewusstsein. Es muss eine Information in uns vorhanden sein, die uns daran glauben lässt, auch wenn wir es nie sicher wissen können. Wäre es möglich, aus dem Studium der Evolution des Lebens Erkenntnisse darüber zu gewinnen, ob es nach dem körperlichen Tod eine andere Art von Leben geben könnte?

Das Feld der Seele

> »Durch die Entfaltung der Seele wird der Sinn des Lebens erfüllt.
> Und dies trifft nicht nur auf Menschen, sondern auch auf die
> niedere Schöpfung zu und ebenso auf Gegenstände jeglicher Art;
> die Erfüllung ihres Daseins liegt in ihrer Entfaltung.«
> Hazrat Inayat Khan

Für die natürliche Evolution scheint im Zyklus von Leben und Tod ein tief verborgener Sinn zu stecken. Wir sind ja nicht nur körperliche Wesen, sondern letztlich auch Schwingungsfelder, ein kreativer Tanz aus Licht und Klang, auch wenn wir das selten auf diese Weise wahrnehmen. Durch die Verhaftung an materielle Körperlichkeit vergessen oder missachten wir diesen Aspekt, wenn wir über den Tod nachdenken. Wie ich aufgezeigt habe, hat sich der menschliche Körper zu einer fein abgestimmten sinnlichen Struktur entwickelt, bei der das Ganze mehr ist als seine Teile. Darüber hinaus entwickelte sich ein individuelles Bewusstsein, das sich durch das körperliche Leben immer weiter entfalten kann. Wäre es da nicht eine große Verschwendung der Natur, wenn der körperliche Tod dieses individuelle Leben mit all seinen äußeren wie inneren Errungenschaften vernichtet?

Ich führte am Anfang des Buches die Dreiheit von Materie, Leben und Geist als eigenständige Aspekte des Ganzen ein. In diesem Sinne können wir die Transformation von Materie zu Leben oder von energetischen Schwingungsfeldern zu natürlichen Manifestationen als Analogie für eine weitere Transformation oder Metamorphose von Leben zu Geist annehmen. Dieser Schritt ist eine qualitative Transformation auf eine »höhere« Schwingungsebene und keine Auflösung einer lebenden Struktur *zurück* in ihr ursprüngliches elektromagnetisches Feld. Auch wenn sich Bewusstsein aus der Quantenmatrix herausentwickelt hat, hat es das Streben zu einer qualitativen Veränderung.

Dieser Gedanke ergibt sich aus der Erkenntnis, dass Evolution eine Entwicklung zu höherer Komplexität der Urmatrix der materiellen Existenz bedeutet. Denken wir diese Erkenntnis weiter, dann müsste die Zielrichtung zu höherer Komplexität des Lebens wiederum die Entwicklung zu einer höheren Qualität sein, die weder Materie noch Leben ist. Mangels eines besseren Wortes bezeichnen wir diese Qualität als »Geist«.

Das individuelle menschliche Bewusstsein ist die Schnittstelle zur geistigen Welt. Wir können jedoch wenig darüber faktisch »wissen«, weil es sich als »Qualität« einer direkten Untersuchung entzieht. Da wir jedoch mit Bewusstsein ausgestattet sind, können wir mit unserem Bewusstsein eine Verbindung mit dem Geistigen herstellen.

Daraus gewinnen wir »Informationen«, die dieses Geistige als Wirklichkeit erkennen lassen, ohne dass es be-greifbar ist. Wenn die Evolution des Lebens die Evolution des Bewusstseins zum Ziel hat und darüber hinaus eine weitere Transformation des Bewusstseins möglich sein sollte, wird dafür eine andere Art von »Körper« oder Behältnis gebraucht.

Jeder lebende Körper ist wie seine Körperzellen gekennzeichnet durch seinen inneren Zusammenhalt und hat eine »Membran«, die ihn von anderen Körpern abgrenzt. Selbst das winzigste Atom kann nicht denselben Platz wie das eines anderen Atoms einnehmen. Daraus kann man ableiten, dass eine Transformation des körperlichen Schwingungsfelds eine andersartige Form annehmen kann. Diese Form wird in vielen Kulturen als »Seele« bezeichnet. Wir können nur aus dem Wissen über Körperlichkeit schließen, dass diese neue Form ebenfalls eine gewisse Kohärenz und eigene Struktur haben müsste. Unter diesem Gesichtspunkt können wir auch den Feldbegriff für diese Struktur anwenden und die einzelne Seele als ein individuelles Informationsfeld oder »geistiges Muster« verstehen.

Verkörpertes Leben trägt die Möglichkeit in sich, eine neue »Struktur« von individuellen »Bewusstseinsquanten« auf einer höheren Schwingungsebene zustande zu bringen, d. h., ein individuelles Seelenfeld zu erschaffen. Man kann dieses Seelenfeld poetischer auch als eine individuell einzigartige Melodie in der großen Lebenssymphonie betrachten.

Diese Melodie schwingt auch nach Ablauf des körperlichen Lebens im Bewusstseinsfeld weiter. Das Wachstum der Seele während der körperlichen Lebenszeit bedarf entsprechender Bemühungen. Es beruht nicht nur auf einem Lernprozess und einer »Bewusstseinsarbeit«, sondern hat sicherlich auch eine energetische Komponente, denn die neue Struktur muss ihre eigene »Membran« und Kohärenz aufbauen.

Sie stellen sich bei all diesen visionären Gedanken vielleicht die Frage: »Aber das Leben an sich ist doch schon so reichhaltig und vielfältig, und wenn wir uns nicht dauernd um Nahrung und Wohnung und die ganzen Finanzen, die damit verbunden sind, sorgen müssten, könnte das körperliche Leben allein schon sehr befriedigend sein. Warum sollen wir uns dann auch noch um die Evolution einer individuellen Seele und darüber hinaus auch noch um ein kaum begreifbares Bewusstseinsfeld der Erde kümmern? Es macht sicherlich eine große Freude, in diesem kosmischen Schwingungsfeld mit einem Bewusstsein von sich selbst herumzuwirbeln, aber warum dann die ganze Mühe mit dem Leben?«

Der Prozess der Bewusstseinsentwicklung geht meiner lebenslangen Erfahrung nach nicht automatisch vor sich, er kann offenbar erst durch »Reibung«, durch Anstrengung und bewusste »Seinsarbeit« vorangebracht werden. Das bedeutet nicht, dass wir nicht nach einem erfüllten und glücklichen Leben streben sollten. Jeder Mensch ist jedoch gleichzeitig mit anstrengender Arbeit und Problemen in Beruf, Familie oder anderen Lebensgemeinschaften konfrontiert. Die täglichen Bemühungen, ein »gesundes Gleichgewicht« zwischen den Polen von Spannung und Entspannung herzustellen, kann daher auch für das seelische Wachstum genutzt werden.

Wenn die Evolution des Lebens einen Sinn über die natürliche Entfaltung vielfältiger Lebewesen hinaus machen soll, dann ist das menschliche Leben wahrscheinlich nur eine Übergangsstufe, ein »Trainingsprogramm« für etwas ganz anderes. Vielleicht musste die kreative Intelligenz im Quantenschaum der Schwingungen zuerst Materie und dann Leben erzeugen, um schließlich im Menschen sich selbst bewusst zu werden. Würden wir nicht existieren, könnten wir über solche Fragen nicht nachdenken. Dann wäre alles nur ein sinnloses Spiel der entstehenden und vergehenden Elektronen und Photonen.

Für mich sieht es so aus, dass die kreative Intelligenz immer versucht, »mehr« aus dem gesamten Schwingungsfeld der Ur - materie des Quantenschaums zu machen. Und da wir bis in die Zellen durchtränkt sind mit dieser kreativen Kraft, müssen wir aufhören, uns getrennt von ihrem Bewusstsein zu sehen. Wir sind ja dieses Bewusstsein; es manifestiert sich durch uns. Wir wissen, dass wir unsere Existenz nur so wahrnehmen, wie wir sie durch unsere körperlichen Eigenschaften wahrnehmen können – und das scheint, nach allem, was ich in diesem Buch ausgeführt habe, recht begrenzt zu sein. Das meiste spielt sich in unserem Gehirn ab, und durch die scheinbare Festigkeit des Körpers haben wir den Eindruck, wir wären tatsächlich unser Körper. Da dieser uns bestimmte Erfahrungen ermöglicht, kommen wir zur Auffassung, dieser Körper sei die ganze Wahrheit.

Es ist vorstellbar, dass der Tod auch nur eine Illusion ist, ein Ergebnis unserer begrenzten Wahrnehmung. Wenn jemand stirbt, sehen wir einen leblosen Körper liegen. Vielleicht dient dieser nur dazu, die Angehörigen zu überzeugen, dass dieser geliebte Mensch nun tatsächlich gegangen ist. Er hätte sich ja auch einfach in Energie, in Schwingungen, die wir im Grunde ja sind, auflösen können. Ich stelle mir vor, dass durch die Arbeit an der individuellen Evolution der Körper immer mehr nur die Hülle für einen anderen Körper aus Energie und Bewusstsein darstellt, so wie die Raupe, die sich schließlich verpuppt und dann ein Schmetterling wird.

Das ist der Kern der Bewusstseinsfrage: Wenn es im Leben möglich ist, das »Wachstum« der eigenen Seele, die auch als »individuelles Bewusstseinsfeld« gedacht werden kann, durch bewusste Arbeit daran zu fördern, dann wird sich dieser »Bewusstseinskörper« nach dem körperlichen Tod nicht einfach auflösen. Wenn dieser »Bewusstseinskörper«, das Feld der Seele, kein bewusst und absichtlich veranlasstes Wachstum oder Konzentrierung erfahren hat, die auch in einer anderen geistigen »Seinsdimension« existenzfähig ist[472], kann die bei jedem Menschen gewachsene Seele nicht überdauern, und ihre Energien werden daher wieder verwendet.

Unser Leben und Bewusstsein haben immer Anteil am kreativen kosmischen »Tanz« mit all seinen Klängen, Farben und Gestaltungen. Etwas manifestiert sich und vergeht wieder – vielleicht geschieht dies in einer Art Ewigkeit, und wir nehmen es nur in unserer Zeitdimension hier wahr, wenn wir für scheinbar kurze Zeit ins Leben getreten sind. Menschen werden höchstens 120 Jahre alt. Schildkröten können 200 Jahre alt werden. Manche Bäume werden einige Jahrhunderte alt – es gibt sogar Bäume, die schon über 2000 Jahre alt sind. Ihnen kann sogar Feuer nichts anhaben. Was werden ihre Baumseelen wohl erlebt haben?

Es steckt wahrscheinlich mehr hinter den Zielen der Evolution, als wir uns momentan vorstellen können. Auf jeden Fall können wir nach allem, was in diesem Buch erörtert wurde, erkennen, dass es keine dumme und zufällige, sondern eine intelligente Evolution des Lebens gibt. In diesem Fall spielt der Mensch daher eine besondere Rolle, die über die Verkörperung hinausgeht. Genetisch ist langes körperliches Leben, wie das Beispiel des Baumes zeigt, ja offenbar möglich. Es sieht daher so aus, als ob die Evolution mit dem Menschen über die natürliche Verkörperung hinauswachsen möchte. Zumindest ist das unsere Möglichkeit der Wahrnehmung mit unserem belebten Körper und wachem Bewusstsein. Ich bin daher davon überzeugt, dass wir tatsächlich Mitschöpfer an diesem ganzen »Tanz der Evolution« sind, weil wir dieses Bewusstsein in uns haben.

Es kann keine gesicherten Antworten geben. Wir wissen nur, dass die Zukunft offen ist und die kreative und intelligente Evolution stets auf komplexere Formen und höhere Qualität abzielt. Wir dürfen hoffen, dass uns die kreativen evolutionären Kräfte, die das Leben auf dieser Erde ermöglicht und in einem Jahrmilliarden dauernden Prozess zu einer unerhörten Komplexität geführt haben, uns auch in Zukunft führen werden – wenn wir uns ihrem Geist öffnen!

ATP

Das Molekül ATP (Adenosintriphosphat) ist außerordentlich interessant und wichtig. Es ist vergleichbar mit dem Wasser, weil es nur schwache Bindungen ähnlich den Wasserstoffbrücken besitzt, daher ist es sehr beweglich. Und es ist der hauptsächliche Energielieferant für die Körperzellen. Bei der Verbrennung eines Glukosemoleküls kann sehr viel ATP synthetisiert werden, das geschieht auch im Gehirn, das hauptsächlich Glukose, also Zucker, verbraucht. Letztlich verbraucht das Gehirn 50 Prozent der zugeführten Energie über die Nahrung. Irgendwann ist der ATP-Vorrat der Zelle aufgebraucht.

Jetzt kommen die Mitochondrien der Zelle ins Spiel, die auch als »Kraftwerke« der Zelle bezeichnet werden. Ihre Aufgabe ist es, aus ADP (also einem Di-Phosphat) und Phosphat-Ionen neues ATP herzustellen. Dies ist natürlich eine endotherme Reaktion (d. h. Energie wird von außen zugeführt), denn das ATP ist ja energiereicher als das ADP.

Die Frage ist jetzt: Welche exotherme Reaktion treibt eigentlich die Herstellung von ATP an? Das ATP erfüllt tatsächlich die Rolle einer Währung – einer Energiewährung. Genauso wie man in einem modernen Land alle Waren mit Geld kaufen kann und nicht mehr auf umständliches Tauschen angewiesen ist, so treibt die Zelle fast alle endothermen Reaktionen mit ATP an. Und die Analogie geht weiter: In einem Staat wird das Geld gedruckt (irgendwoher muss es ja kommen), und in der Zelle wird das ATP hergestellt. Die ATP-Synthese findet zum Teil im Zellplasma, zum größten Teil allerdings in den Mitochondrien statt. Außer Wasser ist ATP also das bedeutendste Molekül für die Erhaltung des Körpers!

WASSER –

QUANTENPHYSIKALISCH GESEHEN

Um den komplexen energetischen Vorgang, der im Wasser abläuft, besser zu begreifen, weil dies noch ein weiteres Licht darauf wirft, dass die Evolution, die im Wesentlichen vom Wasser abhängt, auf keinen Fall zufällig sein kann, schildere ich hier in Kurzform die spannende quantenphysikalische Seite des Wassers.

Atome haben einen Kern, der positiv geladene Teilchenwellen – genannt »Protonen« – enthält. Diese bestehen wiederum aus weiteren Teilen von subatomaren Partikelwellen, die in zwei allgemeinen Kategorien vorkommen: Bosonen, die sich gegenseitig anziehen, und Fermionen, die sich gegenseitig abstoßen. Zu den Bosonen gehören die Quarks und zu den Fermionen die Elektronen. Der Begriff »positive Ladung« bezieht sich auf einen Pol der elektrostatischen Ladung, während der gegensätzliche Pol eine »negative Ladung« hat – genauso wie beim Strom, der durch unsere Kupferkabel »fließt«.

Ich spreche deshalb von »Teilchenwellen«, weil es tatsächlich nur Bewegung, d. h. Schwingung, gibt – Teilchen sind elektromagnetische Schwingungen. Damit sich jedoch so etwas wie »Materie«, also auch eine Flüssigkeit wie Wasser, bilden kann, sind die manifestierten Teilchen nötig. Die Atome und ihre Kristallgitterstrukturen sind demnach nicht die primären »Bausteine«, sondern eher Ruhepunkte, stehende Wellen oder »Störungen« der Schwingungen. Ruhe und Bewegung sind die Urprinzipien der Materiebildung.

Atome haben darüber hinaus eine »gleiche und gegensätzliche« Ladungszusammensetzung, welche die sogenannten »Wolken« oder »Umlaufbahnen« von negativ geladenen Elektronen umfasst. Diese sind als Wahrscheinlichkeitsverdichtungen in der »Raumzeit« des Atoms auf eine solche Weise verteilt, als ob sie räumlich auf den Kern des Atoms bezogen wären.

Mit einem Kern verbundene Elektronen-Teilchenwellen werden in einem Molekül mit einem anderen Kern geteilt und umgekehrt. Das meint man mit einer chemischen Verbindung.
Diese Verbindungen geschehen gewissermaßen in verschiedenartigen dreidimensionalen Strukturen und Mustern. Das Wassermolekül ist »gebogen«, wobei die beiden Bindungen zwischen Sauerstoff und Wasserstoff einen Winkel von 104,5 Grad
bilden. Um die Struktur flüssigen Wassers zu verstehen, müssen
wir auch die beiden »freien Elektronenpaare« des Sauerstoff-
atoms berücksichtigen. Die Wasserstoffatome und die freien
Paare sitzen mehr oder weniger an den Ecken eines Tetraeders
(siehe Ball, 2003, S. 211). Da sich jedoch alles bewegt, bewegen
sich die Schwingungen in den Wellenfeldern des Wassers wir-
belnd und windend, Wassermoleküle sind also in sich verdreht.

Dabei sollten wir bedenken, dass wir hier nicht über ein Molekül sprechen, das sich aus mehreren Elementen und Bindungen zusammensetzt. Wasser hat »nur« die täuschend einfache
Molekularstruktur H_2O. Das heißt, ein Sauerstoffkern teilt sich
eine Elektronen-Teilchenwellen-Wahrscheinlichkeitsdichte mit
zwei Wasserstoffkernen. Während jedoch die Wasserstoffkerne
sehr winzig und sehr einfach sind (ein Proton, ein Elektron), ist
der Sauerstoffkern wesentlich komplexer: 16 Protonen, 16 Elektronen. Das hat zur Folge, dass im Wassermolekül die berechnete »Wahrscheinlichkeitsdichte« der Elektronen-Teilchenwellen,
die mit den Wasserstoffkernen verbunden sind, vorwiegend zur
größeren Anziehung des Sauerstoffkerns hingezogen wird.

Das Ergebnis dieser Anziehung ist, dass jeder Wasserstoffkern
das trägt, was eine »teilweise positive Ladung« genannt wird –
d. h. auch, dass ein Teil der »gleich und gegensätzlich« geladenen Elektronen abgetrennt wird. Umgekehrt ist es so, dass
der Sauerstoffkern das trägt, was wir als eine »partiell negative
Ladung« bezeichnen, indem einige Elektronen-Teilchenwellen-
Wahrscheinlichkeitsdichten von den damit verbundenen Wasserstoffkernen aufgenommen wurden. (Diese Information habe

ich von einem befreundeten Biochemiker, der sich intensiv mit dem Wasser beschäftigt hat.)

Die Konsequenz dieser Komplexität bedeutet, dass Wasser in Form von »flackernden Clustern« existiert – ein Cluster besteht aus 400 bis 600 Molekülen – und außerdem komplizierte »Wasserstoffbindungsnetzwerke« bildet, die üblicherweise »Wasserstoffbrücken« genannt werden. Diese ordnen sich fortwährend neu an – in unvorstellbar kurzen Sekundenbruchteilen. Durch die sogenannte Polarität individueller Wassermoleküle ist die »Substanz« Wasser mit fantastisch komplizierten Eigenschaften ausgestattet. Diese Polarität finden wir übrigens bei allen Lebewesen und Pflanzen, bei der Bildung eines Embryos ebenso wie bei einem Baum. Sie ist deshalb von großer Bedeutung, weil sie festlegt, wo oben und unten oder vorne und hinten ist, d. h. wo der Kopf und wo die Füße des Embryos oder die Blüte und die Wurzeln einer Pflanze positioniert sind.

Jedes individuelle Wassermolekül kann sich energetisch aus einer oder mehreren (bis zu fünf) vorteilhaften »Wasserstoffbindungsinteraktionen« bilden – es sind nicht einfach nur »Brücken«, wie es eher irreführend in der Fachsprache heißt. Die Wasserstoffbrücken sind nämlich dauernd in Bewegung, dadurch ist Wasser höchst flexibel – seine Anpassungsfähigkeit an alle möglichen Naturerscheinungen können wir ja sehen. Hinzu kommt, dass die teilweise positiven Ladungen, die mit einem Wasserstoffkern verbunden sind, eine extramolekulare, elektrostatische Interaktion mit dem teilweise negativ geladenen Sauerstoffteilchen eingehen können.

Die Stärke dieser energetisch vorteilhaften Interaktionen ist tatsächlich extrem groß. Zum Beispiel hat die Bindungsenergie eines molekularen »Erkennens-Ereignisses« – d. h. wenn einige Moleküle andere erkennen und sich mit ihnen in einer Wasserlösung verbinden – eine Energieordnung, die in der Lage ist, zwei oder drei Wassermoleküle aus der Interaktion mit anderen Wassermolekülen zu entfernen. Das Lösen eines Moleküls in

Wasser bewirkt dabei eine Umstrukturierung des Wasserstoff-
brückennetzwerks. Das Wasser reagiert dabei auf zwei Weisen:
Einerseits muss es Platz schaffen für den Gast, andererseits versucht es zugleich, das Brückennetzwerk um das unpolare Lösungsmittel herum zu stärken. Um eine möglichst große Zahl
von Wasserstoffbrücken zu erhalten, schmiegt sich das Wassermolekül mit »drei seiner Tetraederrichtungen tangential an die
Oberfläche des besetzten Raumes. Diese Einschränkung der
Orientierungsmöglichkeiten führt zu einem negativen Entropiebeitrag für die Lösung«.[473]

Negativer Entropiebeitrag bedeutet, dass Wasser in diesem
Fall gegen die Entropie, seine Auflösung der inneren Bindungen bzw. eine Energieminderung, wirkt und neue Energie bildet, d.h., Wasser tendiert dazu, Wärme zu speichern bzw. zu
erhalten. Ohne diese Tatsache gäbe es z.B. keinen Golfstrom
und Europa wäre wesentlich kälter.

Die thermodynamischen Eigenschaften des Wassers sind un-
gemein schwer zu studieren, weil man bei experimentellen Beobachtungen auf die Messungen der Wärmeabgabe oder des
Wärmeverbrauchs bei Reaktionen angewiesen ist. Dennoch tendiert Wasser dazu, seine latente Wärme zu konservieren, d.h.
die Energie, die für die elektrostatische Interaktion mit sich
selbst vorteilhaft ist. Wenn daher etwas geschieht, was in einer
normalen Flüssigkeit Wärme verbrauchen oder abgeben würde,
schafft es das Wasser, diesem zu entgehen, indem es sich selbst
neu anordnet (d.h. seine Wasserstoffbrücken und Cluster).
Daher kann es vorkommen, dass Wasser in verschiedenen Formen genau die gleichen beobachtbaren thermodynamischen
Eigenschaften hat, auch wenn es sich dramatisch in den Eigenschaften unterscheidet, die man dabei beobachtet bzw. im thermodynamischen Prozess sichtbar macht.

BIBLIOGRAFIE

Albertz, Jörg (Hrsg.): *Wahrnehmung und Wirklichkeit*, Berlin 1997

Attenborough, David: *Das geheime Leben der Pflanzen*, München 1995

Augros, Robert und George Stanciu: *Die Neue Biologie*, München 1988

Ball, Philip: *H2O – Biographie des Wassers*, München 2003

Bauer, Joachim: *Das Gedächtnis des Körpers*, München 2005

Bauer, Joachim: *Warum ich fühle, was du fühlst*, München 2006

Bauer, Joachim: *Das kooperative Gen*, Hamburg 2008

Bateson, Gregory: *Geist und Natur – eine notwendige Einheit*, Frankfurt 1984

Becker, Robert O.: *Der Funke des Lebens – Elektrizität und Lebensenergie*, München 1991

Bennett, John G.: *Die Meister der Weisheit*, Südergellersen 1993

Bennett, John G.: *Risiko und Freiheit*, Zürich 2004

Bennett, John G.: *Die inneren Welten des Menschen*, Zürich 2009

Bischof, Marco: *Biophotonen – Das Licht in unseren Zellen*, Frankfurt 2005, 13. Auflage

Bischof, Marco: *Tachyonen, Orgonenergie, Skalarwellen*, Aarau 2002

Blackmore, Susan: *Die Macht der Meme*, Heidelberg, Berlin 2000

Blake, Anthony G. E.: *Das intelligente Enneagramm*, Südergellersen 1993

Blake, Anthony G. E.: *Intelligenz Jetzt*, Südergellersen 1990

Blake, Anthony G. E.: *A Gymnasium of Beliefs in Higher Intelligence*, Charles Town (USA) 2010

Bortoft, Henri: *The Wholeness of Nature*, New York 1996

Brockhaus-Redaktion: *Vom Urknall zum Menschen*, Leipzig, Mannheim 1999

Bröckers, Mathias: *Können Tomaten träumen?* Königsförde 2001

Bürgin, Luc: *Der Urzeit-Code*, München 2007

Chambers, Paul: *Die Archaeopteryx-Saga*, München 2005

Chardin, Pierre Teilhard de: *Sinn und Ziel der Evolution*, Aachen 2010

Chown, Marcus: *Warum Gott doch würfelt*, München 2005

Damasio, Antonio R.: *Der Spinoza-Effekt – Wie Gefühle unser Leben bestimmen*, Berlin 2005

Darwin, Charles: *Gesammelte Werke*, Frankfurt 2006

Davies, Paul: *Der kosmische Volltreffer*, Frankfurt 2009

Dembski, William A.: *The Design Revolution*, Downers Grove 2004

Devereux, Paul: *Das Gedächtnis der Erde*, Aarau 2000

Dobel, Richard (Hrsg.): *Das Lexikon der Goethe-Zitate*, Düsseldorf 2002

Dröscher, Vitus B.: *Magie der Sinne im Tierreich*, München 1975

Dürr, Hans-Peter und Franz-Theo Gottwald (Hrsg.): *Rupert Sheldrake in der Diskussion*, Bern, München 1997

Ernst, J. W.: *Die musische Kunst – Schlüssel der Kultur*, Malsch 1980

Fechner, Gustav Theodor: *Zend-Avesta*, Leipzig 1922

Fortey, Richard: *Leben – eine Biographie*, München 2006

Gehirn & Geist Dossier: *Angriff auf das Menschenbild*, 1/2003

Gehirn & Geist Dossier: *Rätsel der Wahrnehmung*, 2/2004

Genz, Henning: *Die Entdeckung des Nichts*, Reinbek 1999

Geo Magazin: *Das Ideal des leichten Lebens*, Mai 1999

Geyer, Christian (Hrsg.): *Hirnforschung und Willensfreiheit*, Frankfurt 2004

Goethe, Johann Wolfgang von: *Schriften zur Botanik und Wissenschaftslehre*, München 1963

Goethe, Johann Wolfgang von: *Zur Farbenlehre – Didaktischer Teil*, München 1963

Görnitz, Thomas: *Quanten sind anders*, München 2006

Goswami, Amit: *Das bewusste Universum*, Freiburg 1995

Graßmann, Hans: *Alles Quark*, Berlin 1999

Hayward, Jeremy W.: *Die Erforschung der Innenwelt*, München 1990

Hayward, Jeremy W.: *Liebe, Wissenschaft und die Wiederverzauberung der Welt*, Freiamt 2006

Hölldobler, Bert und Edward O. Wilson: *Ameisen – Die Entdeckung einer faszinierenden Welt*, Berlin 1995

Hofstadter, Douglas R.: *Gödel, Escher, Bach – ein endlos geflochtenes Band*, Stuttgart 1986

Holler, Johannes: *Das Neue Gehirn*, Paderborn 1996

Houston, Jean: *Der mögliche Mensch*, Basel 1984

Kast, Bas: *Revolution im Kopf – Die Zukunft des Gehirns*, Berlin 2003

Keller, Helen: *Blind, taub und optimistisch – Leben und Lernen der Helen Keller*, Löhrbach 2003

Klausnitzer, Bernhard: *Käfer*, Hamburg 2005

Kübler, Ruth: *Der Kosmos im Wassertropfen*, Baden 2006

Kükelhaus, Hugo und Rudolf zur Lippe: *Entfaltung der Sinne*, Wiesbaden 2008

Kutschera, Ulrich: *Tatsache Evolution*, München 2009

Laszlo, Ervin: *Zu Hause im Universum*, Berlin 2005

Laszlo, Ervin: *Holos – die Welt der neuen Wissenschaften*, Petersberg 2002

Lauterwasser, Alexander: *Wasser Klang Bilder*, Aarau 2002

Leary, Timothy: *Info-Psychologie*, Basel 1991

Lehrs, Ernst: *Mensch und Materie*, Frankfurt 1966

Levy, Steven: *Künstliches Leben aus dem Labor*, München 1993

Leyh, Arvid: *Nur in deinem Kopf*, Löhrbach 1999

Libet, Benjamin: *Mind Time – wie das Gehirn Bewusstsein produziert*, Franfurt 2005

Lippe, Rudolf zur: *Sinnenbewusstsein*, Reinbek 1987

Linke, Detlef B.: *Die Freiheit und das Gehirn*, München 2005

Linke, Detlef B.: *Kunst und Gehirn – Die Eroberung des Unsichtbaren*, Reinbek 2001

Lipton, Bruce H.: *Intelligente Zellen*, Burgrain 2006

Lovelock, James: *Gaia – Die Erde ist ein Lebewesen*, München 1992

Loye, David: *Darwin in Love – Die Evolutionstheorie in neuem Licht*, Freiamt 2005

Loye, David: *Die Sphinx und der Regenbogen – Das Potential unseres Bewusstseins, die Zukunft vorauszusehen*, Reinbek 1988

Macdonald, David (Hrsg.): *Die große Enzyklopädie der Säugetiere*, Königswinter 2004

Margulis, Lynn: *Die andere Evolution*, Heidelberg, Berlin 1999

Martin, Bruno: *Auf einem Raumschiff mit Gurdjieff*, Norderstedt 2009

Martin, Bruno: *Das Lexikon der Spiritualität*, München 2005

Martin, Bruno: *Zen der plötzlichen Erleuchtung*, Havelte 2004

Maturana, Humberto R. und Francisco J. Varela: *Der Baum der Erkenntnis*, München 1987

McTaggart, Lynne: *Das Nullpunkt-Feld*, München 2007

McTaggart, Lynne: *Intention*, Freiburg 2007

Meckelburg, Ernst: *Das geheime Leben der Tiere*, München 2003

Nachtigall, Prof. Dr. Werner und Kurt G. Blüchel: *Das große Buch der Bionik*, Stuttgart/München 2000

Narby, Jeremy: *Die kosmische Schlange*, München 2004

Narby, Jeremy: *Intelligenz in der Natur*, Baden 2006

Nauwald, Nana: *Ekstatische Trance – Das Arbeitsbuch*, Havelte 2004

Nauwald, Nana: *Schamanische Rituale der Wahrnehmung*, Baden 2005

Nouvian, Claire: *The Deep – Leben in der Tiefsee*, München 2006

Oeser, Erhard und Franz Seitelberg: *Gehirn, Bewusstsein und Erkenntnis*, Darmstadt 1988

Peat, F. David und John Briggs: *Die Entdeckung des Chaos*, München 1990

Pratchett, Terry, Ian Stewart, Jack Cohen: *Darwin und die Götter der Scheibenwelt*, München 2006

Rätsch, Christian: *Enzyklopädie der psychoaktiven Pflanzen*, Aarau 1998

Rätsch, Christian: *Schamanenpflanzen*, Baden 2009

Ratey, John J.: *Das menschliche Gehirn – Eine Gebrauchsanweisung*, Düsseldorf 2001

Regenass-Klotz, M.: *Grundzüge der Gentechnik – Theorie und Praxis*, Basel 2005

Rucker, Rudy: *Die Wunderwelt der vierten Dimension*, München 1987

Schauberger, Viktor: *Das Wesen des Wassers*, Baden 2006

Schiff, Michael: *Das Gedächtnis des Wassers*, Frankfurt 1999

Schöne, Martin (Hrsg.): *Realität und Bewusstsein*, Forschungsprojekt der HBK Braunschweig, 2003

Sheldrake, Rupert: *Das Gedächtnis der Natur*, Bern, München 1990

Sheldrake, Rupert: *Die Wiedergeburt der Natur*, München 1991

Soesmann, Albert: *Die zwölf Sinne*, Stuttgart 2003

Spektrum der Wissenschaft Dossier: *Das neue Genom*, 1/2006

Spektrum der Wissenschaft Dossier: *Die Welt im Kopf*, 4/2005

Spektrum der Wissenschaft Dossier: *Gehirn und Erleben*, 2/2006

Spektrum der Wissenschaft Spezial: *Bewusstsein*, 1/2004

Spektrum der Wissenschaft: *Erbsubstanz DNA*, Heidelberg 1986

Spektrum der Wissenschaft: *Moleküle des Lebens*, Heidelberg 1986

Strassmann, Dr. med. Rick: *DMT – Das Molekül des Bewusstseins*, Aarau 2004

Vollmert, Bruno: *Das Molekül und das Leben*, Reinbek 1985

Weber, Andreas: *Alles fühlt*, Berlin 2008

Weber Andreas: *Biokapital*, Berlin 2009

Weber, Thomas P.: *Schnellkurs Genforschung*, Köln 2002

Wilber, Ken (Hrsg.): *Das holographische Weltbild*, München 1986

Wilber, Ken: *Das Spektrum des Bewusstseins*, Reinbek 1991

Wilson, Robert Anton: *Der neue Prometheus – Die Evolution unserer Intelligenz*, Basel 1985

Wilson, Robert Anton: *Die neue Inquisition*, Frankfurt 1992

Wolf, Fred Alan: *Körper, Geist und neue Physik*, München 1989

Young, Arthur: *Der kreative Kosmos*, München 1987

Zajonc, Arthur: *Die gemeinsame Geschichte von Licht und Bewusstsein*, Reinbek 1997

Zehentbauer, Josef: *Körpereigene Drogen*, München 1992

Zeilinger, Anton: *Einsteins Spuk*, München 2005

Zimmerli, Walther Ch.: *Technologie als Kultur*, Hildesheim 2005

Zukav, Gary: *Die tanzenden Wu-Li-Meister*, Reinbek 1981

ANMERKUNGEN

1 Seit Anbeginn der Philosophie gibt es die Diskussion über Transzendenz und Immanenz. Beide Ansichten übersteigen zwar unseren Verstand, doch ein allem innewohnender Geist, der nicht von der Schöpfung getrennt und selbst ein Teil davon ist, liegt nach allem, was wir heute wissen, näher an der möglichen Erkenntnis.

2 Jean Gebser: *Ursprung und Gegenwart*, München 1973, S. 424. Im Original gebraucht Gebser den Begriff »Mutation« statt Veränderung, die Übersetzung des Begriffs, den ich hier verwende, um den ursprünglichen Gedanken gegen die Verwendung von Mutation in der Evolutionstheorie abzugrenzen.

3 Siehe ausführlich: Humberto R. Maturana/Francisco J. Varela: *Der Baum der Erkenntnis: Die biologischen Wurzeln des menschlichen Erkennens*; Frankfurt 2009.

4 Ebenda

5 Ausführlich in Lynne McTaggart: *Intention*, Freiburg 2007, 67 ff.

6 Bd. 463, S. 43, 2010; Süddeutsche Zeitung, 7.1.2010

7 Der moderne Mensch und der ausgestorbene Neandertaler, wenn man verschiedene Menschenarten davor außer Acht lässt.

8 Siehe Joachim Bauer: *Das Gedächtnis des Körpers*, München 2005. Mehr dazu im 3. Kapitel.

9 Sie lebte von 1902 bis 1992 und entdeckte 1948 die »Transposone«, die springenden Gene, wofür sie 1983 mit dem Nobelpreis geehrt wurde.

10 R. W. Braun: *Morphologie, Taxonomie, Replikation und Genetik*, S. 14

11 Siehe David Bodanis: *Das Universum des Lichts*, Reinbek 2005.

12 John G. Bennett: *Die inneren Welten des Menschen*, Südergellersen 1984, S. 88

13 Siehe Ralf Isau: *Die Galerie der Lügen*, Bergisch-Gladbach 2005.

14 Die englische Wissenschaftsjournalistin ging dieser Frage nach und zeigt auf, dass es durchaus ernsthafte wissenschaftliche Untersuchungsmöglichkeiten auch paranormaler Erscheinungen geben kann. Siehe: Lynne McTaggart: *Das Nullpunkt-Feld*, München 2003.

15 Jörg Alberz: *Sehen, Wahrnehmen und die Wirklichkeit* in: *Wahrnehmung und Wirklichkeit*, Berlin 1997, S. 13

16 Oeser, Erhard/Franz Seitelberg: *Gehirn, Bewusstsein und Erkenntnis*, Darmstadt 1988, S. 189 f.

17 Brockhaus-Redaktion: *Vom Urknall zum Menschen*, Leipzig-Mannheim 1999

18 Zitiert in Narby: *Die Intelligenz in der Natur*, S. 158. Poppers weitere Argumente ebenda. Originalquelle: Karl Popper: *Ausgangspunkte*, Hamburg 1979

19 IDW-Online.de – Bericht der Stiftung Tierärztliche Hochschule Hannover, 27.1.2009 – DLO, veröffentlicht im Onlinefachmagazin PLoS Biology.

20 Einleitung zu einem Artikel über Evolution in: National Geographic, 1/2007.

21 Ebenda, S. 45

22 Frankfurter Rundschau, 9.5.2006, S. 24

23 Ausführlich zum System der »Triade« siehe: J. G. Bennett: *Elementary Systematics – A Tool for Understanding Wholes*, Santa Fe 1993.

24 Klaus Kern in einem Forschungsbericht der Abteilung für Nanowissenschaft am Max-Planck-Institut für Festkörperforschung in Stuttgart. Pressemeldung vom 31.10.2007 des Forschungszentrums Karlsruhe/MPG.

25 John G. Bennett: *Energien*, Frankfurt 1977, S.77

26 Oeser, a. a. O., S.152f.

27 In: Andreas Weber: *Alles Fühlt*, Berlin 2008, S.116.

28 In: Anton Zeilinger: *Einsteins Spuk*, München 2005.

29 Ervin Laszlo: *Zu Hause im Universum*, Berlin 2005, S.104

30 Ervin Laszlo: *Holos*, Petersberg 2002, S.39

31 Siehe dazu Lynne McTaggart: *Das Nullpunkt-Feld*, München 2003.

32 Siehe dazu Joachim Bauer: *Das Gedächtnis des Körpers*, München 2004.

33 Siehe dazu die wunderschönen Bilder im Buch des Mathematikers Eric Mandel: *Die Schönheit der Mathematik*, Frankfurt 2009.

34 Diese kurz gefasste Beschreibung habe ich dem Buch *Die tanzenden Wu-Li-Meister* von Gary Zukav entlehnt.

35 Dieses Bild habe ich von dem Kernphysiker Jeremy Hayward: *Liebe, Wissenschaft und die Wiederverzauberung der Welt*, Freiamt 2006.

36 In: Marco Bischoff: *Tachyonen, Orgonenergie, Skalarwellen*, Aarau 2002, S.189.

37 In: Cochran, Andrea A.: *Are atomic particles conscious?* Second Look, Vol. 2, No.3, 1980; zitiert in: Bischoff, Marco: *Biophotonen*, Frankfurt 2005

38 Anton Zeilinger: *Einsteins Spuk*, 2006, S.72

39 Ebenda, S.72

40 Ebenda, S.73

41 Ebenda, S.73

42 John Briggs, F. David Peat: *Die Entdeckung des Chaos*, München, Wien 1990, S.305

43 Marco Bischof: *Tachyonen, Orgonenergie, Skalarwellen*, Aarau 2002. Hier auch eine ausführliche Darstellung des Feldbegriffs und eine Auseinandersetzung mit dem Konzept feinstofflicher Felder.

44 Neuere Forschungen haben aufgezeigt, dass Wernadski ähnliche Vorstellungen wie Chardin hatte, diese jedoch nicht veröffentlichte. Siehe: Marco Bischof: *Vernadsky's Noosphere and Slavophile Sobornost*, New York 2007, in: Beloussov u. a.: *Biophotonics and Coherent Systems in Biology*.

45 Der Autor hat sich mit der Philosophie von Teilhard de Chardin erst nach dem Schreiben dieses Buches ausführlicher beschäftigt. Das liegt daran, dass er christlich-religiöse Vorstellungen mit seiner Theorie verband. Viele seiner Thesen finde ich dennoch herausragend und wichtig. Wenn man »Gott« nicht personalisiert, sehe ich viele Übereinstimmungen mit seiner Theorie.

46 Pierre Teilhard de Chardin: *Die Zukunft des Menschen*, Kapitel »Die Bildung der Noosphäre«, S.221f.

47 Diejenigen, die sich mit der indischen Chakralehre beschäftigen, werden sicherlich eine Analogie mit den sieben Chakras erkennen.

48 Die Ideen dieses Abschnitts habe ich von dem Mathematiker und Wissenschaftsphilosophen John G. Bennett aus: *The Dramatic Universe*, Vol. III, London 1966.

49 Britischer Mathematiker, 1897–1974. Sein Hauptwerk ist *The Dramatic Universe* in vier Bänden.

50 Quantenphysiker, 1917–1992.

51 Reginald T. Cahill: *Process Physics*, Flinders University 2003

52 Siehe Rupert Sheldrake: *Das Gedächtnis der Natur.*

53 Siehe Paul Davies: *Der kosmische Volltreffer*, Frankfurt 2008.

54 Isotop: unterscheidet sich von einem gleichen Element durch eine andere Massezahl, hat also mehr Protonen.

55 Philip Ball: *H_2O*, S. 30

56 Joseph Ford: *What is Chaos*, in: New Physics, 1989

57 Frankfurter Rundschau, Nr. 176, 1. 8. 2006, S. 23

58 Ball, a. a. O., S. 33

59 Physiker sagen tatsächlich, dass alle Teilchen im Kosmos Computern gleichen und auch rechnen. Siehe dazu ausführlich: Spektrum der Wissenschaft, 1/2005.

60 Diesen Gedanken fand ich in dem historischen Roman *Der Fluch der Sterne* von Elizabeth Redfern, Bergisch Gladbach 2003. Die Rechnung mit den AE habe ich hinzugefügt.

61 Physiker versuchen, solche Zahlen gerne als »esoterisch« abzutun, da viele andere Verhältnisse häufig ganz »krumme« Zahlen aufweisen, was ja tatsächlich auch bei diesen Abständen »hinter dem Komma« der Fall ist. Man bedenkt jedoch nicht, dass gerade die »gesetzmäßigen Unregelmäßigkeiten« das Salz in der Suppe ausmachen.

62 Ball: *H_2O*, S. 45

63 Aus: Science, 14. 12. 2001.

64 Ausführlich zur quantenphysikalischen Beschreibung des Wassers im Anhang.

65 Diese Erkenntnis habe ich aus: Robert Augros/George Stanciu: *Die neue Biologie*, 1988.

66 Ausführlich dazu in: Michel Schiff: *Das Gedächtnis des Wassers*, 1993.

67 Zitat aus: Focus, Nr. 14, 2006. Die Studie heißt: »Verlaufsbeobachtung bei Patienten in der homöopathischen Arztpraxis. Hrsg. Institut für Sozialmedizin, Epidemiologie und Gesundheitsökonomie.

68 Forschungen von C. W. Smith (1985), zitiert in: Bischoff, *Biophotonen*, S. 342.

69 Philip Ball: *H_2O*, S. 35

70 Bruno Vollmert: *Das Molekül und das Leben*, 1985, S. 40. DNS (englisch DNA) = Desoxyribonukleinsäure = weil jede Stickstoffbase über eine kovalente Bindung an den Zucker, die Desoxyribose, gebunden ist. Die Bausteine der DNA sind die Nukleotide, die sich aus drei Teilen zusammensetzen: einer Stickstoffbase, einem Zucker und einer Phosphatgruppe.

71 Ebenda, S. 44. Prof. Dr. Bruno Vollmert, geb. 1920, ist ein anerkannter Forscher u. a. über Synthesen makromolekularer Stoffe. Er war Ordinarius für Chemische Technik der makromolekularen Stoffe und Direktor des Polymerinstituts

der Universität Karlsruhe. Er hat mehrere Lehrbücher verfasst. Zum Verständnis der einfachen Kohlenwasserstoffe bitte ich die Leser und Leserinnen im Lexikon nachzuschlagen.

72 Ebenda, S. 201

73 Ebenda, S. 64

74 Der Begriff Enzym wurde 1867 von dem deutschen Physiologen Wilhelm Kühne (1837–1900) geprägt; er leitet sich von dem griechischen Ausdruck en zym_ (»in der Hefe«) ab. Heute kennt man viele tausend Enzyme. Aus: Microsoft® Encarta® Enzyklopädie Professional 2005. © 1993–2004 Microsoft Corporation.

75 Bruce Lipton: *Die intelligente Zelle*, Burgrain 2006, S. 76

76 Siehe dazu den Artikel: *Der Knick in der Wand macht beweglich*. In: Frankfurter Allgemeine Zeitung, Nr. 302, 28.12.2005, S. N2, Natur und Wissenschaft: »Lange Zeit blieb die Vielfalt der Funktionen der Zellmembran unterschätzt.«

77 Ebenda

78 Aus: Microsoft® Encarta® Enzyklopädie Professional 2005. © 1993–2004 Microsoft Corporation.

79 Aus: Microsoft® Encarta® Enzyklopädie Professional 2005. © 1993–2004 Microsoft Corporation.

80 Frei zitiert aus: Frankfurter Allgemeine Zeitung, 7.6.2006, Natur und Wissenschaft.

81 Ein wichtiger Hinweis von John G. Bennett in: *Die Meister der Weisheit*, Südergellersen 1993.

82 Bruce Lipton, a. a. O., S. 39

83 Ein wichtiger Hinweis von John G. Bennett, a. a. O.

84 Lipton, a. a. O., S. 39

85 Margulis: *Die andere Evolution*, 1999, S. 32

86 Ich würde sagen: nach menschlichen Maßstäben …

87 Margulis, ebenda, S. 113; Hervorhebung durch den Autor – einfach eine schöne Formulierung. Es ist gut möglich, dass der »Kreislauf des Lebens« noch eine andere Bedeutung hat. Wenn die »Information« der Teilchenwellen-Felder erhalten bleibt, dann ist der physische Tod der Zelle (und aller Lebewesen) eher als Informationsaustausch- und Erneuerungsprozess zu verstehen, bei dem die individuelle Information nicht verloren geht.

88 Bischoff, a. a. O., S. 35 f.

89 Ausführlich dazu: Marco Bischoff: *Biophotonen*, 2003.

90 Lipton, a. a. O., S. 40

91 Im Gegensatz zu lediglich komplizierten Systemen zeigen komplexe Systeme Emergenz. Entgegen einem verbreiteten Irrglauben bedeutet Emergenz in diesem Zusammenhang nicht, dass die Eigenschaften der emergierenden Systemebenen von den darunter liegenden Ebenen unabhängig sind. Emergente Eigenschaften sind solche, die sich auf einer Systemebene durch Wechselwirkungen auf einer anderen Ebene ergeben.

92 Anthony Blake: *Intelligenz Jetzt*, 1990, S. 31

[93] Ich verwende in diesem Buch ansonsten die englische Schreibweise DNA – A = Acid, Säure, weil diese sich inzwischen eingebürgert hat.

[94] Spektrum der Wissenschaft, Dossier 1/2006

[95] In der englischen Fachsprache »Codons«, im Deutschen kann man aber auch Codone sagen.

[96] Die Astrophysiker schätzen den effektiven Materieanteil des gesamten Universums auf fünf Prozent im Verhältnis zur Größe. Man nimmt an, dass die »große Leere« vielleicht von Dunkler Materie und Dunkler Energie erfüllt sei, die man bisher nicht aufspüren konnte.

[97] Ausführlich: Spektrum der Wissenschaft, Dossier 1/2006.

[98] Wie komplex der genetische Code ist, wird sehr gut in dem Buch *Grundzüge der Gentechnik* von Mechthild Regenass-Klotz dargestellt. Auch wenn die Mikrobiologen und Gentechniker heute einiges darüber wissen, eine derart ausgefeilte Struktur kann nicht von allein entstehen!

[99] F. Landweber et al.: *A Functional Role for Transposases in a Large Eukaryotic Genome.* Science, 2009; 324 (5929)

[100] Siehe Thomas Weber: *Schnellkurs Genforschung*, Köln 2002.

[101] Siehe die Originalveröffentlichung *The DNA-wave Biocomputer* von Peter P. Gariaev, Boris I. Birshtein, Alexander M. Iarochenko, Peter J. Marcer, George G. Tertishny, Katherine A. Leonova, Uwe Kaempf. Institute Control of Sciences Russian Academy of Sciences, Moscow, Russia, http://www.aha.ru/~gariaev, und Wave Genetics, Inc., 87 Scollard Street, Toronto, Ontario, Canada, M5R 1G4, gariaev@wavegenetics.com. Ein anderes Paper von Gariaev wurde auf Deutsch mit Kommentaren veröffentlicht im Magazin Tattva Viveka, 26 und 27, 2006.

[102] David Deutsch: *Die Physik der Welterkenntnis*, 2000

[103] Spektrum der Wissenschaft, Dossier 1/2006, S. 25

[104] NHGRI = National Humane Genome Research Institute, Teil der amerikanischen National Institutes of Health. Folgende Angaben sind veröffentlicht auf der Website www.genome.gov/25521554 unter Bezugnahme auf die aktuelle Veröffentlichung im angesehenen Wissenschaftsmagazin Nature, 14.6.2007.

[105] ENCODE = *ENCyclopedia Of DNA Elements*

[106] Das ENCODE-Konsortium untersuchte nun mehr als 200 Datensätze und analysierte über 600 Millionen Datenpunkte.

[107] Silverman, P. H. (2004): *»Rethinking Genetic Determinism: With only 30,000 genes, what is it that makes humans human?«* The Scientist, 32–33., zitiert in Lipton, a. a. O.; Wie Beziehungen und Lebensstile die Gene steuern, schildert Dr. Joachim Bauer ausführlich in: *Das Gedächtnis des Körpers*, München 2005.

[108] Ebenda, S. 67 f.

[109] Ebenda, S. 73

[110] Zum Beispiel Augros/Stanciu, a. a. O.

[111] http://www.scinexx.de/wissen-aktuell-10172-2009-07-10.html

[112] *Oxygen Increase Caused Mammals To Triumph*, in: ScienceDaily.com, Oct. 3, 2005.

113 Ausführlich dazu: James Lovelock: *Gaia – Die Erde ist ein Lebewesen*, Bern, München, Wien 1992.

114 Jeremy Narby: *Intelligence in Nature*, 2005, S. 96

115 Wie in Kapitel 3 schon ausführlich dargestellt.

116 In: P. M. Magazin, Mai 2006, S. 39. Vermutlich hat der Autor dieses Pamphlets – anders kann man diesen Artikel nicht bezeichnen – keine Ahnung von Zellen.

117 Frankfurter Rundschau, 11. 10. 2005, S. 23

118 Magazin Discover, März 1997

119 Frankfurter Rundschau, 11. 10. 2005, a. a. O.

120 National Geographic (deutsch), Januar 2007, S. 46. Dieser Artikel erschien, als ich bereits meine Thesen formuliert hatte.

121 Zitiert in: Ernst Lehrs: *Mensch und Materie*, Frankfurt 1966, S. 70.

122 Die Wahrscheinlichkeit der zufälligen Entstehung eines neuen Gens, also einer Nukleotidsequenz, ist bis zu 10 hoch 720. Ausführliche Berechnungen siehe: Bruno Vollmert, a. a. O., S. 217f.

123 National Geographic, Januar 2007, S. 47

124 Aus: http://www.vcell.de/proteinstation/proteom-analyse.html.

125 Augros: *Neue Biologie*, a. a. O., S. 250

126 Bild der Wissenschaft, 6/2006, S. 27

127 Wenn nichts anderes angegeben, stammen die Goethe-Zitate aus dem *Lexikon der Goethe-Zitate*, Hrsg. von Richard Dobel, Düsseldorf 2002, mit allen Urquellenangaben.

128 Lynn Margulis: *Die andere Evolution*, 1999

129 Siehe Süddeutsche Zeitung, Nr. 33, 10. 2. 2009, Artikel »Dicke Hörner und schiefe Mäuler«.

130 Die Bezeichnung »Kambrium« führte der englische Geologe Adam Sedgwick 1835 für Sedimentgesteine in Wales, dem römischen »Cambria«, ein.

131 In: Jeremy Narby: *Die kosmische Schlange*, München 2004.

132 In: Brockhaus-Redaktion: *Vom Urknall zum Menschen*, Mannheim 1999, S. 366.

133 Charles Darwin: *Die Entstehung der Arten*, in: Gesammelte Werke, Frankfurt 2006, S. 581f.

134 Matthias Glaubrecht in: Frankfurter Rundschau, 5. 9. 2006

135 Matthias Glaubrecht in: Frankfurter Rundschau, 6. 9. 2006

136 David Macdonald (Hrsg.): *Die große Enzyklopädie der Säugetiere*, Königswinter 2004, S. xiv

137 Der Spiegel, Nr. 6, 2004

138 Frankfurter Rundschau, 19. 9. 2006

139 James Lovelock: *Gaia – Die Erde ist ein Lebewesen*, München 1992. Zu diesen Thema ausführlich in Kapitel 5.

140 Berühmter Mathematiker und Logiker.

141 Pratchett, Terry, Ian Stewart, Jack Cohen: *Darwin und die Götter der Scheibenwelt*, München 2006, S. 207

142 Charles Darwin: *Von der Entstehung der Arten*, in: Gesammelte Werke, Frankfurt 2006, S. 369

143 Ebenda, S. 417

144 Süddeutsche Zeitung, 10. 2. 2009

145 James Marchant: Alfred Russel Wallace. *Letters and Reminiscences*, Vol. II, p. 181. Letter from A. R. Wallace to James Marchant, written in 1913.

146 National Geographic, Januar 2007, S. 52

147 Welt der Wunder in: TV14, Nr. 21/2006

148 Augros, a. a. O., S. 251

149 Süddeutsche Zeitung, 17. 7. 2009

150 Tinberger, zitiert in: Augros, a. a. O., S. 252

151 Augros, a. a. O., S. 251

152 John G. Bennett: *Risiko und Freiheit*, Zürich 2005, S. 81

153 Robert O. Becker, a. a. O., S. 56

154 Ebenda, S. 56

155 Jedes technische Produkt ist nie perfekt, so kann es durch ein neues ersetzt werden – und bewegt dadurch die Wirtschaft…

156 Frankfurter Rundschau, 19. 9. 2006

157 Der Mathematiker John G. Bennett (1897–1974) brachte dieses anschauliche Beispiel (frei zitiert) in seinem Werk *Risiko und Freiheit*, 2004.

158 David Bohm in: *Das holographische Weltbild*, 1986, S. 213

159 Johann Wolfgang von Goethe: *Schriften zur Botanik*, S. 147. Goethe meint mit diesem Satz, dass keine andere Art aus einer bestimmten Art hervorgehen kann, also kein Frosch aus einem Krebs.

160 Siehe: Werner Nachtigall, Kurt G. Blüchel: *Bionik*, Stuttgart 2000, S. 172 f. Hervorhebung vom Autor.

161 Ebenda, S. 173

162 Ebenda, S. 336

163 Geo, 5/1999

164 Alle folgenden Beispiele zitiert aus: Prof. Dr. Werner Nachtigall, Kurt G. Blüchel: *Bionik*, 2000.

165 Süddeutsche Zeitung, 30. 7. 2009

166 Hölldobler, Bert/Edward O. Wilson: *Ameisen – Die Entdeckung einer faszinierenden Welt*, Berlin 1995

167 Hölldobler, a. a. O., S. 2

168 Hölldobler, a. a. O., S. 10

169 Die Beschreibungen über die Termiten aus: Neue Züricher Zeitung, 8/1998.

170 Augros, a. a. O., S. 120

171 Augros, a. a. O., S. 124

172 http://idw-online.de/pages/de/news189007 – publiziert in: Nature, 14. 12. 2006. Die Wissenschaftler fanden auch heraus, wie die Zuckerübergabe funktioniert: Das Geosiphon-Gen, das sie erhalten hatten, enthielt augenscheinlich den Bauplan für einen Kohlenhydrat-Transporter.

173 Information aus einer Fernsehdokumentation.

174 Abschnitt über Bienen aus: Wikipedia, freie Internetenzyklopädie; die Kreidezeit begann vor ca. 145 Millionen und endete vor 65 Millionen Jahren.

[175] Margulis, a. a. O., S. 84
[176] In: Brockhaus: *Vom Urknall zum Menschen*, Leipzig, Mannheim 1999, S. 388.
[177] Info aus Wikipedia.
[178] Augros, a. a. O., S. 154
[179] Robert Augros/George Stanciu: *Die neue Biologie*, 1988, S. 120
[180] Ebenda, S. 124
[181] Ebenda
[182] Andreas Weber: *Alles fühlt*, Berlin 2008, S. 215
[183] Interview im Magazin Chrismon, 11/2006
[184] Frankfurter Allgemeine Zeitung, Nr. 260, 8. 11. 2006, Natur und Wissenschaft
[185] Zitiert in: Narby: *Intelligenz in der Natur*, a. a. O., S. 85.
[186] Augros/Stanciu, a. a. O., S. 127
[187] Thomas H. Huxley: *Method and Results*, zitiert in: Augros, S. 65, a. a. O.
[188] Ausführlich zu diesem Thema in Kapitel 6.
[189] In: Jeremy Narby: *Intelligence in Nature*, 2005, S. 43; dt: *Intelligenz in der Natur*, 2006
[190] Veröffentlichung vom Institut Ranke-Heinemann/Australisch-Neuseeländischer Hochschulverbund (veröffentlicht 28. 11. 2006). Pressestelle Friedrichstr. 95, 10117 Berlin. E-Mail: berlin@ranke-heinemann.de
[191] Süddeutsche Zeitung, 7. 8. 2009
[192] Aus: Frankfurter Rundschau, 7. 2. 2006, S. 28
[193] So gesehen in einem Dokufilm über Vogelintelligenz: Arte, 5. 9. 2006.
[194] Zeitschrift TV 14, 2/2007, S. 24
[195] Narby, a. a. O., S. 73
[196] Magazin Geo, 12/2001, S. 227
[197] Narby, a. a. O., S. 85
[198] Augros, a. a. O., S. 253
[199] Augros, ebenda, S. 263
[200] Süddeutsche Zeitung, Nr. 154 v. 8. 7. 2009
[201] Magazin Gehirn & Geist, 1/2003, S. 32
[202] Vortrag auf einer Jahrestagung der AAAS. Zitiert aus: wissenschaft.de.
[203] Dieser Abschnitt ist aus dem Internetlexikon Wikipedia. Die Publikation der Studie in der Zeitschrift Nature erfolgte im Sommer 2006.
[204] Rita Carter: *Mapping the Mind*, 1998
[205] Noam Chomsky: *Sprache und Geist*, Frankfurt 1970, S. 117
[206] Ebenda, S. 158
[207] Terry Pratchett: *Darwin und die Götter der Scheibenwelt*, 2006, S. 80
[208] Siehe Kapitel 6.
[209] Karl-Klaus Madert: *Quantenphysik und die Energie des Lebendigen*, in: Transpersonale Psychologie und Psychotherapie, 2/2004
[210] Hans-Peter Dürr, in: Dürr/Gottwald (Hrsg.): *Rupert Sheldrake in der Diskussion*, 1997, S. 228 f.
[211] Rupert Sheldrake: *Das Gedächtnis der Natur*, 1990, S. 162 f.
[212] Originalveröffentlichung: Jacob Kerssemakers, Jonathon Howard, Henry Hess,

Stefan Diez: *The distance that kinesin-1 holds its cargo from the microtubule surface measured by fluorescence interference contrast microscopy*, PNAS, S. 15812–15817, 24.10.2006.

[213] *Der Stoff für die ersten Schritte ins Leben*, Frankfurter Allgemeine Zeitung, Nr. 291, 14.12.2005, S. N1, Natur und Wissenschaft

[214] Deutsches Krebsforschungszentrum (DKFZ)/Katja Reuter, 31.07.2009. Artikel auf Scienexx.de.

[215] Sheldrake, a. a. O., S. 142

[216] Ebenda, S. 143

[217] Ebenda, S. 143

[218] Sheldrake, a. a. O. S. 144; Hervorhebung von mir.

[219] Amit Goswami, in: *Rupert Sheldrake in der Diskussion*, a. a. O., S. 218

[220] Ebenda, S. 219

[221] Sheldrake: *Das Gedächtnis der Natur*, a. a. O., S. 346

[222] J. W. von Goethe: *Schriften zur Botanik*, 1963, S. 16

[223] Ebenda, S. 148. Der Zoologe D'Arcy Thompson hat Anfang des 20. Jahrhunderts über die Entstehung ähnlicher Formen nachgedacht und entsprechend illustriert, siehe: D'Arcy Thompson: *On Growth and Form*, Cambridge University Press, 1961. Gregory Bateson kommentiert diese Darstellung in seinem Buch *Geist und Natur*, Frankfurt 1984: »Diese Einfachheit und Konsistenz muss gewiss bedeuten, dass jene Unterschiede zwischen den Phänotypen, die D'Arcy Thompsons Methode ans Licht bringt, durch ziemlich wenige Unterschiede des Genotyps repräsentiert werden (d. h. durch ziemlich wenig Gene).«

[224] Ebenda, S. 163

[225] Goethe, a. a. O.

[226] In: G. Th. Fechner: *Zend-Avesta*, 1922

[227] U. a. Henning Genz: *War es ein Gott?*, München 2006, S. 41.

[228] James Lovelock: *Gaia – die Erde ist ein Lebewesen*, 1992

[229] G. Th. Fechner: *Zend-Avesta*, 1922, S. 15 ff.

[230] Ebenda, S. 17

[231] Ebenda, S. 18 (erstes Zitat des Abschnitts), S. 83 (zweites Zitat)

[232] Ein Nanometer ist ein Milliardstel Millimeter. Ein rotes Blutkörperchen ist 7000 Nanometer groß.

[233] *Mikrobielle Vielfalt – die unsichtbare Biodiversität*, von Prof. Dr. K.H. Schleifer und Matthias Horn, TU München, Lehrstuhl für Mikrobiologie, in: biologen heute, Vol. 6/2000

[234] Ebenda

[235] NABU: *Düngemittelbericht* 2006

[236] NABU: *Ziele des ökologischen Landbaus*, 2006

[237] Augros, a. a. O., S. 155

[238] Lovelock, a. a. O., S. 111

[239] Augros, a. a. O., S. 155

[240] 3 Sat News, 30.9.2005

[241] James Lovelock: *Gaia*, a. a. O., S. 68

242 Bischoff: *Biophotonen*, S. 174

243 Ebenda, S. 175

244 Ebenda, S. 176

245 Bischoff, S. 178

246 Ebenda, S. 177

247 Rick Strassmann: *DMT – Das Molekül des Bewusstseins*, 2004, S. 118

248 Ausführlich siehe: Strassman, a. a. O., S. 121.

249 Becker, a. a. O., S. 99

250 Robert O. Becker: *Der Funke des Lebens*, 1991, S. 102

251 Ebenda, S. 109 ff.

252 Frankfurter Allgemeine Zeitung, Nr. 230, 4.10.2006, S. N1, Natur und Wissenschaft

253 Ebenda

254 Ausführlich in Becker, a. a. O. Die Anwendung geht über die bessere und schnellere Heilung von Knochenbrüchen bis hin zur Krebstherapie.

255 Dr. Klaus-Peter Schlebusch: *Akupunktur in neuem Licht*, in: Kurskontakte, 143, S. 20. Die wissenschaftliche Dokumentation der Studie erschien in der Deutschen Zeitschrift für Akupunktur.

256 Frankfurter Allgemeine Zeitung, Nr. 165, 19.7.2006, Natur und Wissenschaft

257 David Bohm, a. a. O., S. 213

258 Den Begriff des Erdsensoriums, der später zum »Weltsensorium« ausgeweitet wurde, formulierte der amerikanische Wissenschaftler Prof. Oliver L. Reiser (1885–1974) bereits 1966.

259 Susan Blackmore, 2000, S. 97

260 Bas Kast: *Revolution im Kopf*, Berlin 2003, S. 136 f.

261 Ebenda

262 Ebenda, S. 105

263 Siehe David Loye: *Darwin in Love*, 2005.

264 Ausführlich siehe: David Attenborough: *Das geheime Leben der Pflanzen*, 1995.

265 Ausführlich zum Gefühlsleben der Tiere in: Ernst Meckelburg: *Das geheime Leben der Tiere*, 2003.

266 Ausführliche Informationen zu allen möglichen Sinneswahrnehmungen von Tieren in: Ernst Meckelburg: *Das geheime Leben der Tiere*, München 2003.

267 Ebenda, S. 212

268 Diese Informationen aus: *Bionik*, a. a. O.

269 Frankfurter Rundschau, 17. 1. 2006, S. 23

270 Diese interessante Anregung habe ich aus: Albert Soesmann: *Die zwölf Sinne*, 2003, S. 147.

271 Detlef B. Linke: *Kunst und Gehirn*, Reinbek 2001, S. 24

272 Ebenda, S. 26. Der Thalamus im Zwischenhirn ist das wichtigste subkortikale Integrationszentrum der allgemeinen Sensibilität, die meisten Sinneswahrnehmungen und Empfindungen werden dort verarbeitet, aber auch die emotionalen Affekte und das Glücksempfinden.

273 Frankfurter Rundschau, 17.1.2006

[274] Die Ediacara-Fauna, d. h. einzellige oder mehrzellige Lebewesen, die im Präkambrium bis vor 600 Millionen Jahren die Erde bevölkerten, bestand aus Hohltieren, Stachelhäutern, Ringelwürmern und einfachen Weichtieren. Erst mit der kambrischen Explosion (siehe Kapitel 3) entstanden die vielfältigen Tierarten. Wegen des Mangels an Fossilien kann nicht genau gesagt werden, welche Linie der Ediacara Vorläufer anderer Tiere, so auch der ersten Schnecken, gewesen sein könnte.

[275] Frankfurter Rundschau, 17. 1. 06, a. a. O.

[276] Zajonc, a. a. O., S. 242

[277] Zitiert bei Zajonc: a. a. O., S. 243.

[278] Humberto Maturana: *Was ist Erkennen*, München 1997, S. 44

[279] John O'Donohue: *Schönheit*, München 2004, S. 114

[280] Isaac Newton: *Opticks*, 1952, S. 124 (Zitat von mir übersetzt)

[281] Arthur Zajonc: *Die gemeinsame Geschichte von Licht und Bewusstsein*, Reinbek 1994, S. 234. Das beste Buch zum Thema!

[282] J. W. v. Goethe, zitiert in: Ernst Lehrs: *Mensch und Materie*, 1966, S. 304.

[283] Ebenda. Es war deshalb kein wissenschaftliches Experiment, weil Newton eine künstliche Anordnung, ein manipuliertes Experiment geschaffen hatte, um das Phänomen der Spektralfarben hervorzubringen. Er ließ das Licht zuerst durch ein winziges Loch hindurchfallen und dann erst durch das Prisma, das in einem bestimmten Winkel angebracht sein musste, sodass die Farben an der Wand zu einem Regenbogenspektrum zusammenliefen.

[284] Diese Erklärung habe ich frei zusammengefasst aus: Henri Bortoft: *The Wholeness of Nature*, 1996, S. 39 ff.

[285] Johann Wolfgang von Goethe: *Zur Farbenlehre, didaktischer Teil*, 1963, S. 14

[286] Humberto R. Maturana/Francisco J. Varela: *Der Baum der Erkenntnis*, 1987, S. 177 f.

[287] John J. Ratey: *Das menschliche Gehirn*, 2003, S. 123

[288] Frankfurter Rundschau, 17. 1. 2006

[289] Ausführlich zur Neurophysiologie des Sehens: Franz Seitelberger: *Die Wahrnehmung von Raum und Zeit*, in: *Wahrnehmung und Wirklichkeit*, Berlin 1997

[290] ZDF, 1. 9. 2003

[291] Zusammengefasst aus: John J. Raley: *Das menschliche Gehirn*, 2003, S. 63 ff.

[292] Ebenda, S. 69

[293] Vitus B. Dröscher: *Magie der Sinne im Tierreich*, 1980, S. 214 f.

[294] Robert O. Becker, a. a. O., siehe Kapitel 4.

[295] Narby, a. a. O.

[296] Ratey, a. a. O., S. 24

[297] Oeser, a. a. O., S. 43

[298] Frankfurter Rundschau, 2. 8. 2003

[299] Cell, Vol. 125, 19. 5. 2006. Die Gliazellen bilden auch einen analogen elektrischen Kreislauf, wie Dr. Robert O. Becker herausgefunden hat, siehe dazu: Robert O. Becker, a. a. O.

300 Ratey, a. a. O., S. 48

301 Neuron, 20.10.2005

302 Frankfurter Rundschau, 2. 8. 2003, S. 8

303 Neuron, 20.10. 2005

304 Jeffrey Gray, in: Spektrum der Wissenschaft, Dossier 2/2006

305 Alexander Lauterwasser: *Wasser Klang Bilder*, 2002, S. 29

306 Zitiert in: Lauterwasser, a. a. O.

307 Ebenda, S. 30

308 Helen Keller: *Meine Welt*, Löhrbach 2003

309 Helen Keller, a. a. O., S. 26

310 Siehe dazu: Hugo Kükelhaus: *Entfaltung der Sinne*, 1982, S.158.

311 Albert Soesmann, a. a. O., S. 209

312 Ich beziehe mich hier auf die Erkenntnisse des Physikers David Bohm, der von einer »eingefalteten« und »ausgefalteten« Ordnung der Welt spricht.

313 Idee von Arnold Keyserling, in: *Durch Sinnlichkeit zum Sinn*, 1986.

314 Siehe Schlebusch, a. a. O.

315 Soesmann, a. a. O.

316 Helen Keller, a. a. O., S. 35

317 Siehe: Bruno Martin: *Auf einem Raumschiff mit Gurdjieff*, Bad Bevensen 2000, S. 127 ff.

318 Keyserling, a. a. O., S. 90

319 Ratey, a. a. O., S. 88

320 Keyserling, a. a. O., S. 90

321 Frankfurter Rundschau, 24. 8. 2006. Die US-Forscher haben auch herausgefunden, dass dasselbe Protein »überraschenderweise« ebenfalls vor Säure in anderen Körperregionen warnt.

322 Ebenda, S. 91

323 Siehe Michael Werner: *Leben durch Lichtnahrung*, Baden 2005.

324 Siehe ausführlich: Meckelburg, a. a. O., S. 152 ff.

325 Ebenda, S. 153

326 Steven Pinker: *Der Sprachinstinkt*, München 1998

327 Blackmore, a. a. O., S. 155

328 Ebenda, S. 158

329 Ausführlich in: GEO, 11/2000.

330 Ratey, a. a. O., S. 330

331 Siehe auch Kapitel 5.

332 Blackmore, a. a. O., S. 168

333 Ratey, a. a. O., S. 81

334 Sagt der Biologe Jim Kent, der am »Human Genom Diversity Project« beteiligt ist.

335 Ebenda, S. 134

336 Helen Keller, a. a. O., S. 33

337 Rudolf zur Lippe: *Sinnenbewusstsein*, Reinbek 1987, S. 330

[338] Thomas Mergner/Georg Schweigart: *Wie die Sinne verschmelzen*, in: Gehirn & Geist, 2, 2004, S. 73

[339] Diesen interessanten Hinweis habe ich von Albert Soesmann: *Die zwölf Sinne*, a. a. O., S. 78.

[340] Siehe Kapitel 4.

[341] Siehe: Johannes Holler: *Das neue Gehirn*, Paderborn 1996, S. 159. S. a. Kap. 8.

[342] Thomas Mergner/Georg Schweigart: *Wie die Sinne verschmelzen, in*: Gehirn & Geist, 2, 2004, S. 71

[343] Frankfurter Allgemeine Zeitung, 5. 4. 2006, Natur und Wissenschaft

[344] Ebenda

[345] Jean Houston: *Der mögliche Mensch*, Basel 1984

[346] Nachdem ich diesen Satz geschrieben hatte, kam ein Fernsehfilm, der genau ein solches Szenario für die Welt in 200 Millionen Jahren entwarf…

[347] Bild der Wissenschaft, 7/2000, S. 22 ff.

[348] Ebenda

[349] Der Spiegel, Nr. 6, 2004

[350] Frankfurter Rundschau, 14.7. 2004

[351] Siehe Kapitel 6.

[352] Siehe dazu Kapitel 8.

[353] R. Douglas Fields, in: Spektrum der Wissenschaft, Dossier 4/2005.

[354] Ebenda. Mehr zu ATP siehe Anhang.

[355] Ebenda

[356] Ebenda

[357] Gehirn & Geist, Dossier 1/2003

[358] Ratey, a. a. O., S. 136

[359] Die Idee zu diesem Szenario habe ich aus: John G. Bennett: *Die inneren Welten des Menschen*, Zürich 2007.

[360] Libet, a. a. O.

[361] Siehe dazu Kapitel 8.

[362] Libet, a. a. O.

[363] Bild der Wissenschaft, 11/2006

[364] D. T. Suzuki: *Satori*, München 1987, S. 123

[365] Siehe: Grazyna Fosar/Franz Bludorf, in: *Vernetzte Intelligenz*, 2001. Im Internet unter: http://www.fosar-bludorf.com/Tempelhof/gamma.htm.

[366] Siehe dazu die Geschichte von Abott »Flachland«.

[367] Siehe Spektrum der Wissenschaft, Spezial »Bewusstsein«, 1/2004. Da ich mit »Qualia« immer »Qual« assoziiere, verwende ich den Begriff ungern.

[368] Ebenda, S. 19

[369] Siehe dazu auch die Ausführungen von John G. Bennett in: *Die inneren Welten des Menschen*, Zürich 2007.

[370] Ebenda

[371] Ebenda

[372] Ausführlich dazu in meinem Buch *Das Lexikon der Spiritualität*, München 2005, und *Auf einem Raumschiff mit Gurdjieff*, Bad Bevensen 2000.

373 David Bohm im Gespräch mit Renée Weber, in: Ken Wilber (Hrsg.): *Das holographische Universum*, Bern, München, Wien 1986, S. 196.

374 Thomas Görnitz: *Quanten sind anders*, München 2006, S. 282

375 Der Nobelpreis für Medizin 2006 ging an die US-amerikanischen Forscher Craig C. Mello und Andrew Z. Fire, die herausfanden, wie Gene regelrecht durch einen bestimmten Zellvorgang stillgelegt werden können.

376 Ausführlich zu diesem Thema siehe: Josef Zehentbauer: *Körpereigene Drogen*, München und Zürich 1992.

377 Ausführlich in: Strassman, a. a. O., S. 64 ff.

378 Persönliche Mitteilung eines Forschers.

379 Strassman, a. a. O., S. 65

380 J. Zehentbauer, a. a. O., S. 57

381 Zirbeldrüse – siehe Kapitel 4.

382 Dr. Rick Strassman: *DMT*, Baden 2004, S. 104

383 Ratey, a. a. O., S. 207

384 Zitiert in Johannes Holler: *Das neue Gehirn*, Südergellersen 1991, S. 83, leider ohne Quellenangabe.

385 Holler, a. a. O., S. 83

386 Albert Szent-Györgyi (1893–1983), Nobelpreisträger für Medizin 1937.

387 Phrase von Douglas Adams.

388 Robert O. Becker: *Der Funke des Lebens*, a. a. O., S. 111

389 Ebenda, S. 106

390 Ebenda, S. 107

391 Strassman, a. a. O., S. 113

392 In: Arthur Zajonc: *Die gemeinsame Geschichte von Licht und Bewusstsein*, 1997, S. 150 f.

393 Zajong, S. 250

394 Gary Zukav: *Die tanzenden Wu-Li-Meister*, 1981

395 Zajonc, S. 248. Über das Phänomen des Farbsehens ausführlicher in Kapitel 5.

396 Oeser, a. a. O., S. 72

397 Ebenda

398 Ebenda, S. 73

399 Ebenda

400 Bucke, R. M.: *Die Erfahrung des kosmischen Bewußtseins*, Freiburg 1987, S. 19

401 Anaïs Nin, in: *Tänzerinnen zwischen Himmel und Hölle*, Löhrbach 1990

402 In: P. D. Ouspensky: *Auf der Suche nach dem Wunderbaren*, Weilheim 1966, S. 205.

403 Ausführlich dazu in: John G. Bennett: *Die inneren Welten des Menschen*, Zürich 2009, S. 56 ff.

404 Stanislav Grof: *Psyche und Kosmos*, Frankfurt 2007, S. 254

405 Grof, a. a. O., S. 145

406 Oeser, a. a. O., S. 56

407 Siehe Anfang des Kapitels.

408 Oeser, a. a. O., S. 56

[409] Polyphrenie ist eine Art »innere Pluralität«, vergleichbar mit »multipler Persönlichkeitsstörung«. Der Begriff wurde vom Psychiater Eugen Bleuler (1857–1939) geprägt.

[410] Jean Houston: *Der mögliche Mensch*, Basel 1984, S. 160

[411] Eine interessante Geschichtsstudie zu diesem Thema hat der britische Philosoph und Mathematiker John G. Bennett verfasst: *Die Meister der Weisheit*, Südergellersen 1993.

[412] Aus: PLoS-Biology, 9.3.2006.

[413] Joachim Bauer: *Warum du fühlst, was ich fühle*, Hamburg 2005

[414] Ebenda, S. 20

[415] Ausführlich siehe dazu Bruno Martin: *Das Lexikon der Spiritualität*, München 2005.

[416] Siehe z. B.: P. D. Ouspensky: *Auf der Suche nach dem Wunderbaren*, Weilheim 1966.

[417] Jean Houston, a. a. O., S. 22

[418] Zitiert in: Houston, S. 33.

[419] Houston, a. a. O., S. 40

[420] Houston, a. a. O., S. 43

[421] Moshe Feldenkrais: *Transcript of The Feldenkrais Professional Training Program*, Amherst 1981

[422] Siehe mein Buch: *Gurdjieff Praxisbuch*, Darmstadt 2008.

[423] Die konzentrative Bewegungstherapie, die auch unter dem Namen »Sensory Awareness«, entwickelt von Charlotte Selvers, bekannt ist, ist in diesem Zusammenhang eine weitere empfehlenswerte Methode.

[424] John G. Bennett: *Die inneren Welten des Menschen*, Zürich 2007 (Neuauflage)

[425] Libet, a. a. O.

[426] Ebenda

[427] Gundel Mattenklott in: *Wahrnehmung und Wirklichkeit*, a. a. O., S. 173 f.

[428] Houston, a. a. O., S. 47

[429] Die Meridiane spielen in der traditionellen chinesischen Medizin wie der Akupunktur eine wichtige Rolle. Inzwischen kann man diese sogar durch Infrarot sichtbar machen, siehe Schlebusch, a. a. O.

[430] Albertz, a. a. O., S. 22

[431] Albertz, ebenda

[432] Albertz, a. a. O., S. 25

[433] Hugo Kükelhaus/Rudolf zur Lippe: *Entfaltung der Sinne*, Frankfurt 1982, S. 28

[434] www.schloss-freudenberg.de. Auch in Schleswig-Holstein gibt es jetzt ein Erfahrungsfeld: www.gartenfuerdiesinne.de.

[435] Ebenda, S. 77

[436] Einige der folgenden Beschreibungen unter Einbeziehung der Ideen von Hugo Kükelhaus habe ich gekürzt und teilweise verändert entnommen aus der Internetseite von Dieter Lotz: www.heilpaedagogik-lotz.de.

[437] Frankfurter Rundschau, 30.9.2006, Beilage »FR-Karriere«

[438] Houston, a. a. O., S. 74

439 Zum Beispiel: Christina Buchner: *Neues Lesen, Neues Lernen.*

440 Teile dieses Unterkapitels habe ich übernommen aus meinem Buch *Zen der plötzlichen Erleuchtung*, Havelte 2005, in dem auch Übungen zur Gefühlsaktivierung zu finden sind.

441 Antonio R. Damasio: *Der Spinoza-Effekt*, Berlin 2005, S. 38

442 Hervorhebung durch den Autor.

443 Ebenda, S. 41

444 Ebenda, S. 67

445 Ebenda, S. 78

446 Ebenda, S. 104

447 Ebenda, S. 190

448 Berühmter Zen-Meister, 1622–1693.

449 Nach Paul Reps: *Ohne Worte – ohne Schweigen*, Bern, München 1985.

450 John G. Bennett: *Die inneren Welten des Menschen*, Südergellersen 1984, S. 109

451 Kast, a. a. O.

452 Bennett, a. a. O., S. 113

453 Ebenda, S. 115

454 Ebenda, S. 116

455 Gerd Binnig: *Aus dem Nichts – über die Kreativität von Natur und Mensch*, München 1989, S. 30

456 Ebenda

457 Zusammen mit seinem Vater wurden sie für ihre Verdienste um die »Erforschung der Kristallstrukturen mittels Röntgenstrahlen« ausgezeichnet. Mit einem Alter von 25 Jahren war er der jüngste Laureat, der bisher mit dem Nobelpreis ausgezeichnet wurde.

458 Binnig, a. a. O., S. 206

459 Jean Gebser: *Ursprung und Gegenwart*, S. 398

460 Badisches Landesmuseum Karlsruhe: *Die ältesten Monumente der Menschheit*, Karlsruhe 2007

461 In seinem Buch *Ursprung und Gegenwart* erläutert Gebser ausführlich seine Vision von der Entwicklung des Bewusstseins, allerdings ist es kaum möglich, die Bewusstseinsstrukturen der Menschen vor der Schriftkultur genau zu ergründen.

462 J. T. Bonner: *Kultur-Evolution bei Tieren*, Berlin/Hamburg 1983

463 Walter Ch. Zimmerli: *Technologie als Kultur*, Hildesheim 2005

464 Zimmerli, a. a. O., S. 23

465 Aus: Wikipedia.

466 Ebenda

467 Anthony Blake: *Das intelligente Enneagramm*, Südergellersen 1993, S. 177. Das Max-Planck-Institut für Biogeochemie arbeitet intensiv am Thema Biospherics. Siehe: http://www.bgc-jena.mpg.de/– siehe auch: www.biospheres.com/ über die Entwicklung von Biosphere 2.

468 Ebenda, S. 179

469 John G. Bennett: *Transformation oder die Kunst, sich zu wandeln*, Pittenhart

1978, S.103. Anm.: Ich habe mir erlaubt, Bennetts Begriff »Gott« durch den Begriff »kreative Intelligenz« zu ersetzen, weil sein »Gottesbild« völlig »unpersönlich« war und er selbst die Evolution durch eine kreative Intelligenz verursacht ansah.

[470] Wir können nur mit unserem Gehirn und unseren Sinnen wahrnehmen. Ich halte es jedoch für möglich, die Sinne so zu trainieren, dass wir auch feinere Eindrücke aufnehmen können. Außerdem halte ich es für möglich, Impulse aus dem geistigen Feld des Bewusstseins weniger durch den Verstand »gefiltert«, also direkter aufzunehmen. Diese Möglichkeiten werde ich in meinem nächsten Buch *Gute Schwingungen* ausführlicher behandeln.

[471] Zitat nach Corinna Felkl, die in der Ökogemeinschaft Sieben Linden lebt. In: *Eurotopia*, Poppau 2007.

[472] Zu diesem Konzept siehe mein Buch: *Gurdjieff Praxisbuch*, Darmstadt 2008.

[473] Ralf Ludwig/Dietmar Paschek: *Wasser*, in: Chemie unserer Zeit, 2005, 39, S.166

STICHWORTREGISTER

Idee, organisierende, 34f., 37, 40, 45, 53

Imitation, 255ff.

Immunsystem, 123, 127, 337

Information, 28, 42f., 46, 48, 53, 54, 65f., 68f., 70f., 86, 96f., 98f., 105, 111, 117, 119f., 131ff., 220, 240, 331, 348f., 350f.

Informationsfluss, 133

Informationsspeicherung, 97, 318

Insekten, 19, 186f., 190ff., 196, 198f.

Instinkt, 178, 180, 279

Intelligent Design, 12, 40f., 43, 56

Intelligenz, 22, 32, 40, 42ff., 57ff., 84, 108, 118, 144, 165, 167, 179, 182, 208, 210ff., 253, 276, 297, 322, 336, 338, 349, 364, 371, 377, 380

Intelligenz, emotionale, 392ff.

Intelligenz, kreative, 48, 57ff., 78, 111, 119, 144, 148, 158f., 227, 288, 289, 312, 315, 358f., 366f., 444

Intelligenz, Tiere, 180f., 205, 207

Kambrium, kambrische Explosion, 150ff., 182, 461

Kehlkopf, 130, 214, 216f., 298f., 431

Klang, 64f., 111, 284ff., 286ff., 313, 441

Koevolution, 189, 196, 198f.

Kohärenz, 52, 116, 220, 443

Kohlendioxid, 101, 113, 193, 195, 200, 235, 237

Kohlenstoff, 69, 83, 85, 91, 110, 112ff., 233

Komplexität, 16, 19, 24, 33, 51, 105, 107, 111, 116, 118, 140, 214, 216, 321, 343, 426

Konkurrenz, 194, 199, 200f.

Körper, 372ff.

Körperbewegung, 309, 379

Körpergewahrsein, 289, 306, 308ff., 373ff., 376, 381

Kraftlinien, Kraftfelder, 61, 278, 344, 346,

Kreationismus, 32, 166

Kreativität, 77, 150, 154, 176, 182, 184, 185, 203, 222, 230, 413, 415ff., 419, 424

Kristalle, Kristallstruktur, 67, 71, 74f., 97, 248, 286, 345, 417, 471

Kükelhaus, Hugo, 268, 284, 384, 386ff.

Kultur, Kulturtechniken, 77, 78, 190, 214, 255, 256, 298, 309, 312f., 363, 368ff., 427ff.

Lamarck, Jean Baptiste, 134, 166

Landpflanzen, 195, 197

Leben, 9ff., 15ff., 21ff., 43ff., 46ff., 49ff., 52ff., 56, 59f., 66f., 73, 81ff., 92ff., 97, 101ff., 105ff., 109, 112, 115, 116, 118ff., 120ff., 127, 135f., 136f., 158ff., 174, 188, 205, 218, 226ff., 234, 237f., 241ff., 252, 262, 287, 294, 306ff., 359, 360, 385, 390, 439, 442

Lebensenergie, 21, 97, 161, 341,

Lebensfeld, 76, 79